촛불혁명의 뿌리를 찾아서

촛불혁명의
뿌리를 찾아서

1980년대 민주민족민중운동사

초판 1쇄 인쇄 | 2017년 11월 14일
초판 1쇄 발행 | 2017년 11월 20일

지은이 | 김종철
그린이 | 김봉준
발행인 | 김범종
디자인 | 디자인감7
발행처 | 도서출판 썰물과밀물
출판등록 | 2014년 10월 24일 제319-2014-56호
주소 | 156-810 서울시 동작구 대방동9길 31
전화 | 02-885-8259
팩시밀리 | 02-6021-4445
전자우편 | ebb6021@daum.net

ⓒ 김종철, 2017

ISBN 979-11-88485-01-7   03910

- 이 책 판권은 지은이와 도서출판 썰물과밀물에 있습니다. 이 책 내용의 전부 또는 일부를 재사용하려면 반드시 양측의 동의를 받아야 합니다. • 책값은 뒤표지에 표시했습니다.

이 도서의 국립중앙도서관 출판예정도서목록(CIP)은 서지정보유통지원시스템 홈페이지(http://seoji.nl.go.kr)와 국가자료공동목록시스템(http://www.nl.go.kr/kolisnet)에서 이용하실 수 있습니다.(CIP제어번호: CIP2017028937)

촛불혁명의 뿌리를 찾아서

김종철 지음

썰물과밀물

책머리에
왜 1980년대인가

한국 현대사에서 혁명이라고 불리는 역사적 사건은 1960년의 '4월혁명'과 2016년 10월 말에 시작되어 이듬해 5월 초순에 결실을 본 '촛불혁명'뿐이다.

학생과 시민을 중심으로 한 민중이 이승만 독재정권을 무너뜨린 4월혁명은 7·29총선을 통해 민주당 정부를 탄생시켰지만, 박정희 일파는 1961년 5월 16일 군사쿠데타를 일으켜 그 혁명의 열매를 산산조각 내고 말았다. 그 이후 18년 동안 한국사회에서는 박정희의 파쇼적 지배체제를 타파하려는 투쟁이 지속적으로 격렬하게 벌어졌으나 혁명으로 독재정권을 무너뜨리지는 못했다.

2017년 봄, 촛불혁명이 헌정을 파괴하는 등 국기를 뿌리째 뒤흔든 박근혜 정권을 평화적으로 몰아내고 진보적 성향의 문재인 정부를 탄생시키자 온 세계인은 찬사를 보냈다. 어떤 이들은 연인원 1,700만 명이 참여해서 이루어낸 그 역사적 대사건을 촛불항쟁이라고 부르지만, 나는 거기에 동의하지 않는다. 단 한 사람도 구속되지 않은 채 구체제를 타도한 그 장엄한 투쟁이 '혁명'이라는 이름이 아닌 다른 명칭으로 폄하되어서는 안 되기 때문이다.

그럼 한국 혁명의 이런 역사를 익히 알면서도 왜 혁명이 없었던 1980

년대의 민주민족민중운동에 관한 책을 지금 썼을까?

학생들과 재야 민주화운동권이 중심이 되어 전두환 일파의 신군부와 치열한 싸움을 벌인 1980년 '서울의 봄'은 비록 5·17쿠데타에 의해 유린되었지만, 바로 그 이튿날 전남 광주에서는 5월민중항쟁이 시작되었다. 전두환이 지배하던 계엄군이 총칼과 헬리콥터까지 동원해 시민들을 무차별 살상하지 않았더라면 그 항쟁은 전국으로 확대되어 신군부를 몰아내고 새로운 혁명을 낳을 수도 있었을 것이다.

하지만 처참한 패배로 끝난 것으로 보이던 5월민중항쟁은 1983년 봄부터 서서히 부활하기 시작했다. 야당 지도자 김영삼의 단식이라는 전초전이 일어나자 이를 기회로 그해 9월 말에 민주화운동청년연합(민청련)이 결성돼 전두환 정권 타도투쟁의 선봉에 나선 것이다. 그 뒤 노동자·농민·문화인·언론인의 조직이 잇달아 창립되었고, 1985년 3월 말에는 해방 이래 최대의 전국 조직인 민주통일민중운동연합(민통련)이 출범했다. 제1야당인 신민당과 민통련, 노동운동 단체가 주도한 1986년의 5·3인천항쟁은 전두환 정권을 위기로 몰아넣었지만, 잠정적으로는 좌절로 끝나고 말았다.

그러나 1987년 초에 터진 '박종철 고문치사 사건'이 불씨가 되어 6월민주항쟁이 일어났고, 전두환은 후계자 노태우를 통해 '6·29선언'을 발표하게 함으로써 궁지에서 벗어날 수 있었다. 그 이후 야권의 지도자인 김대중과 김영삼이 독자적인 집권의 꿈을 버리고 6월민주항쟁의 주역과 함께 군사독재정권을 완벽하게 청산하는 데 앞장섰다면 그 항쟁은 '혁명'이라는 이름을 얻었을 것이다.

부정선거를 통해 대통령이 된 노태우가 군사독재정권을 되살린 1988년부터 1993년 봄까지를 제외하면, 김영삼의 문민정부, 김대중의 국민의 정부, 노무현의 참여정부로 이어지는 2008년 2월까지는 항쟁이라고 부를 만한 큰 사건이 없었다. 그러다가 이명박과 박근혜의 9년 동안 벌어진 헌정 파괴와 국정 농단은 국가와 민족 공동체를 파탄으로 몰아넣었고, 침묵하던 시민이 촛불혁명을 일으키자 마침내 민주와 평화를 지향하는 새로운 시대의 막이 열렸다.

결론적으로 말하면, 촛불혁명은 멀리 1960년의 4월혁명, 1980년의 5월광주민중항쟁, 1987년의 6월민주항쟁에 그 뿌리를 두고 있다고 볼 수 있다. 그중에서도 특히 끈질기게 지속된 1980년대의 반군사독재투쟁이 촛불혁명에 가장 지대한 영향을 미쳤다고 평가해야 마땅할 것이다.

지난해 봄에 1980년대 민주화운동사를 정리한 책을 내자는 제안을 받았다. 그러나 촛불혁명이 도도하게 진행 중이라서 원고 작성에 집중할 수 없었다. 2017년 5월 10일 새 정부가 들어선 뒤에야 다시 작업을 시작해 9월 말에 겨우 마무리할 수 있었다.

오랜 기간 집필에 도움을 준 편집 실무자께 진심으로 고마움의 말씀을 드린다. 그리고 사실적이고 박진감 넘치는 판화로 이 책을 빛내주신 김봉준 화백께도 깊이 감사드린다.

경기도 일산 정발산 옆에서
2017년 10월, 김종철

촛불 소녀(유화, 2013년, 김봉준 작)

차례

책머리에 - 왜 1980년대인가 • 04

프롤로그 • 10

1. 서울의 봄과 5월광주민중항쟁 • 19
2. 김대중 내란음모 사건 • 55
3. 1980년 5월의 민주언론 • 65
4. 전두환 정권의 폭압정치 • 78
5. 광주와 부산의 미문화원 방화 사건 • 89
6. 전두환 정권의 대중 유화·마취 정책 • 95
7. 군사독재정권의 학생운동 탄압과 용공조작 • 106
8. 김영삼의 단식투쟁과 민주화추진협의회 결성 • 117
9. 민주화운동청년연합 창립과 초창기 활동 • 127
10. 노동운동의 활성화와 갈등 • 135
11. 문화단체의 연대투쟁 • 142
12. 해방공간 이래 최대의 전국 조직 민주통일민중운동연합 • 157
13. 전두환 정권의 전방위 탄압 • 169
14. 대통령 직선제 개헌 1천만 서명운동 • 184
15. 5·3인천항쟁과 전두환 정권의 극한 폭력 • 191
16. 한국사회가 갈 길을 둘러싼 사회구성체 논쟁 • 201
17. 야만 정권의 본색을 드러낸 부천서 성고문 사건 • 213
18. 〈말〉의 보도지침 폭로 • 218

19. 1,290명이 구속된 건국대 애학투련 사건 • 226

20. 박종철 고문치사 사건 • 233

21. 6월민주항쟁의 전초전 • 244

22. 6월민주항쟁 (1) • 255

23. 6월민주항쟁 (2) • 266

24. 한국사상 최대의 노동자 대투쟁 • 284

25. 종교계의 민주민족민중운동 • 299

26. 생존권과 자주권 확보 위한 농민운동 • 313

27. 권력의 비인간적 개발에 맞선 도시빈민운동 • 319

28. 양성평등과 여성해방을 지향한 운동 • 329

29. 민가협과 유가협 • 336

30. 김대중·김영삼의 분열 속에 치러진 13대 대선 • 342

31. 여소야대 이룬 4·26총선 • 353

32. 국민주식으로 창간된 한겨레신문 • 362

33. 문익환·황석영·임수경의 방북과 공안정국 • 371

34. 부산 동의대 사건과 이철규·이내창 의문사 • 388

35. 전교조 결성과 노태우 정권의 말살작전 • 399

에필로그 • 410

참고 문헌 • 415

프롤로그

1979년 10월 26일 저녁 7시 40분, 청와대 옆에 있던 궁정동 안가에서 울린 총성은 박정희의 18년 독재를 끝장내고 민주민족민중의 새 시대를 여는 역사적 계기가 될 수도 있었다. 그러나 그 결과는 정반대로 나타났다. 전두환과 노태우가 이끄는 신군부 세력과 조선일보, 동아일보, 중앙일보를 비롯한 극우보수 세력이 박정희의 유신독재체제를 온존시키고 새로운 군사독재정권을 만들어 내는 데 한 몸이 되어 있었기 때문이다.

박정희가 1961년 5월 16일 쿠데타로 장면 정권을 무너뜨린 뒤 공을 들여 길러낸 하나회, 이른바 영남·육사 출신의 장교들이 조직한 군부 내 정치조직의 핵심인 하나회의 전두환과 노태우는 박정희가 죽임을 당한 직후 노골적으로 전면에 나서지는 않았다. 유신체제를 지키려고 가장 먼저 나선 것은 언론이었다.

유신독재체제 지키기에 앞장선 조선·동아일보

박정희가 최측근으로 알려진 중앙정보부장 김재규의 총탄에 맞아 비명횡사한 바로 이튿날인 10월 27일 자 조선일보 1면 머리에는 '박정희 대통령 유고'라는 기사가 올라왔다. 기사의 부제목은 '대통령 권한대행에 최 총리 / 유고 내용 심각… 9시 반에 공식 발표 / 오늘 새벽 4시 기해… 전국 비상계엄 / 제주도 제외'이다. 박정희는 10월 26일 저녁에 이미 숨졌는데 조선일보는 뒤늦게 정부 발표대로 유고라는 기사를 내보낸 것이다.

조선일보는 10월 28일 자부터 박정희를 영웅화하는 기사를 쏟아내기 시작했다. 한국 현대 언론의 역사에서 그 어떤 대통령도 죽은 뒤에 그런 대접을 받은 적이 없다.

조선일보의 지면들만 보면 박정희는 희대의 영웅이자 대한민국을 살기 좋은 나라로 만든 불세출의 정치인이자 인품과 능력이 더할 나위 없이 훌륭한 인물이다. 조선일보는 박정희의 상습적 헌정 파괴와 쿠데타, 정치적 위기를 벗어나기 위해 수시로 선포한 긴급조치와 비상사태, 그리고 집권 18년 동안 헤아릴 수도 없이 많이 자행한 인권탄압과 반민주·반민족적 행위들은 전혀 없던 일처럼 지면을 제작한 것이다.

실제 박정희는 사흘이 멀다 하고 청와대 옆 안가로 연예인을 비롯한 여성을 불러들여 주색잡기를 일삼은 인물이다.

동아일보도 마찬가지였다. 유신체제를 살리기 위한 동아일보의 노력은 10월 29일 자 2면 사설 '국민적 저력 보인 평온 유지'에서 여실히 드러난다.

「지난 주말에 일어난 돌발 사태 이후 국내외적으로 평온과 질서가 거의 완벽하게 유지되고 있는 것은 크게 다행한 일이라고 할 것이다.

이는 무엇보다도 우리 국민이 지닌 국민적 저력을 세계에 과시한 것이라고 하지 않을 수 없으며 지금까지 국민이 우려하던 혼란을 만족스럽게 막아온 것처럼 앞으로도 계속 각계각층이 합심하여 질서를 유지함으로써 오늘의 난국을 수습하지 않으면 안 되겠다. (…)

현재 우리가 당면한 최대의 과제는 하루빨리 사회를 안정시키도록 질서와 평온을 다지는 일인데 그렇게 하자면 국민은 계속 비상한 결의를 가지고 대처해야 할 것이다.

박 대통령의 돌연한 서거로 인하여 빚어진 사태 때문에 국민이 받은 충격과 불안이 차차 진정 사태로 회복되어 가는 것을 우리는 마음 든든

하게 생각하면서 당분간 계속 이러한 자세로 국민들이 임할 것을 당부하고자 한다.」

　조선일보는 박정희의 국장이 치러진 11월 3일 자 사설을 통해 한국 언론사에 길이 남을 박비어천가를 지어냈다. '박정희 대통령을 보내며'라는 제목의 이 사설은 평어체가 아니라 극진한 경어체로 작성되었다.
　「오늘 3천6백만 국민은 국장으로 고 박정희 대통령을 국립묘지에 모십니다.
　옷깃을 여미고 경건한 마음으로 애도드리며 삼가 명복을 비는 바입니다.
　1917년에 태어나 62세를 일기로 세상을 떠나는 고인은 실로 '운명의 인(人)'입니다.
　그 전반생(前半生)은 나라 잃은 백성의 한 사람으로 살아야 하였고, 그 후반생은 분단된 국토에서 살아야 하였습니다.
　5·16으로 '불행한 군인'을 자처하며 국정의 책임을 한 몸에 지님으로써 '운명의 인'이 되었습니다. 그리고 '운명의 인'으로서 살아온 이 20년을 우리의 유구한 역사 속의 '운명의 시대'로 만들었습니다. (…)
　이제 고인은 3천6백만 국민과 유명을 달리함으로써 역사 속의 '추억의 인'이 되었습니다. 그러나 역사는 이어져야 합니다. 현재를 살며 미래를 향하여 그것을 밀고 나가야 하는 것이 3천6백만 국민입니다.
　그러므로 고인을 애도하는 마음은 앞으로 이 나라와 이 겨레를 위하여 더욱 슬기롭게 나아가야 하는 강한 의지로 바뀌어져야 합니다. (…)
　고인의 서거는 우리 국민이 얼마나 정이 깊고 착한 백성인가를 새삼스럽게 깨우쳐주었습니다. (…)
　정이 깊은 국민은 착한 국민입니다. 착한 국민은 이제 강한 국민이 될 것입니다.

그것이 바로 가신 고인이 3천6백만 국민에게 바라는 것이 아니겠습니까.

그래도 유가족을 생각하면 또 한 번 애달픈 슬픔에 빠집니다.

그러나 착한 국민의 깊은 정으로 뿌려지는 눈물로 하여, 결코 유가족은 외롭지 않으리라는 생각에서 유가족의 슬픔을 위로하는 동시에, 저마다의 슬픔을 달래야 할 것입니다.

박정희 대통령 각하, 고이 가십시오.」

와이더블유시에이 위장결혼 사건

1979년 11월 10일 대통령 권한대행 최규하는 박정희가 10월유신 쿠데타를 통해 만든 거수기 집단인 통일주체국민회의를 통해 차기 대통령을 선출하겠다는 내용의 특별담화를 발표했다. 유신체제가 끝났다고 판단하고 민주정부 수립을 열망하던 재야 민주화운동 진영은 최규하의 담화를 강력히 비판했다. 재야인사 조직인 '민주통일국민연합' 공동의장단 윤보선, 함석헌, 김대중은 성명서를 통해 민주화를 위해 3개월 이내에 민주헌법 제정, 최규하 대행체제의 즉각 사퇴, 과도정부로서 거국민주내각 구성, 반독재·반유신 인사 석방과 복권·복직, 계엄령 해제 등을 요구했다. 해직교수협의회, 동아자유언론수호 투쟁위원회, 조선자유언론수호 투쟁위원회, 자유실천문인협의회도 '나라의 민주화를 위하여'라는 성명서를 통해 긴급조치 9호 해제와 양심수 즉각 석방을 요구했다. 광주 지역의 민주화운동단체도 11월 28일 통일주체국민회의가 대통령을 선출하는 것을 결사반대한다는 성명을 발표했다.

최규하 대행체제가 아무런 반응도 보이지 않자 재야 민주화운동 진영은 유신체제를 신속히 해체하고 민주화를 이루기 위해서는 강력한 행동

세계 평화(실크 판화, 2003년, 김봉준 작)

이 필요하다고 판단하고 '통대선출 저지 국민대회'를 열기로 결정한 뒤 11월 24일 서울 명동의 와이더블유시에이(YWCA)회관에서 결혼식을 가장한 집회를 갖기로 했다. 재야에서 점진적 민주화를 주장하던 쪽은 참여하지 않았으나 적극적으로 민주화를 추진하자는 쪽이 국민대회를 강행하기로 하고 실행에 나선 것이다.

그래서 10여 일 전부터 민주청년협의회 홍성엽과 윤정민이라는 가상 인물의 결혼식이 있다는 전단이 배포되었다. 당일에는 5백 명 이상의 사람이 결혼식장에 모여들었다. 신랑 입장과 동시에 사방에서 '취지문', '통대 저지를 위한 국민선언', '거국민주내각 구성을 위한 성명서' 등의 유인물이 배포되었고, 통일주체국민회의 대의원에 의한 대통령 간접선출 방식을 반대한다는 내용의 취지문이 낭독되었다. 국민대회를 준비한 사람은 성명서에서 부패를 자행하고 특권을 향유한 이들에게 합법적 절차를 통한 준엄한 심판을 내리고, 민주정부 출범 시기까지 과도기를 담당할 거국민주내각을 수립하자고 역설했다. 그들은 또 민주화 이행에 외세가 개입하는 것을 일체 거절한다는 입장도 밝혔다.

와이더블유시에이 집회에 참석했던 사람들 가운데 140여 명은 포고령 제1호 1항 불법 옥내·외 집회금지 위반으로 체포되어 중부경찰서로 연행되었다. 그들은 악명 높은 보안사 서빙고분실로 끌려가서 갖은 고문과 비인간적 모멸을 당했다. 주동자로 분류된 18명 중 14명이 수도경비사령부 계엄군법회의에 구속 송치되었고, 67명은 즉결심판에 넘겨져 15~20일의 구류처분을 받았다.

고문이 어찌나 지독했는지 백범사상연구소 소장 백기완은 극심한 기억상실증과 협심증 등 합병증에 걸려 폐인이 되다시피 했다. 경기공전 해직 교수 김병걸은 수사관 5명에게 한 시간이 넘도록 발길질, 몽둥이질 등을 당한 뒤 다시 2시간 남짓 무릎 사이에 굵은 몽둥이를 끼운 채 군화로

허벅지를 짓밟는 고문을 당하자 기절해버렸다. 동아투위 위원 임채정은 각목 세례를 받아 귀는 찢어지고 얼굴은 퉁퉁 부어올랐다.

당시 보안사령관 겸 박정희 시해 사건 합동수사본부장은 전두환이었다. 그때 이미 전두환 일파는 민주화를 막고 군사독재체제를 세우기 위해 재야 민주화운동 진영에 고문과 투옥으로 공포 분위기를 조성한 것이다.

구속된 인사들은 군법회의 1심과 2심을 거쳐 1980년 8월 26일 대법원에서 징역 10개월~3년의 확정판결을 받았다. 신군부가 이미 그때부터 정권 찬탈을 위한 군사반란을 준비하고 있었음이 드러난 것이다.

전두환과 노태우가 주동한 12·12군사반란

박정희가 죽임을 당한 이튿날인 10월 27일 새벽 제주도를 제외한 전국에 비상계엄이 선포됐다. 전국의 대학에는 휴교령이 내려지고 언론검열이 실시됐다. 국무총리 최규하는 헌법 절차에 따라 대통령 권한대행이 되어 육군 참모총장에 정승화를 임명했다. 국군 보안사령관이던 전두환은 바로 그날 참모들에게 박정희 시해 사건 진상조사를 위해 합동수사본부를 설치하는 안을 작성하라고 지시했다. 박정희의 친위 세력이던 경호실 실장 차지철은 이미 저승으로 가버렸고, 또 하나의 막강한 권력기관이던 중앙정보부 부장 김재규는 범죄자 신분이 되어 있어서 보안사의 독판이 되다시피 한 상황이었다.

육군 참모총장 정승화는 보안사령관 전두환이 올린 합동수사본부 안을 승인하고 그를 본부장 자리에 앉혔다. 전두환은 합수부장이 되자마자 중앙정보부 해외담당차장 윤일균, 국내담당차장 전재덕, 검찰총장 오탁근, 치안본부장 손달용 등을 보안사 2층 사령관 접견실로 불렀다. 전두환은 이들에게 박정희의 서거를 알린 뒤 범인은 중앙정보부장 김재규라고 말했다. 그는 중앙정보부에 "앞으로 일체의 예산을 집행해서는 안 된다.

다만 합수본부의 허가를 받으면 집행할 수 있다"고 통보했다. 전두환은 중앙정보부 차장보까지 겸임하면서 대통령 권한대행 최규하를 허수아비로 만들고 실질적으로 권력을 독점하게 되었다. 그는 이런 막강한 권력을 바탕으로 1월 중순부터 하나회 동기생들과 후배들을 모아 군사반란 모의를 시작한 것이다.

전두환은 누구의 통제도 받지 않은 채 중앙정보부와 검찰, 경찰 등 주요 정보·수사기관을 통제하면서 정치인의 비리를 캐내거나 10·26사건에 관한 수사 내용을 자신에게 유리하게 발표했다. 그러자 육군 참모총장 정승화는 전두환을 동해안경비사령관으로 좌천시키고 하나회 간부들을 숙정할 계획을 세웠다. 자신이 장악한 정보·수사기관이나 하나회 간부를 통해 그런 정보를 입수한 전두환은 11월 16일 계엄사 합수부장 자격으로 '박정희 대통령 피살 사건'에 대한 중간 조사 결과를 발표하면서 김재규의 단독 범행이고 정승화는 무혐의라고 말했다. 이는 정승화를 방심에 빠트리려는 계략이었다고 볼 수 있다.

12월 6일 통일주체국민회의는 장충체육관에서 최규하를 제10대 대통령으로 선출했다. 바로 그날 전두환은 보안사 대공처장 이학봉이 제안한 수사계획서에 따라 군사반란을 일으키기로 결정하고 노태우를 비롯한 신군부 핵심들에게 작전 개시 지시를 기다리라고 통보했다.

12월 12일 오후 6시 전두환과 노태우 등 신군부는 최규하에게 정승화가 김재규와 내통했으니 체포를 허락해 달라고 요구했다. 최규하는 정식 결재 절차를 밟아 오라며 승인을 거부했다. 그는 국방부장관의 의견을 들어봐야겠다며 한 시간 넘게 버텼다. 그러자 전두환은 노태우, 최세창 등에게 부대병력 출동 준비를 하라고 지시하는 한편, 당시 최규하가 머물고 있던 총리공관 경비 병력의 무장을 해제하고 최규하를 실질적으로 포위했다.

전두환은 정승화와 특전사령관 정병주를 연행하라고 반란군에 지시했다. 체포 과정에서 육군 참모총장의 전속부관 등은 다치고 정병주의 부관인 소령 김오랑과 사병 2명은 강하게 저항하다 반란군의 총격을 받고 사망했다. 체포된 정승화와 정병주는 감금당했다.

전두환은 "국방부와 육군본부를 점령하고 국방부장관 노재현을 연행해 오라"고 명령했다. 12월 13일 오전 1시 30분 행주대교를 건넌 1공수특전여단은 새벽 3시 50분에 국방부 지하 벙커에 있던 노재현을 연행했다. 그러자 대통령 최규하는 새벽 5시 10분 반란군이 국방부장관을 비롯한 주요 공직자들을 체포한 것을 재가했다. 군사반란을 합법화해 준 것이다. 전두환의 신군부는 그때부터 군을 완전히 장악하게 되었다.

1. 서울의 봄과 5월광주민중항쟁

전두환과 노태우가 이끄는 신군부가 12·12군사반란을 비밀리에 준비하고 있던 기간에 여권과 야권의 정치인은 앞으로 전개될 상황을 낙관적으로 전망하면서 안이하게 대처하고 있었다. 박정희가 만든 민주공화당은 1979년 11월 10일 당무회의를 열어 통일주체국민회의의 대통령 간접선거에 후보를 내지 않기로 결정하고 김종필을 총재로 선출했다. 최규하가 대통령이 되더라도 오래 견디지 못하리라고 예상했던 것이다.

11월 18일 김종필은 신민당 총재 김영삼과 만나 대화를 나누었고, 23일에는 김영삼이 대통령 권한대행 최규하를 만났다. 12월 8일에야 가택연금에서 풀려난 김대중은 본격적으로 정치 활동을 시작했다. 12월 21일 대통령으로 취임한 최규하는 잔여 임기를 채우지 않고 가능한 한 빨리 개헌을 해서 총선을 실시하겠다고 밝혔다.

개헌과 대선에 대한 3김의 안이한 기대

3김인 김대중, 김영삼, 김종필은 최규하의 약속을 곧이곧대로 받아들였는지 개헌과 정치 일정에만 관심을 쏟았다. 그래서 신군부가 군사반란을 일으킨 사실을 대수롭지 않게 여겼던 것이다.

나중에 드러난 결과를 보면 그것은 3김의 치명적 오판이었다. 박정희와 함께 5·16군사쿠데타를 일으킨 뒤 유신독재체제에서 2인자로 지

내온 김종필이 정권을 잡는다면 극우보수 체제가 지속될 텐데도 김대중과 김영삼은 3자 경쟁에서 승리하는 데만 열중하고 있는 듯이 보였다.

12월 27일 신민당은 헌법 개정 공청회를 열었고, 해가 바뀐 1980년 1월 16일에는 국회 헌법개정심의특별위원회가 첫 번째 공청회를 개최했다. 그 무렵 한국을 방문한 미국 국무부 동아시아 담당 차관보 홀부르크와 하원 국제관계위원회 아시아태평양소위원회 위원장 레스터 울프는 한국의 주요 정치인을 만나면서 정국은 안정되어 있으니 "민주적 절차를 빠른 시일 안에 진행하기를 희망한다"고 말했다. 한국에 정치적 격변이 일어날 때마다 결정적 영향을 미쳐온 미국의 고위 관리와 중견 정치인이 그렇게 말하니 3김은 곧 새 정부를 세울 수 있겠다고 판단했을 가능성이 크다.

김대중을 추종하는 동교동계는 이미 11월 12일 '민주주의와 통일을 위한 국민연합'의 성명 발표에 참여한 바 있었다. 그 성명은 대통령 권한대행 최규하 체제의 퇴진, 거국민주내각 구성을 촉구하는 내용을 담고 있었다. 그러나 동교동계는 김영삼의 신민당과 함께 11월 24일 열린 '국민대회(와이더블유시에이 위장결혼식 사건)'에는 참여하지 않았다. 과격한 행동이 공연히 신군부를 자극할 것이라는 정치적 판단을 내렸기 때문이다. 나중에 드러났지만 그들이 신중하게 움직였는데도 결국 신군부는 쿠데타를 통해 권력을 장악하고 말았다.

1980년 1월로 접어들자 신민당의 소장 의원들은 범민주세력 통합을 촉구하고 나섰다. 1979년 12월 29일 김영삼과 김대중은 내외신 기자에게 민주주의를 위해 두 사람은 단결할 것이라는 내용의 합의사항을 밝혔지만 대동단결은 제대로 진척되지 않고 있었다. 소장 의원들은 재야 인사까지 포괄하는 민주화운동세력의 대통합을 이루고, 범민주세력이 단결한 뒤 대통령 후보 단일화를 이루자고 강조했다.

1980년 2월 25일 후보 단일화 추진을 위한 서명운동이 시작되었다. 그러자 양김은 3월 6일 단독회담을 갖고 대통령 후보 과열 경쟁을 삼가고, 재야 민주화세력과 합심해 민주 회복에 주력한다는 데 합의했다. 그러나 두 사람 모두 집권에 대한 야망을 포기할 의사는 전혀 없었다.

2월 9일 신민당과 공화당은 대통령 중심제, 대통령 직선제, 임기 4년에 1차 중임, 통대선출의원제 폐지 등을 뼈대로 한 헌법 시안을 작성했다. 2월 25일에는 김대중, 김영삼, 김종필이 서울 시내 인촌기념관에서 회동을 가졌고, 그 자리에는 주한 미국대사와 일본대사, 전 국회의장 정일권 등이 참석해서 앞으로의 정국을 낙관하는 내용의 대화를 나누었다.

노동운동의 분출과 사북항쟁

박정희의 유신독재체제 아래서 숨을 죽이고 있던 노동자들은 1980년이 되자 노동조합을 창립하는 한편 무력한 기존 노조의 민주화, 노동조건 개선, 해고 노동자 복직을 위해 다양한 활동을 벌이기 시작했다. 1980년 초부터 4월 말까지 노사분규가 809건이나 발생했는데, 이것은 1979년 한 해 동안 일어난 105건보다 8배 가까이 되는 수치였다.

1980년 3월 들어 해태제과 노동자는 1979년부터 지속적으로 요구해왔던 8시간 노동제 실시를 쟁취했다. 10년 동안 노조 결성이 사실상 금지되었던 마산수출자유지역에서는 3월 말에 일본인 기업체인 북릉주식회사 노동자 150여 명이 연합노조 경남지부 수출자유지역 북릉분회를 결성했다.

특히 전국에서 노동운동이 폭발적으로 일어나는 계기를 만든 것은 4월 8일부터 시작된 청계피복노동조합의 임금 인상과 퇴직금제 요구 농성투쟁이었다. 조합원은 '노동자는 기계가 아니다. 무엇이 우리를 분노케 하는가'라는 제목의 성명서에서 불황을 구실로 생존을 위한 최저임금도 지급하지 않은 사업주들의 처사를 더 이상 묵과할 수 없다고 밝혔다. 12일에는 농성을 벌이던 청계피복 지구 노동자들이 다른 노동자들과 합세해서 노동청과 사업주들의 무성의를 비난하면서 가두시위에 나섰다. 그들은 14일 '전태일 열사 추모식'을 연 뒤 다시 가두시위를 벌였다. 17일 노사 양측이 노동청의 조정안을 받아들이기로 합의함으로써 그 투쟁은 일단락되었다. 그 뒤를 이어서는 민영탄광, 금융노총, 진해화학지부 노동자들이 임금인상투쟁을 벌였다.

4월 21일, 한국 노동운동사에 새로운 기록을 남긴 사북항쟁이 일어났다. 강원도 정선군 사북읍에 있는 동원탄좌 노동자 3,500여 명이 "어용노조 지부장 사퇴", "임금 인상" 등을 외치며 시위에 나선 것이다.

사북항쟁은 탄광의 열악한 조건 때문에 일어났다. 1960년대 이후 한국사회는 급격한 근대화와 도시화를 겪고 있었지만 탄광만은 예외였다. 막장 인생이라는 말이 있을 정도로 사회로부터 소외된 사람들이 마지막으로 찾던 곳이 바로 탄광이었다. 힘든 작업 때문에 광부들은 도시 노동자들에 비해 약간 높은 임금을 받았지만, 열악한 작업 환경에 시달려야 했으며 생필품마저 부족해 물가는 다른 지역보다 30퍼센트 정도 높은 편이었다. 갱도 매몰 사고도 흔히 터져서 희생자도 많았다. 작업을 하면서 미세한 탄가루를 계속 흡입해 진폐증에 걸려 사망하는 경우도 다반사였다.

사북탄광은 당시 채탄량이 연간 160만 톤에 달하고 종업원 수는 3천 명이 넘는 국내 최대의 민영 광산으로 채탄량은 전국 생산량의 9퍼센트를 차지하고 있었다.

동원탄좌의 노동자들은 1979년 10월 26일 대통령 박정희가 중앙정보부장 김재규의 총탄에 맞아 사망한 뒤 노조를 중심으로 임금 인상을 추진하기 시작했다. 그러나 노조 지부장이 회사 측과 비밀리에 타협하면서 사태는 더 악화되고 말았다. 게다가 정부마저 모든 집회를 불허하자 노조원은 4월 21일 농성에 들어간 것이다. 그 결과 농성을 진압하러 나선 경찰과 맞서는 과정에서 4명의 노동자가 경찰의 지프에 치이는 사건이 발생했고, 흥분한 노동자들은 경찰관 한 명을 숨지게 했다. 노동자들은 그 후 사북 지역을 장악하고 계속 투쟁에 들어갔다.

다행히 사북사태가 보도되기 시작한 4월 24일 정부 측 대책위원과 노동자 대표의 합의가 이루어져 사태가 해결되는 것처럼 보였다. 그러나 2주 후 합동수사본부는 70여 명의 노동자와 부녀자를 연행하고, 25명을 군법회의에 넘겼다.

계엄사령부는 4월 30일 전군 지휘관 회의를 열고 학원 시위와 사북사건 등에 대해 '국가안보 차원에서 단호한 조처를 취하기로' 결의했다. 합동수사단은 사북항쟁의 주동자를 난동분자로 몰아붙이며 영장도 없이 연행한 뒤 무참한 고문을 자행했다. 사북항쟁이 신군부가 사회 전반의 혁신적 운동을 노골적으로 탄압하는 빌미가 된 것이다.

실제로 사북항쟁은 같은 해 5월 18일 전남 광주에서 시작된 민중항쟁의 서곡이나 다름없었다. 전두환과 노태우의 신군부가 자행한 광주학살의 피비린내가 이미 4월 하순 사북에서 진하게 퍼지기 시작했기 때문이다.

학생회 부활과 학원 민주화운동

박정희의 독재체제는 전체주의적 속성을 띠고 있었다. 고등학생과 대학생에게 교련이라는 이름으로 군사교육을 강요함으로써 학원을 병영화하는가 하면, 대학에는 학생회 대신 학도호국단이라는 군사적 조직을 갖추게 만들었다. 그런 상황에서 청소년이 느꼈을 정신적, 육체적 압박은 이루 표현하기 어려웠을 것이다. 그러나 1979년 박정희가 비명횡사하자 대학가에서는 학원 민주화를 외치는 소리가 높아지기 시작했다.

11월 22일 서울대에서는 10개 서클 대표가 모여 "학도호국단 폐지", "구속 학생 석방과 복학", "학내 언론자유 보장", "사복경찰의 구내 출입 금지" 등을 요구했다. 고려대, 연세대, 숙명여대 등의 학생도 학원 민주화 선언을 발표했다. 여러 대학에서 학생회가 부활하자 문교부는 2월 16일 학도호국단 간부 선출을 임명제에서 선거제로 바꾸고 학생 군사교육을 호국단 기능에서 제외하는 방안을 발표했다. 그러나 야당인 신민당은 문교부의 학원 자율화 조치가 미흡하다고 비판하면서 완전한 자율화를 요구했다.

　1980년 2월 29일 최규하 정부는 박정희 정권 시기에 해직됐던 교수와 제적됐던 대학생을 복권했다. 그래서 학원은 일시적이나마 자유를 되찾은 듯했다. 그런 분위기에서 4월 3일 서울대는 부활한 총학생회를 인정하고 학도호국단 관련 학칙을 삭제하기로 결정했다. 4월 7일에는 전국 9개 국립대학 학생처장단이 서울대에 모여 서울대의 학도호국단 관련 학칙 삭제를 따르기로 합의했다. 전국의 대학에서는 4월 내내 학생회 부활과 학도호국단 해체가 계속되었다.

　이렇게 학원 민주화운동에 전념하던 학생들이 4월 초순부터는 최규하 정부를 상대로 민주화투쟁을 벌이기 시작하는데, 그때부터 서울의 봄은 모습을 드러낸다. 그 발단은 병영집체훈련 거부투쟁이었다. 병영집체훈련이란 대학 1학년생이 9박 10일 동안 군부대에서 의무적으로 군사훈련을 받도록 한 제도로, '군사 기본훈련과 사격훈련 등을 통해 투철한 국가관을 확립하고, 심신 단련과 협동심을 길러 배우면서 싸우자는 호국학도로서의 자질을 키운다'는 것이 목적이었다. 병영집체훈련 거부는 성명서 형태로 표현되다가 4월 10일 성균관대에서 실제 행동으로 나타났다. 이런 투쟁이 여러 대학으로 확산되자 문교부는 강력히 응징하겠다고 엄포를 놓았지만 투쟁 열기는 전혀 수그러들지 않았다.

4월 24일 서울대 총대의원회는 1학년을 대상으로 한 병영집체훈련을 거부하기로 결의했다. 성균관대에서는 1학년생 200여 명이 입소 훈련을 거부하면서 학내에서 농성을 벌였다. 서강대에서도 1학년생 260여 명이 입소 거부 농성투쟁에 들어갔다. 4월 26일에는 서강대생 7백여 명이 강당에서 '입영집체훈련에 관한 서강인의 결의'를 채택하고 19일부터 밤샘 농성을 시작했다.

5월 2일 서울대에서는 개교 이래 최대 인원인 1만 명 이상의 학생이 참석한 가운데 비상학생총회가 열렸다. 학생들은 그 전날 총학생회 운영위원회가 병영집체훈련 반대투쟁을 철회하는 대신 '계엄 해제', '유신잔당 퇴진', '정부 개헌 중단' 등을 구호로 내걸고 본격적인 정치투쟁을 하기로 결정한 것에 대해 격렬한 찬반 토론을 벌였다. 학생들은 '더 큰 것을 얻기 위해 작은 것을 버리자'는 총학생회의 결정을 추인했다.

서울대 총학생회의 정치투쟁 노선은 전국 여러 대학으로 확산되었고, 5월 9일에는 고려대 총학생회장실에 23개 대학 대표가 모여서 총학생회장단 회의를 열었다. 그들은 회의 끝에 유신잔당 퇴진을 요구하면서 관제언론을 비판하는 성명을 발표했다. 그러고 나서 총학생회장들은 항간에 나도는 '대학생들 5·15총궐기설'이 신군부의 쿠데타에 빌미를 줄 수 있다는 이유로 당분간 교내 시위에 집중하기로 결정했다. 또 신군부의 공작인지 분명하지는 않았지만 '5·12군부쿠데타설'이 나돌자 총학생회장단은 12일 밤 농성장의 학생들에게 피신하라고 연락했다.

그러나 그날 아무 일도 일어나지 않자 학생들은 13일 학원을 벗어나 거리로 뛰쳐나가기 시작했다. 연세대생이 중심이 된 서울의 6개 대학 학생 3,000여 명은 종로 등 서울 시내 중심가로 나가 가두시위를 벌였다. 일부 학생은 최규하와 신현확, 전두환 화형식을 벌이기도 했다.

학생 총궐기와 서울역 회군

대학생이 대대적으로 가두시위에 나서자 신군부는 불순분자의 책동으로 몰아붙였다. 주한 미국대사 윌리엄 글라이스틴은 김대중과 김영삼을 각각 만나 학생들이 자제하도록 설득해 달라고 부탁했다. 그러나 신군부는 학생시위가 북한의 사주에 따른 것이라고 주장하면서 북한 남침설까지 유포했다.

6개 대학 학생 3천여 명이 서울에서 가두시위를 벌인 이튿날인 14일 새벽 4시 30분, 서울 지역 27개 대학의 총학생회 간부 40명은 고려대 총학생회장실에 모였다. 그들은 가두시위를 계속할 것인지를 두고 격렬한 토론을 벌인 끝에 이렇게 결론을 내렸다.

"우리의 평화적 교내 시위는 끝났다. 교문을 박차고 나가 싸울 것이다."

5월 14일 아침부터 서울 시내 21개 대학 학생 7만여 명은 서울 중심가로 행진해 들어가기 시작했다. 지방에서는 11개 대학의 3만여 명이 거리로 진출했다. 서울의 대학생은 비를 맞으면서 밤 10시까지 광화문, 종로, 시청, 서울역, 영등포 등 도심에서 시위를 벌였다. 신군부는 이미 그날 오전 8시 50분에 소요 진압본부를 설치하고 계엄군에 대기 태세를 갖추라고 지시했으나 병력 이동 명령은 내리지 않았다.

5월 15일 아침이 밝았다. 서울 35개 대학과 지방 24개 대학에서 쏟아져 나온 학생들은 "계엄 철폐" 등의 구호를 외치며 거리를 누볐다. 서울의 경우 학생들은 서울역과 남대문 사이에 집결해서 일부는 경찰의 시청 앞 저지선을 뚫기 위해 격렬한 공방전을 벌였고, 나머지 대다수는 서울역 앞 광장에 연좌해서 계엄 철폐, 신현확 국무총리와 전두환의 퇴진 등을 요구하며 농성을 벌였다. 이날 언론은 서울역에 집결한 학생 수가 최고 7만여 명에 달했다고 추산했다. 당시 서울역에 모인 학생들을 지도

할 수 있는 역량을 가진 집단은 없었다. 학생회장단은 농성 몇 시간 만에 내무부장관과 전화 통화를 해서 학교로 안전히 귀환하는 것을 보장받는 선에서 타협을 보았고, 학생들을 설득해 각자 대학으로 돌아가게 했다.

5월 15일 총학생회장단이 내무부장관과 통화를 해서 안전 귀교를 보장받은 뒤 시위 현장에서 물러난 것을 '서울역 회군'이라고 부른다. 서울지역 총학생회장단이 정상 수업으로 돌아가 대국민 홍보를 계속하기로 결정한 바로 그날 신군부의 계엄사령부는 국민들이 학생시위의 정당성을 이해하지 못하도록, 교란시킬 목적으로 언론사에 검열지침을 내려보냈다. 주요한 내용은 아래와 같다.

- 학생들의 행위를 정당화하거나 지지하는 식의 기사는 모두 불가 원칙.
- 학생 구호 중 "부정축재 환수하라", "김일성은 오판 말라", "반공정신 이상 없다" 등은 불가.
- 시위 현장에 나왔던 일부 학생들이 교통정리까지 했다는 것 등은 불가.
- 동료가 부상하자 경찰도 흥분, 학생들과 육탄전에 가까운 근접 전투 벌였다 등은 불가.
- 학생시위 기사 중 군인 코멘트 불가.
- 박 신민당 대변인의 신 총리 담화 논평 중 "그러나 사태의 악화에 대한 책임은 총리가 보다 진지하고 성실한 자세를 보이지 않은 것이 유감", "과도정부가 좀 더 일찍 신민당 주장에 귀를 기울였다면 오늘과 같은 시국 악화는 초래하지 않았을 것" 등은 불가.

전두환이 이끄는 신군부가 이렇게 교묘하게 언론을 완전히 통제하고 있던 상황에서 총학생회장단이 학생시위의 정당성을 국민들에게 홍보하기는 불가능했을 것이다. 실제로 당시 시위에 참여한 학생들은 학교나 집으로 돌아가기 전에 거리 청소를 했는데 계엄사는 이런 사실에도 보도 금지령을 내렸다. 더욱 중요한 것은 신군부의 사회 혼란과 북한의 남침 위협 주장을 익히 알고 있던 학생들이 현장에서 "김일성은 오판 말라", "반공정신 이상 없다" 등의 구호를 외쳤는데도 언론은 그런 사실을 보도해서는 안 된다고 지침을 내린 것이다. 결과적으로 전두환 일파는 언론을 총칼과 군홧발로 억압하면서 학생시위의 실상과 정당성이 대중에 전달되는 것을 차단하는 데 성공했고, 그래서 5·17쿠데타를 자행하게 되었다.

위와 같은 검열지침을 받은 당일인 5월 16일 밤 한국기자협회(회장 김태홍)는 회장단, 운영위원, 분회장 연석회의를 열고 대책을 논의했다. 그 자리에는 1975년 3월에 강제해직된 동아자유언론수호 투쟁위원회, 조선자유언론수호 투쟁위원회 집행부도 참여했다. 기협은 그날 회의에서 이렇게 결의했다.

"5월 20일 0시부터 검열을 거부하고 언론인 스스로의 양식과 판단에 따라 취재 보도하며, 이에 정권이 강압적으로 나올 때에는 제작거부에 돌입한다."

신군부의 5·17쿠데타

5월 16일 오후 5시 전국 55개 대학 학생대표 95명이 서울 이화여대에 모여 총학생회장단 회의를 시작했다. 전날의 서울역 회군이 전략적으로 옳았는지에 관해 격렬한 찬반 논쟁을 비롯해 신군부에 맞선 투쟁 방향 등을 논의한 그 회의는 이튿날까지 계속되었다.

대통령 최규하는 원유가 폭등에 대처한다는 목적으로 5월 10일 출국해 중동을 순방하다가 16일 오전 김포공항을 통해 귀국했다. 예정보다 하루를 앞당겨 돌아온 것이다. 신군부는 정부가 계엄 확대 조치를 발표하도록 강압하기 위해 17일 정오 전군 주요지휘관 회의를 열었다. 이 회의에서 노태우, 정호용, 황영시 등 신군부 핵심 인물들은 비상계엄을 확대해야 한다고 주장하면서 군의 정치개입을 결정하도록 유도했다.

총리 신현확이 소집한 비상국무회의가 그날 밤 9시 반에 시작되었다. 집총한 군인들이 에워싼 가운데 열린 회의에서 10분 만에 비상계엄 전국 확대가 의결되었다. 그동안 계엄에서 제외되어 있던 제주를 17일 자정을 기해 계엄 지역에 포함시킨다는 것이다. 최규하는 정부 대변인인 문공부장관 이규현을 통해 "5월 17일 24시를 기해 비상계엄을 전국으로 확대한다"고 발표했는데, 이규현은 신군부가 준 대통령 특별성명 원고를 그대로 낭독한 것이다. 이 성명에는 전두환, 노태우 일파가 곧 쿠데타를 일으키겠다는 의도가 명확히 나타나 있었다.

비상계엄이 확대되기 전부터 보안사는 예비검속이라는 구실로 김대중, 김종필을 비롯한 주요 정치인 26명을 합동수사본부로 연행했고, 학생, 정치인, 재야인사 등 2,699명도 체포했다. 신민당 총재 김영삼은 가택에 연금되었다. 그날 오후 이화여대를 급습한 군인들은 한창 회의를 하고 있던 총학생회장 가운데 다수를 연행했다. 같은 날 밤 특전사 7공수여단 소속 장교 94명과 사병 680명은 엠(M)16 소총 등을 휴대하고 광주의 전남대와 조선대를 점거했다. 비상계엄이 확대되면서 전국 92개 대학에 계엄군 병력의 93퍼센트인 22,342명이 배치되었는데, 신군부가 쿠데타의 초점을 김대중 등 민주화세력과 학생들에 맞추고 있음을 여실히 보여준 것이다.

역사학자 서중석은 『한국현대사 60년』에서 신군부가 쿠데타를 공공연하게 자행한 배경을 단정적으로 설명했다.

「쿠데타는 미국과 일본의 지원을 받았다. 군 지휘관들의 공공연한 쿠데타 결의나 20사단 이동 등은 미국과 무관하게 진행될 수 있는 사항이 아니었다. 미국은 친미 군부정권이 미국의 이해관계에 합치된 입장을 견지할 것으로 판단했고, 비록 박정희는 바꾸어야 할 필요가 있다고 하더라도 한국인한테 민주주의나 인권은 그다지 소중하다고 생각하지 않았다. 세계에서 유일하게 유신정권을 적극 지지한 일본은 12·12 이후부터 5·17쿠데타 이전까지 최소한 6차례에 걸쳐 출처가 의심스러운 북의 남침설 정보를 주었는데, 그중에서 마지막 것은 전두환이 무척 유용하게 써먹었다. 일본과 미국은 광주학살에서도 또 그 이후에도 전두환 신군부 정권을 지지했다.」

신군부의 살상에 무장으로 맞선 시민군

서울의 봄이 절정으로 치닫기 전인 5월 초순부터 광주에서는 민주화운동의 바람이 뜨겁게 불고 있었다. 그 중심에는 유신독재 시기에 제적되었다가 1980년 3월에 복학해 전남대 총학생회장으로 선출된 박관현이 있었다. 전남대생 3천여 명은 5월 3일 시국성토회를 열고 "계엄령 해제", "유신헌법 개정" 등을 요구한 뒤 거의 날마다 교내에서 시위를 벌였다.

5월 13일 전남대, 조선대, 동신전문대 등 광주 시내 9개 대학 학생대표 11명은 15일부터 전남도청 광장에서 합동으로 민주성회를 연 뒤 시위에 나서기로 합의했다. 서울의 대학생이 5월 13일부터 사흘 동안 대대적인 가두시위를 벌이다가 15일 서울역 회군으로 무기력해진 것과 정반대로 광주 지역의 학생은 16일까지 시내에서 대규모로 시위를 계속함으로써 시민의 열렬한 환호를 받았다. 그들이 외친 구호는 "유신잔당 퇴진", "계엄 철폐", "전두환은 물러가라" 등이었다.

3일 동안 시위를 벌인 학생들은 전국의 다른 대학과 보조를 맞추기 위해 잠시 휴식 기간을 갖기로 했다. 시위를 주도한 박관현은 휴식 기간이라도 특단의 조치가 내려지면 다음 날 시위를 벌이자는 며칠 전 합의 사항을 학생들에게 다시 상기시켰다.

5월 18일, 전남대생이 치켜든 항쟁의 횃불

5월 18일 일요일 아침, 텔레비전 뉴스를 통해 '계엄 전국 확대' 소식이 광주에도 전해졌다. 입소문을 통해 김대중이 체포되었다는 사실도 알려졌다. 전남대 학생은 특단의 조치가 나왔다는 것을 직감하고 학교 앞으로 달려갔다. 교문에는 '정부 조치로 휴교령이 내려졌으니 가정학습을 하기 바란다'는 총장 명의의 공고문이 붙어 있었다. 교문 양쪽에는 공수특전단원들이 늘어서서 학생들의 출입을 통제했다.

학생 1백여 명이 교문 앞에서 군인들과 대치해 침묵시위를 벌이자 소령 계급장을 단 장교는 메가폰으로 "휴교 조치로 학교에 들어갈 수 없으니 집으로 돌아가라"며 위압적으로 소리쳤다. 금세 2~3백 명으로 불어난 학생들은 "계엄 해제", "계엄군 물러가라", "휴교령 철회하라"는 구호를 외치기 시작했다. 그러자 공수부대 지휘관이 "돌격 앞으로" 명령을 내렸다. 군인들은 쇠 심이 박힌 곤봉으로 학생들의 머리, 어깨, 가슴 등을 무차별로 공격했다. 학생 몇 명은 피를 흘리며 그 자리에서 쓰러졌다. 군인들은 쓰러져 있거나 달아나는 학생을 개머리판으로 내리치고 군홧발로 짓밟았다.

갈수록 수가 늘어난 학생은 돌멩이로 대항했지만 특수훈련을 받은 군인들의 상대가 될 수는 없었다. 어떤 학생이 "여기서 싸우지 말고 도청 앞으로 가자"고 소리치자 학생 4백여 명은 전남대에서 가까운 광주역 광장에서 대오를 정비한 뒤 오전 11시께 금남로 3가의 가톨릭회관 앞으로 달려갔다. 1천여 명으로 불어난 학생은 연좌시위를 벌이다가 도청 앞 진출을 시도했으나 경찰의 저지에 막히고 말았다. 학생들은 충장로를 비롯한 시내 중심가에서 산발적 시위를 하며 "계엄령 해제하라", "김대중 석방하라"를 외쳤다.

오후 3시 40분, 유동삼거리와 충장로 입구에 각각 1개 중대쯤 되는 공수부대원들이 나타났다. 소총을 등에 메고 횡단보도에 도열한 유동삼거리의 군인들은 한 손에는 진압봉을, 다른 손에는 방패를 들고 있었다. 오후 4시 소형 군용차량에 달린 스피커에서 "시민 여러분, 집으로 돌아가십시오"라는 소리가 나오자마자 '거리에 나와 있는 사람은 모두 체포하라'는 명령이 떨어졌다. 군인들은 소총을 겨누거나 진압봉을 들고 시민에게 달려들기 시작했다. 소총에 꽂힌 대검으로 시민을 공격하는 군인들도 있었다. 그들은 피투성이가 되거나 의식을 잃은 사람을 군용 트럭 안으로 던지다시피 했다. 이것이 전남대 학생이 촉발한 광주민중항쟁을 공수특전단 병력이 무차별 살상한 첫 번째 사건이다.

그로부터 얼마 뒤 군용 트럭 11대가 광주 시내로 들어와 무장한 군인들을 쏟아냈다. 그들은 도처에서 무고한 시민에게 진압봉과 개머리판으로 무참하게 폭행을 가했다. 길을 가던 신혼부부도 군홧발로 짓밟았다. 또 군인들은 광주일고 교실에서 고등학교 정규과정 수업을 받고 있던 방송통신고 학생마저 마구 두들겨 팬 뒤 끌고 갔다. 농아장애인 증명서를 보이며 살려달라고 애원하는 젊은이에게도 장난을 친다며 마구 때려 실신시키기도 했다. 황석영이 기록한 『죽음을 넘어 시대의 어둠을 넘어』라는 책에는 당시를 이렇게 증언했다.

「공수대원들은 골목마다 뛰어다니면서 주변에 숨어 있는 청년들을 두들겨 패고 나서 손목을 뒤로 하여 포승으로 묶고는 차에다 던져 올렸다. 차 위에서는 무전병이 기다리고 있다가 체포되어 올라온 즉시 발가벗기고 굴비 엮듯 엎드리게 하고는 계속 난타했다. 거리에는 일시에 살기가 맴돌았고 골목마다 비명과 흐느낌이 요란했다.」

5월 19일, 학생시위에서 민중봉기로

공포의 하룻밤을 뜬눈으로 지새운 학생과 시민은 월요일인 5월 19일 오전 9시가 조금 지나자 공수부대원들의 눈길을 피하려고 골목길을 통해 금남로3가 가톨릭회관 앞으로 모여들었다. 오전 10시쯤 되자 군중의 수는 3~4천 명이나 되었다. 학생보다 소상인이나 자유업에 종사하는 젊은이가 훨씬 더 많았다. 군과 경찰은 확성기와 헬리콥터 방송으로 해산하라고 종용했다. 시민들이 헬기를 향해 주먹을 휘두르며 욕설을 퍼붓자 10시 40분부터 경찰은 최루탄을 쏘기 시작했다. 5천여 명으로 불어난 군중은 공수부대에 대항하려고 금남로 지하상가 건설 공사장에서 각목과 쇠파이프 등을 뜯어내 무기로 삼았다.

서울에서 온 제11공수여단 소속 군인들은 전날보다 훨씬 더 과격하고 무참하게 시민을 공격했다. 공수부대가 점심식사를 하러 잠시 철수하자 수많은 사람이 거리로 쏟아져 나왔다. 공수부대 대신 경찰이 최루탄을 쏘며 군중을 해산하려고 했지만 시민들은 돌멩이와 화염병으로 맞섰다. 그들은 가톨릭회관 차고에 있던 기독교방송국(CBS) 취재 차량을 끌어내 시동을 걸고는 시트에 기름을 붓고 불을 붙여 경찰 저지선을 향해 발진시켰다. 본격적인 무력 대응이 시작된 것이다.

오후 3시 반 장동에 있는 문화방송(MBC) 앞에도 3천여 명의 시민이 몰려들었다. 그들은 광주에서 계엄군이 저지르고 있는 만행을 단 한 줄도 보도하지 않으면서 대중가요나 쇼 프로그램을 내보내고 있던 문화방송을 격렬하게 응징했다. 시위대는 문화방송 건물 안으로 들어가 유리창과 집기들을 파괴하고 취재차 2대와 승용차 3대에 불을 질렀다. 그리고 문화방송 사장이 경영하는, 그 건물 옆에 있는 전자제품 상점인 문화상사에도 화염병을 던졌다. 공수부대원들이 달려와 여러 명을 대검으로 찌르거나 곤봉으로 가격할 때까지 시위대의 언론사 공격은 계속되었다.

18일과 19일 이틀 동안 사망자는 농아장애인 김경철 등 2명이었으나 군과 경찰에 연행된 사람은 셀 수 없이 많았다. 연행된 이들은 주로 조선대와 전남대 체육관, 그리고 상무대 영창에 갇힌 채 혹독한 고문과 기합을 받았는데, 무참하게 살해된 사람도 상당수 있었던 것으로 나중에 밝혀졌다.

5월 20일, 전면적 민중항쟁

5월 20일 새벽 6시, 사직공원 부근의 옛 전남양조장 빈터에서 노동자 김안부(35세)의 주검이 발견되었다. 그는 안면이 짓이겨지고 온몸에 타박상을 입은 처참한 모습으로 버려져 있었다. 이 소식은 입에서 입으로 광주 시내에 전해졌다. 지난밤부터 내리던 비가 멎은 오전 10시, 대인시장 주변에 1천여 명의 시민이 모여들었고, 금남로 일대에는 산발적으로 시위가 일어났다. 광주시교위가 20일부터 고등학교에 임시휴교 조치를 내리자 고교생도 대학생을 따라 시위 대열에 합류했다.

정오 무렵에 공수3여단 병력 1,390명이 시내에 투입되자 시민은 수백 명 단위로 무리를 지어 "공수부대 물러가라", "전두환은 물러가라", "내 자식을 살려내라"고 외치기 시작했다. 가정주부와 40~50대 장년층, 노인도 가세했다. 시위가 갈수록 격화되자 3개 여단 10개 대대의 공수부대 병력은 대대적인 진압작전을 시작했다. 시민은 각목, 쇠파이프, 돌멩이, 연탄집게, 식칼, 화염병 등 무기가 될 만한 것이면 무엇이든지 들고 있었다.

오후 3시가 되자 택시기사들이 차량을 무기 삼아 공수부대와 정면 대결을 펼치는 놀라운 사건이 일어나기 시작했다. 광주역 앞에 모인 택시 50여 대가 경적을 울리며 동료를 불러 모은 것이 시발점이었다. 운전기사들은 지난 이틀 동안 시내에서 벌어진 군인들의 만행을 누구보다 생생하게 목격한 바 있었다. 오후 6시가 되자 운수 노동자들이 각종 차량 2백여 대를 몰고 무등경기장에 집결하는 일이 벌어졌다. 그들은 "시민들의 희생을 줄이기 위해 우리가 앞장서서 군 저지선을 돌파하자"고 결의했다. 『광주민중항쟁』이라는 책에는 이때 상황이 묘사돼 있다.

「어둠이 깃들기 시작한 7시경 마침내 차량 시위대가 금남로에 나타났다. 선두에 버스와 대한통운의 대형 트럭을 앞세운 2백여 대의 차량은 헤드라이트를 켜고 일제히 경적을 울리면서 서서히 도청을 향해 전진했다. 공수부대와 대치하고 있던 수만 명의 시민은 목이 터져라 환호하면서 차량에 올라타거나 에워싼 채 함께 행진했다. 61대대, 62대대 병력은 바리케이드 좌우로 분산하여 최루탄을 발사했다. 선도 차량이 주춤거리자 공수부대의 돌격조가 차량 대열로 뛰어들었다. 그들은 유리창을 박차고 차량 안으로 뛰어들어 미친 듯이 진압봉과 대검을 휘둘렀다.」

차량을 따라가던 시민들은 군인들과 육박전을 벌였다. 시민 수십 명이 공수부대원들의 진압봉이나 개머리판에 맞아 머리가 깨어지거나 어깨가 내려앉았다. 시민들은 일단 밀려났다가 돌과 화염병을 들고 다시 공수부대의 저지선으로 다가갔다. 저녁 7시 30분 공용터미널 쪽에서는 1만여 명의 시위대가 차량을 앞세우고 그곳으로 밀어닥쳤다. "연행 학생 석방하라", "김대중을 석방하라", "전두환은 물러가라", "공수부대 물러가라"는 함성이 울려 퍼졌다.

시민들이 금남로에서 61대대, 62대대와 치열한 공방전을 펼치고 있던 오후 8시쯤 광주신역 앞에서도 3공수여단 12대대와 시위대가 그에 못지않은 격전을 벌이고 있었다. 신역은 군대에 병력과 보급품을 수송하는 요충지라서 12대대는 필사적으로 그곳을 지키려고 했다. 시민들은 도청 앞에서처럼 차량을 앞세워 저지선을 돌파하고 있었다. 밤 11시, 갑자기 엠16 총성이 요란하게 울렸다. 시위대 속에서 누군가가 "공포다, 물러서지 말자"라고 외치자 시민들은 다시 대오를 정비하고 신역으로 쳐들어갔다. 그때 다시 총성이 울리면서 맨 앞 대열에 있던 시민이 쓰러졌다. 이것이 최초의 발포였다.

5월 21일, 무장투쟁으로 쟁취한 승리

5월 21일 새벽, 동이 틀 무렵 광주신역 앞에서 공수부대가 미처 치우지 못한 주검 2구가 발견되었다. 대형 태극기에 덮인 주검을 실은 손수레를 따라서 수만 명의 시민이 도청을 향해 행진을 시작했다. 각종 차량에는 '두환아, 내 자식 내놓아라', '전두환 찢어 죽이자'라는 현수막이 걸려 있었다. 시위대는 금남로 가톨릭회관 앞에서 11공수여단과 대치하며 연좌농성을 벌였다.

정오가 지나도 공수부대가 철수할 기미를 보이지 않자 시민들은 힘으로 군인들을 밀어내기로 결정했다. 오후 1시 조금 전에 시위대원이 모는 장갑차 한 대가 공수부대의 저지선을 향해 돌진했다. 저지선이 무너지자 공수부대원들은 도청 쪽으로 달아났다. 시위대의 트럭과 버스는 도청을 향해 달려갔다. 그러자 분수 근처에 있던 병력이 총격을 가해 버스 운전사는 즉사하고 말았다. 그 직후 느닷없이 애국가가 방송되면서 공수부대원들은 엎드려쏴 자세로 시민들을 향해 집단 발포를 시작했다. 사격은 중지 명령이 내려지기까지 10여 분 동안 계속되었다.

금남로는 그야말로 피바다를 이루었다. 부상자를 구하려고 달려 나간 사람도 저격병들의 표적이 되어 쓰러졌다. 1988년 이후 정부에 접수된 피해자 신고를 보면, 그곳에서만 54명 이상이 숨지고 500명 이상이 부상한 것으로 추정된다.

공수부대의 금남로 대학살을 목격한 시민들은 광주 공동체를 지키고 더 이상의 희생을 막기 위해 무장을 시작했다. 시민 자위권이 발동된 것이다. 청년들은 차량을 몰고 나주, 화순 등 광주 인근 지역으로 빠져나가 공수부대의 만행을 고발하면서 함께 궐기하자고 호소했다. 경찰 병력이 대부분 광주로 차출되었기 때문에 광주 청년과 지역 주민은 쉽사리 지·파출소에서 무기를 확보할 수 있었다. 오후 2시 반쯤 광주 시위대는 나주경찰서 삼포지서와 금성파출소 무기고를 부수고 엠1 소총과 실탄을 접수했다. 화순탄광에서는 광산 노동자의 도움으로 티엔티(TNT)와 소총 등을 구할 수 있었다.

여러 곳에서 획득한 무기를 실은 차량이 오후 3시를 전후해 광주로 돌아와서는 지원동, 산수동, 백운로터리 등 외곽 지역에서 시민들에게 무기를 분배했다. 중학생부터 장년층에 이르기까지 수백여 명이 공수부대를 광주에서 몰아내기 위해 총을 든 것이다. 이것이 시민군의 탄생이다.

엠1 소총과 카빈총으로 무장한 시민군이 처음으로 광주 중심가에 나타난 것은 21일 오후 3시 15분이었다. 그들이 충장로 광주우체국 앞에서 도청 쪽으로 진격하자 2천여 명의 시민은 뒤를 따랐다. 시민군은 도청을 에워싼 채 노동청, 광주천변 도로, 충장로, 전남의대 방면에서 공수부대를 압박해 들어갔다.

오후 4시 광주의 공수부대는 주둔지로 철수하라는 명령을 받았다. 도청의 11여단은 조선대로 가서 7여단 33대대와 합류한 뒤 화순군에 인접한 주남마을 일대로 철수했다. 전남대에 주둔하고 있던 3공수여단의 5개 대대는 광주교도소로 철수했다.

그러나 중학생까지 가세한 시민군이 정규군을 상대로 전투를 할 수가 없었다. 그래서 어느 예비역 장교의 제안에 따라 오후 4시 광주공원에서 10대 후반부터 20대에 이르는 젊은이로 전투 조직을 편성했다. 본격적

해방(실크스크린 판화, 김봉준 작)

인 체제를 갖춘 시민군은 땅거미가 깔리기 시작한 초저녁에 도청으로 진입했다. 그들은 공수부대가 달아났음을 확인하고 기쁨의 눈물을 흘렸다.

시민군이 공수부대를 물리치고 도청을 장악한 뒤 분산된 홍보활동을 통합하는 데 앞장선 사람은 윤상원이다. 전남대 운동권 출신인 그는 "지금 모든 시민에게 올바른 행동 방침을 전달할 신문이 필요하다"고 강조하며 유인물 발간팀을 하나로 만들어 〈투사회보〉를 펴내기 시작했다.

5월 21일 계엄군이 도청 앞에서 발포한 사건을 계기로 항쟁은 광주 시내를 벗어나 전남 일원으로 번져 나갔다. 그날 오후 광주에서 고속버스를 탄 2백여 명의 시위대는 나주, 함평, 무안을 거쳐 목포에 도착했다. 그들은 가두방송을 통해 광주의 상황을 알리기 시작했다. "계엄령을 해제하라", "살인마 전두환 물러가라", "김대중을 석방하라"는 소리가 요란히 울려 퍼졌다.

20일부터 텔레비전 방송이 중단된 가운데 광주 소식을 단편적으로 전해 듣던 목포 시민은 시위대를 뜨겁게 환영하면서 거리로 몰려나왔다. 오후 4시가 되자 2만여 명의 군중이 가두행진에 나섰다. 그들은 경찰력이 광주에 투입되어 무방비 상태가 된 시내를 거침없이 행진했다. 광주에서 온 시위대는 목포 청년을 버스에 태우고 광주로 돌아갔다.

목포 시위대는 날이 어두워지자 시청 유리창을 박살 냈고, 목포경찰서에 들어가서는 경찰 트럭과 호송차에 불을 질렀다. 시위대는 진실을 왜곡한 한국방송공사(KBS)와 문화방송(MBC) 건물의 집기들을 마구 부수었다. 그래서 밤 9시 30분부터는 라디오 방송마저 중단되었다.

5월 22일 새벽 청장년을 중심으로 한 목포의 무장 시위대는 목포역 대합실과 중앙정보부 목포분실, 해안경찰대 건물을 파괴하거나 방화하고 무기고를 접수했다. 오후 2시에는 목포역 광장에서 '시민민주투쟁위원회' 주최로 '민주헌정 수립을 촉구하기 위한 제1차 시민궐기대회'가 열렸다.

23일에는 시민 5만여 명이 참가한 가운데 제2차 시민궐기대회가 열렸고, 대회를 마친 시민은 야간 횃불행진을 벌였다. 23일과 24일에는 각기 제3차, 제4차 궐기대회가 열렸다. 시민들은 계엄군이 도청을 점령한 27일에도 5차 궐기대회를 가졌다. 목포의 항쟁은 마지막 순간까지 조직적으로 전개되었다.

항쟁은 목포 말고도 전남 여러 지역으로 확산되었다. 5월 21일 오후 광주에서 나주로 간 시위대 30여 명은 읍민과 합세해서 20여 대의 차량을 앞세우고 나주경찰서와 지·파출소의 무기고를 부수고 1천여 정의 소총과 5만여 발의 실탄을 확보했다.

21~22일에는 해남, 영암, 강진에서도 청년을 중심으로 가두시위가 벌어졌다. 특히 23일에는 강진농고 학생 5백여 명이 시위에 나섰다가 군경과 충돌해 6명의 사상자가 발생했다.

광주와 접한 화순에는 21일 오후 차량에 탄 시위대 2백여 명이 들이닥쳐 읍민과 합세해 경찰서와 화순탄광 등에서 소총과 탄약, 티엔티 등을 탈취해 광주로 싣고 갔다.

5월 22~26일, 해방 광주의 환희와 고뇌

5월 22일 이른 아침부터 도청 앞 광장과 금남로에는 많은 시민이 모여들었다. 그들은 금남로 곳곳에 말라붙어 있던 핏자국을 물로 씻어내고 불타버린 차량들을 치웠다.

외부와 교통, 통신이 단절된 광주 시민이 가장 먼저 해결해야 할 문제는 생활필수품 부족이었다. 시민들은 자발적으로 매점매석을 삼가면서 생필품을 최대한으로 절약했다. 쌀집에서는 한 번에 두 되가 넘는 쌀을 팔지 않았고, 식료품점이나 슈퍼마켓에서도 판매량을 최소한도로 줄였다. 경찰서와 은행 등 주요 건물에는 시민군과 학생이 중심이 된 경비

조를 배치했다. 시민군에 대한 지역 주민의 성원은 뜨거웠다. 김밥, 음료수, 빵 등은 무상으로 제공되었다.

21일 밤 도청에 진입한 시민군은 1층 서무과에 상황실을 설치하고 계엄군이 버리고 간 무전기를 조작해서 군의 상황을 파악했다. 시민군은 22일 아침 신원이 확인된 사망자 명단을 옥외방송으로 알려주었다. 시민들은 오후부터 궐기대회를 열고 전두환의 신군부가 공수부대를 시켜 저지른 학살과 만행을 규탄했다. 그러나 그때까지 뚜렷한 항쟁 지도부가 구성되지는 못했다.

그런 지도력 공백 상태에서 22일 오전 도청에 출근한 전남부지사 정시채는 광주 지역 유지들을 모아 '5·18수습대책위원회'를 구성했다. 친여 성향의 사람들만으로는 시민의 호응을 받을 수 없다고 여긴 정시채는 재야인사인 변호사 홍남순, 전남대 교수 송기숙과 명노근, 신부 조비오를 수습위에 참여시키는 데 성공했다. 그런데 수습위의 토론은 두 갈래로 나누어졌다. 친여 인사들은 총기 반납이 최우선 과제라고 주장한 반면, 재야인사는 계엄 당국의 사과가 선행되어야 무기를 반납할 수 있다고 맞섰다.

22일 오후 5시가 조금 지난 시각, 도청 앞 광장에는 10만여 명의 시민이 모여 있었다. 그날 오후 1시 30분쯤 수습위원이 전남북 계엄분소에서 부사령관과 협상하기 위한 대화를 하고 돌아와 있었기 때문이다. 그때 수습위원이 "유혈을 방지하고 질서를 유지하자"고 제안하자 시민들은 열렬한 박수를 보냈다. 그러나 "무기를 반납하고 치안을 계엄사에 맡기자"는 발언에 대해서는 격분해서 야유의 함성을 질렀다. 시민들이 "굴욕적 협상에 반대한다", "계엄령을 해제하라", "전두환을 처단하라"고 외치자 수습위원은 분수대에서 황급히 내려가 버렸다.

한 학생이 나서서 "이번 사태는 대학생들이 책임을 져야 할 것이기 때문에 우리가 수습에 나서겠다"고 제안하자 송기숙과 명노근 등 교수들은 전남대와 조선대, 그리고 전문대 학생 각 5명씩 모두 15명으로 학생수습위원회를 만들도록 했다. 그렇게 해서 수습위는 시민과 학생으로 양분되었다.

시민군의 목숨을 건 반격에 밀려 공수부대를 광주 외곽으로 철수시킨 신군부는 항쟁이 전남 일원으로 확산되는 것을 보면서 두 가지 조치를 취했다. 먼저 3개 공수여단과 보병 20사단, 전투교육사령부(전교사)의 병력으로 광주로 통하는 모든 교통망을 봉쇄했다. 다음으로는 군사적 공격과 더불어 광주민중항쟁에 대한 정치적·이데올로기적 공격을 강화했다. 신군부가 계엄사를 통해 강제하는 검열을 받고 있던 전국의 모든 언론매체는 그 공격의 첨병이 되었다. 거의 모든 신문과 방송에서는 '광주사태는 고정간첩과 깡패, 불순분자, 김대중의 잔당들이 계획적이고 조직적으로 지역감정을 자극하는 유언비어로 선량한 시민들을 선동해서 일으킨 폭력난동'이라는 투의 기사와 논설을 실었다.

신군부는 광주민중항쟁을 무력으로 진압하는 것을 정당화하기 위해 미국의 지미 카터 행정부의 암묵적 지지와 협력을 이끌어내는 데 성공했다. 5월 22일 미국 국방부 대변인 토머스 로스가 이렇게 발표했기 때문이다.

"존 위컴 주한 유엔군 및 한미연합사령관은 그의 작전 지휘권 아래 있는 일부 한국군을 군중 진압에 사용할 수 있게 해달라는 한국정부의 요청을 받고 이에 동의했다."

이런 발표는 정치·경제·군사 종주국인 미국의 카터 행정부가 전두환이 이끄는 신군부의 광주학살을 실질적으로 승인했음을 보여준다. 5·17 쿠데타에 대해 전남대 학생이 가장 먼저 항거하고, 광주 시민이 계엄군의 무력행사와 학살에 맞서 항쟁을 일으킨 사실은 도외시하고 '모든 당사자에게 최대한의 자제와 대화를 통해서 평화적인 사태 수습 방안을 모색하도록 촉구'한다는 것은 중립을 가장한 말장난이었을 뿐이다. 게다가 카터 행정부는 신군부가 악용하는 북한의 남침 위협에 동조하면서 강력히 대처하겠다고 경고했다. 이것을 보고 전두환 일파는 입술이 귀에 걸리도록 함박웃음을 지었을 것이다.

5월 22일 오후 백악관에서 열린 국가안전보장회의 고위정책조정위원회에서는 북한이 한국의 정정 불안을 틈타 무력 도발을 할 가능성에 대비하여 일본 오키나와에 있는 조기경보기 2대와 필리핀 수빅만에 정박 중인 항공모함 코럴시호를 한국 근해에 출동시키기로 결정했다.

5월 23일 오후 1시 조금 지나서는 시위대원 18명이 시민군 본부에 등록된 소형 버스를 타고 화순으로 달려가고 있었다. 버스가 지원동 주남마을 앞에 이르렀을 때 그곳을 봉쇄하고 있던 공수부대원들은 버스를 향해 무차별 사격을 가했다. 그들 가운데 15명은 마을 앞마당과 차 안에서 숨지고 여고생 1명과 남자 2명은 군인들에게 붙잡히고 말았다. 결국 남자 2명은 11공수여단 본부 상황실로 끌려가 사살당하고 여고생만 살아남았다.

광주 시민은 이렇게 끔찍한 사실을 모른 채 23일 오후 도청 광장에서 제1차 민주수호 범시민 궐기대회를 열었다. 대회는 24일과 25일에도 계속되었다. 시민수습위와 학생수습위의 평화적 타협론에 비판적이던 강경파 학생과 민주화운동권 청년은 무조건 무기 반납을 거부하며 명예로운 투쟁을 강조했다. 결국 학생수습위는 '흘린 피의 대가를 받을 때까지 투쟁한다'는 결론을 내렸다. 해방 광주의 환희가 며칠 사이에 무거운 고뇌로 바뀌어버린 것이다.

한편 25일 오전 11시 49분 신군부는 '27일 00:01 이후 진압작전을 실시한다'는 내용의 상무충정작전지침을 계엄사령관 이희성 명의로 전교사에 내려보냈다. 그 지침을 받은 전교사령관 소준열은 26일 오전 10시 30분 3·7·11공수여단장과 보병·포병·기갑학교 교장 등을 불러서 소탕작전에 관한 지휘관 회의를 열었다.

같은 날 광주 시민군은 자신들의 이름으로 '우리는 왜 총을 들 수밖에 없었는가'라는 제목의 성명서를 발표했다.

5월 27일, 시민군의 최후 항전

5월 25일 대통령 최규하가 광주를 방문한다는 소식이 전해졌다. 시민들은 민간 대통령인 그가 광주의 참혹한 실상을 직접 보고 들으면서 상황을 제대로 파악하기를 기대했을 것이다. 그러나 그날 오후 6시 비서실장 최광수, 계엄사령관 이희성 등을 대동하고 나타난 최규하가 한 일이라고는 전남북 계엄분소인 전교사를 찾아가 사령관 소준열과 전남도지사 장형태로부터 왜곡된 현장 보고를 받고 신군부가 작성한 수습 방안을 들은 것뿐이다. 그러고 나서 최규하는 신군부의 광주 소탕작전을 정당화하는 듯한 담화문을 발표했다. "우리들의 대결 상황을 북한 공산집단이 악용하고자 할 것은 틀림없는 일"이므로 "총기를 반환하고 집으로 돌아가 치안을 회복하는 데 협력해야 한다"는 것이다. 이 담화문은 25일 밤 9시, 10시, 10시 30분, 이렇게 세 번에 걸쳐 라디오와 텔레비전을 통해 전국으로 방송되었다.

26일 동이 트기 전인 새벽 5시 30분, 무력 진압의 전조가 나타나기 시작했다. 탱크를 앞세운 20사단 병력이 여러 방면에서 광주를 향해 들어온 것이다. 25일 저녁부터 전남도청에서 열린 수습위에 참석해 밤을 새워 회의하던 재야인사 17명은 이 소식을 듣고 크게 긴장했다. 그때 신부 김성용은 이렇게 제안했다.

"우리 어른들이 방패가 됩시다. 지금 상태로는 전차 앞에 나서도 죽

5·18광주민중항쟁 역사풍속화(2017, 김봉준 작)

을 것이요, 여기 있어도 죽을 것입니다. 그러니 모두 다 나갑시다. 만약 그들과 대화를 할 수 있다면 우선 항의합시다. 왜 약속을 배반했는가, 해명하고 사죄하라고 합시다. 이 자리에서 결의합시다."

김성용의 제안에 찬동한 수습위원은 다음과 같이 결의했다.
1. 한 시간 이내에 군은 본래의 위치로 철퇴하라.
2. 그렇지 않으면 전 시민의 무장화를 호소하고,
3. 게릴라전으로 싸웁시다.
4. 최후의 순간이 오면 티엔티를 폭발시켜 전원 자폭합시다.

죽음을 각오한 재야 수습위원 17명은 금남로에 일렬횡대로 섰다. 그들은 거기서부터 수창초등학교, 광주대교, 양동, 서광주경찰서 앞 돌고개를 거쳐 농촌진흥원 앞까지 약 4킬로미터를 행진했다. 수많은 시민이 그 뒤를 따랐다. 아침 9시쯤 전교사 부사령관인 소장 김기석이 부관들을 대동하고 그들 앞에 나타났다. 그의 제안에 따라 재야 수습위원과 학생대표 11명은 상무대의 전교사 사령부로 가서 오전 10시부터 오후 2시 30분까지 그곳 간부들과 협상을 벌였다. 그러나 그것은 완전한 기만책이었다. 바로 그 시간에 공수부대 특공조는 광주비행장에서 진압작전 예행연습을 하고 있었던 것이다. 결국 수습위와 군의 협상은 결렬되었다. 군이 병력 철수 요구를 거부했기 때문이다.

계엄군이 광주로 들어오고 있다는 소식을 듣고 아침 10시쯤부터 도청 앞 광장에 모여든 수만 명의 시민은 수습위의 협상에 기대를 걸지 않고 '제4차 민주수호 범시민 궐기대회'를 열어 계엄군의 배신행위를 격렬하게 규탄했다.

대회에서는 '대한민국 국군에게 보내는 글', '전국 언론인에게 보내는 글', '과도정부 최규하 대통령에게 보내는 글' 등의 성명서가 낭독되었다. 궐기대회를 마친 시민은 대형 태극기와 고등학생 1천여 명으로 이루어진 시위대를 앞세우고 가두행진에 나서 "계엄령을 해제하라", "피의 대가를 보상하라", "김대중을 석방하라", "전두환 물러가라", "무기 반납을 결사반대한다" 등의 구호를 외쳤다.

그 시간에 도청의 항쟁 지도부는 결사 항전을 위한 준비 작업을 진행하고 있었다. 수습위와는 달리 기층 민중 출신이 대부분인 시민군은 도청과 무기고의 경계 병력을 대학생으로 충원했다. 그리고 오전 중에 시민군 순찰대를 재편성해 기동타격대를 만들었다. 학생수습위원으로 새로 항쟁 지도부에 참여한 박남선을 상황실장으로 세우고 그 밑에 13개 기동타격대를 편성한 것이다. 6~7명이 1개조가 된 기동타격대는 군용 지프, 무전기, 카빈총 등을 가지고 있었다.

공수부대가 광주비행장에서 도청 진압작전을 위해 마지막 예행연습을 하고 있던 26일 오후 3시, 항쟁 지도부는 결과적으로 마지막이 된 '제5차 민주수호 범시민 궐기대회'를 열었다. 계엄군은 부지사 정시채를 통해 오후 6시까지 무기를 반납하라는 최후통첩을 보냈다. 상공에 있던 군 헬기는 소탕작전이 임박했음을 알리는 전단을 뿌리고 있었다.

'총을 든 학생 청년 여러분! 총을 놓고 집에 돌아가십시오. 총을 들고 있으면 폭도로 오인됩니다. 군은 곧 소탕에 나섭니다. 내 생명은 내가 지킵시다.'

재야 수습위원이 돌아와 "모든 협상이 끝났다. 오늘 밤에 계엄군이 공격해 올 것 같다"고 항쟁 지도부에 전달하자 지도부는 그 사실을 시민에게 공식적으로 발표했다. 시민 5천여 명은 마지막으로 가두시위를 벌이면서 "계엄군은 물러가라", "우리는 최후까지 싸운다", "광주를 사수하자"를 외쳤다. 행진이 끝난 뒤 도청 앞 광장에는 2~3백 명의 시민만 남아 있었다. 그때 한 청년이 외쳤다.

"여러분, 조국의 민주화를 위해 죽을 수 있는 사람만 남고 나머지는 돌아가십시오. 오늘 밤 계엄군이 쳐들어오면 우리는 끝까지 싸울 것입니다. 그리고 모두 다 죽을 것입니다."

공수부대 특공조들은 27일 새벽 1시 30분 조선대 뒷산에 집결했다. 3·11공수여단 특공조는 작전계획을 점검한 뒤 각기 3시와 3시 30분에 도청, 와이더블유시에이회관, 전일빌딩 등으로 은밀히 침투해 들어갔다. 7여단 33대대 제8·9지역대도 광주공원과 주변의 주요 건물을 점령하기 위해 새벽 1시쯤 그 지역으로 이동했다. 광주 외곽을 봉쇄하고 있던 20사단은 새벽 3시 30분이 되자 전 병력이 중심가를 에워싼 채 공격 개시선으로 접근해 포위망을 좁혀 나갔다.

항쟁 지도부는 마지막 궐기대회가 끝난 뒤 도청 앞 광장에 남은 150여 명으로 전투조를 편성했다. 그들 가운데 80여 명은 군 복무를 마친 사람이었고 60여 명은 군대 경험이 없는 청년과 고등학생이었다. 나머지 10여 명은 여성이었다.

계엄군은 작전을 시작하기 직전 광주시와 전남 일원 사이, 그리고 시내의 전화선을 모조리 차단해버렸다. 전화가 끊어지기 전 시민의 제보로 계엄군의 진입을 확인한 항쟁 지도부는 도청에 비상령을 내리고 최후 항전에 대비했다. 광주 시내에서 움직이고 있는 것은 항쟁 지도부가 내보낸 가두방송 차량뿐이었다. 송원전문대 학생 박영순과 목포전문대 학생 이경희가 토해내는 애절하고 비통한 호소가 한밤의 광주 전역에 메아리쳤다.

"시민 여러분! 지금 계엄군이 쳐들어오고 있습니다. 사랑하는 우리 형제, 우리 자매들이 계엄군의 총칼에 숨져가고 있습니다. 우리 모두 계엄군과 끝까지 싸웁시다. 우리는 광주를 사수할 것입니다. 시민 여러분,

계엄군이 쳐들어오고 있습니다."

73만여 명의 광주 시민 모두가 그 방송을 들었지만 집 밖으로 나갈 수가 없었다. 그것은 곧 죽음을 의미하기 때문이다. 계엄군은 자신들의 위치가 드러날까 봐 방송차에 사격을 하지 않았다. 그래서 두 여학생은 새벽 3시까지 시내를 돌며 방송을 계속할 수 있었다.

새벽 4시가 조금 지난 시각에 총성이 요란하게 울리기 시작했다. 도청의 시민군은 전면과 측면에 2~3명을 1개조로 담장을 따라 배치되어 있었다. 건물 안의 시민군은 1층부터 3층까지 복도 유리창을 모두 깬 채 광장을 내다보고 있었다.

공수3여단 특공조는 4개조로 나뉘어 도청을 포위했다. 도청 뒷담을 넘어 들어간 공수부대원들은 연속적으로 총을 쏘아댔다. 그들은 엠16 소총으로 자동사격을 하면서 도청 내부로 들이닥쳐 각 방의 문을 걷어 찬 뒤 총탄을 퍼부었다. 군인들은 손을 들고 항복하는 사람마저도 짓밟았고, 인기척이 나는 곳이면 무차별 사격을 가했다. 항복하라고 소리쳐도 반응을 보이지 않으면 수류탄을 던져 넣었다.

공수11여단의 1개 지역대는 측면에서 특공조를 엄호했다. 새벽 4시 50분에는 20사단 61연대 2대대가 3공수여단의 뒤를 따라 도청으로 달려 들어갔다. 동이 트기 시작하던 5시 20분에는 공수3여단 특공조가 도청을 완전히 장악했다. 그들은 20사단 병력에 도청을 맡기고 광주비행장으로 돌아갔다. 20사단 군인들은 곳곳에 널린 주검과 부상자를 도청 건물 밖으로 끌어냈다. 시민군의 장엄한 최후 항전은 그렇게 막을 내렸다.

광주시 행정당국이 나중에 조사한 결과를 보면, 그리고 현지 재야 운동권 인사의 증언을 들어보면, 항쟁 기간에 시민이 저지른 강력 범죄나 약탈은 거의 없었다. 그런데 5월 29일 자 경향신문에 실린 기사 '취재기자들이 방담으로 엮어본 사태 현장'에는 이런 내용이 실려 있었다.

5·18광주민중항쟁(목판화, 김봉준 작)

'눈만 빠끔하게 나오게 하는 복면, 수건으로 입을 가린 사람 등등 정말 여러 모습이더군. 왜 그런지 이들 가운데 상당수가 불량배로 보이기도 했지.'

'특히 은행, 농협, 귀금속상 등이 가장 불안 속에 있었는데 다행히 사고는 많지 않았던 것 같아.'

광주민중항쟁의 역사적 의의

광주민중항쟁은 계엄군에 맞선 전남대 학생의 소규모 시위로 촉발되었다. 초기에는 항쟁 지도부도 없이 시민들이 신군부의 만행을 규탄하는 집회와 시위를 산발적으로 벌인 사실밖에 없었다. 그러나 5월 18일과 19일 이틀에 걸쳐 공수부대는 시민들에게 무참한 공격을 가했고, 이런 이유로 20일 저녁부터 시민군의 조직적 항쟁으로 발전했다. 결정적 계기는 20일 오후 택시기사 50여 명이 차량을 무기 삼아 공수부대와 정면 대결을 벌인 일이다. 2백여 대로 늘어난 각종 차량이 계엄군을 향해 돌진하자 군인들이 발포를 함으로써 인명 살상이 벌어졌는데, 그 직후부터 광주 시민은 무장투쟁을 시작한 것이다.

1894년에 일어난 동학농민전쟁에서 농민이 반봉건, 반외세를 외치며 무기를 들고 봉기한 이래 일제강점기에 해외에서 벌어진 독립·해방운동 말고 시민이 폭압적 권력에 맞서 무장투쟁을 펼친 것은 광주민중항쟁이 처음이다. 1960년 4월혁명 시기에도 학생과 시민은 전혀 무력을 행사하지 않았다. 맨주먹으로 이승만 독재정권의 경찰에 맞서 승리를 쟁취한 것이다. 1987년 6월민주항쟁도 비폭력투쟁의 대표적 사례라고 볼 수 있다.

그러나 광주민중항쟁 시기 계엄군에 맞서 결사적으로 투쟁을 벌인 시민은 쿠데타로 권력을 잡은 신군부의 살인적 만행에 무력으로 맞서는 것이 정당하다는 사실을 입증해 냈다.

전두환이 이끌던 신군부는 광주 시민의 무력항쟁을 북괴의 조종에 따른 폭동이라고 몰아붙였으나 21일 광주 시내에서 공수부대를 철수시킴으로써 그런 주장이 거짓임을 스스로 증명했다.

광주 시민이 비록 닷새라는 짧은 기간이지만 사랑과 우애의 해방공간에서 민주화를 위한 염원을 더욱 다진 항쟁은 그 이후의 한국 역사에서 민주민족민중운동의 거대한 뿌리가 되는 동시에 독재를 타도하고 민주정권을 세우는 투쟁에 뜨거운 기운을 불어넣어 주었다.

그러나 광주민중항쟁 기간 동안 대다수 시민이 맹방 미국에 헛된 기대를 품었던 것은 그 이후의 민주민족민중운동에 값진 교훈을 주었다.

광주민중항쟁은 시민군이 전두환 일파의 하수인 계엄군에 패배하는 것으로 끝났지만 그 항쟁의 숭고한 이념과 민중의 희생적 싸움은 1987년 6월민주항쟁의 횃불이 되었다. 또 광주민중항쟁은 한국사회의 정치·사회·문화예술 분야에 지대한 영향을 끼쳤다. 독재와 타협하거나 무도한 군사정권에 굴복하려는 정치인들을 향해 주권자들은 광주민중항쟁의 정신을 상기시켰다. 역사의 수레바퀴를 거꾸로 돌리려는 극우보수 세력에 맞서 싸우는 민주화세력은 내부 갈등이나 불화가 일어날 때마다 1980년 5월 해방 광주의 공동체 정신을 되새기면서 더 강하게 단합하곤 했다.

그리고 광주민중항쟁은 문화예술인이 다양한 작품을 생산하게 만드는 이념적 기초가 되는 동시에 대중에게 자유와 해방에 대한 열망을 심어주었다. "광주여, 영원하라"는 외침은 지금도 여기저기서 울려 퍼지고 있기 때문이다.

2017년에 드러난 광주학살의 진상

19대 대통령 선거를 한 달 남짓 앞둔 2017년 4월 3일에 전두환이 회고록을 펴냈다. 그는 이 책에서 정부의 공식 용어인 '5·18광주민주화운동' 대신 광주사태, 또는 5·18사태라는 표현을 사용하면서 '5·18의 충격이 가시기 전에 대통령이 된 게 원죄가 됨으로써 십자가를 지게 됐다. 5·18은 폭동'이라고 주장했다.

그러자 5·18 관련 단체는 당시 보안사령관 전두환이 광주 시민 학살을 실질적으로 주도했다는 증언과 자료를 제시했다. 대표적인 사례는 5·18기념재단이 언론에 공개한 '1995년 5·18특별법에 따른 군 관계자들에 관한 검찰 조사 결과'이다. 전투병과교육사령부(전교사) 부사령관이던 소장 김기석은 1995년 12월 28일 검찰 조사에서 전두환의 발포 명령으로 볼 수 있는 '친필 메모'를 보았다는 전교사 교육훈련부장 임헌표의 증언을 전했다. 임헌표는 1980년 5월 특전사령관 정호용과 헬기를 타고 광주에 가던 때 정호용이 전두환의 친필 메모를 읽는 것을 목격했는데, 거기에는 '다수의 희생이 있더라도 광주사태를 조기에 수습하라'는 취지의 내용이 들어 있었다는 것이다.

당시 국방부장관 주영복은 검찰에서 이렇게 진술했다.

"전두환 등 신군부 측의 주도 아래 이루어지는 것으로 보이는 자위권 천명 여부에 대해 감히 별다른 의견을 내기가 어려웠고, 군 지휘부는 그들이 주도하는 대로 동조했다."

2017년 8월 21일, 제이티비시(JTBC)는 신군부의 광주민중항쟁 진압을 위한 '극비작전'이라는 충격적 사실을 단독으로 보도했다. 당시 전투기 조종사들의 증언에 따르면 '1980년 5월 21~22일에 출격할 준비를 하라는 명령이 내려져 전투기들이 공대지 폭탄을 장착하고 비행장에서 대기하고 있었다'는 것이다. 전투기끼리 공격하는 공대공 폭탄이 아니라 전투기에서 땅으로 떨어뜨리는 공대지 폭탄을 광주에 쏟아부었다면 생지옥이 되었을 것은 분명한데, 미국의 카터 행정부는 대량 학살 작전을 사전에 저지해 신군부의 계획이 무산되었다고 변명했다.

대통령 문재인은 2017년 8월 23일 청와대 대변인을 통해 다음과 같이 밝혔다.

"5·18광주민주화운동 당시 공군 전투기 부대에 광주를 향한 출격 대기 명령이 내려졌다는 일부 언론 보도와 또 당시 전일빌딩을 향한 헬리콥터 기총 사격 2건과 관련한 특별조사를 국방부장관에게 지시했다."

그러나 전두환은 그 끔찍한 학살 계획에 관해 일언반구의 해명도 하지 않고 있다.

2. 김대중 내란음모 사건

전두환이 이끄는 신군부는 1980년 5월 18일 0시를 기해 비상계엄을 전국으로 확대했다. 그런데 쿠데타는 이미 그 이전에 시작되고 있었다. 보안사령부는 16일에 전군 보안부대 수사과장 회의를 소집해 앞으로 체포할 대상자 800명의 명단을 통보했고, 17일에는 수배령이 떨어진 사람들 가운데 6백여 명을 체포했다. 신군부의 최대 표적은 김대중과 재야 민주화운동권 인사들, 그리고 청년학생운동 지도자였음이 드러나는 순간이었다. 나중에는 김대중 내란음모 사건으로 알려지지만, 이 사건으로 인해 김대중을 비롯한 37명도 그 6백여 명 안에 들어 있었다. 김대중은 『김대중 자서전 1』에서 체포되던 순간을 다음과 같이 기록했다.

「(밤) 10시가 넘어 초인종이 울렸다. 정승희 경호원이 조심스럽게 문을 열었다. 검은 그림자들이 문을 밀치고 쏟아져 들어왔다. 다짜고짜 엠16 소총 개머리판으로 경호원의 머리를 후려쳤다. 경호원이 쓰러졌다. 다시 이세웅 경호원이 그들을 막아서자 역시 개머리판을 휘둘렀다. 총마다 검이 꽂혀 있었다. 비서들은 놀라 뛰어나갔다. '이 새끼들, 까불면 다 죽여 버리겠어!' 40여 명의 군인이 응접실 쪽으로 몰려들었다. 몇몇은 총을 들고 있었다. 총구보다 칼이 더 섬뜩했다. 장교 하나가 사납게 말했다. '합수부에서 나왔습니다. 잠깐 가셔야겠습니다.' 내가 되물었다. '어디요?' '계엄사란 말입니다.' 나는 윗도리를 가지러 안방으로 들어갔다. 내가 나오자 군인들이 양팔을 잡아끌었다. 잡힌 팔을 뿌리쳤다. (…) 군인들이 뒤에서 총을 겨누며 따라왔다. (…) 그들은 나를 검은 승용차에 태웠다. 집에 있던 비서와 경호원들도 연행되었다.」

무참한 고문과 내란음모 자백 강요

김대중은 남산에 있는 중앙정보부 지하실로 끌려가 조사를 받았다. 수사관들은 출생 이후 현재까지의 행적을 쓰라고 하더니 정권을 전복하려는 모의를 하지 않았느냐고 추궁했다. 그들은 잠을 재우지 않으면서 같은 질문을 되풀이했다. 한 수사관은 전남대생 정동년에게 500만 원을 주며 반정부운동을 시킨 적이 있느냐고 물었다. 김대중이 부인하자 그들은 고문을 해야겠다며 옷을 벗기고 군복을 입혔다.

김대중과 비슷한 시간에 체포된 한승헌은 『재판으로 본 한국현대사』에서 당시 상황을 다음과 같이 적었다.

「이 사건으로 붙들려 간 민주인사와 청년 학생들은 온갖 고문을 당하며 지옥 같은 밤낮에 함몰되었다. (…)

고문과 허위 자백을 강요당하지 않은 사람은 거의 없었다. 밤낮으로 이 방 저 방에서 소름 끼치는 비명이 들려왔다. 나도 예외일 수는 없었다. 가장 터무니없는 억지는 그해 5월 12일 김대중 등 재야인사들이 서울 북악파크호텔 모임에서 내란음모를 했다는 대목이었다. 물론 완강하게 부인하느라 방마다 또 격전이 벌어지고 고문을 당했다. 수사관들의 수법은 이런 식이었다. '다른 사람들도 다 시인했단 말이오. 당신 하나만 시인하면 수사가 끝나는데….'

남산 지하실에 갇힌 지 거의 두 달이 될 때까지 우리 구속자들은 구속영장도 없이 불법감금 상태에 놓여 있었고, 가족 접견은 생각도 할 수 없었다. 그러던 중 내란음모죄를 적용한 사람들 중 김대중, 문익환, 이문영, 예춘호, 고은태(고은), 김상현 등 6명은 7월 15일 남한산성 밑에 있는 육군교도소로 실려 갔고, 이신범, 조성우, 이해찬, 이석표, 송기원, 설훈, 심재철, 서남동, 김종완, 한승헌, 이해동, 김윤식, 한완상, 유인호, 송건호, 이호철, 이택돈, 김녹영 등 18명은 (나중에 알고 보니 하루 먼저) 서울구치소로 실려 가 수감되었다. (…) 같은 날 이상의 24명이 연루된 사건은 계엄사 합동수사본부(합수부)에서 계엄사 검찰부로 송치되었다.」

계엄사령부는 7월 4일 '김대중 일당 내란음모 사건' 최종 수사 결과를 발표하면서 "김대중과 추종 세력 37명을 내란음모, 국가보안법, 반공법, 외환관리법, 계엄포고령 위반 등의 혐의로 계엄보통군법회의 검찰부로 송치하겠다"고 밝혔다. 지난 5월 22일 발표한 중간 수사 결과에서 '광주사태 배후 조종' 혐의가 추가되었기 때문이다. 그리고 각 방송국이 이 전문을 방송하는 데는 1시간이나 걸렸다.

계엄사는 비상계엄의 집행을 맡은 군인들의 집단인데 그 발표문에서는 엉뚱하게도 정치 일정을 계획대로 추진할 것이라고 약속했다. 그러면서 김대중을 박정희 피살 이후에 벌어진 사회 혼란의 주범으로 몰아붙인 것이다.

'반국가단체 수괴 김대중 일당'에 대한 군법회의 재판

계엄사의 발표문이 나오고 며칠 뒤 피고인에게 두툼한 책자로 된 공소장이 송달되었다. 요지는 이런 것이다. 김대중이 1980년 5월 12일 북악파크호텔에서 재야인사들과 내란음모를 했고, 일본에서 '한국민주회복통일촉진국민회의(한민통)'를 조직하고 의장에 취임해서 국가보안법상 반국가단체의 수괴가 되었다는 것이다.

1980년 8월 14일 오전 서울 이태원의 육군본부 군법회의 법정에서

'김대중 내란음모 사건'의 첫 공판이 열렸다. 김대중과 함께 법정에 나간 사람은 체포된 지 석 달 만에 처음으로 한자리에 앉게 되었다. 검찰관이 김대중에 대한 공소장을 낭독하는 데만 1시간 27분이나 걸렸고, 오후에도 5시간에 걸쳐 나머지 피고인에 대한 공소장 낭독을 계속했다.

피고인의 가족은 그동안 변호사를 선임하려고 여러 곳을 찾아다녔지만 헛걸음이었다. 그래서 정작 법정에 나타난 것은 군법회의 쪽에서 붙여준 국선 변호인이었다. 재판부는 일본에 있는 한민통이 반국가단체라고 몰아붙이면서 그 단체의 의장으로 취임한 김대중이 국가보안법을 위반했다고 단정했다. 그러나 그는 한민통이 출범하기 전인 1973년 여름 중앙정보부에 의해 서울로 납치되었으므로 의장직을 맡은 적이 없다고 반박했다. 김대중이 1976년 '3·1민주구국선언 사건'으로 재판을 받던 때도 한민통은 전혀 거론되지 않았다. 그를 반국가단체인 한민통의 의장으로 몰아 사형시키려는 것이 신군부의 최대 목표였다는 사실은 나중에 밝혀졌다.

9월 11일에 열린 16차 결심 공판에서 검찰관은 2시간에 걸친 논고 중 50여 분 동안 김대중을 '내란음모 수괴'로 조작하는 데 썼다. 그러고 나서 그에게 사형을 구형했다. 나머지 피고인은 4명이 징역 20년, 6명이 15년, 1명이 10년, 12명이 3~7년을 구형받았다.

9월 12일 피고인이 최후진술을 했다. 목사 이해동이 중앙정보부에서 당한 모진 고문을 생생하게 이야기하자 피고인 가족은 분노와 통탄의 비명을 질렀다. 이해동은 1998년 김대중 정부가 들어선 뒤 나온 책인 『김대중 내란음모의 진실』에서 당시의 심정을 이렇게 기록했다.

「지하 2층에서 내가 겪은 일들을 생각하면 지금도 치가 떨린다. '매에 장사 없다'는 속담이 있거니와 나는 매 앞에 처절하게 굴복당했다. 사람이 그토록 왜소해질 수 있을까? 나는 목사가 아니었다. 아니, 사람

감금(실크판화, 1991년, 김봉준 작)

도 아니었다. 그저 살고 싶다는 생존 본능에 매달려 양심은 고사하고 최소한의 사람으로서의 품위도 팽개친 채 불러주는 대로 거짓 진술서를 써주고 엄지손가락에 인주를 묻혀 꾹꾹 무인을 찍어준 겁쟁이, 못난이, 변절자, 배신자였다. 그때의 일을 생각하면 지금도 내 머리에 숯불을 부은 것처럼 낯 뜨거움을 느낀다.」

한승헌의 『재판으로 본 한국현대사』를 보면 김대중은 9월 13일 열린 18차 공판에서 1시간 반 남짓 최후진술을 다음과 같이 했다.

「5·17계엄령의 전국 확대로 우리의 민주주의는 심상치 않은 시련을 맞이하였습니다. (…) 이번 사건을 김대중 일당 내란음모 사건이라 했는데 나 한 사람이 다수의 학생·국민을 선동하고 동원할 수 있는 능력을 갖고 있다고 판단했다면 정부는 왜 학생의 자제를 요망한 나의 성명서나 동아일보의 요청에 따라 쓴 기고문을 보도조차 못 하게 했습니까? (…) 나는 천주교 신자입니다. 하느님이 원하시면 이 재판부를 통해 나를 죽일 것이요, 그렇지 않으면 나를 살릴 것이라고 믿고 모든 것을 하느님께 맡겼습니다. 내가 죽더라도 국민들의 손에 의해 민주주의가 살아날 것을 확신합니다. 나는 아마도 사형 판결을 받고 또 틀림없이 처형당하겠지만 (…) 나는 여기서 공동 피고 여러분께 유언을 남기고 싶습니다. 내 판단으로 머지않아 1980년대에는 민주주의가 회복될 것입니다. (…) 그때가 되거든 먼저 죽어간 나를 위해서든, 또 다른 누구를 위해서든 정치적인 보복이 이 땅에서 행해지지 않도록 부탁하고 싶습니다. 이것이야말로 내 마지막 남은 소망이기도 하고 또 하느님의 이름으로 하는 내 마지막 유언입니다.」

김대중이 최후진술을 하는 동안 흐느끼던 방청객은 유언이 끝나자 모두 일어나 애국가를 부르기 시작했다. 주로 피고인의 아내와 부모 형제인 그들은 민권운동의 노래 '우리 승리하리라'를 부르다가 한 사람씩 헌병에게 끌려 나갔다. 그들은 나가면서 "민주주의 만세", "김대중 선생 만세"를 외쳤다.

9월 17일 선고 공판이 열렸다. 법무사가 판결 이유를 낭독한 뒤 재판장이 판결 주문을 읽었다. 김대중은 사형, 문익환과 이문영은 징역 20년, 고은태(고은)와 조성우는 징역 10년, 예춘호와 이신범은 징역 12년, 김상현, 이해찬, 송기원, 설훈, 이석표는 징역 7년, 심재철은 징역 5년, 김종완, 한승헌, 이해동, 김녹영은 징역 4년, 유인호와 이호철은 징역 3년 6월, 서남동, 김윤식, 한완상은 징역 2년 6월, 송건호와 이택돈은 징역 2년이었다.

2심 재판은 10월 24일에 시작되어 11월 3일에 끝났다. 김대중은 1심과 마찬가지로 사형 선고를 받았다. 다른 피고인 가운데 일부는 감형을 받았고, 4명은 집행유예로 풀려났다.

1981년 1월 23일 오전 대법원은 김대중의 상고를 기각하고 사형을 확정했다. 전두환은 김대중을 교수대로 보내려고 했음이 분명하다. 그러나 대법원의 최종 판결이 나온 바로 그날 오후 대통령 전두환은 김대중의 형량을 무기징역으로 감경한다고 발표했다. 왜 이런 일이 벌어졌을까? 결정적인 원인은 미국의 로널드 레이건 행정부를 비롯해 상원의원 에드워드 케네디, 그리고 서독 전 총리 빌리 브란트 등이 김대중을 처형해서는 안 된다고 전두환에게 요구했기 때문이다. 그에 못지않게 교황 요한 바오로 2세도 1980년 12월 11일 서울 주재 교황청 대사관을 통해 전두환에게 편지를 보내 '김대중을 선처해 달라'고 당부했다. 김대중은 1982년 12월 23일 형집행정지로 석방되어 미국으로 망명의 길을 떠났다.

김영삼 정부는 과거 전두환과 노태우의 신군부를 응징하기 위해

'5·18민주화운동에 관한 특별법(5·18특별법)' 제정을 추진했다. 5·18특별법은 1995년 12월 21일에 공포되어 신군부가 저지른 12·12군사반란과 5·17쿠데타 때문에 빚어진 헌정질서 파괴행위의 공소시효를 정지시키면서 5·18민주화운동 관련자 등에 관한 재심의 길을 열어주었다. 그 특별법에 따라 전두환은 1996년 8월 26일 '반란 및 내란 수괴' 등 죄목으로 서울형사지방법원에서 사형을, 노태우는 징역 22년 6월을 선고받았다.

그와는 정반대로 '김대중 내란음모 사건'의 피고인 김대중(현직 대통령 김대중은 재심청구를 퇴임 후로 미루었음)은 2003년 재심을 청구해 서울고등법원에서 모두 무죄판결을 받았다. 재판부는 이렇게 판결 이유를 밝혔다.

"피고인들의 원심 판시 각 행위는 전두환 등의 이러한(12·12군사반란 행위 및 5·17 이후의 내란 행위) 헌정질서 파괴 범행을 저지하거나 반대함으로써 헌법의 존립과 헌법질서를 수호하기 위한 정당한 행위였다고 할 것이다."

김대중은 대통령직을 떠난 뒤에 재심을 청구해서 2004년 1월 29일 서울고등법원에서 위와 같은 판결 이유로 무죄 선고를 받아냈다.

김대중 내란음모 사건의 정치사적 의미

김대중 내란음모 사건은 신군부의 우두머리인 전두환이 1979년에 12·12군사반란을 일으킨 뒤 박정희의 유신독재체제를 이어받기 위해 계획한 작전들 가운데 아주 중요한 것이었다. 신군부는 1980년 들어 재야세력과 학생들이 유신 잔재 청산을 외치며 민주화를 강하게 요구하자 나름으로 치밀한 대책을 세웠음이 분명하다. 민주화운동 진영은 통일주체국민회의라는 거수기 조직을 통해 대통령을 간접 선출하도록 하는 유신헌법을 국민의 주권을 직접 반영하는 헌법으로 바꾸는 것을 가장 큰 목표로 삼았다. 신군부가 대통령 권한대행 최규하를 허수아비 대통령으로 뽑아준 뒤 적당한 시기에 물러나게 하고 전두환을 대통령으로 추대하리라는 것은 당해보기 전이라도 명백한 일이었기 때문이다.

차기 대통령을 목표로 열심히 움직인 정치인은 야인인 김대중, 신민당 총재 김영삼, 그리고 민주공화당 총재 김종필이었다. 3김은 치열한 경쟁을 벌이면서 개헌에 합의했지만, 권력을 장악한 신군부의 동의 없이는 그것을 이룰 수가 없었다. 신군부가 전두환을 대통령 자리에 올려 영구집권을 꾀하려는 의도를 노골적으로 드러냈기 때문이다. 나중에 밝혀진 대로 신군부는 3김을 차별적으로 다루는 작전을 꾸몄다.

먼저 강력한 야당 조직을 이끄는 김영삼은 온건파로 분류되었다. 그는 최규하가 발표한 '정치일정론'에 반대하면서도 신속한 개헌을 주장하는 정도의 노선을 걷고 있었다. 그래서인지 김영삼은 5·17쿠데타 때 자택에 연금된 채 정치 활동만 금지되었다.

김종필은 5월 18일 새벽 보안사에 연행되어 감금당했다. 유신 잔당이지만 전두환의 정권 탈취 계획에 장애가 되는 인물이라고 보았기 때문일 것이다. 그날 오전 계엄사는 김종필 등 10명을 부정축재자로 발표했다. 그는 신군부의 강압에 굴복해 그해 9월 재산을 국가에 헌납하고 정계에서 은퇴한다는 내용의 각서를 썼다.

전두환 일파가 보기에 김영삼과 김종필은 살려두어도 그들의 정권 탈취 계획에 큰 장애가 되지 않겠지만, 김대중은 너무나 위험한 잠재력을 지닌 정치 지도자였을 것이다. 김대중은 1961년 5·16쿠데타 이래 박정희가 굳혀놓은 영남 패권의 대칭점에 있는 호남에서 절대적 지지를 받고 있을 뿐 아니라 유신독재를 무너뜨리고 민주체제를 세우기를 염원하는 주권자에게 가장 인기가 높은 인물이었다. 그래서 신군부는 국내외 여론의 호된 비판을 무릅쓰고 김대중을 내란음모의 수괴로 몰아 교수형에 처한다는 작전을 강행했던 것이다.

그러나 결과적으로 보면 신군부의 내란음모 조작은 나라 안에서는 물론이고 국제적으로도 김대중을 민주화의 투사, 존경할 만한 지도자로 부각시키는 데 기여하고 말았다. 그리고 생사의 기로에서 김대중이 보인 용기와 군사법정에서 밝힌 민주·통일에 대한 신념과 구상이 널리 알려지자 많은 정치인은 그를 추종하게 되었다.

3. 1980년 5월의 민주언론

　신군부가 쿠데타를 일으킨 1980년 5월 17일 저녁, 한국기자협회 집행부는 회장 김태홍을 중심으로 전날의 제작거부 결의에 따라 퇴근을 미룬 채 언론계와 정국의 동향에 주의를 기울이며 비상근무에 들어갔다. 오후 5시 반쯤 외부에 나가 있던 부회장 노향기(한국일보)는 경찰이 이화여대에서 학생운동의 진로를 논의하고 있던 전국 대학 총학생회장단 회의장을 급습해 다수를 연행해 갔다고 집행부에 전화로 알렸다. 그는 계엄사가 김태홍을 학생운동의 배후로 몰아 체포하려 한다는 정보도 전했다. 집행부는 짧은 시간 동안 논의를 한 끝에 우선 김태홍과 〈기자협회보〉 편집실 기자 안양로를 피신시키기로 결정했다.

　신군부는 그날 밤 기협 집행부 사람의 집으로 들이닥쳤다. 그래서 부회장단이던 경향신문 고영재, 중앙일보 정교용, 부산일보 이수언, 케이비에스 이홍기, 감사이던 한국일보 박정삼, 기협 편집실장 김동선은 연행되고 말았다. 이튿날 안양로는 동생 집에서 체포되었고, 김태홍은 3개월 넘게 도피 생활을 하다가 8월 27일 전남 강진에서 붙잡혔다. 노향기는 6월 28일 서울 성북경찰서에 자수했다.

신문·방송·통신사 기자들의 제작거부

　계엄군이 5월 18일부터 한국기자협회 간부들을 연행했다는 소식은 전국의 회원사로 전해졌다. 그래서 각 회사 기자들은 18일 기협 결의에 따라 19일부터 제작거부에 들어갔다.

경향신문 기자 1백여 명은 5월 19일부터 20일까지 제작거부를 어떤 방식으로 할 것인지를 논의하고는 기협 집행부 연행에 항의하는 뜻으로 밤샘농성을 시작했다. 21일부터는 경향신문 평기자 전원이 제작거부에 들어갔고 외신부장 이경일을 비롯한 일부 부·차장도 가세했다. 그 날짜 신문은 4면으로 축소되어 1판만 발행되었다.

제작거부 나흘째인 24일 열린 회의에서 차장단은 신문이 폐간당할 것을 우려했고, 평기자들은 제작거부가 실효를 거두면 제작에 참여하겠다고 결의했다. 평기자들은 광주민중항쟁을 사실대로 보도한다는 전제조건을 걸고 27일부터 제작에 복귀했다.

한국일보 기자들은 5월 19일 기자총회를 열고 기협이 결의한 제작거부운동에 관한 구체적 실천 방법을 논의하고는 기협의 제작거부 결의문을 회원에게 나누어주고 의견을 물었다. 그래서 연행된 기협 집행부가 모두 풀려날 때까지 밤을 새워 대기하되, 전면적 제작거부를 하기보다는 태업을 하며 사태를 지켜보는 쪽으로 방침이 정리되었다.

20일 아침까지 기협 집행부 석방 소식이 들리지 않자 편집국 기자들은 투표를 거쳐 제작거부에 들어갔다. 그러나 부·차장들은 직접 기사를 쓰고 통신사 기사를 보충해서 계엄사의 검열을 받는 등 편법으로 신문을 제작했다. 일부 기자들이 정판부를 점거하고 부·차장들의 제작을 막기도 했으나 신문은 계속 발행되었다. 제작거부가 한 주 동안 계속되자 폐간 위협을 이유로 투쟁을 중단하자는 쪽과 끝까지 투쟁하자는 쪽으로 의견이 날카롭게 맞섰지만, 결국 표결에 부친 끝에 근소한 차이로 제작 복귀로 결론이 났다.

중앙일보와 동양방송(TBC) 기자, 피디(PD) 200여 명도 5월 19일 중앙일보 편집국에서 국장단과 부장단이 함께 참석한 가운데 총회를 열고는 다음과 같이 결의했다.

"광주항쟁에 관한 왜곡보도를 더 이상 간과할 수 없으며, 20일부터 진상이 보도될 때까지 전원이 제작을 거부한다."

그들은 보도의 방향이 전혀 개선되지 않자 20일부터 25일까지 신문과 방송 제작을 전면 거부했다. 그러나 중앙일보 편집국의 차장급 이상 간부들이 통신사 기사를 이용해 신문을 제작하는 바람에 제작거부는 실효를 거두지 못했다. 동양방송 보도국의 사정도 비슷했다. 부장들과 국장단이 통신지를 베껴 기사를 작성한 다음 직접 방송을 했기 때문에 제작거부는 아무런 효력도 발휘하지 못했다.

그래서 5월 27일 편집부 기자 전원과 경찰 출입기자 일부를 제외한 중앙매스컴 기자와 피디 전원은 제작에 복귀했다. 28일에는 편집부 기자들이 제작거부를 철회했고, 30일에는 경찰 출입기자들도 제작에 참여했다.

기협 합동통신 분회 집행부는 5월 20일 오전 8시 '20인 관리위원회'를 소집해 즉시 제작거부를 시작한다고 만장일치로 결의했다. 곧이어 편집국에서 열린 기자총회에서 분회장 정남기는 오전 9시부터 일체의 통신 제작 업무를 거부한다고 선언했다. 기자들은 간부들의 필사적인 방해를 뿌리치고 제작거부에 들어간 것이다.

통신 제작거부라는 기자들의 거국적 투쟁은 승패를 좌우하는 열쇠나 마찬가지였다. 통신 기사가 없으면 기자들의 제작거부가 진행되고 있는 신문·방송사에서 기사 작성을 하기가 불가능하기 때문이다. 합동통신사 기자들은 5월 27일 아침까지 제작을 거부하다가 전남도청의 시민군이 계엄군의 공격을 받고 무너졌다는 소식을 듣고는 제작에 복귀했다.

기협 동양통신 분회는 5월 20일 밤 기자총회를 갖고 21일부터 제작거부에 들어가기로 결의했다. 그들은 경쟁사인 합동통신 기자들과 긴

겨레의 신바람(김봉준 작)

밀히 연대해서 통신사의 기사가 제작거부 중인 신문·방송사에 나가지 않도록 노력했다.

기자들은 정상 출근을 하면서도 취재와 기사 작성을 거부한 채 편집국에 앉아 있거나 회사 부근 다방에서 광주 상황에 관한 정보를 주고받았다. 동양통신 기자들은 합동통신처럼 5월 27일 아침까지 제작거부를 계속했다.

문화방송 보도국 기자들도 5월 20일 제작을 거부하기로 결의했다. 아침 8시 뉴스 방송은 5~6분밖에 나가지 못하고 클래식 음악으로 채워졌다. 텔레비전의 밤 9시 〈뉴스의 현장〉도 방영 시간이 크게 단축되었다. 비정상적으로나마 제작이 계속된 것은 간부들과 일부 기자들이 방송에 참여했기 때문이다. 23일부터는 광주민중항쟁 보도와 관련된 화면 방영이 가능해졌지만 검열을 전제로 한 것이었다.

그래도 문화방송 안에서 기자들의 제작거부에 관한 논란이 계속 일어나자 5월 26일 찬반투표가 실시되었다. 찬성 38명, 반대 40명, 기권 5명으로 제작거부가 부결되자 기협 분회 집행부와 관리위원은 모두 사퇴했다. 제작거부는 7일 만에 끝나고 말았다.

현대경제일보 기자들은 5월 21일 편집국에서 총회를 열고 한국기자협회가 며칠 전에 결의한 신문·방송 제작거부안을 만장일치로 채택한 뒤 24일부터 제작거부에 들어갔다. 그래서 부·차장들이 가까스로 지면을 메워 나갔다.

제작거부에 참여한 기자들은 광주민중항쟁의 진실을 보도하자고 간부들에게 계속 요구했으나 전혀 효과가 없었다. 결국 5월 27일 전남도청의 시민군이 계엄군의 공격으로 무너진 뒤 기자들은 제작에 복귀할 수밖에 없었다.

5월 19일 밤, 동양방송 보도국에서는 국장과 부·차장, 기자들이 모인 가운데 제작거부에 관한 논쟁이 벌어졌다. 간부들과 고참 기자들은 시국의 엄중함 때문에 제작거부는 불가능하다는 의견이었고, 젊은 기자들은 제작거부를 강행하자고 주장했다. 그러나 세 시간이 넘게 토론을 했는데도 접점은 이루어지지 않았다.

이틀 뒤인 5월 21일 오전 7시 동아일보 편집국의 젊은 기자도 계엄사의 검열을 거부하는 방안을 논의했으나 결론 없이 모임이 끝나고 말았다.

비상계엄 전국 확대 소식을 5월 19일 1면에 통단기사로 실은 동아일보는 그 날짜부터 사설을 내보내지 않았다. 동아일보는 이후 5일 동안 사설을 뺀 채 신문을 발행했다. 그것은 광주의 참극을 보도하지 못할 뿐 아니라 어떤 주장도 펼 수 없는 상황에서 행한 최소한의 저항이었다.

위에 소개한 신문·방송·통신사 기자들의 제작거부 말고도 전국 언론사에서는 다양한 방식으로 언론자유운동이 일어났다. 합동통신사에서 해직된 '80년해직언론인협의회' 공동대표 고승우는 『5·18민주화운동과 언론투쟁』에서 5월광주민중항쟁 기간의 언론 상황을 아래와 같이 증언했다.

「언론인의 신군부에 대한 저항은 광주 지역에서의 민중항거를 제외하고는 전국적으로 유일한 항거였다. 광주에서는 엄청난 유혈 참극과 저항이 벌어지는데, 기자들이 맨손으로 신군부에 저항하는 동안 전두환 등의 언론사에 대한 협박 공갈도 대단했다. 계엄 확대 조치로 언론사 앞에 장갑차와 무장 군인이 진주하는 등 공포 분위기가 조성되어서 당장 무슨 일이 벌어질 듯 긴박한 분위기였다. 기자들은 대부분 편집국이나 보도국에서 철야하면서 투쟁했다. 언론사 간부들은 계엄사의 협박과 경고를 전하면서 신문, 방송, 통신을 제작했다. 당시 언론법은 3일간 언론사의 발행, 방송 업무가 중단되면 회사 문을 닫게 되는 악법이었기 때문에 검열거부 등의 투쟁을 하던 기자들도 언론사 간부의 언론 제작 행위를 저지하지 않았다.

그래서 기자들의 투쟁에도 불구하고 밖에서 보기에 언론은 신군부의 입맛에 맞게 요리되는 모습으로 비춰졌다. 안타까운 일이었다. 광주항쟁 기간에 신문, 방송, 통신의 제작은 중단되지 않아서 군부에 대한 언론의 항거는 국민에게 널리 알려지지는 않았다. 그렇지만 광주 일원을 제외하고 신군부에 저항한 세력은 언론계가 유일했다. 광주 민주시민이 온몸으로 신군부의 폭거에 맞설 때 기자들은 펜을 놓고 광주 시민과 뜻을 같이했다. 그 때문에 광주를 점령한 신군부의 언론탄압도 자심했다.」

전두환이 이끄는 신군부가 광주 일원에서 계엄군을 앞세워 민중 학살을 자행하고 있던 시기, 제작에 참여한 언론인들은 광주민중항쟁을 폭동으로 몰아붙이는 기사와 논설을 쏟아냈다. 계엄사의 검열 때문이라기보다는 자발적인 창작이라는 점이 두드러지게 나타났다. 왜곡보도에 가장 앞장섰던 조선일보 5월 25일 자 사설 '도덕성을 회복하자'에서는 항쟁에 참여한 광주 시민을 '분별력을 상실한 군중'으로 매도하는가 하면 '관동대지진 때 조선인 학살의 역사가 반면교사로 우리에게 쓰라린 교훈을 주고 있다'며 광주 시민을 일본인 폭도들과 대비하기도 했다.

신군부의 언론인 대량 해직

1980년 5월 21일 이른바 광주사태에 대한 책임을 지고 국무총리 신현확을 비롯한 국무위원 전원이 사직서를 제출하자 대통령 최규하는 무역회장 박충훈을 총리서리에 임명하는 등 개각을 했다. 바로 그 이튿날 전두환은 국가보위비상대책위원회(국보위)를 구성해야 한다고 최규하에게 건의해 재가를 받아냈다. 최규하를 권력에서 완전히 배제하고 신군부가 전권을 장악하기 위한 첫 번째 공작이었다. 국보위는 1961년 5월 16일 박정희 일파가 쿠데타를 일으킨 뒤 구성한 국가재건최고회의 비슷한 초헌법적 비상기구였다. 5월 31일 국무회의는 대통령 보좌기관이라는 명분을 내세워 국보위 발족을 의결했다.

명목상으로 국보위 위원장은 대통령 최규하가 맡았고, 국무총리와 부총리 겸 경제기획원장관, 외무·내무·법무·국방·문교 장관, 대통령 비서실장, 계엄사령관, 합동참모회의 의장, 각 군 참모총장, 국군 보안사령관, 그리고 대통령이 임명하는 10인 이내의 인물이 위원으로 임명되었다. 그러나 실질적인 권한은 국보위가 위임한 사항을 심의·조정하는 상임위원회에 있었다. 상임위원장 자리를 차지한 전두환은 13개 분과위원장과 사무처장, 16명의 무임소 상임위원 가운데 7개 분과위원장과 12명의 무임소 상임위원을 현역 군인으로 채웠다. 노태우, 정호용을 비롯한 하나회 출신이 바로 그들이다.

12·12군사반란과 5·17쿠데타를 통해 군과 정보·수사기관을 장악한 신군부는 국보위 상임위를 통해 국가 권력을 송두리째 차지하는 공작을 시작했다. '안보 태세 강화, 경제 난국 타개, 사회 안정을 통해 정치 발전을 이룩하고 사회악을 일소해 국가 기강을 확립한다'는 명분으로 공직자 숙정, 중화학공업 투자 재조정, 졸업정원제 실시와 과외 금지, 출판 및 인쇄물 제한, 삼청교육 실시 등을 밀어붙였다. 신군부는 사회 전반을 전체주의적 체제로 만드는 것을 목표로 삼고 있음이 분명했다.

전두환이 이끄는 신군부가 그 과정에서 가장 대대적으로 탄압과 숙정을 자행한 분야는 언론이었다. 신군부는 1980년 2월 초 국군 보안사령부에 정보처를 신설하고 그 안에 언론 관계 업무를 담당하는 언론계를 두는 한편, 그와 별도로 준위 이상재를 책임자로 하는 언론반을 가동했다. 언론반이 내세운 명분은 '단결과 군부의 기반을 주축으로 지속적 국력 신장을 위한 안정 세력을 구축한다'는 것이었다. 그리고 언론반은 3월 들어 '케이(K)-공작계획'이라는 문건을 만들었다. 케이는 영어 킹

(king)의 약자로 전두환을 대통령으로 만든다는 뜻이었다.

언론반의 주요 업무는 검열, 조종과 공작이었다. 검열, 조종은 계엄사의 검열단이 매일 서울시청에서 실시하는 언론과 출판에 대한 검열을 조종·감독하는 것이고, 공작은 언론기관의 주요 인사 접촉을 통해 보도와 논평을 신군부가 유리하게 이끄는 것이다.

언론반은 언론사의 차장급 이상 간부를 회유하기 위한 반장 1명, 중진급 이상 기자들을 통해 여론에 관한 정보를 입수하는 분석관(문공부 직원) 2명, 여론을 직접 수집하고 언론사의 행사 일정을 파악하는 수집관 5명 등 모두 14명으로 구성되었다. 공작계획서에는 회유공작 결과 분석표가 첨부되어 있었다.

언론반은 6월 신군부에 비협조적인 언론인을 제거하는 데 주안점을 둔 '자체정화 계획서'도 작성했다. '반체제 인사, 용공 또는 불순분자, 그들에 동조한 자, 검열거부 주동자와 동조자, 특정 정치인과 유착된 자'를 언론계에서 추방한다는 것이 그 목적이었다.

7월에 접어들자 언론반은 자체정화 계획서에서 정한 기준에 따라 숙정 대상자 명단을 작성하라고 언론사에 파견된 정보요원들에게 지시했다. 언론반은 다른 정보부처와 긴밀히 협의해서 중앙과 지방 언론인 700여 명의 명단을 확보했다.

2007년 국방부 과거사진상규명위원회가 발표한 '신군부의 언론통제 사건 조사 결과 보고서'에 따르면, 케이-공작계획을 통해 수집된 문서들은 언론인 강제해직과 언론사 통폐합의 참고자료로 쓰였다. 윤덕한은 『한국언론 바로보기 100년』에서 다음과 같이 말했다.

「한마디로 당시 강기덕 보좌관이라는 가명을 사용하고 있던 이상재는 전 언론인의 목줄을 쥐고 있던 언론인들의 염라대왕이었다. 그래서일까. 내로라하는 중앙 일간지의 편집국장과 부국장, 부장 등 간부들이

남의 눈에 띌까 주위를 두리번거리면서 서울시청에 있는 이상재의 방을 수시로 드나들었다. 언론사의 고위 간부들이 업무 협조를 빙자해 경쟁적으로 육군 준위를 찾는 상황에서 이미 언론과 언론인의 자존심 같은 것은 입에 올릴 수조차 없었다.」

언론반은 해직 대상 언론인 711명을 3등급으로 나누어 각각 6개월, 1년, 영구적으로 취업을 하지 못하게 하는 지침을 정했다. 계속해서 윤덕한의 『한국언론 바로보기 100년』에 나오는 내용이다.

「신군부는 7월 말 자체적으로 정화 결의를 하라고 언론단체들에 강요했다. 신문협회, 방송협회, 통신협회는 7월 29일과 31일 두 차례에 걸쳐 '언론자율정화 및 언론인 자질 향상에 관한 결의문'을 발표했다. 결의문에는 이런 구절이 들어 있다. '국가 보위, 사회 정화의 역사적 과업을 수행함에 있어 언론계 자체가 안고 있는 저해 요인을 과감히 자율적으로 척결하여 언론의 이름으로 자행되는 일체의 부조리와 비위를 근절하여 새로운 언론 풍토를 조성한다.」

이 결의문이 나오자마자 신군부는 7월 31일 '사회불안 조성', '계급의식 조장', '음란 저속' 등의 이유로 주간 15종, 월간 104종, 격월간 13종, 계간 16종, 연간 24종, 이렇게 정기간행물 172종을 폐간했다. 〈기자협회보〉, 계간 〈창작과비평〉과 〈문학과지성〉, 월간 〈뿌리깊은나무〉가 거기에 들어 있었다.

언론인 강제해직은 8월 2일 중앙일보, 동양방송, 월간중앙 같은 중앙매스컴에서 시작되었다. 중앙일보사가 자율이라는 구실로 언론인 32명을 무더기로 해고한 것이다. 그 회사 기자들은 그해 5월 기협과 함께 전국의 기자들이 밀어붙인 검열거부와 제작거부에 앞장선 바 있었다.

이어서 8월 4일 합동통신사, 9일 동아일보사, 10일 한국일보사 차례로 16일까지 전국 39개 언론사에서 900여 명이 해직되었다. 세계적으로 유례가 없는 일이었다.

8월 16일 문화공보부가 작성한 공식 문건인 '언론정화결과'에 따르면 그때 해직된 언론인은 모두 933명이다. 그 가운데 298명은 신군부가 직접 선정했고, 나머지 635명은 각 언론사가 자체적으로 선별했다고 전한다. 언론사 경영진이 평소에 밉게 보던 사원을 숙정 대상에 끼워 넣었음이 정부 문서로 확인된 셈이다.

해직된 언론인의 수를 보면 한국방송공사(KBS)가 86명으로 가장 많았다. 이어서 문화방송(MBC) 46명, 신아일보사 36명, 경향신문사 34명, 동아일보사와 한국일보사가 각각 25명, 현대경제신문사 33명이었다.

해직된 언론인 933명 가운데는 검열거부를 주도했던 한국기자협회 집행부 전원과 기협 분회 간부, 검열과 제작거부 등 자유언론운동에 앞장섰던 기자가 대부분 들어 있었다.

강압적 언론사 통폐합

1980년 8월 15일은 광복 35주년 기념일이다. 대통령 최규하는 그날 오전 서울 세종문화회관에서 열린 기념식에 참석해 경축사를 했다. 그리고 바로 그 이튿날 '대통령 하야 성명'을 발표했다. 그것은 분명히 전두환이 이끄는 신군부의 강압에 따른 사퇴였다.

미리 정해진 각본에 따라 국보위 상임위원장 전두환은 8월 25일 대통령 후보로 등록하고, 27일 단일 후보로 나서서 제11대 대통령에 당선되었다. 그날 통일주체국민회의는 서울 장충체육관에서 열린 제7차 회의에서 전국 재적의원 2,540명 중 2,525명이 참석한 가운데 무기명 비밀투표를 통해 단일 후보 전두환을 찬성 2,524표, 무효 1표로 11대 대통령으로 선출했다.

9월 1일 대통령으로 취임한 전두환은 조선일보사 출신의 공보비서관 허문도의 건의에 따라 언론 통폐합을 강행하기로 결정했다. 1988년 12월 국회에서 열린 언론청문회에서 나온 증언들을 종합하면, 전두환은 허문도의 발상이 하도 엄청나서 처음에는 통폐합을 망설였다고 한다. 1980년 4월 언론계를 떠나 중앙정보부장 서리 전두환의 비서실장으로 들어간 허문도가 대통령이 된 그를 끈질기게 설득해서 언론 통폐합 결정을 이끌어 냈다는 것이다.

전두환 정권은 11월 14일 신문협회와 방송협회가 '건전 언론 육성과 창달을 위한 결의문'을 발표하도록 강요했다. 결의문의 요지는 자발적 통폐합이었다. 언론사들은 결의문에 나오는 7개 항의 실천 방침에 따라 통폐합에 순응했다. 전국 64개 언론사 가운데 신문사 14개, 방송사와 방송국 27개, 통신사 7개가 통폐합되어 23개로 줄어들었다.

신문의 경우 신아일보사가 경향신문사로 통합되고, 서울경제신문과 내외경제신문이 각각 한국일보사와 코리아헤럴드사로 흡수되었다. 현대경제신문은 전경련에 인수되어 한국경제신문으로 제호가 바뀌었다. 1도 1사 원칙에 따라 국제신문이 부산일보에, 영남일보가 매일신문에 통합되는 등 지방 신문사도 10개로 줄었다.

통신사의 경우는 합동, 동양, 시사 등을 통폐합해서 연합통신사로 발족시켰다. 방송 쪽에서는 한국방송공사(KBS)가 동양방송(TBC) 텔레비전과 라디오, 동아방송(DBS) 라디오, 기독교방송(CBS)의 뉴스 부문, 전일방송, 서해방송 등을 흡수하는 한편 문화방송(MBC) 주식 65퍼센트를 인수했다. 문화방송은 21개 지방사 주식 51퍼센트를 소유주로부터 인수하고 지방망을 계열화했다. 다음은 『폭력의 자유』에 나오는 언론 통폐합에 얽힌 이야기다.

「방송 통폐합 과정에서 일어난 유명한 일화가 있었다. 당시 동양방송(TBC)을 소유하고 있던 삼성그룹 회장 이병철은 보안사에 불려가서 '소유권 포기 각서'를 쓰라고 강요당했다고 한다. 그는 한참 버텼으나 약점이 많은 재벌총수라 끝내 각서에 서명할 수밖에 없었을 것이다. 보안사를 나서면서 그가 하늘을 쳐다보며 눈물을 흘렸다는 이야기가 나중에 시중에 퍼졌다. 1980년 11월 24일 마지막 뉴스를 방송하던 기독교방송의 여성 아나운서는 끝내 울음을 터뜨렸다. 신군부의 강압적 언론 통폐합이 전국에서 언론인들을 전체주의 체제 속으로 몰아넣던 시기의 비극을 상징하는 사건이었다. 언론 통폐합 과정에서 다시 대량 해직이 자행되었다. 3백여 명의 언론인이 실업자가 된 것이다. 신군부와 전두환 정권 아래서 1980년 한 해 동안 무려 1,200여 명의 언론인이 거리로 쫓겨났다.」

4. 전두환 정권의 폭압정치

11대 대통령 선거를 앞두고 모든 언론매체는 유력한 후보인 전두환에 대해 아부 경쟁을 벌였다. 그 경쟁의 선두 주자는 단연 조선일보였다. 사장인 방우영이 국가보위입법회의 위원으로 참여한 신문사라 더욱 그랬을까?

'조선일보 아카이브'에서 사라진 전두환 인터뷰

1980년 8월 22일 전두환이 육군 대장으로 전역하자 조선일보는 8월 23일 자 1면 머리에 '새 역사 창조에 신명 바치겠다'라는 기사를 크게 실었다. 2면에 올린 사설 '3군 지휘관 결의'는 전두환 대변지의 논조나 마찬가지였다.

조선일보는 나중에 일반인이 열람할 수 있는 조선일보 아카이브에서 그런 종류의 기사 대부분을 삭제해버렸다. 자기 신문의 기사와 논평을 지우다니, 스스로 보기에도 낯이 달아오르기 때문이었을까? 삭제된 기사들 가운데 백미는 김명규 기자의 아래 기사였다.

「"여보, 나 나갑니다." 국가보위비상대책 상임위원장 전두환 장군의 한결같은 아침 출근 인사다. 그는 여느 남편들처럼 '다녀오겠다'는 여운이 깃든 말을 거의 사용하지 않는다. 군인이란 나라에 바친 몸이라는 게 그의 설명이지만 이 짤막한 아침 인사에서도 그의 사생관(死生觀)을 읽을 수 있을 것 같다. (…)

　(…) 그의 투철한 국가관과 불굴의 의지, 비리를 보고선 잠시도 참지를 못하는 불같은 성품과 책임감, 그러면서도 아랫사람에겐 한없이 자상한 오늘의 '지도자적 자질'은 수도생활보다도 엄격하고 규칙적인 육군사관학교 4년 생활에서 갈고닦아 더욱 살찌운 것인 듯하다. 그가 육사를 지망한 것은 적의 군화에 짓밟힌 나라를 위하는 길은 내 한 몸 나라에 던져 총칼을 들고 싸우는 길밖에 없다는 일념 때문이었다.

　(…) 12·12사건만 해도 그렇다. 정승화 육참총장 쪽에 서면 개인 영달은 물론 위험부담이 전혀 없다는 걸 그도 잘 알았으리라. 이미 고인이 된 대통령의 억울함을 규명한다고 하여 누가 알아줄 리도 없는 일이었다. 그러나 그가 배우고 익혀온 양식으로선 참모총장이 아니라 그보다 더 높은 상관일지라도 국가원수의 시해에 직접·간접적인 혐의가 있는 사람이면 누구든 철저히 그 혐의가 규명되어야 바른 길이었다. 그렇지 않고선 자식이 아비를, 제자가 스승을, 부하가 상관을 모함하고 교살하는 식의 땅에 떨어진 윤리를 회복할 길이 없다고 확신했고, 이 사건의 철두철미한 규명이 없이는 국가 기강은 바로 설 수 없다는 것이 그의 신념이었다. (…)」

　전두환은 1980년 9월 29일 개헌심사위원회를 통해 선거인단에 의한 대통령 간선제와 대통령의 7년 단임제를 뼈대로 하는 헌법개정안을 공고했다. 자신이 전임자의 잔여 임기까지 대통령 자리를 지키고 난 뒤 '제5공화국' 대통령으로 취임하기 위한 준비 작업이었다. 그 개헌안은 10월 22일 강압적 분위기 속에 치러진 국민투표에서 확정되었다. 한국 헌정사상 최고치인 95.5퍼센트의 투표율과 91.6퍼센트의 찬성률로 통과된 개헌안은 10월 27일 공포되었다.

10월 27일부터 발효된 개정헌법에 따라 전두환은 국회를 해산한 뒤 국가보위입법회의(입법회의)가 그 기능을 대신하도록 했다. 입법회의 위원 81명은 모두 전두환이 임명했다. 입법회의는 11대 국회가 개원하기까지 156일 동안 215건의 안건을 접수해 100퍼센트 가결하는 진기록을 남겼다.

게다가 국가보위입법회의는 11월 3일 기성 정치인의 활동을 3년간 금지하는 것을 주요 내용으로 하는 '정치 풍토 쇄신을 위한 특별조치법안'을 가결했다. 그 법에 따라 11월 12일 835명의 정치 활동 금지 대상자가 공표되었다. 또 국보위는 11월 29일 집회 및 시위에 대한 규제를 강화한 '집회 및 시위에 관한 법률 개정안'을 가결했고, 12월 26일에는 언론기본법, 공정거래법, 중앙정보부법, 대통령선거법 등 17개 법안을 통과시켰으며, 노동조합법 개정안 등 5개의 노동관계법 및 개정안도 가결했다. 12월 30일에는 반공법을 폐지하여 국가보안법으로 흡수한 국가보안법 개정안을 통과시켰다. 이때 통과된 국가보안법은 불고지죄를 통합하여 형량을 전체적으로 높이는 등 독소 조항이 강화되었는데, 그 기본 골격은 2000년대까지 그대로 유지되었다.

국가보위입법회의는 11대 국회 개원을 하루 앞둔 1981년 4월 10일 해산되었다.

전두환, 레이건 행정부의 '인증'을 받다

5월광주민중항쟁이 신군부의 시민 살상으로 끝난 뒤 미국의 지미 카터 행정부는 전두환 일파를 냉담하게 대했다. 미국은 예정되어 있던 경제사절단의 한국 방문을 무기한 연기하는가 하면 한국 정부에 대한 두 건의 융자 지급을 보류해 달라고 아시아개발은행에 요청했다. 주한 미국대사 윌리엄 글라이스틴은 전두환을 직접 만나 한국의 정치적 민주화를 촉구하면서 한·미 안보협력체제를 악용했다는 카터 행정부의 견해를 전달했다. 그러나 그것은 형식적인 압력으로 실질적 효과를 거두지는 못했다.

1980년 11월 4일 치러진 미국의 대통령 선거에서 공화당의 로널드 레이건이 현역 대통령인 민주당의 지미 카터를 누르고 당선된 뒤에는 미국 행정부가 전두환 정권을 대하는 태도가 크게 바뀌었다. 전두환이 한·미 정상회담을 열자고 요청하자 대통령 취임식 이튿날인 1981년 1월 21일 미국 백악관은 전두환의 미국 방문이 곧 이루어질 것이라고 발표했다. 이틀 뒤인 1월 23일 전두환은 김대중의 형량을 사형에서 무기징역으로 감형했고, 1월 24일에는 계엄령을 해제한다고 밝혔다. 그것은 레이건 행정부가 은밀한 방식으로 전달한 요구에 따른 조치였음이 나중에 드러났다.

레이건은 2월 2일 백악관에서 전두환 일행을 따뜻하게 영접했다. 한·미 정상회담에서 레이건은 전임자인 카터와 달리 주한 미군을 철수시킬 계획이 전혀 없다고 밝혔다. 그 뒤 레이건은 주한 미군을 4만 3천 명으로 늘렸다. 정상회담에서 레이건은 그동안 연기되어 온 군사 및 경제협력회의를 이른 시일 안에 재개하겠다고 약속했다. 광주학살의 책임자인 전두환에게 한국의 합법적 대통령이라는 인증을 확실히 해준 것이다.

개정헌법에 따른 대통령 선거를 앞둔 1981년 1월 15일 전두환 정권은 신군부와 유신독재 시기의 구여권 인물들, 그리고 체제 순응적인 지식인들을 중심으로 민주정의당(민정당)을 창당했다. 당 총재와 대통령 후보에는 전두환이 선출되었다.

대통령 선거 한 달 뒤인 3월 25일에는 11대 국회의원 총선거가 치러졌다. 민정당은 전국구 92개 의석 가운데 3분의 2를 자동적으로 차지해 151석이 되었다. 민한당은 81석, 국민당은 25석이었다. 그러나 이런 의석 분포는 별 의미가 없었다. 두 야당이 거의 언제나 민정당의 거수기 노릇을 했기 때문이다.

야만의 극치를 이룬 삼청교육

전두환이 이끄는 신군부가 1980년대에 저지른 최악의 야만적 행위는 광주민중항쟁 시기에 무고한 시민을 무차별 학살한 것이다. 그다음은 바로 삼청교육이라는 이름으로 자행한 인명 살상과 인권 유린이다.

삼청교육의 원형은 1980년 7월 초순 국보위 사회정화분과위원회 위원장 김만기가 주관하고 실무간사 서완수 등이 기안한 '삼청계획 5호'였는데, 이것이 7월 28일 국보위 상임위원장 전두환의 재가를 받은 뒤 이튿날 계엄사령부에 하달되었다.

삼청교육은 8월 4일 발동된 계엄포고 제13호를 근거로 한 것이다. 국보위 사회정화분과위는 삼청계획을 입안해 전반적인 조정·통제 업무를 맡았고, 계엄사는 법무부와 내무부를 지휘·감독해 불량배 검거와 분류를 담당했다. 그리고 전후방의 각 부대는 검거된 사람을 수용해 순화교육과 근로봉사를 시켰다.

국보위는 삼청교육을 시작하면서 사회악 일소라는 명분을 내걸었다. 그러나 실제로는 검찰과 경찰, 군대를 동원해서 무고한 시민, 심지어는 노약자와 여성, 고등학생까지 무차별 연행해 감옥이나 군부대에 보내 지옥훈련을 시킴으로써 공포 분위기를 극대화하는 것이 목표였다. 그래서 서울의 경우 경찰서당 200~300명씩 검거하라는 지시가 내려오자 서장들은 목이 잘리지 않으려고 온갖 수단을 써서 불량배들을 연행하라고 부하들에게 지시했다.

삼청계획 5호는 삼청교육을 받을 대상자를 '개전의 정 없이 주민의 지탄을 받는 자' 등으로 모호하게 규정했기 때문에 전과자, 무직자, 부랑자라는 이유로 끌려간 사람이 많았고, 버젓한 직장을 가진 가장이라

사면초가(목판화, 1981년, 김봉준 작)

도 술에 취해 길가에 누워 있다가 잡혀가기도 했다. 애초에 삼청교육의 여성 대상자는 윤락여성과 포주, 계주들이었지만 경찰은 지역별로 할당된 인원을 채우려고 평범한 가정주부도 연행하는 일이 벌어졌다.

    신군부는 삼청교육대 강제수용을 정치적 보복과 노동운동 탄압에 악용하기도 했다. 전 육군 보안사령관 강창성은 1973년 하나회의 후원자였던 수도경비사령관 윤필용을 쿠데타 혐의로 조사하면서 하나회를 해체하려고 하다가 전두환을 총애하던 박정희의 미움을 사 해직된 인물이다. 그래서 그런지 그도 삼청교육대에서 7개월 동안이나 지옥훈련을 받아야 했다. 또 1970년대 말 파업을 주도했던 원풍모방, 청계피복, 반도상사, 대한전선, 콘트롤데이타 등의 노조 간부를 비롯한 191명도 강제 정화를 당했다. 그들 가운데 70여 명은 계엄사 합동수사본부에 끌려가 고문을 당했고, 19명은 삼청교육대로 끌려가 지독한 고난을 겪었다.

    1988년 11월 26일 대통령 노태우는 삼청교육과 관련된 희생자의 명예를 회복하고 피해를 보상하겠다는 내용의 특별담화를 발표했다. 1989년까지 신고한 피해자 3,221명 가운데 후유증으로 사망한 사람은 무려 200여 명이었고 나머지 2,800여 명은 장애인이나 상해자였다. 그러나 노태우가 약속한 보상은 전혀 이루어지지 않았다.

    2002년 10월 2일 정부기구인 의문사진상규명위원회가 발표한 '삼청교육대 통계'에 따르면, 6만 755명이 검거되어 그중 4만 347명이 삼청교육을 받았다. 삼청교육이나 그 후유증으로 사망한 사람은 339명, 나중에 불구가 된 사람은 2천7백여 명이다. 전두환 정권은 국가기관 자체를 폭력의 도구로 만들어 그렇게 많은 사람의 목숨을 앗아가거나 장애인으로 만들어버렸던 것이다.

불교를 쑥대밭으로 만든 10·27법난

1980년 9월 1일 최규하의 후임으로 대통령에 취임한 전두환은 10월 27일 새벽 무장한 계엄군을 조계종과 천태종의 사찰과 암자 등 5,731곳에 투입해 승려를 무차별 연행했다. 엠16 소총에 착검까지 한 군인들은 그날 새벽 4시부터 해발 1천 미터가 넘는 암자까지 급습해 종단비리 관련 승려 명단을 들이대며 승려들과 신자들을 개머리판으로 가격하거나 발길질을 하며 연행했다. 당시 계엄사령부는 "불교계가 사이비 승려와 폭력배들이 난동·발호하는 비리 지대로서 자력으로는 갱생의 힘이 없는 것으로 판단"했다며, "사회 정화 차원에서 철퇴를 가한다"고 발표했다.

계엄군은 사흘 뒤인 10월 30일 간첩소탕작전이라는 명분으로 다시 사찰을 수색하고 승려들을 연행했다. 두 차례에 걸친 급습으로 보안사에 연행된 승려와 신자는 155명이었다. 11월 14일 계엄사는 "폭력행위와 금품수수, 사찰 재산 착복 등 각종 부정행위로 승려 10명, 재가자 8명을 구속하고, 32명은 불교정화중흥회의에 처리를 위임했다"고 발표했다. 연행되었던 승려 가운데 32명은 승적을 박탈당했고 50명은 서울 상계동 흥국사에서 한 달 동안 참선을 강요당했다.

보안사로 연행된 승려들과 신자들이 겪은 고통은 이루 형언하기 어려운 것이었다. 당시 조계종 총무원장이던 송월주는 23일 동안 불법 감금된 상태로 갖은 협박과 모욕을 당한 끝에 사표를 써야 했다. 제주교구 본사인 관음사 주지였던 지선은 제주보안대 지하실에 끌려가 사흘 동안 밤낮을 쉬지 않고 조사를 받았다. 수사관들은 무조건 죄를 불라고 강요했는데, 순응하지 않으면 두들겨 패서 승복을 벗기고 속복을 입혀 쫓아내겠다거나 바다에 빠뜨려 쥐도 새도 모르게 죽여 버리겠다고 협박했다. 수사기관에서 고문을 당한 한 승려는 이렇게 증언했다.

"무릎을 꿇린 상태에서 각목을 집어넣고 무릎 누르기, 새끼손가락에 볼펜을 끼우고 조이기, 잠 안 재우기, 코와 입에 고춧가루와 빙초산 섞은 물 붓기, 물고문과 전기고문을 당했다."

전두환 정권은 한국에서 가장 오랜 역사를 지니고 있고, 또 최대의 신자를 두고 있는 불교계에 왜 제2의 삼청교육대라는 비난을 받아 마땅한 탄압과 박해를 가했을까?

무엇보다도 먼저 12·12군사반란, 5·17쿠데타, 광주민중항쟁 당시의 시민 학살 등으로 인해 정권의 합법성과 도덕성을 주장할 수 없다는 사실을 정신적 내상으로 안고 있었다는 점이 가장 큰 동인이라고 볼 수 있다. '쿠데타 정권', '학살 정권', '군사깡패 집단'이라는 자의식을 떨쳐버리려면 어떤 집단이나 조직을 부패와 비리의 온상으로 몰아붙여 응징하는 공작이 필요했다는 뜻이다. 삼청교육은 이 점에서 10·27법난과 일맥상통하는 것이다.

둘째, 송월주가 총무원장을 맡고 있던 조계종이 신군부와 문화공보부에 밉보인 사실을 들 수 있다. 그 배경은 이렇다. 1970년대부터 조계종의 주도권을 둘러싸고 조계사파와 개운사파가 날카롭게 맞서고 있었다. 대립의 결과 두 개의 총무원과 두 개의 종회가 서로 정통성을 주장하면서 17번이나 재판을 거듭했다. 그러다가 1980년 3월 3일 양측은 종회 총선거를 실시하기로 합의한 뒤 4월 17일 제6대 중앙종회의원 총선거를 통해 총무원장과 종회 의장단을 선출했고, 새로 선임된 총무원장 송월주와 집행부는 불교 자주화를 선언한 뒤 불교재산관리법과 문화재보호법, 공원법 등 불교 관계 악법들을 청산하라고 당국에 요구했는데, 조계종은 여러 차례에 걸쳐 공청회를 연 뒤 의견을 모아 9월에 개정 시안을 확정해 관계기관에 제출한 것이다. 게다가 송월주가 주도하는 총무원은 전두환 정권에 대한 지지성명 발표 요청마저 단호하게 거부했는데, 이로써 신군부의 살생부에 올랐을 것이다. 이것이 10·27법난의 동인 가운데 하나임이 분명하다.

셋째, 이 법난은 전두환 정권이 대중 사이에 공포를 일으키는 폭압 정치의 일환이었다. 강제적인 언론인 대량 해직과 언론사 통폐합, 공직자 대숙정, 노동운동 탄압, 그리고 삼청교육의 동일 선상에 10·27법난이 자리 잡고 있는 것이다.

언론기본법이라는 악법 제정

언론 통폐합이 한창이던 1980년 11월 전두환 정권은 '실무대책위원회'를 구성하고 언론기본법 제정 작업을 시작했다. 실무대책위 구성원은 청와대 공보비서실 비서관 허문도와 이수정, 문공부 기획관리실장 김동호와 공보국장 허만일, 서울민사지법 판사 박용상이었다.

실무대책위는 청와대와 문공부가 사전에 작성한 '언론의 육성 창달을 위한 대책'과 '언론의 책임성 제고를 위한 입법사항 검토보고'를 바탕으로 언론기본법안을 작성했고, 이 법안은 12월 26일 입법회의를 통과해 31일에 공포되었다. 실무대책위는 불과 한 달 남짓 작업을 한 뒤 언론기본법의 뼈대를 마련했는데, 12월 16일 입법회의 문공위에 법안을 상정해 같은 달 26일 입법회의를 통과해 31일 공포된 것이다.

언론기본법은 본문 51개조와 부칙 4개조로 구성되어 있었다. 그 법의 뼈대는 크게 언론의 공적 기능과 보장, 언론의 책임과 의무규정, 등록과 등록 취소에 관한 규정이라는 3개 분야로 이루어졌는데, 언론을 규제하기 위한 독소 조항을 담고 있었다.

전두환 정권은 이 언론기본법을 통해 언론사에 정간과 폐간을 명령할 수 있는 권한을 문공부장관에게 부여했다. 그리고 방송위원회, 한국방송광고공사, 한국언론연구원, 언론중재위원회, 방송심의위원회 등 법정 언론 유관기관을 설립해 언론에 대한 행정 및 지원 체제도 만들었다. 박정희 유신독재정권과는 또 다른 언론탄압과 통제의 법적·제도적 틀을 짜낸 것이다.

전두환 정권은 1981년 1월 9일, 언론기본법에 따라 문공부에 홍보조정실을 설치했다. 박정희 정권 시기에는 정보기관이 언론 통제를 주도했는데 이번에는 문공부장관이 노골적으로 홍보를 조정하겠다고 나선 것이다. 홍보조정실은 '언론기관의 보도 협조 및 지원에 관한 종합계획'을 세우고 언론에 대한 간섭과 통제를 도맡았다.

홍보조정실 말고도 방송위원회, 방송심의위원회, 한국언론연구원, 한국방송광고공사 등 법정 언론기관도 신설되었다. 이런 정부 산하 조직들은 강력한 행정·심의·교육 기능을 통해 언론을 간접적으로 통제했다.

5. 광주와 부산의 미문화원 방화 사건

　1980년 12월 9일 밤 전남 광주 미문화원에서 방화 사건(광미방)이 일어났다. 나중에 밝혀진 바에 따르면 이 사건에 관련된 사람은 모두 7명이었다. 가톨릭농민회 전남연합회 광주 분회장 정순철, 전남대 상대 2학년 임종수, 전남기공을 졸업한 황일봉, 전 가톨릭농민회 회장 김동혁, 농업에 종사하던 박시영, 원불교 신자 김봉진, 은행 대리 정종렬이 바로 그들이었다. 바람이 심하게 불고 진눈깨비가 휘날리던 그날 밤 휘발유와 시너를 준비한 정순철과 임종수는 미문화원 직원들이 퇴근한 것을 확인한 뒤 철조망을 넘어 건물 지붕으로 올라가 구멍을 뚫고 사무실 바닥에 휘발유를 뿌린 다음 라이터와 성냥으로 불을 질렀다. 김동혁 등 3명은 부근에서 망을 보았다. 밤 10시쯤 미문화원 건물에서 불길이 치솟아 오르자 곧바로 달려온 소방차가 불을 꺼버렸다.

　청년 학생이 미문화원 방화 사건을 일으킨 배경에는 5월광주민중항쟁 당시 미국 정부에 대해 느낀 배신감이 자리 잡고 있었다. 계엄군이 최종 진압을 앞두고 있던 5월 26일 '민주화 항쟁 대학생 대책본부'는 다음과 같은 내용의 가두방송을 했다.

　"지금 부산 앞바다에는 미국 항공모함 두 척이 정박해 있습니다. 잔인무도한 저들의 살육이 더 이상 계속되는 것을 막고 광주 시민들을 지원하기 위해 온 것입니다. 시민 여러분, 안심하십시오."

그러나 정작 미국의 카터 행정부는 광주 시민을 구하는 일은 전혀 하지 않고 사태를 방관했을 뿐이다.

전두환 정권은 애초부터 광주 미문화원 방화 사건의 진상을 공개하려 들지 않았다. 방화가 아니라 단순한 누전으로 인한 화재라고 발표했던 것이다. 그러나 사건을 주동한 청년과 학생이 체포되어 재판을 받는 과정에서 방화의 목적과 진상이 낱낱이 드러났다.

2015년 12월 9일 사단법인 광주민주화운동기념사업회가 주관한 '광주 미문화원 방화의거 제35주년 기념모임'에 참여한 임종수와 박시영(정순철과 김동혁은 사망)은 당시 상황을 상세하게 증언했다.

사건 이튿날 임종수는 전남대에서 정보과 형사에게 연행되었는데, 경찰에서 12월 5일의 가두시위 예비음모 혐의를 추궁당하던 그는 미문화원 방화를 숨기기 위해 예비음모를 했다고 시인했다.

임종수는 "5월 26일 새벽에 탱크 굴러가는 소리를 듣고, 그다음 날 거기 있던 사람들 다 죽었다는 소식을 듣고 가슴을 쳤다"면서 "죽지 못한 아픔, 그런 부끄러움이 평생을 지배했다. 그게 미문화원 방화로 이어졌던 것 같다"고 고백했다. 그는 법정의 최후진술에서 이렇게 주장했다.

"백성을 대낮에 학살한 저 살인마들은 지금도 권좌에 앉아 있고, 너희들은 그 권력의 주구가 돼서 우리를 재판하고 있지만, 역사의 법정은 우리의 무죄를 알려줄 것이고 너희들의 유죄를 단호히 심판할 것이다."

광주 미문화원 방화 사건 관련자들이 1심에서 선고받은 형량은 아래와 같다.

정순철은 징역 5년 6월, 임종수는 징역 2년, 황일봉은 징역 3년, 김동혁은 금보석, 박시영은 집행유예, 김봉진은 집행유예, 정종렬은 집행유예.

광주 미문화원 방화 사건이 일어난 지 1년 3개월 남짓 뒤인 1982년

3월 18일에는 부산 미문화원 방화 사건(부미방)이 터졌다. 그날 정오께 부산대학교 약대 학생 최인순과 부산여대 학생 김지희는 부산 대청동의 미문화원 정문 앞을 배회하다가 담장을 넘어 건물 안으로 잠입했다. 2시가 조금 지난 시각에는 부산 고려신학대학교(현재 고신대) 제적생 문부식과 부산대 학생 류승렬이 택시로 실어온 휘발유통을 고신대 신학과 학생 김은숙과 의대생 이미옥에게 넘겨주었다. 네 여학생은 휘발유통 4개를 들고 문화원 정문 앞으로 다가갔다. 문화원 안에 들어가 있던 최인순과 김지희는 미리 준비한 공구로 문화원 철제문을 절단했다. 다른 두 여학생은 휘발유통 한 개씩 들고 문화원으로 들어가 복도 바닥에 휘발유를 쏟아붓고는 밖으로 뛰쳐나왔다. 최인순과 김지희는 솜뭉치에 알코올을 적신 방화봉에 불을 붙인 뒤 휘발유가 고인 건물 안으로 던졌다. 잠시 뒤 폭발음과 함께 문화원 건물은 불길에 휩싸였다.

  미문화원에서 불길이 치솟은 지 얼마 뒤 류승렬은 그곳에서 8백 미터쯤 떨어진 국도극장 3층으로 올라가서 미리 기다리고 있던 대학생 최충언, 박원식 등과 함께 '미국은 더 이상 한국을 속국으로 만들지 말고 이 땅에서 물러가라'는 제목의 유인물 수백 장을 거리로 뿌렸다.

  이 유인물은 1980년 5월의 광주민중항쟁 당시 전두환이 이끌던 신군부가 저지른 시민 학살에 분노하면서, 같은 해 12월 광주의 미문화원 방화 사건에서 드러난 반미 민족자주의 정신과 이념을 되살리려 한 것이다. 광미방은 피해가 경미한 데다 방화 동기를 밝히는 문서를 남기지 않았으나 부미방은 전두환 파쇼정권 타도를 필두로 미국과 일본이 한국에서 물러갈 것을 요구하는 한편, 전두환 정권의 반민주적 정책들을 강력히 비판했다.

  부산 미문화원의 불은 의용소방대원들과 부근 주민들의 협조로 두 시간 남짓 만에 꺼졌다. 그러나 문화원 안 도서관에서 공부하다가 불길

새벽길(목판화, 1990년, 김봉준 작)

을 피하지 못한 동아대 상대 3학년 장덕술은 사망하고, 동아대 미대 회화학과 4학년 김미숙과 같은 학과 동기생 허길숙을 포함한 5명은 중경상을 입었다.

부산 미문화원 방화 사건 직후 전두환 정권은 시위에 참가했거나 투옥된 경력이 있는 청년 학생에 대한 검문과 검색을 강화했다. 내무부장관 서정화는 3월 20일 2천만 원의 현상금을 주겠다며 용의자에 대해 제보를 하라고 공고했다. 24일에는 현상금을 3천만 원으로 늘렸다. 경찰은 25일 부미방의 배후 인물로 광미방 주동자였던 정순철을 전남 영광에서 검거했지만 관련이 없는 것으로 드러났다. 3월 30일 경찰은 '방화와 불온전단 살포' 혐의로 이미옥, 김화석, 최충언, 박원식, 최인순을 체포했고, 문부식과 김은숙은 지명수배를 내렸다. 바로 그날 미국 국무부 아시아·태평양 담당 차관보 홀드리지는 의회에서 "이 방화 사건은 반미가 아닌 탈선"이라고 발언했다.

문부식과 김은숙은 김현장의 도움으로 천주교 원주교구 교육원에 은신하고 있었다. 경찰은 문부식의 배후 혐의로 김현장을 구속했는데, 그는 광미방의 진상을 문부식에게 알려주면서 광주민중항쟁에 대한 미국의 책임을 거론했을 뿐 부미방에 직접 가담하지는 않았다고 주장했다. 그러나 원주교구 신부 최기식이 광주민중항쟁 이후 22개월 동안이나 김현장을 은신시킨 사실을 알아낸 경찰은 전두환 정권을 격렬하게 비판해온 천주교정의구현전국사제단을 공격할 절호의 기회라고 여긴 듯 최기식을 구속했다.

경찰은 김현장을 부미방의 배후 조종자로 만들기 위해 무자비하게 고문을 가했다. 전두환 정권은 천주교 교단이 불순분자들을 숨겨줌으로써 반정부 활동의 온상이 되었다고 공격했고, 다수 언론매체는 그것을 널리 알리는 데 앞장섰다.

개신교와 천주교의 연합선교단체인 한국교회사회선교협의회는 4월 15일 성명서를 통해 부산 미문화원 방화 사건의 근본적 원인에는 광주에서 군부가 무력 진압하는 것을 미국이 용인한 것과 레이건 정부 당국자들이 한국에 대해 모욕적인 언사를 한 일이 있음을 인정해야 한다고 주장했다.

1982년 8월 11일 부산지방법원에서 열린 1심 마지막 재판에서 김현장과 문부식은 사형, 김은숙과 이미옥은 무기징역, 나머지 피고인 9명은 징역 3년부터 15년까지를 선고받았다. 최기식에게는 징역 3년에 자격정지 3년이 선고되었다.

1983년 3월 8일 열린 대법원 상고심에서 김현장과 문부식은 사형 확정판결을 받았고, 류승렬, 김은숙, 이미옥, 최인순, 김지희는 징역 10년에 자격정지 7년, 박원식은 징역 7년에 자격정지 7년, 최기식은 징역 3년에 자격정지 2년을 받았다. 그로부터 일주일 뒤인 3월 15일 전두환은 김현장과 문부식은 무기징역, 최인순, 김은숙, 김지희, 이미옥 등은 각각 징역 5년에 자격정지 7년으로 감형하라고 지시했다. 문부식은 1988년 12월, 김현장은 김영삼 정부 출범 직후인 1993년에 특사로 풀려났다.

6. 전두환 정권의 대중 유화·마취 정책

앞에서 살펴본 바와 같이 전두환은 권력을 잡자마자 야당성이 강한 정치인 대다수의 발을 묶었고, 과거에 민주민족민중운동을 하던 재야 인사와 시민단체는 꼼짝달싹도 못 하게 감시하고 압박하는 한편, 노동계는 유신독재 시기보다 더 혹심하게 통제했다.

전두환 정권은 1980년 12월 노동관계 법률을 개정해 노사협의회 제도와 기업별 노동조합 조직을 강요하는 등 국가의 통제를 더욱 체계화했다. 그에 따라 산별노조 결성이 금지되었을 뿐 아니라 개별 기업 수준에서도 신규 노조 인가조건이 까다롭게 되었다. 심지어는 191명의 노조 지도자를 지도부에서 추방했고, 개별 지역노조 106개를 폐쇄 조치했다. 그 결과 전국 노동조합원 수는 1979년 110만 명에서 1983년에는 78만 5천 명으로 격감하게 되었다. 농업협동조합과 수산업협동조합도 유신체제 시기와 마찬가지로 관계 부처의 감독을 받았다.

대중 세뇌를 위한 관제 문화행사 '국풍81'

광주학살이라는 원죄를 안고 있던 전두환 정권은 민주화운동이나 노동운동을 탄압하거나 원천적으로 봉쇄한다면 권력을 유지할 수 없다는 점을 잘 알고 있었다. 왜냐하면 전두환과 노태우가 이끄는 신군부의 정치적 스승이자 후견인이던 박정희가 집권 말기인 1979년에 와이에이치(YH) 여성 노동자의 신민당사 점거 농성과 부산·마산 항쟁의 열풍에 밀리다가 결국 중앙정보부장 김재규의 총탄을 맞고 비명횡사한 사실을 모를 리 없기 때문이다. 5월광주민중항쟁에서 직접 목격한 민중의 힘도 그들에게는 악몽으로 남아 있었을 것이다.

그래서 전두환 정권은 폭압통치를 강행하는 한편 사회적 모순들을 눈가림하는 사회문화정책을 급조하기 시작했다. 가장 먼저 선을 보인 것은 1981년 5월 28일부터 6월 1일까지 서울 여의도광장에서 열린 '국풍81'이다. 전두환 정권이 하필이면 한 해 전 광주민중항쟁의 최후 거점이던 전남도청이 함락된 5월 27일 바로 다음 날을 거국적 문화행사의 날로 잡았는지는 알 수 없는 일이다. 이 행사를 실질적으로 기획한 사람은 청와대 정무제1비서관으로 전두환의 신임을 받고 있던 조선일보 기자 출신 허문도로 알려졌다.

'민족의 대합창'을 구호로 내건 국풍81은 어용화되어 있던 한국신문협회가 주최하고 관영 방송사나 다름없던 한국방송공사(KBS)가 주관했다. 후원은 고려대 부설 민족문화연구소가 맡았다.

'전국 대학생 민속국악 큰잔치'라는 부제를 달고 시작된 국풍81은 개막행사, 민속제, 전통 예술제, 젊은이 가요제, 연극제, 국풍장사 씨름판, 팔도굿, 남사당놀이 등 본행사와 함께 팔도 명물장이 열렸다. 민속 문화의 주요한 양식인 난장을 모방했다고 보면 좋을 것이다.

이범경의 『한국방송사』라는 책에는 국풍81이 닷새 동안 1천만 명이 넘는 관중을 동원했다고 기록되어 있다. 전두환 정권 쪽에서는 대성공이라며 기뻐할 만한 대사건이었음이 분명하다. 그러나 허문도는 애초에 민중문화운동권의 주축인 시인 김지하, 음악인 김민기, 광대 임진택 등에게 출연 교섭을 했으나 거절을 당하고 말았다. 그래서 국풍81은 학생운동권과 재야 시민단체로부터 거센 비판을 받은 채 한바탕의 관제 난

장놀이로 끝났다. 그렇지만 전두환과 신군부, 그리고 허문도는 대중을 세뇌하는 데 성공했다며 회심의 미소를 짓지 않았을까?

대중을 마취시키는 3에스 정책

광주민중항쟁이 끝난 지 한 달 보름도 채 되지 않은 1980년 7월 8일, 서울 세종문화회관에서는 미스 유니버스 본선대회가 열렸다. 1952년 미국 캘리포니아의 의류회사 퍼시픽 밀스의 후원으로 첫선을 보인 미스 유니버스는 미스 월드, 미스 인터내셔널과 더불어 세계 3대 미인대회 중 하나로 알려져 있다. 자본주의의 꽃이라고 불러야 마땅한 이 대회는 철저히 미국이나 유럽식 여성미 평가 기준에 따라 세계에서 가장 아름다운 여성을 뽑기 위해 해마다 열리고 있었다. 신군부가 광주에서 무참하게 시민 학살을 저지른 사실을 알고 있던 재야 민주화운동권 사람이나 청년 학생은 정치적 실권을 장악한 전두환 일파가 이런 국제행사를 서울로 유치한 것을 보고 분개했을 것이다.

서울 미스 유니버스 대회는 6월 말부터 예선을 시작해 무려 3주 동안이나 진행되었다. 그러나 그 기간에 '미스 유니버스 대회 폭파 미수 사건'이 벌어지고 말았는데, 통일사회당의 권운상과 황인오 등이 "이런 시국에 무슨 미인대회냐? 폭탄이라도 있으면 던져 넣을 텐데"라고 말한 것이 화근이 되어 옥살이를 하게 된 사건이다.

미스 유니버스 대회는 전두환이 대통령 자리를 차지하기 전부터 시작한 '3에스' 정책의 신호탄이었다고 볼 수 있다. 3에스(S)는 스크린(screen), 섹스(sex), 스포츠(sports)의 약자로 대중을 우민화하는 문화적 방책이나 제도를 가리킨다.

전두환 정권은 1980년 12월 1일 컬러텔레비전 방송을 시작한다고 발표했다. 3에스 정책의 본격적 출발을 알린 셈이다. 흑백 방송만 하던 한국방송공사는 그날 오전 10시 30분 수출의 날 기념식을 천연색으로 중계했다.

당시 한국사회는 제2차 석유파동과 내수 부진으로 경제적 혼란에 빠져 있었다. 그래서 전두환 정권이 컬러텔레비전 방송을 통해 이루려고 한 것은 일차적으로 수상기 보급과 수출을 통한 전자산업 활성화였다. 컬러텔레비전 방송이 나간 지 오래지 않아 대중은 폭발적 반응을 보였다. '컬러텔레비전을 샀느냐'는 말이 새로운 인사말이 될 정도였다. 1977년부터 컬러텔레비전을 대량 생산하기 시작했던 금성사와 삼성전자, 그리고 다른 업체들은 폭발적 수요에 힘입어 1981년 7월까지 수상기를 1백만 대 넘게 팔았다.

컬러텔레비전은 대중 생활에 색채혁명이 일어났다고 할 정도로 큰 변화를 일으켰다. 집에서 텔레비전으로 컬러 영화를 보게 되었으므로 극장은 곧 망할 것이라는 전망이 나오기도 했다. 컬러텔레비전 프로그램이 경쟁적으로 연예인들의 활동무대를 확대함으로써 스타들도 양산되어 종전보다 훨씬 크게 인기를 누릴 수 있게 되었는데, 그래서 전두환 정권이 은밀히 조장하던 정치 혐오증에 영향을 받고 있던 대중은 컬러텔레비전을 보면서 자기도 모르게 우민화되는 경향이 갈수록 커질 수밖에 없었다.

컬러텔레비전 방송으로 톡톡히 재미를 본 전두환 정권은 국민을 상대로 박정희 정권 시기의 억압적 분위기를 완화하는 유화책을 쓰기 시작했다. 가장 대표적인 사례가 1982년 1월 5일 밤 12시를 기해 전방 접경지역과 후방 해안지역을 제외한 전국에서 야간통행금지를 해제한 것이다. 미군정 시기이던 1945년 9월 7일 주한 미군사령관 하지가 '군정포고 1호'를 통해 실시하기 시작한 뒤 37년 동안이나 강제되어 온 제도가 어느 날 갑자기 사라져버리자 대다수 국민은 환호했다. 마치 압제에서 해방된 듯한 분위기에 빠진 사람들은 자정이 넘어 새벽이 되도록 거리를 활보하기도 했다.

야간통행금지가 해제된 지 한 달 뒤인 2월 6일 첫 번째 심야영화라는 이름으로 〈애마부인〉이 개봉되었다. 이 영화는 성인영화라며 노골적으로 선전함으로써 특히 남성들로부터 폭발적 인기를 얻었다. 애초에는 말을 사랑하는 부인이라는 뜻으로 '애마(愛馬)'라는 단어를 붙였으나 검열 과정에서 바꾸라는 지시를 받고 애마(愛麻)부인, 곧 '삼베를 사랑하는 부인'으로 바뀌고 말았다. 이범경의 『한국방송사』에는 이런 대목이 있다.

「〈애마부인〉은 이전까지의 이른바 '호스티스 영화'와는 질적으로 달랐다. 70년대의 호스티스 영화라는 것들이 주로 명분이나 희생 같은 것을 내세워 어쩔 수 없이 몸을 팔게 되는 '수동적'인 여성들을 다룬 데 반해, 〈애마부인〉은 당시로써는 도발적일 만큼 솔직하게 성적 욕망에 충실한 '능동적'인 여성을 그려냈는데, 이것이 관객들에게 크게 어필한 것이다.」

〈애마부인〉은 넉 달 가까이 상영되면서 31만여 명 동원이라는 기록을 세웠다. 성인은 물론이고 입장 금지인 청소년까지 보고 싶다고 할 정도로 인기가 높았던 것이다. 이 영화는 그 뒤 수많은 아류를 이끌어내면서 적나라한 섹스영화의 선구자적 구실을 했다.

전두환 정권의 3에스 정책 가운데 특히 섹스는 한국사회의 남성에게 성문화 천국, 여성에게는 성매매 지옥을 안겨주는 결과를 빚었다. 야간통행금지가 해제된 1980년대 초반부터 룸살롱, 안마시술소, 사우나 같은 유흥산업, 향락산업이 번창했기 때문이다. 그런 업소들은 남성이 여성의 성을 돈으로 사는 장소였다. 성매매가 얼마나 성행했던지 인신매매라는 말이 나오기까지 했다. 공급이 모자라자 범죄조직들이 유부녀들까지 닥치는 대로 납치하거나 유인해서 업소에 팔아넘겼다는 것이다.

향락산업이 날이 갈수록 번창하자 거기에 기생하는 폭력배들도 대규모 조직을 만들기 시작했다. 조직폭력배(조폭)라는 말은 바로 그 무렵에 생겨난 것이다.

현대사회연구소가 조사한 바에 따르면 1983년도 매춘 여성은 87만여 명이었는데 1985년도에 보사부가 조사한 결과를 보면 1백만여 명으로 늘어났다. 1986년도 경제활동 인구 1천5백만여 명 가운데 여성은 6백만여 명이었는데, 1백만여 명이 향락사업에 종사하고 있다면 14세~30세의 여성으로 경제활동을 하는 사람 4명 가운데 한 명은 매춘을 업으로 삼고 있다는 셈이 된다.

향락업소의 수는 1983년도에 24만 6천여 곳이던 것이 1985년도에는 31만 4천여 곳으로 늘었다. 해마다 3천여 곳이나 증가한 셈이다. 그래서 당시에는 '자고 일어나면 강남에 룸살롱이 한 군데씩 생긴다'는 말이 유행하기도 했다.

1980년대 향락문화 극성의 배경에는 고도성장을 표방하면서 무분별한 개발과 투자를 일삼은 권력과 독점자본이 있었다. 개발정책을 주도하는 관리들이 건설업자, 토목업자나 무역업자 등과 향락업소에서 은밀히 거래를 하는 경우 성매매가 필수적인 요건이 되다시피 했고, 그런 풍조가 일반인 사이로 널리 퍼져나갔던 것이다.

성은 인간 본성의 발로이자 인류가 번성하기 위한 필수적 생리 행위이다. 그런데 성행위가 정상적으로 이루어지지 않고 사고파는 수단으로 전락하는 일이 사회적으로 대세를 이룬다면 당사자의 인간성은 피폐해지고, 특히 약자인 여성의 삶은 나락으로 떨어지기 십상이다. 그런데 전두환 정권은 그렇게 왜곡된 성문화를 조장하는 정책을 음험하게 펼쳐나갔던 것이다.

1981년 5월, 전두환은 청와대 수석비서관 회의에서 프로스포츠를 창설하라고 지시했다. 이것이 그의 단독 발상은 아니었던 것 같다. 당시 축구계도 프로화를 추진하고 있었지만 야구계의 계획은 더 구체적이고 실현 가능성이 높았다. 축구협회는 운동장에 야간조명 설치 등을 이유로 정부에 140억 원가량을 요청했으나 야구협회는 애초의 정부 지원 요청을 철회하고 대기업체 주관으로 프로구단을 만들겠다고 제안함으로써 한국 스포츠 프로화의 선두 주자가 되었다. 전두환이 임명한 문화방송 사장 이진희가 프로야구 출범을 적극적으로 도왔고, 엠비시(MBC) 청룡구단도 창설했다고 전한다.

1982년 3월 20일, 전두환은 체육부를 신설하고 신군부의 제2인자인 노태우를 장관에 임명했다. 당시 그것은 파격적인 인사로 받아들여졌다. 3에스 정책의 한 기둥인 스포츠를 그만큼 중시했다는 뜻이었을 것이다.

체육부가 신설된 지 사흘 뒤인 3월 23일 프로야구 리그인 '한국야구선수권대회'가 출범했다. 구단은 서울의 엠비시 청룡, 부산의 롯데 자이언츠, 대구의 삼성 라이온즈, 광주의 해태 타이거즈, 대전의 오비(OB) 베어스, 인천의 삼미 슈퍼스타즈, 이렇게 6개였다. 한국야구협회가 내세운 구호는 이렇다.

'어린이에게 꿈을, 젊은이에게 정열을, 온 국민에게는 여가 선용을!'

엠비시를 비롯한 언론이 대대적으로 홍보에 앞장섰기 때문에 3월 27일 서울운동장에서 열린 프로야구 첫 번째 경기는 성황을 이루었다. 전두환은 심판 복장으로 변장한 경호원을 대동하고 삼성과 엠비시의 경기에서 시구를 했다. 삼성은 연고지인 대구의 제일모직과 경산의 제일합섬에서 근무하는 여성 노동자 7백 명을 버스 17대에 태워 서울운동장으로 보냈다. 그들은 닷새 동안 하루 5시간씩 연습한 카드섹션 응원을 선보였다. 5천 원짜리 내야석 표가 1만 원에, 2천 원짜리 외야석 표가 6천 원에 암거래될 정도였으니 전두환 정권의 스포츠 프로화 정책은 첫걸음부터 대성공을 거둔 셈이다.

3에스 정책은 해당 분야에서 스타를 양산하거나 관련 산업을 음양으로 지원하는 것을 필수 요건으로 삼았다. 프로야구도 예외가 아니었다. 프로야구 선수들은 출범 당시에 최소 1천만 원부터 2천만 원 이상까지 연봉을 받았다. 당시 서울의 외곽 지역 아파트 한 채 값이 평균 1천5백만 원이었다는 사실에 비추어 보면 거액이었음을 알 수 있다. 전두환 정권은 프로야구 흥행을 위해 선수들의 스타화와 함께 어린이 회원제를 이용하기도 했다.

프로야구 출범 이후 언론에서는 스포츠 중계시간과 보도의 양이 크게 늘어났다. 1981년 9월 8퍼센트에 불과했던 텔레비전 방송국의 스포츠 중계시간이 한 해 뒤에는 20퍼센트에 이르렀다. 그 가운데 가장 많은 비중을 차지한 것은 프로야구였다. 활자 매체도 선수들의 성적과 동정은 물론이고 프로야구에 관련된 잡담까지 기사화함으로써 대중의 눈길을 끌었다. 많은 국민이 정치나 국제 사회의 움직임에 대한 관심을 잃고 프로야구 관람과 뉴스 보기에 빠져들게 된 것이다.

케이비에스의 이산가족 찾기 방송

케이비에스(KBS)는 민족의 분단 38년을 맞이한 1983년 6월 30일 〈이산가족을 찾습니다〉라는 제목의 특집방송을 내보내기 시작했다. 그날부터 11월 14일까지 138일 동안 총 453시간 45분이나 계속된 이 프로그램에 출연 신청을 한 사람은 모두 10만 952명이었고, 그 가운데 5만 3,536명이 방송에 나갈 수 있었다. 남한에서 헤어져 살던 가족을 만난 사람은 1만 189명이었다. 그 기간에 방송 제작에 동원된 인원은 케이비에스 내부 인력인 아나운서, 피디(PD), 조연출, 음향, 조명 등 직원과 아르바이트 대학생까지 합치면 1만 명이 넘었다. 결과적으로 이 프로는 세계 최장 연속 생방송이라는 기록을 세운 뒤 2015년에 유네스코 기록

유산으로 등재되었다.

전두환이 1980년 9월 1일 대통령으로 취임한 이래 케이비에스와 엠비시는 경쟁적으로 그에게 아부하는 뉴스를 내보내고 있었다. 특히 황금 시간대에 나가는 〈9시 뉴스〉가 대표적이었다. '땡' 하고 시보가 울리자마자 아나운서는 "전두환 대통령은…" 또는 "오늘 전두환 대통령은…"으로 시작되는 뉴스부터 읽는 것이 상례가 되다시피 했다. 그래서 누가 처음 작명을 했는지 분명하지 않지만 항간에서는 이것을 땡전 뉴스나 땡전 방송이라 불렀다. 그런데 어용 방송이라는 비난을 듣던 방송 가운데 가장 앞서 나가던 케이비에스가 어느 날 갑자기 수십 년 동안이나 분단의 아픔을 안고 살던 사람들을 스튜디오로 불러들여 감동적인 상봉을 하게 만들었다. 처음에는 단순한 이벤트로 여기던 시청자들도 그 효과가 놀랍게 확대되어 나가자 폭발적인 반응을 보이기 시작했다.

이산가족 찾기 방송은 원래 95분가량 분량으로 기획되었다. 그런데 이산가족 150명을 초청한 스튜디오에 1천 명이 넘는 사람이 몰려들었고, 방송을 하는 동안 케이비에스의 업무가 중단될 정도로 전화가 많이 걸려왔다. 첫 방송이 나간 이튿날인 7월 1일부터 이틀 동안 출연 신청이 1만 1,789건이나 접수되었고, 12일에는 누계 10만 건을 넘어섰다. 방송 형태도 달라져 이산가족 상봉을 주선하기 위해 연결했던 9개 지방 네트워크도 지역 신청자들을 출연시켜 직접 방송에 참여하도록 했다.

케이비에스는 7월 1일 '이산가족 찾기 추진본부'를 설치한 뒤 3일부터는 1텔레비전에서 뉴스와 드라마를 빼고 온종일 이산가족 찾기 방송만 내보냈다. 3일부터는 국내 신문이 이산가족 찾기가 일으킨 놀라운 반응을 1면 머리기사로 내보내기 시작했고, 외신도 서울발 기사로 그 충격적인 사건을 보도했다. 한국갤럽조사연구소가 10월 10일부터 20일까지 실시한 여론조사 결과에 따르면 전 국민의 53.5퍼센트가 새벽 1시까지

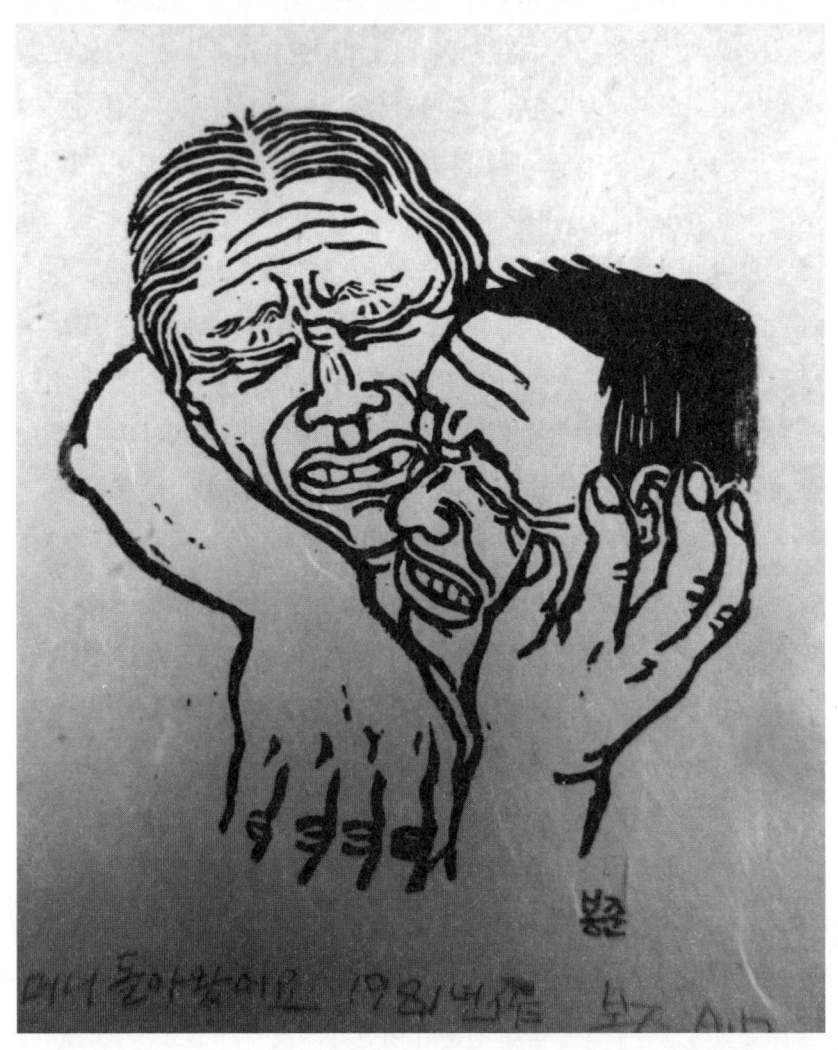

어머니 돌아왔어요(목판화, 1981년, 김봉준 작)

그 프로를 시청한 것으로 나타났다. 88.8퍼센트는 눈물을 흘렸다고 응답했다. 나라 안이 온통 눈물바다가 된 것이다.

    이산가족 찾기 방송은 세계 유일의 분단 민족이 사는 남한 사회에서 생사도 모른 채 헤어져 있던 가족들이 극적으로 상봉하는 장면을 온 세계에 알림으로써 한반도의 남과 북이 하루라도 빨리 통일되어야 하는 당위성을 확인했다는 점에서 역사적 의의가 큰 것이다. 그러나 부정적 측면도 적지 않았다. 적어도 이산가족 찾기 방송이 나가던 138일 동안 대다수 국민은 거기에 눈과 귀가 가 있어 전두환 군사독재를 비판할 생각은 거의 하지 못했다는 점이다. 이런 면에서는 케이비에스의 〈이산가족을 찾습니다〉 프로그램이 대중을 정치적 무의식 상태에 빠트린 부정적 효과를 냈다는 지적도 받을 만했다.

7. 군사독재정권의 학생운동 탄압과 용공조작

서울의 봄이라 불리던 1980년 5월 15일 신군부에 맞서 민주화를 외치던 대학생 수만여 명이 이른바 서울역 회군을 한 지 바로 이틀 뒤인 5월 17일 전두환이 일으킨 쿠데타는 학생운동권에서 논란과 자성을 일으켰다. 그러나 학생들은 광주학살을 저지르고 체육관 선거로 대통령이 된 전두환에 맞설 수가 없었다. 군사독재의 폭압정치가 너무나 가혹했기 때문이다.

학생운동 재건과 '무학논쟁'

그렇게 살벌한 상황에서도 그해 12월 11일 서울대에서 데모가 터졌다. 그 배경은 아래와 같다.

오랜 휴교 끝에 9월에 개강을 한 서울대 운동권 내부에서는 격렬한 논쟁이 일어났다. 가장 큰 쟁점은 서울역 회군이었다. 흥사단아카데미(아카데미)그룹 회원을 중심으로 한 학생은 서울역 회군 당시 중요한 역할을 한 총학생회장 심재철과 그 배후로 알려진 이념서클 한국사회연구회(한사)그룹을 성토하기 시작했다. 그러나 당시 이념서클 조직을 장악하고 있던 한사 중심의 이른바 언더, 즉 '총학생회 등 공식적인 조직을 사실상 지휘하는 지하조직' 지도부는 1980년 5월 투쟁의 실패 원인을 민중 역량의 미성숙에서 찾으며 자신들의 과오를 인정하려 들지 않왔다. 그들은 이렇게 주장했다.

"데모만이 능사가 아니다. 학생운동은 민중 역량의 강화를 위해 헌신해야 하며 노동자, 농민을 조직하기 위해 집단적·조직적으로 노동 현장에 침투해야 한다. 그러기 위해서는 조직을 위태롭게 할 수 있는 불필요한 시위는 자제해야 한다."

논쟁이 점점 더 격렬해지면서 감정의 골까지 깊어졌다. 아카데미그룹은 언더 지도부가 쥐고 있던 이념서클 조직에 대한 통제권을 약화시키려고 하부 구성원에 대한 개별 접촉을 시작했고, 언더 지도부는 그것을 막기 위해 조직 단속을 강화했다. 이 과정에서 서로 흑색선전까지 난무했다. 아카데미 쪽이 데모를 강행하려고 하면 언더 지도부는 동원을 거부하고 정보를 흘리는 등의 방법으로 그것을 저지했다. 이처럼 1980년 2학기 내내 외견상 언더 지도부의 통제는 문제가 없는 듯 보였다.

그러나 광주의 살육을 기억하고 있던 학생 대중 사이에서는 전두환 정권에 대한 즉각 항전의 목소리가 점점 커져 갔다. 조직 보존과 노동 현장 진출이라는 논리로 데모를 전면적으로 통제하고 있던 언더 지도부에 대한 비판의 소리가 높아지자 마침내 언더 지도부도 데모를 강행하기로 결정했다. 12월 11일의 데모는 그 결정에 따라 이루어진 것이다.

경찰은 조직을 완전히 소탕했다고 확신한 듯했지만 그것은 오판이었음이 곧 드러났다. 1981년 새 학기가 시작되자마자 서울대에서 계속 데모가 일어났던 것이다. 데모를 주동한 학생들은 무림의 준비론을 비판하면서 군사독재에 맞선 투쟁을 앞세우던 그룹이었다. 나중에 경찰은 그들에게 학림이라는 이름을 붙였다. 그럼 여기서 학림의 탄생과 투쟁, 그리고 전두환 정권의 가혹한 탄압을 살펴보기로 하겠다.

1980년 9월 서울대생 이선근은 서울의 봄이 실패로 끝난 이유를 당시 학생운동을 이끌었던 서울대 총학생회장 심재철과 그 배후에 있다고 알려진 이념서클 한국사회연구회가 신군부에 맞서 과감하게 싸우려는 의지가 부족했기 때문이라고 생각하고 흥사단아카데미 선배이자 당시 도서출판 광민사 대표이던 이태복과 구체적 투쟁 방법을 논의했다.

이태복은 이미 양승조, 김병구 등과 함께 "한국노총을 대체할 제2노총을 건설해야 한다"며 1980년 5월 3일부터 2박 3일 동안 창립대회를 열고 '전국민주노동자연맹(전민노련)'을 결성했다. 전민노련은 지역을 근거지로 삼던 종전의 노동운동그룹과는 달리 제2 노총 건설을 목표로 하면서도 '반합법 비공개 활동'을 원칙으로 삼고 있었다. 그래서 전민노련은 학생운동 출신자에게 취업 요령, 지역 실태, 현장 활동가의 언어, 조직 실무와 노동법 등을 교육했다. 이태복은 '한국사회의 변혁을 위해서는 노동운동이 주가 되고 학생운동은 노동자운동을 보조하는 문제 제기 집단으로서 기능해야 한다'는 믿음을 가지고 있었던 것이다.

학생운동의 방향에 관해 이태복과 논의를 마친 이선근은 서클 동료와 함께 5월 15일 서울역 회군의 책임 문제를 제기했다. 그러나 무림과 학림 사이에서 즉각적 투쟁이냐 장기적 준비냐를 둘러싸고 격렬한 논쟁이 벌어졌다. 이것이 나중에 무학논쟁이라고 불리게 된다. 조희연이 엮은 『한국사회운동사: 한국변혁운동의 역사와 80년대의 전개과정』에서 최연구는 '80년대 학생운동의 이념적·조직적 발전과정'을 이렇게 기술했다.

「무림그룹은 학생운동의 위상을 지나치게 높이 설정하여 조직보존론, 준비론, 당면투쟁 방기론, 대기주의에 빠졌다는 비판을 면할 수 없었고, 학림그룹은 선도적 투쟁성을 강조·실천하여 실천적 정당성은 인정받았으나 소그룹 연합 수준의 대학 간 연대를 전체 운동의 지도 조직으로 오인하거나 노학연대를 기계적·도식적 관점으로 이해하여 주체의 준비 정도를 무시하고 정세를 조급하게 파악했던 오류를 범했다는 지적을 받았다. 그러나 무학논쟁은 그러한 한계에도 불구하고 민족민주운동의 주체는 민중임을, 그리고 청년 학생은 전체 운동의 주력군의 역할을 담당해야 함을 각인시켜 주었다.」

부림 사건

1981년 9월 초 부산지검 공안 책임자인 검사 최병국은 부산 지역의 양서협동조합을 통해 사회과학 독서모임을 하던 학생, 교사, 회사원 등을 영장 없이 체포했다. 그들은 짧게는 20일에서 길게는 63일 동안 불법 감금되어 무참하게 구타를 당하는가 하면 물고문과 통닭구이고문 등을 당했다. 검찰은 허위 자백을 바탕으로 독서모임이나 다방에서 나눈 대화를 '이적물 표현 학습'과 '반국가단체 찬양 및 고무'로 조작했다.

9월 7일 부산대를 졸업한 선반공 이상록, 교사 고호석 등 8명이 1차로 구속되었고, 10월 5일에는 상업가 김재규, 설비사무사 최준영 등이 2차로 구속되었다. 이듬해 4월에는 도피 중이던 부산대 졸업자 이호철, 교사 설경혜 등 3명이 다시 구속되었다. 대학에서 시위를 한 혐의로 나중에 체포된 부산대 4학년 김진모 등 3명과 탈영병 김영까지 합하면 모두 22명이 구속되었다. 1심에서 검찰은 국가보안법, 계엄법, 집시법 위반 혐의를 적용해 피고인에게 징역 3~10년을 구형했고, 재판부는 5~7년을 선고했다.

전두환 정권 초기의 최대 용공조작인 이 사건은 부산에서 일어난 학림 사건이라는 뜻으로 '부림 사건'이라고 불리게 되었다. 2013년 12월 개봉되어 1천만이 넘는 관객을 동원한 영화 〈변호인〉에 상세히 그려져 있듯이 당시 세무전문 변호사로 일하던 노무현은 김광일, 이흥록 등과 함께 이 사건을 변론하면서 냉정하면서도 열정적인 자세로 검사의 용공조작을 추궁했다. 검찰이 이적 표현물 학습의 증거라고 제시한 서적은 당시 서점에서 합법적으로 팔리던 책이었다. 조세희의 소설 『난장이가 쏘아올린 작은 공』, 에드워드 카의 『역사란 무엇인가』, 리영희의 『전환시대의 논리』, 조용범의 『후진국 경제론』, 조지프 슘페터의 『자본주의 사회주의 민주주의』가 바로 그런 책이다.

당시 혹독한 고문을 당한 뒤 옥살이를 한 고호석은 나중에 이렇게 증언했다.

"관련자들 중에는 재판을 받기 위해 법원에 가서야 처음 상견례를 한 사람들까지 있을 정도로 서로 거의 관계가 없는 사람들이었다. 그러나 경찰은 우리 모두를 그들의 각본 속에 끼워 넣어 하나의 사건으로 만들어냈다. 당시 몇 명이 다방에 앉아 얘기를 나눈 것까지 반국가단체 고무 및 찬양으로 몰아붙여 2년에서 10년까지 중형을 구형했다."

부림 사건 피해자는 1999년 사법부에 재심을 청구했지만 기각당했다. 그러나 2006년 '5·18민주화운동 등에 관한 특별법'을 근거로 재항고해 2009년 대법원에서 계엄법 위반 등의 혐의에 대해서만 무죄를 선고받았고 국가보안법과 반공법에 대해서는 재심사유가 되지 않는다는 판결을 받았다.

2014년 2월 13일 부산지법 형사항소2부는 부림 사건의 유죄판결에 대해 재심을 청구한 고호석, 최준영, 설동일, 이진걸, 노재열에게 무죄를 선고했고, 2014년 9월 25일 대법원은 5명 모두에게 무죄 확정판결을 내렸다. 폭압·공포정치로 주권자를 억압하던 전두환 정권이 조작한 부림 사건이 무려 33년 만에 불법이라는 판정을 받은 것이다.

〈야학비판〉과 〈학생운동의 전망〉

학림 사건으로 학생운동은 심각한 타격을 받고 위축되어버렸다. 그런 상황에서 1981년 2학기 '향락축제 거부투쟁' 이후 합법 공간의 활용과 대중투쟁에 대한 방안을 제시한 것이 〈야학비판(야비)〉이라는 팸플릿이다. 오근석의 『80년대 민족민주운동』에는 이런 내용이 나온다.

「'야비'는 종래 학생운동이 시위 만능주의였음을 비판하면서 일상 투쟁을 통한 대중조직의 건설을 주장하였다. 특히 서울대의 10월 축제 시위를 예로 들면서 무조건적인 정치투쟁에서 벗어나 학생 대중의 일상적 이익을 대변하는 일상 투쟁을 강화할 것을 강조하였다.

또한 '야비'는 군부독재에 대한 시위에로의 지나친 경도로 인해 노동자를 중심으로 하는 주체 역량의 건설을 소홀히 해온 점을 비판하면서, 학생운동 인자의 현장으로의 대규모적 존재 이전을 주장했다. 이후 이러한 존재 이전론은 커다란 반향을 불러일으켜 실제로 많은 학생운동 활동가들이 학생운동을 포기하고 노동 현장으로 존재 이전하게 된다.

이러한 결과로 인해 학생운동은 81년 하반기부터 82년 상반기에 이르기까지 정치투쟁을 거의 전개하지 않는 현상을 보였다.」

그러나 〈야비〉 논리와 1982년 상반기 학생운동에 대한 비판을 목적으로 한 팸플릿이 나왔는데, 이게 바로 〈학생운동의 전망(전망)〉이다. 〈전망〉은 1979년대 이후의 학생운동사를 정리하면서 한국사회에서 정치국면에 대응할 능력을 가진 유일한 세력은 학생운동권이므로 학생운동은 선도적 정치투쟁을 해야 한다고 주장했다. 〈전망〉은 광범한 대중선전 수단으로 가두시위가 중요하다고 보았다. 그래서 4월혁명과 부마항쟁, 그리고 광주의 경험을 교훈으로 삼아 '학생가두시위-민중합세-민중봉기' 모델을 운동의 주요 형태로 제시했다. 아울러 〈전망〉은 노동 현장으로 이전하는 준비를 하기 위해 학생운동이 당면한 과제를 소홀히 한다는 입장을 비판하면서 현장으로의 이전은 반드시 부차적 범주에서 이뤄져야 한다고 주장했다.

1982년 9월에는 일본의 교과서 왜곡에 대한 반대시위가 자주 벌어졌다. 9월 27일 서울대, 고려대, 연세대, 성균관대, 이화여대 학생 1만여 명은 서울 종로, 시청 앞, 청계천 등지에서 대대적인 시위에 나섰다. 1980년 5월 서울의 봄 이후 처음으로 여러 대학의 연합시위가 이루어진 것이다. 11월 3일에는 학생의 날을 기념하는 연합시위가 일어났다. 서울 시내 대학생 2천여 명이 종로2가와 종로3가를 오가며 '전두환 타도하자, 노조 탄압 중지하라'는 현수막을 들고 유인물을 뿌리며 시위를 한 것이다. 그날 학생 4백여 명이 경찰에 연행되었다.

1982년 여름에는 광주교도소에서 양심수들이 처우 개선을 요구하며 단식투쟁을 벌였다. 1980년 5월민중항쟁 당시 전남대 총학생회장이던 박관현은 7월 8일부터 20일까지 단식한 뒤 중단했다가 9월 2일부터 20일까지 다시 단식투쟁을 계속했다. 광주교도소 간부들은 그런 극한적 투쟁에 아랑곳하지 않고 10월 4일 박관현을 징벌방에 가두고 접견을 금지했다. 건강이 급격히 악화된 그는 10월 10일 전남대병원으로 옮겨졌지만 10월 12일 숨을 거두고 말았다. 박관현이 사망했다는 소식이 전해지자 전국의 대학가에서 전두환 정권을 규탄하는 격렬한 시위가 벌어졌고, 학생 10명이 구속되었다.

시위가 확산되면서 희생도 점점 더 커졌다. 교내 시위마다 적게는 한두 명에서 많게는 10여 명이 구속되었다. 제적당하는 학생도 늘었다. 1981년에 3백여 명, 1982년에 198명이던 제적생 수는 1983년에 327명이나 되었다. 그 무렵 학교 안에는 기관원들이 깔려 있었다. 심지어 총장 비서실에 보안사, 안기부, 치안국, 시경, 경찰서, 문교부 상주연구원 등 10여 명이 상주하고 있을 정도였다. 사복경찰관들은 학교 안에서 대기하고 있다가 시위를 진압했다. 1981년 1학기 이후에는 교수들도 동원되었다. 교수들이 학생시위 대열을 에워싸야 했고, 자신이 지도하는 학생이 시위에 참가하고 있으면 끌고 나오는 일까지 맡아야 했다. 학생

흔들리지 않으리(채색목판화, 1982년, 김봉준 작)

운동에 참여한 학생은 등급을 나누어 학과장이나 지도교수가 정기적으로 지도하며 보고하도록 했고, 지도 학생이 문제를 일으키면 교수가 징계를 받기도 했다.

잇달아 의문의 죽음을 일으킨 녹화사업

박정희 정권은 1971년에 일어난 교련반대투쟁을 탄압하기 위해 주동자급 대학생 2백여 명을 강제로 입대시킨 바 있다. 그런데 전두환 정권은 시위 주동자뿐 아니라 단순 가담자나 정보기관이 문제 학생으로 지목한 청년까지 강제로 징집했다. 노무현 정부 말기인 2007년에 대통령 소속 '의문사진상규명위원회'가 파악한 바에 따르면 강제 징집과 녹화사업 피해자는 군 당국의 공식 통계로 447명이지만, 이른바 1981년 11월에 일어난 '문무대 소요'에 연루된 고려대생 109명과 한국외국어대생 56명, 무림 사건과 학림 사건 관련자까지 포함하면 그 수는 훨씬 더 늘어나리라는 것이다.

녹화사업이란 전두환이 집권 초기에 강제 징집된 학생운동 출신 대학생을 특별정훈교육으로 순화한다는 명목으로 보안사가 마련한 계획이다. 이 사업에 따라 강제 징집된 사병에 대한 사상개조와 학생운동 사건 관련자에 대한 불법 연행과 수사가 자행됐고, 엄청난 육체적·정신적 가혹 행위가 가해졌다. 특히 문제가 되는 것은 보안사가 녹화사업 대상자에 대해 관제 프락치 공작을 강요했다는 점이다. 즉 이들에게 휴가를 줘서 내보내 과거에 함께 활동한 동료·선후배의 행적과 동향을 파악해 보고할 것을 강요한 것이다.

'너 하나쯤 죽어도 안전사고로 보고하면 그만이다.'

이런 협박 속에서 엄청난 고문을 당하며 녹화사업 대상이 된 사병의 인간성은 철저히 파괴되었다.

1981년 1월에 입대한 무렵 사건 관련자 가운데 교련교육을 받은 사람은 병역기간이 6개월 단축되기 때문에 1983년 3월 말에 제대하게 되어 있었다. 전두환 정권은 강제 징집된 학생이 학원으로 돌아가게 되면 갈수록 거세어지는 시위가 더 악화할 것을 두려워해 특단의 대책을 마련하는 작업을 시작했다. 보안사는 82년 9월 사령부 대공처에 중령 서의남을 책임자로 하는 5과(심사과)를 신설하고, '문제 발생을 미연에 방지할 수 있는 적극적 예방대책'을 세웠다. 당시 보안사 대공처장 최경조의 증언에 따르면, 전두환은 청와대에서 보안사 간부들과 만찬을 하다가 운동권 출신 입대자들이 불온한 낙서를 하고 있다는 이야기가 나오자 "야, 최경조, 너 인마 뭐 하는 거야"라고 질책하며 특별정훈교육 계획을 세우라고 지시했다.

　　친구나 학생운동 동지의 동향을 보고하는 대가로 안전을 보장받게 하는 녹화사업은 보안사 요원들의 비열한 인간성 파괴 행위였다. 어떤 사병은 프락치 행위를 강요당했음을 친구에게 고백한 뒤 흔히 알고 있는 정보를 보안부대에 보고했고, 휴가 기간에 아무도 만나지 않고 부대로 돌아가는 사람도 있었다. 당시 보안사는 공작예산의 절반가량을 쏟아부을 정도로 녹화사업을 강하게 밀고 나갔다.

　　1983년 3월 '제적생과 해직 근로자를 위한 기도회'에서 프락치 공작과 강제 징집된 학생의 의문사에 관한 정보들이 정치 문제로 제기되었다. 비판적 여론이 거세지자 전두환 정권은 1984년 9월 '소요 관련 대학생 조기 입영제'를 폐지하고 녹화사업 전담 부서인 보안사 3처 5과를 없애버렸다.

　　1990년 10월 4일, 한국외국어대 85학번으로 학생운동을 하다가 4학년 2학기에 제적되어 군에 복무하다가 보안사를 탈영한 이병 윤석양은 '동향파악 대상자 색인표' 1,303장과 노무현, 문동환, 박현채, 이강철에 대한 개인신상카드와 동향파악 내용이 들어 있는 디스켓 30장을 공개하며 양심선언을 했다. 거기에는 보안사가 학생운동 관련자를 이용해 프락치 공작을 계속하고 있다는 내용도 포함되어 있었다. 녹화사업이 1984년에 중단되지 않았음을 입증하는 자료다.

   녹화사업 기간에 의문의 죽임을 당한 대학생은 5사단의 연세대 정성희, 5사단의 성균관대 이윤성, 22사단의 고려대 김두황, 7사단의 한양대 한영현, 15사단의 동국대 최온순, 5사단의 서울대 한희철이었다. 군 당국이 사인을 사고 또는 자살이라고 발표하자 가족과 재야단체는 엄밀한 검시를 요구했으나 거부당했다. 한희철은 강제 징집을 당하지는 않았지만 공안 사건에 관련되어 보안사 심사과에서 조사를 받는 과정에서 전기고문을 두 번 당하고 몽둥이로 구타당하는 등 가혹 행위에 시달린 데다 동료를 배신한 죄책감 때문에 자살한 것으로 밝혀졌다.

8. 김영삼의 단식투쟁과 민주화추진협의회 결성

전두환은 1983년 새해가 되자마자 '유화조치'를 발표했다. 1월 1일부터 중고등학생의 두발과 교복을 자유화한다는 것이다. 또 그는 1월 18일 새해 국정연설을 통해 정치 피규제자들에 대해 연내에 1단계 해제조치를 취하겠다고 말했다. 그래서 2월 25일 정치 활동을 금지했던 정치인 555명 가운데 250명에 대한 규제를 풀었다. 그러나 김대중과 김영삼을 비롯한 야권 주요 정치인은 외국에서 망명 생활을 하거나 구속 또는 연금되어 있었다. 그들은 정치정화법에 묶여 있어서 정치 활동을 할 수 없었다.

김영삼, 목숨 걸고 23일간 단식투쟁

정치 활동을 금지당한 김영삼은 서울 상도동 자택에 연금되어 있었다. 중앙정보부원과 사복경찰이 대문 밖에 상주하다시피 하고 있어서 외출하기도 어려운 상태였다. 그는 광주민중항쟁 3주년이 되는 1983년 5월 18일 단식을 시작하기에 앞서 '단식에 즈음하여'라는 글을 발표했다.

'나의 단식은 5·17군사쿠데타에 의해 민주주의가 송두리째 파괴, 부정당함은 물론, 민주화를 요구하던 수백, 수천 명의 민주시민이 광주에서 무참히 살상당하는 사태에까지 이르게 된 데 대한 자책과 참회의 뜻을 표시하는 것이며, 비극적인 광주사태로 목숨을 잃은 영혼과 거기서 살상된 민주시민과 그 가족이 겪은 고통에 동참하는 기회이며, 동시에 반민주적인 독재 권력의 강화와 인권 유린 및 정치적인 탄압에 대한 항의와 규탄의 표시이자 민주정치의 확립을 위한 최소한의 조치나마 시급히 강구되어야 한다는 나의 정치적 요구의 표시입니다. 또한 나의 단식은 앞으로 우리가 전개해야 할 민주화투쟁은 생명을 건 투쟁이어야 하며, 생명을 건 투쟁만이 민주화를 성취할 수 있다는 것을 국민 여러분께 알리면서 나의 투쟁 결의를 굳건히 다지기 위한 것입니다. (…) 나에 대한 그 어떠한 소식이 들리더라도 그것에 연연하거나 슬퍼하지 말고 오히려 민주화에 대한 우리 국민의 뜨거운 열정과 확고한 결의를 보여주시기 바랍니다. 이것이 나의 호소요 당부입니다.'

김영삼은 무기한 단식투쟁에 들어가기 전인 5월 2일 '국민에게 드리는 글'을 발표했는데, 거기에는 전두환 정권에 대한 5개 항목의 요구 사항이 들어 있었다.

첫째, 민주주의를 외치다가 투옥된 학생, 종교인, 지식인, 근로자들의 전원 석방과 복권.

둘째, 정치 활동 규제법에 묶여 있는 모든 정치인과 민주시민의 정치 활동 보장.

셋째, 정치적인 이유로 학원과 직장으로부터 추방당한 교수, 학생, 근로자들의 복직·복학.

넷째, 언론 통폐합 조치의 백지화와 언론의 자유 보장.

다섯째, 대통령 직선제로의 개헌과 유신정권하에서, 또 국가보위입법회의에서 제정된 반민주악법 등 철폐.

김영삼이 단식에 들어간 이튿날인 5월 19일 상도동계 사람들의 모임인 민주산악회 회원 70여 명도 동조 단식을 시작했다. 김영삼의 아내 손명순이 외신 기자들에게 단식에 관한 소식을 알리자 에이피(AP), 유피

아이(UPI), 교도통신 등은 온 세계에 뉴스를 전파했다. 그러나 국내 언론 매체에는 그런 기사가 단 한 줄도 보도되지 않았다. 전두환 정권의 철저한 통제 때문이었음은 물론이다. 상도동 사람들은 서울 시내 대학가나 골목을 찾아다니며 '김영삼 총재 단식 돌입'이라는 유인물과 전단을 뿌리는 한편, 재야인사에게도 그 소식을 전했다. 그러자 목사 문익환, 주교 지학순 등은 김영삼의 단식을 적극적으로 지지한다는 견해를 밝혔다.

미국에서 망명 생활을 하고 있던 김대중은 수도 워싱턴에서 목사 문동환 등과 함께 '김영삼 총재 단식투쟁 전 미국 비상대책위원회'를 결성하고 대대적으로 지지운동을 펼쳐 나갔다. 김대중은 〈뉴욕타임스〉에 '김영삼의 단식투쟁'이라는 글을 영문으로 기고하기도 했다.

단식 8일째인 5월 25일, 김영삼의 몸무게가 14킬로그램이나 빠지고 건강이 극도로 악화되자 전두환 정권은 그의 집에 정보요원들과 사복경찰관들을 들여보내 그를 서울대병원에 강제로 입원시켰다. 김영삼은 병원에 누운 채 일체의 치료를 거부하며 "의식이 살아있는 한 단식을 중단하지 않겠다"고 단호하게 말했다. 상도동계 의원 23명도 26일 동조 단식에 들어갔다. 바로 그 이튿날 민정당 사무총장 권익현은 병실로 김영삼을 찾아가 "대통령 각하께서는 총재님이 단식을 끝내시고 빨리 건강을 회복하시기를 바라고 계십니다"라고 전했다. 권익현은 이어서 이렇게 말했다.

"건강이 회복되신다면 그다음 일본이나 유럽, 아니면 미국이라도 원하시는 곳이라면 어디든 가셔도 좋다고 하셨습니다. 물론 가족을 동반하여 가셔도 좋고 외국에서 주택 제공은 물론 생활비도 일체를 지원하시겠다고 하셨습니다."

전두환이 김영삼의 단식투쟁을 얼마나 심각한 문제로 받아들였는지를 여실히 알 수 있게 하는 말들이다. 그러나 김영삼은 전두환이 권익현을 통해 간접적으로 제안한 것을 단호하게 거부했다.

"쓸데없는 소리, 우리 국민이 고생하고 있는데 내가 어떻게 외국에 나갈 수 있겠소? 나에 대한 연금 해제가 문제가 아니오. 내가 요구한 민주화 조치가 취해지지 않으면 이 정권도 이승만, 박정희를 따라 결국 비참하게 될 것이란 말이오. 권 총장은 이 말을 대통령에게 꼭 전해주시오."

김영삼한테 무안만 당하고 돌아간 권익현은 5월 29일 다시 그를 찾아갔다. 이번에는 전두환의 선물을 안고 간 것이다.

"총재님, 그동안 가택 연금으로 얼마나 고생이 많으셨습니까? 80년 5월부터 연금을 당하셨으니까 벌써 만 2년이 지났네요. 오늘 밤 12시를 기해 총재님의 연금은 완전히 해제되었습니다. 이제 총재님은 자유로운 몸으로 국내는 물론 해외도 어디든 가실 수가 있습니다."

"연금 해제야 당연한 것 아니오? 내가 연금 풀어달라고 단식한 것도 아니고, 처음 제시한 민주화 5개 항을 들어주면 단식농성을 해제하겠소."

"그러지 마시고 총재님! 이번 기회에 저번에 말씀드린 것처럼 해외나 잠깐 돌고 오시죠. 경비는 저희가 다 부담하겠습니다."

"음, 나를 해외로 보내는 방법이 전혀 없는 것은 아니오."

"그게 무엇입니까?"

"나를 시체로 만들어 해외로 부치시오."

이 일을 끝으로 전두환 정권은 김영삼의 단식을 중단시키는 작업을 포기했다.

김영삼이 단식에 들어간 지 2주가 되던 날인 6월 1일, 전·현직 국회의원을 포함한 58명이 연대투쟁을 선언했다. 그들 가운데 이민우, 조윤형, 박영록, 김상현, 이기택, 김덕룡 등 13명은 13인 소위원회를 구성하고 101명의 서명을 받아 민주화추진범국민단체 구성과 김영삼 단식 중단 작업에 앞장서기로 결의했다.

　단식 17일째인 6월 4일, 서울대병원 의료진은 단식을 더 이상 계속하면 생명이 위험해질 수 있다고 김영삼에게 경고했다. 추기경 김수환을 비롯한 재야인사도 단식을 중단하라고 간곡히 권유하자 김영삼은 단식 23일째인 6월 9일 오전 9시 30분께 병상에 누운 채 내·외신 기자들과 회견을 갖고 '단식을 마치면서'라는 성명서를 발표했다. 그는 성명서에서 이렇게 밝혔다.

　"나는 부끄럽게 살기 위하여 단식을 중단하는 것이 아닙니다. 앉아서 죽기보다는 서서 싸우다가 죽기를 위하여 단식을 중단하는 것입니다. 현 정권이 나의 단식을 중단케 하기 위하여 갖은 수단과 방법을 동원하는 것은 그들이 인도적이어서가 아니라, 나와 튼튼하게 연대하고 있는 민주국민의 결사적인 민주항쟁을 두려워하기 때문입니다."

　김영삼이 목숨을 걸고 감행한 단식투쟁은 전두환의 간담을 서늘하게 했음이 분명하다. '혹시 제2의 광주민중항쟁이라도 일어나지 않을까' 하는 공포심이 그를 덮쳤을 가능성도 있다. 어쨌든 김영삼의 단식은 1980년 서울의 봄 이래 깊은 겨울잠에 빠져 있던 야권의 정치인과 재야 민주인사를 일깨우는 기폭제가 되었다.

민주화추진협의회 결성

　김대중과 김영삼은 정치적으로 평생 경쟁자였다. 그러나 단식투쟁을 계기로 두 사람은 전두환 정권에 맞서는 연합전선을 구축하는 데 앞장서게 된다. 김영삼이 23일간의 단식을 마친 뒤 5개월 남짓 지난 1983년 광복절을 맞아 두 사람은 '민주화투쟁은 민족의 독립과 해방을 위한 투쟁'이라는 제목으로 공동선언을 발표했다.

(…) 민족의 독립을 위해서는 전체 민족이 하나가 되어 투쟁하여야 했듯이 민주주의를 위한 투쟁에서 우리는 혼연일체 하나가 되어야 합니다. 해외 투쟁과 국내 투쟁이 하나가 되어야 하며, 또한 국내와 해외에서 하나가 되어야 합니다. (…) 한국에는 소수 부패 특권의 독재 권력과 그에 대응하여 민주주의를 추구하는 절대다수 민중이 현실적으로 존재하고 있습니다. 미국의 대한정책이 독재 권력의 국민 탄압을 양해하는 것으로 되거나, 독재 권력의 유지에 협력자인 것으로 될 때 지난번 부산 미문화원 사건과 같은 불행한 사태가 나타날지도 모른다는 우려를 하지 않을 수 없습니다. 또한 한국 민중의 의사가 무시된 전쟁 분위기의 조성이나 핵전쟁의 가능성에 대해 한국 국민은 심각한 염려를 표명하지 않을 수 없습니다. (…) 우리의 민주화투쟁의 제일의 과업은 어떠한 법률로 처벌되었건 모든 정치범과 양심범의 석방과 복권, 제적된 학생과 교수의 복학과 복직, 유신시대 이래 언론계에서 타의로 추방된 모든 언론인의 복직과 통폐합된 언론의 원상회복과 언론 자율성의 회복, 그리고 정치 활동 규제에 묶여 있는 모든 정치인과 민주시민이 자유롭게 정치 활동을 할 수 있도록 하는 일입니다. 또한 소위 국가보위입법회의에서 제정 또는 개정된 반민주적 악법 및 유신체제 이래의 독재적 법률의 철폐와 개정을 이룩하는 일입니다. (…) 국민 여러분, 우리들의 부족하였음을 너그러이 용서해 주시고 여러분의 민주 전열에 전우로 받아주시기 바랍니다. 우리 두 사람은 오로지 국민의 한 사람으로서, 국민과 함께 그 뜻을 받들어 민족과 민주 제단에 우리의 모든 것을 바칠 것을 엄숙히 맹세하는 바입니다. 그 성스러운 싸움과 승리의 현장에서 뜨겁게 만납시다. 우리는 승리할 것입니다.

— 워싱턴에서 김대중, 서울에서 김영삼

김대중은 전두환 일파의 신군부가 조작한 '내란음모 사건' 재판에서 사형선고까지 받았다가 미국 레이건 행정부의 정치적 계산에 힘입어 무기징역으로 감형되어 망명을 떠난 바 있다. 그는 박정희 정권 시기인 1973년 여름에는 일본의 동경에서 한국의 중앙정보부 요원에게 납치되었다가 구사일생으로 살아나 동교동 자택으로 강제 귀환을 당했다. 죽음의 고비를 가까스로 넘겼던 것이다. 김영삼 역시 박정희 정권 때 정체불명의 괴한들에게 초산 테러를 당했고, 1983년의 단식투쟁으로 생사의 기로에 이르기도 했다. 두 사람은 생사의 고비에서 똑같이 희생했기 때문인지 과거의 경쟁 관계를 벗어나 전두환 군사독재정권을 청산하는 공동투쟁에 나서겠다는 결의를 위 성명서를 통해 밝혔다. 1987년의 6월 민주항쟁 전후로 두 사람은 다시 대통령이 되기 위해 치열한 경쟁을 벌이게 되지만, 어쨌든 이 공동선언은 '민주화추진협의회(민추협)'이라는 야권 정치조직 결성에 결정적 영향을 끼쳤음이 분명하다.

전두환은 1984년 2월 25일 정치 피규제자 202명을 해금한다고 발표했다. 그러나 김대중과 김영삼 같은 정치 지도자와 주요 인물은 명단에 들어 있지 않았다. 민주화추진협의회는 김영삼이 단식투쟁을 시작한 지 1주년이 되는 1984년 5월 18일 발족식을 가졌다. 법적으로 정치활동이 금지되어 있던 김영삼은 그날 서울 남산 외교구락부에서 재야 정치인과 함께 기자회견을 열고 "국민의 민주화 요구를 하나로 결집하여 민주화투쟁을 효과적으로 이끌어 낼 수 있는 새로운 민주투쟁의 중심체를 형성하기 위해 정치권 인사를 중심으로 민주화추진협의회를 발족시키겠다"고 발표했다. 참석자들은 민추협 공동의장에 김영삼, 공동의장 권한대행에 김상현을 선출하고 미국에서 귀국하지 못한 김대중을 고문으로 추대했다. 정식 결성대회는 6월 14일에 열렸다.

민추협 결성을 처음부터 주도한 세력은 김영삼과 그를 따르는 상도동계였다. 단식 후유증을 얼마쯤 극복한 김영삼은 1983년 7월 김대중의 측근인 김상현을 만나 전두환 정권에 맞서 민주화투쟁을 함께하자고 제안했다. 김상현이 동교동계 사람에게 이 사실을 전하자 내부에서는 격렬한 찬반 토론이 벌어졌다. 박영록, 김종완, 박종태 등은 김영삼과 연대하는 것을 반대했고, 김상현, 박종률 등은 공동전선을 구축하자고 주장했다. 결국 동교동계에서는 김상현, 조연하, 김녹영, 박종률, 예춘호 등이 연대조직 구성에 참여했다.

김영삼은 이듬해인 1984년 초에 민주화투쟁조직을 발족시키기 위한 8인 위원회를 구성하고 본격적인 논의를 시작했다. 상도동계에서는 김영삼, 이민우, 김명윤, 최형우, 동교동계에서는 김상현, 조연하, 김녹영, 예춘호가 8인 위원회에 참여해 민주화추진협의회 결성을 합의하고 5월 18일 발족 기자회견을 가졌다.

1984년 5월 18일 발족을 선언한 민추협은 6월 14일 결성대회를 열고 지도부와 제1차 운영위원 64명의 명단을 발표했다. 김영삼이 공동의장, 김대중은 고문, 김상현이 공동의장 대리였다. 김대중은 미국에서 귀국하면 공동의장을 맡기로 했고, 그 이전까지 김상현을 대리로 내세운 것이다. 최고의결기구인 10인 운영위 소위원회는 상도동계로 김명윤, 이민우, 윤혁표, 김동영, 최형우, 동교동계로 조연하, 김녹영, 박종률, 박성철, 김윤식으로 구성되었다.

전두환 정권은 처음부터 민추협의 활동을 저지하려고 탄압을 가했다. 서울 시내의 주요 건물 주인에게 사무실을 빌려주지 말라고 강압했기 때문에 민추협은 6월 초 서울 관철동 대왕빌딩 13층에 가까스로 사무실을 마련할 수 있었다.

한편 미국에서 2년 가까이 망명 생활을 하고 있던 김대중은 9월 20일 워싱턴에서 "연말에 귀국할 의사가 있다"고 밝혔다. 그러나 한국 법무부는 바로 이튿날 "귀국하면 법에 따라 필요한 조치를 취할 것"이라고 위협했다. 김대중은 1985년 1월 18일 성명서를 통해 2월 6일 미국을

사월의 노래(채색목판화, 1983년, 김봉준 작)

떠나 일본 나리타공항을 경유해 2월 8일 서울에 도착하겠다고 발표했다.

당시 전두환 정권이 김대중의 귀국을 크게 두려워하고 있었다는 사실은 2016년 4월 외교부가 30년 경과 비밀문서를 공개함으로써 확인되었다. 민추협이 결성되어 있는 상황에서 그가 한국에 돌아와 김영삼과 함께 반독재투쟁에 앞장선다는 것은 전두환에게 악몽이 될 것이 분명했다. 그래서 김대중이 귀국하면 재수감 말고 다른 방법은 없다고 보았을 것이다. 특히 2월 12일로 예정된 국회의원 총선을 앞두고 김대중이 귀국해서 김영삼과 더불어 유세라도 펼친다면 야당이 놀라운 성과를 거둘 수도 있다는 사실이 가장 끔찍한 시나리오였을 것이다.

김대중은 성명서에서 밝힌 대로 2월 8일 오전 11시 40분께 노스웨스턴 오리엔트 항공편으로 김포공항에 도착했다. 그의 안전을 염려한 미국 정치인 등 27명이 같은 비행기를 타고 입국했다. 그들 가운데는 하원의원 2명과 전직 고위 외교관이 포함되어 있었다. 민추협 사람을 비롯해 5만여 명의 군중은 공항에서 김대중을 환영했다. 그러나 김대중은 비행기에서 내리자마자 정부기관원에게 연행되어 동교동 자택에 연금되었다.

연금 상태가 느슨해진 3월 김대중은 김영삼과 함께 김상현의 자택에서 회합을 갖고 민추협을 자신과 김영삼 공동의장 체제로 이끌어 나가기로 합의했다. 김대중은 3월 18일 민추협 공동의장으로 정식 취임했고, 이민우는 고문, 김상현은 부의장, 최형우는 간사장, 김병오는 부간사장으로 선임되었다.

민추협은 1985년의 2·12총선 승리에 기여한 뒤 1987년 6월민주항쟁에 적극적으로 참여한다. 그러나 6월민주항쟁 직후부터는 김대중과 김영삼이 대통령이 되려고 치열하게 경쟁함에 따라 양분되고 말았다.

9. 민주화운동청년연합 창립과 초창기 활동

1983년 5월 김영삼의 단식투쟁을 계기로 1984년에 결성된 민추협이 전두환 정권의 탄압에 맞서 끈질기게 민주화운동을 벌이자 야권 정치인의 활동 범위는 차츰 넓어졌지만, 청년학생운동은 여전히 조직을 되살려내지 못하고 있었다. 그렇게 암울한 상황에서 처음으로 숨통을 튼 것은 1983년 9월 30일 창립된 민주화운동청년연합(민청련)이다.

민청련은 어떻게 건설되었나

1983년 봄, 서울대 법대 졸업 직전 제적된 학생운동권 출신 이범영은 민청학련 사건 때도 옥살이를 했고 김대중 내란음모 사건으로 또 투옥되었다가 2년 반 만에 석방된 서울대 72학번 이해찬을 만나 공개적인 정치투쟁단체를 만들자는 데 의견을 모았다. 그 무렵 이범영의 제안을 받은 고려대 제적생이자 김대중 내란음모 사건 등으로 여러 번 옥살이를 했던 조성우도 흔쾌히 동의했다. 1978년에 결성된 민주청년운동협의회 회장으로 일한 경험이 있던 조성우는 공개적 투쟁을 벌일 청년단체 건설이 필요하다고 동감한 것이다.

그해 8월 15일, 경기도 양평의 양수리 부근 동막이라는 계곡에 학생운동 출신의 여러 대학 대표와 서울대 학번별 대표 등 40여 명이 모였다. 그들은 진보적 지식 청년을 중심으로 한 민주화운동단체가 필요하다는 데 합의하고, 연내에 그런 단체를 건설하기로 결의했다.

공개 청년단체를 만들기로 한 사람들은 가장 먼저 누구를 조직의 대표로 세울 것인지를 논의했다. 여러 명을 접촉하면서 적임 여부를 판단한 결과 최종적으로 김근태가 가장 유력한 후보로 떠올랐다. 1947년생으로 당시 36세이던 그는 서울대 상대 경제학과 재학 중에 '3선 개헌 반대투쟁' 등에 앞장섰다가 수배를 당한 적이 있었다. 그는 대학을 졸업한 뒤 인천 지역에서 개신교의 도시산업선교회 목사들과 함께 노동운동을 지원하는 한편 노동자 교육을 해오고 있었다.

청년단체 건설을 주도하던 이해찬과 이범영 등은 김근태에게 대표를 맡아달라고 권유했지만 그는 고사했다. 첫 번째 이유는 "학생운동을 시작한 이유로 근 20여 년 동안 줄기차게 수배 상태로 있었지만 정작 감옥에는 가지 않았는데 공개 운동 판에 나가면 감옥을 넘나들어야 한다는 인간적 두려움이 있었고", 두 번째는 "민주화운동 진영의 관심과 기대를 모으는 과분한 자리라 선뜻 수락할 수 없다"는 것이었다. 청년운동의 선배 그룹인 조성우, 최민화, 이명준이 가세해서 대표직을 맡아달라고 간청하자 김근태는 결국 그 제안을 받아들였다.

공개 청년단체의 대표를 내정한 준비모임 사람들은 먼저 조직의 이름을 무엇으로 할 것인지를 논의했다. 1970년대 말에 활동하던 민주청년협의회(민청협)를 참고로 하되 소수 상근자 중심의 활동을 지양하고 조직적 운동으로 발전시킨다는 차원에서 민주화운동과 연합이라는 말을 결합시켜 '민주화운동(전국)청년연합'으로 가칭하기로 했는데, 연합이라는 용어는 대학별 연합, 세대 간 연합, 지역 간 연합 등 다중의 의미를 담고 있었다. 괄호 안에 넣었던 전국이라는 말은 창립 이후 각 지역에 독자적 조직이 생겨나면서 삭제되었고, 대표 직함은 의장으로 하기로 했다.

민청련 준비모임은 공개되는 조직을 집행위원회와 상임위원회로 나누기로 하고 창립일을 9월 30일로 정했다. 내정된 임원진은 아래와 같다.

 집행위원회: 의장 김근태, 부의장 장영달, 총무부장 박우섭, 홍보부장 박계동, 사회부장 연성수, 재정부장 홍성엽.

 상임위원회: 위원장 최민화, 부위원장 이해찬.

 준비모임이 처음으로 부닥친 난관은 창립대회 장소를 구하는 것이었다. 전두환 정권의 탄압과 감시가 심했기 때문이다. 여러 군데를 알아본 끝에 천주교정의구현전국사제단 신부 김승훈의 도움을 받아 서울 성북구 돈암동에 있는 상지회관을 빌리게 되었다.

 민청련 창립대회가 열리는 날인 9월 30일 오전 김근태를 비롯한 공개 집행부 임원 내정자들은 수유리의 4·19기념탑 앞에 모였고, 거기서 멀지 않은 크리스챤아카데미 쪽 산속에 있는 무명 독립군 묘소를 찾아가 참배했다. 그리고 상지회관으로 가서 예정대로 저녁 7시 반에 창립대회를 열려고 했으나 경찰이 출입구를 봉쇄하는 바람에 시간을 미룰 수밖에 없었다. 상지회관 주변에 모여 있던 청년 150여 명 가운데 상당수는 성북서로 연행되었고, 59명은 회관 안으로 들어가 밤 9시쯤 가까스로 창립대회를 열 수 있었다.

 먼저 부의장으로 내정된 장영달이 "민청련은 투쟁성의 회복을 첫 번째 과제"로 삼고 있다면서 낭독한 발기문은 다음과 같이 강조했다.

 "민족의 존립 자체가 위협받고 있는 오늘의 상황은 뿔뿔이 흩어진 민주청년들이 다시 한데 모여 민중운동의 흐름 속에서 양심적인 지식인, 종교인, 정치인, 노동자, 농민들과의 연대를 강화하면서 민주주의와 민족통일을 위한 새로운 사회 건설에 온몸으로 매진할 것을 강력하게 요구하고 있다."

 발기문에 이어 낭독된 '민주화운동청년연합 창립선언-민주·민중·

민족통일을 우리 모두에게'의 주요 대목은 아래와 같다.

"민주주의, 민중의 생존권 보장, 그리고 민족의 평화적 통일을 성취하기 위해 반민주적이고 반민족적인 독재 권력과 투쟁해 온 우리 민주청년은 민주, 민권의 궁극적 승리를 위해서 지금까지의 투쟁 경험과 운동 성과를 창조적으로 계승하면서, 운동 이론을 해체화하고, 운동 주체를 조직화해야 한다는 역사적 요구에 좇아 '민주화운동(전국)청년연합'을 결성한다. (…) 민족의 평화적 통일을 말하면서도 강대국의 전쟁 책동인 한반도에서의 핵무기 사용을 배제하지 않고 있는 것이 오늘 이 땅 지배 집단의 모습이다. (…) 헌법을 파괴하고 폭력으로 권력을 장악한 집단이 '헌법질서'와 '평화적 정권 교체'를 말하는가 하면, 민주화를 요구하는 광주 시민에게 야만적 학살행위를 저지르고서도 '민족화합'을 내세우고 있으며, 4년 만에 외채를 눈덩이처럼 키워 놓고도 '선진조국 건설'을 외치고 있으며, 장영자, 삼보, 영동개발 사건 등 사상 최대의 권력형 부정부패를 연속적으로 저질러 국민경제를 근본적으로 흔들어 놓고서도 입으로는 '부패척결'과 '의식개혁'을 소리 높이 외치고 있으니, 어떻게 이처럼 뻔뻔스러울 수가 있는가? (…) 우리에게는 사랑과 신뢰가 있기에 민중의 지지와 참여가 확대될 것이며, 승리에 대한 확신과 치열성이 있기에 당당함이 있을 것이다."

전두환 군사독재정권이 살벌하기 짝이 없는 공포정치를 자행하던 1983년 9월 말이라는 시점에서 민청련의 창립선언문을 보면, 그것은 정권을 가장 노골적으로 비판하면서 정면투쟁을 선언하는 획기적 내용을 담고 있었다. 그보다 4개월 남짓 전에 김영삼이 23일 동안 단식투쟁을 하며 정권을 향해 던진 메시지도 당시로써는 파격적이었지만, 민청련의 과감한 도전은 주눅 들어 있던 재야 민주화운동의 기성세대로서는 상상도 할 수 없을 정도로 혁명적이었다.

별따세(걸개그림 아크릴릭, 1985년, 김봉준 작)

민청련 창립대회는 그날 자정이 가까워질 무렵에 끝났다. 경찰이 대회장을 공격하지 않은 것은 집행부가 행사를 마치면 자진해서 경찰에 연행되겠다고 사전 협상을 했기 때문이다. 연행된 사람은 의장 김근태, 부의장 장영달, 홍보부장 박계동, 그리고 대회가 시작되기 전 밖에서 잡힌 총무 박우섭 등 19명이었다. 사회부장 연성수는 10월 2일 집에서 연행되었다. 그들 가운데 김근태를 포함한 6명이 집시법 위반으로 불구속 기소가 되었다.

연행된 사람들이 경찰에서 조사를 받는 동안 안기부는 김근태에게 '민청련 해체 선언서'에 서명하라고 강요했다. "서명 날인하고 나가서 민주화운동을 하면 눈 감아 주겠다"며 "협조하면 청와대에 훈방하기로 보고를 할 것이고 끝내 서명을 안 하면 구속하겠다"는 것이다. 그러나 김근태는 "민청련 해체는 의장이 할 수 있는 사안이 아니고 회원들이 의견을 모아 결의해야 하는 일이므로 내가 할 수 없는 일"이라며 버텼다. 결국 김근태는 며칠 동안 협박을 당하다가 굴복하지 않은 채 석방되었다.

민청련 창립대회에는 재야와 종교계 인사 등 30여 명의 지도위원이 참석할 예정이었으나 함석헌, 문익환, 김승훈, 예춘호, 이문영, 함세웅, 권호경 등은 그날 오후 2시께부터 자택이나 사무실에 연금되고 말았다. 젊은 지도위원인 임채정, 동아자유언론수호 투쟁위원회 김종철만이 가까스로 대회장에 들어갈 수 있었다.

전두환 정권이 의장 김근태를 석방하고 집시법 위반이라는 비교적 가벼운 혐의로 집행부 일부를 불구속으로 기소하자 민청련 회원들의 사기는 높아졌다. 민청련의 단결력과 조직력이 그런 결과를 낳았다고 판단했기 때문이다.

민청련의 초창기 활동

반(半)합법 공개운동단체를 지향한 민청련은 사무실을 내야 했다. 그래서 결성대회를 열기 전에 김근태의 아내 인재근 명의로 서울 종로구 인사동의 파고다빌딩 504호실에 입주하기로 계약한 뒤 10월 29일 오후 2시께 회원 120여 명이 참석한 가운데 현판식을 가졌다. 나무 문패에는 청년문화운동가인 연성수·이기연 부부가 그린 두꺼비를 새겨 넣었다.

입주한 단체가 민청련이라는 사실을 안 건물주이자 파고다가구 사장 김문기는 사무실에서 퇴거하라고 강하게 요구했다. 김문기는 악명 높은 상지대 이사장을 지낸 바로 그 인물이다. 그러나 민청련이 끈질기게 버티자 나중에는 국가안전기획부(안기부)가 압력을 가하기 시작했다. 건물주는 민청련 집행부가 퇴근하고 나면 사무실 집기를 아스팔트 바닥에 내다 버리곤 했다. 그런 일이 며칠 동안이나 계속되었고, 11월 7일 관할 경찰서인 종로서 사복형사들은 문패를 떼어내고 사무실을 봉쇄해 버렸다. 그러나 민청련이 사무실 고수 싸움을 포기하지 않자 경찰은 11월 11일 철수했다. 안기부의 지시에 따른 것이었음이 분명했다.

민청련의 사무실 확보는 1980년대 들어 민주화운동조직이 공개적인 근거지를 마련한 역사적 사건이었다. 끈질긴 투쟁의 결과로 사무실을 지켜내게 되자 회원들은 전두환 군사독재정권에 맞서 공개적으로 운동할 수 있다는 자신감을 갖게 되었다.

사무실 확보투쟁이 한창이던 11월 5일, 민청련은 12일로 예정된 미국 대통령 로널드 레이건의 방한을 반대하는 성명서 '민주화여! 민주화여! 민주화여!'를 발표했다. 민청련이 공개적으로 전두환 정권을 비판하는 활동을 계속하자 안기부 수사단 직원들은 민청련 집행부에 은근히 협박을 가하곤 했다. 수사1국장 성용욱은 민청련 의장 김근태에게 자리를 만들어 대화를 하자고 요구했다. 계속 거부하던 김근태는 결국

11월 28일 저녁에 서울 장충동 신라호텔에서 그를 만나기로 약속했다. 거기서 두 사람이 술잔을 주고받다 언쟁이 일어났고, 김근태가 상을 뒤엎는 일이 벌어졌다. 그러자 성용욱은 그에게 주먹을 휘둘러 눈가가 찢어지고 코뼈가 깨지고 말았다. 김근태가 입원해 치료를 받는 동안 안기부 수사단장 최 아무개가 찾아와 대신 사과를 하고 치료비를 냄으로써 그 사건은 일단락되었다.

한편 민청련은 12월 5일 전북의 태창메리야스 해고 노동자가 단식농성을 하며 블랙리스트 철폐를 요구하자 총무 박우섭을 현장에 보내 그들의 투쟁을 지지했다. 바로 이튿날인 12월 6일에는 회원들이 인천 지역 해고 노동자의 단식농성에 동참했다.

전두환 정권은 1983년 말 유화조치의 하나로 구속되었던 학생들을 대거 석방하고 12월 21일 자로 제적생들을 복교 조치했다. 민청련은 12월 18일 서울 마포구 합정동의 마리스타수도원에서 '출소자 환영회 및 민청련 송년회'를 열었다. 그 모임에는 민청련 회원과 복학생 2백여 명이 참여했다. 그 행사를 계기로 많은 복학생과 대학 졸업자들이 민청련에 가입해 활동하게 된다.

10. 노동운동의 활성화와 갈등

1983년 9월 30일에 결성된 민주화운동청년연합은 깊은 겨울잠에 빠져 있던 노동, 문화, 언론 등 여러 분야에 큰 영향을 미쳤다. 전두환 군사독재에 맞서 강력한 운동을 펼칠 수 있다는 자신감을 여러 단체에 준 것이다. 민청련에 이어 가장 먼저 조직을 건설한 곳은 노동계였다.

한국노동자복지협의회 창립과 활동

전두환의 신군부는 1980년 5월 17일 군사쿠데타를 일으킨 뒤 정화조치라는 이름으로 사회 각 부문에 탄압을 가하기 시작했다. 노동계에도 칼바람이 불어닥쳐서 원풍모방을 비롯한 민주노조가 해체되거나 어용이 되었고, 핵심 간부는 삼청교육대에 강제로 수용되거나 블랙리스트에 올라 있었다. 그 블랙리스트는 박정희 정권 시기인 1978년에 전국섬유노조 위원장 김영태가 작성해 배포한 문건에서 유래되었는데, 신군부는 그 문건을 바탕으로 1천여 명의 이름이 들어 있는 블랙리스트를 만든 것이다.

1980년 8월, 신군부는 노동부를 통해 노동운동을 뿌리 뽑을 지침을 내려보낸 뒤 어용 한국노총을 이용해 전국 105개 노조 지부를 정화 조치라는 명목으로 해산했다. 신군부는 이어서 원풍모방의 방용석과 박순희, 콘트롤데이타의 이영순과 유옥순, 반도상사의 조금분과 장현자, 서통의 배옥병, 롯데물산의 허선희, 고려피혁의 남상헌, 삼성제약의 김현진 등 민주노조의 핵심 간부에 대한 정화 조치도 강행했다.

1981년 1월, 전두환 정권은 청계피복노동조합에 해산 명령을 내린 뒤 항의 농성하는 노동자 11명을 구속했는데, 그 뒤 반도상사, 콘트롤데이타, 서통의 노조는 해체되고 말았다. 1982년 9월에는 원풍모방 노조가 폭력 탄압에 강력히 저항하던 과정에서 조합원 8명이 구속되고 2백여 명은 다쳐서 입원했다. 원풍 노조 조합원 574명은 모두 해고되었다. 직장에서 쫓겨난 노동자들은 블랙리스트 때문에 취업을 할 수 없었고, 이름을 바꾸거나 친구 또는 친척의 명의로 취업을 해도 발각되면 곧 해고를 당했다.

1983년 10월 인천 삼익가구, 태평특수섬유, 신도실업의 여성 노동자 4명이 블랙리스트에 포함되었다가 해고된 사실이 드러난 것을 계기로 노동계에서는 '블랙리스트 철폐운동'이 시작되었다. 박정희 정권 시기 이래 원풍모방, 동일방직, 청계피복, 와이에이치(YH), 콘트롤데이타, 고려피혁, 한일도루코 등에서 해고를 당한 노동자들은 민청련 결성 이후 '고자(해고자)' 모임을 비정기적으로 가지면서 노동운동단체 결성을 모색했다. 그 결실로 마침내 1984년 3월 10일 서울 홍제동성당에서 노동자, 청년 학생, 재야인사, 시민 등 1천여 명이 참석한 가운데 한국노동자복지협의회(한국노협) 창립대회가 열렸다. 한국노협 출범 당시 임원진은 다음과 같다.

　이사장: 지학순(천주교 원주교구 주교)
　부이사장: 박형규(서울제일교회 목사)
　이사: 조지송, 안병무, 김승훈, 함세웅, 최기식, 김용백, 이효재, 이우
　　　　정, 이완영
　사무국장: 이창복

위원장: 방용석

부위원장: 남상헌, 박순희, 이총각, 김문수

운영위원: 유동우, 양승조, 최순영, 민종덕, 조경수, 조금분, 정선순,
　　　　　배옥병

간사: 이영순

　한국노협은 1984년 4월에 기관지 〈민주노동〉을 창간했다. 38호까지 비정기적으로 발간된 〈민주노동〉은 해직된 노동자의 투쟁, 고통스러운 생활 등에 관한 글과 함께 경제문제, 노동운동의 현실과 평가를 주제로 한 좌담, 조직 활동을 위한 실무적 지식 등을 실었다.

　한국노협은 서울 영등포구 신길동 32평짜리 삼호연립주택 101호를 원풍모방 노동조합(전원이 해직자)과 함께 사무실로 썼다. 그 사무실은 원풍 노조 조합원이 회비로 낸 4천만 원으로 마련한 것이다. 전두환 정권의 군사독재 철권통치가 기승을 부리던 1980년대 중반에 민주통일민중운동연합, 민청련 등의 재야단체 사람들은 이 101호에서 수시로 모임을 가졌다. 수배를 당해 정보·수사기관원에게 쫓기던 사람들은 밤이면 그곳에서 눈을 붙이고 새벽이면 사라지곤 했다.

　한국노협은 창설된 지 몇 달 뒤인 1984년 하반기에 노동법 개정운동을 활발하게 펼쳤다. 일반 노동자를 대상으로는 임금체불, 퇴직금, 산업재해, 부당노동행위 등에 관한 상담을 하고, 신규 노동조합 간부를 대상으로는 교육사업을 했다. 한국노협의 다양한 대중운동 가운데 특히 문화부의 활동이 두드러졌다. 문화부는 노동 현장의 참상을 고발하는 마당극을 공연하거나 '노랫말 바꿔 부르기' 운동을 벌이는가 하면 권력과 자본의 탄압에 희생된 노동자들을 위한 추모제를 거행하기도 했다. 한국노협이 주도한 노동문화운동은 전국 노동조합의 문화 소모임이 노조

공장의 도시(유화, 1991년, 김봉준 작)

의 조직 기반을 강화하는 데 크게 이바지했다.

한국노협은 문화, 언론, 농민, 청년 등 여러 분야의 조직과 연대해서 반군사독재운동도 전개했다. 전두환의 장기집권에 반대하는 개헌 서명 운동이 대표적인 것이다.

한국노협 산하 조직의 갈등과 분열

한국노협은 결성된 지 얼마 지나지 않아 구성원 간의 갈등에 시달리기 시작했다. 인천 지역 노동자인 양승조, 김지선, 전희식 등은 1984년 하반기에 시도된 민주노조 결성에 대한 전두환 정권의 탄압이 강화되자 한국노협이 적극적으로 나서달라고 요청했으나 받아들여지지 않았다. 그해 12월 말 인천 답동성당에서 열린 한국노협 총회에서 일부 활동가는 정치투쟁과 노학연대를 병행하자고 주장했다. 그러나 그런 노선을 반대하던 위원장 방용석은 사표를 냈다. 한국노협은 박태연, 김지선, 전희식, 김교일, 박남수 등으로 비상대책위원회를 만들어 갈등을 수습하려 했지만 뾰족한 대안을 마련하지 못했다. 그 과정에서 방용석은 위원장에 복귀해 활동을 재개했다.

1985년 들어 재야 운동권에서는 '70년대 노동운동의 반성과 전망'이라는 부제를 단 팸플릿 〈노방〉이 나돌기 시작했다. 그 문건은 1970년대 노동운동은 경제투쟁에 머문 실패한 운동이라고 비판하면서 노동조합 무용론까지 주장했다. '70년대 노동운동의 한계는 지도력이 교회에서 비롯되었다는 한계'를 안고 있었으므로 경제주의와 조합주의에 매몰된 노동운동을 정치투쟁으로 발전시키려면 지도가 필요하고, 지도의 책임은 학생들에게 있다는 것이다. 이 팸플릿의 논지는 노동운동권은 물론이고 학생사회에서도 큰 반향을 일으켰다. 물론 당시로써는 유일한 노동운동 연합조직이었던 한국노협도 그 영향을 받아 갈등과 균열을 일으킬 수밖에 없었다.

균열의 신호는 1985년 8월 청계피복노조, 노투, 구민련 등이 결합한 연합체인 '서울노동운동연합(서민련)'의 결성으로 나타났고, 한국노협을 결성했던 주체들과 합류했던 학생운동 출신은 대거 탈퇴서를 제출하고 이탈했다. 한국노협이 노동운동의 주체성, 자주성, 연대성을 드높이자는 기치를 든 지 고작 1년 만의 일이다. 당시에는 '선도투', '삼민투', '제헌의회' 등 각종 정파가 난무하고 있었고 노동조합 조직 강화와 노동법 교육 등을 말하는 사람은 시대의 변혁 요구와는 뒤떨어진 개량주의, 조합주의자로 치부되었다. 심지어 70년대 노동조합 활동은 정치권력의 탄압 속에서 혼자 살겠다고 자기 조직만 끼고 있다가 각개 격파 당한 조합주의, 청산주의로 매도되었다. 경제주의에 머물러 연대투쟁도 정치투쟁도 하지 못했다는 것이다.

한국노협은 청계피복노조 복구투쟁, 전태일 열사 추도식, 구속된 노동자 석방운동 등을 활발하게 펼쳤지만 학생운동 출신 젊은이의 노선과는 갈등을 빚어 노동운동권에 대해 지도력을 발휘할 수 없었다. 특히 전태일 정신을 이어받은 청계피복노조가 학생운동과 연대해서 합법성 쟁취투쟁을 벌이다가 극심한 탄압을 받게 되었는데도 한국노협은 이렇다 할 역할을 할 수 없었다.

한편 인천 지역의 활동가들은 한국노협의 소극적인 활동 방식에 대한 문제 제기가 수용되지 않자 1970년대 민주노조 출신 활동가들과 해고된 대학생 활동가, 그리고 새롭게 활동을 시작한 노동자들이 모여 인천지역노동자복지협의회(인천노협)를 창립했다. 인천노협의 결성은 한국노협의 확대·강화로 보였지만, 실제 인천 지역 활동가들의 독자적인 조직이었다. 인천노협의 활동가들은 대부분 중앙인 한국노협의 직책도 같이 맡으면서 유대 관계를 강화하는 한편, 결성 이후 1년여 동안은 인천 지역 노동운동의 구심으로 기능했다.

　　인천노협은 1985년 4월에 대우자동차투쟁을 지원하는 본부 역할을 했고, 공개적으로 노동조합 결성과 투쟁 지원, 부당노동행위에 대한 상담과 법적인 대응 등의 활동을 했다. 그러나 민주노조 결성투쟁을 무력화하려는 탄압이 심해지자 노동자 출신 활동가들은 '근본적인 사회변혁 없이는 노동자의 처지도 개선할 수 없다'는 문제의식을 갖기 시작했다. 결국 인천노협이 노동운동의 흐름에 적합하지 않다는 주장이 제기되면서 1985년 말부터는 새로운 조직 건설에 관한 논의가 시작되었다.

　　김문수, 이봉우 등 한국노협을 탈퇴하고 정치투쟁을 주장하던 활동가들은 인천 지역 해고 노동자들과 함께 1985년 1월 민한당사 농성투쟁을 벌였고, 그 뒤 노동운동탄압저지 투쟁위원회를 결성했다. 노동자 출신 유동우는 한국노협을 떠나 한국기독교노동자총연맹을 결성하기도 했다. 1985년 8월에 창립된 서울노동운동연합이 강성투쟁을 주도하게 되자 한국노협의 활동은 상대적으로 위축될 수밖에 없었다. 서민련이 관념적 좌파라는 비판을 받은 데 비해 한국노협은 노동운동 지원 세력이라는 공격에서 벗어나기 어려웠다. 그러나 민주노조 간부 출신들이 비공개적 소모임 활동에서 벗어나 공개적 지원 활동, 노동법 개정운동을 조직적으로 전개한 한국노협은 해방공간 이후 최초의 노동자연합 조직이라는 평가를 받아야 마땅할 것이다.

11. 문화단체의 연대투쟁

1983년 9월 말에 민주화운동청년연합이 출범하고 1984년 3월 초에는 한국노동자복지협의회(한국노협)가 발족함으로써 전두환 정권 아래서 위축되어 있던 민주화운동 진영에도 활기가 돌기 시작했다. 그런 가운데 두 단체에 이어 민중문화운동협의회(민문협)가 돛을 올렸다.

다양한 장르를 아우른 민중문화운동협의회

민문협은 1970년대 중반 이후 대학가를 중심으로 펼치던 탈춤, 마당극, 노래, 미술, 영화운동 등을 주도하던 청년 활동가들이 주축을 이루고 있었다. 1984년 4월 14일 오후 5시, 서울 동숭동 대학로의 흥사단 강당에서 열린 민문협 창립대회에서 낭독된 발기문은 다음과 같다.

"오늘 우리 사회는 외압과 분단으로 말미암은 질곡에 신음하고 있다. 이는 제국주의 일본의 침탈이 빚은 식민지·반봉건 사회와 그 문화가 외세의 개입과 민족주체역량의 부족으로 온존되어온 역사적 사실의 필연적 귀결이라고 생각된다. 민족은 동강 나고 사회는 식민지 기본 구조의 재편·확대·심화로 이어짐으로써 민족의 주체적 삶, 민중의 인간다운 삶이 갈가리 찢기고 발겨지면서 얽히고설킨 고통으로 점철되어온 이 참담한 비극적 과정의 현 단계를 우리는 살아가고 있는 것이다. (…) 오늘날 이 사회에 횡행하는 문화는 대중을 길들이고 잠재워 자본과 권력의 왜곡된 논리에 복속하는 충실하고 무기력한 신민으로 만들어 가는 노예화의 문화이다. 그것은 민족의 문화가 아니라 신식민주의 문화이며, 민중의 절절한 자기표현으로서의 문화가 아니라 내외의 지배세력에 의해 일방적으로 부과되는 관제문화이다. 그것은 분단을 고착시키려는 문화이다. 이제 우리는 이러한 노예화의 문화, 신식민주의 문화, 관제문화, 분단 고착의 문화는 결단코 종식되어야 한다고 믿는다. (…) 우리는 문화독점구조의 극복과 민중문화의 형성을 꾸준히 추진해 나갈 것이다. 문화독점구조의 극복은 문화의 창조와 전파와 향유의 주권이 민중에게 있고, 마땅히 그러해야 한다는 문화적 민주화의 추구에 다름 아니다. 또한 민주화는 민중문화 발전의 관건이자 기본 전제이다. 따라서 우리는 문화 전반에 걸쳐 독점의 부당성을 비판하고 그 폐해를 민중에게 알릴 것이며, 관심을 가진 모든 사람들과 함께 민중 참여의 확대를 관철시키고자 노력할 것이다."

창립대회에서 선임된 민문협 실행위원회 명단은 아래와 같다.
송기숙, 황석영, 채광석(문학), 원동석(미술), 채희완, 박인배(연극), 김종철(언론), 허병섭(목사), 호인수(신부), 여익구(불교), 최민화(개신교), 김학민(출판)

창립대회에 참가한 발기인들은 고문에 백기완을 추대하고 공동대표로 송기숙, 황석영, 김종철, 호인수, 여익구를 선출했다.
민문협 결성 이전 민중문화에 관심을 가진 청년 학생들은 반합법 또는 지하활동을 열정적으로 펼쳤다. 1980년대 초 서울 마포구 아현동에 세워진 애오개소극장이 대표적인 보기이다. 거기서는 수시로 탈춤과 창작마당극, 민중가요 공연이 열렸고 민중미술 작품도 전시되었다. 젊은 활동가들은 그 소극장에서 진보적 예술운동의 방향과 조직 형태 등에 관해 토론을 하면서 전두환 정권의 감시를 피해 비공개 지하운동을 계속했다.

1970년대 대학 탈춤패와 마당극패, 풍물패가 주축이 된 '한두레'는 물론이고 서울대의 '메아리', 대학 노래패 출신의 비공개 조직인 '새벽'의 활동이 애오개를 중심으로 펼쳐졌다. 뒷날 민중미술운동의 주축이 된 미술동인 '두렁'의 최초 활동 근거지도 애오개였다. 〈삼천리 벽폐수야〉, 〈장사의 꿈〉 등 창작 마당극이 잇달아 공연됐고, 노동운동과 예술운동을 접목하기 위한 수많은 실험도 애오개를 중심으로 진행됐다. 애오개 주체들의 그런 노력은 민문협을 탄생시키는 성과로 이어졌다.

대학 문화운동 출신들은 다른 문화운동 부문보다 조직화의 속도가 빨랐다. 그들은 고유의 문화운동 논리를 개발하는 한편, 운동의 재생산을 위해 조직적으로 후배 양성에 나섰다. 그런 활동은 민문협이 최초의 공개 문화투쟁조직으로 자리 잡는 데 결정적으로 기여했다.

민문협은 서대문구 아현동 전철역 부근의 소아과의원 건물 3층에 20평 남짓한 사무실을 차렸고, 초대 사무국장은 연극 연출가 박인배가 맡았다. 특이한 점은 당시 재야 운동권단체의 활동가들이 자원봉사 비슷하게 거의 무급으로 일한 데 비해 민문협은 사무국장에게 정기적으로 월급을 지급했다는 것이다. 민문협은 자유실천문인협의회, 민주언론운동협의회와 더불어 1980년대 중반에 선도적 운동을 펼친 3대 문화단체라고 불렸다.

자유실천문인협의회 확대 개편

자유실천문인협의회(자실)는 1974년 11월 18일에 출범했기 때문에 3대 문화단체 가운데 가장 오랜 역사를 가지고 있다. 그 후 자실은 1990년에 민족문학작가회의로, 2000년에는 한국작가회의로 이름을 바꾸었다.

자실이 창립된 시기는 박정희 정권의 유신독재와 언론탄압이 극심하던 1974년이었다. 바로 그해 1월 초에는 긴급조치 1호가 발동되어 '개헌청원 백만인 서명운동'을 주도하던 장준하와 백기완이 구속되었다. 4월 3일에는 긴급조치 4호가 발표되면서 정보·수사기관이 고문과 강제자백으로 조작한 민청학련과 인혁당 사건에 관한 진상이 언론에 보도되었다. 그러나 모든 신문과 방송은 그것을 앵무새처럼 옮길 뿐 중앙정보부를 비롯한 공포정치 조직이 저지른 인권 유린과 불법적인 사건 조작의 실체에는 접근할 엄두를 내지 못하고 있었다.

군사법정에서 사형을 선고받은 대학생이 "영광입니다"라고 재판부를 향해 당당히 말한 사실도, 구속된 양심수의 가족이 교회와 성당에서 열린 기도회에서 박 정권의 무자비한 인권탄압을 고발해도 대중에게 전혀 전달되지 않았다. 그렇게 공포정치가 기승을 부리던 1974년 10월 14일 오전 동아일보사의 젊은 기자 150여 명이 편집국에서 '자유언론실천선언'을 발표했다.

동아일보사 언론인의 자유언론실천운동은 박정희 정권이 금기로 여기던 사실을 과감히 보도해 나라 안팎에서 뜨거운 호응을 얻었다. 언론인처럼 표현의 자유를 탄압받고 있던 문인이 그 운동에 크게 고무되었음은 물론이다. 자실의 창립에는 그런 동인이 있었지만 더 넓게 보면 역사적 배경과 시대적 요구라는 요인도 크게 작용했다. 『한국작가회의 40년사』에서는 다음과 같이 증언하고 있다.

「(…) 사회적 요건의 변화 속에서 자실의 출범은 시대적 당위로서 요청되었다. 문학적인 측면에 국한시켜 볼 때, 이는 1950년대 세대와 4·19 혁명 세대, 6·3 세대의 연대를 통해 한국문학의 새로운 경향이 탄생하는 토대를 이루었다. 실제로 자실은 1950년대 세대인 이호철, 고은 등이 물꼬를 트고, 거기에 4월혁명과 6·3사태의 세례를 받은 염무웅, 박태순, 김지하 등의 문인들이 적극적으로 개입하면서 성립한 일종의 문학적 연대의 산물이기도 한 것이다. 이와 더불어 백낙청, 염무웅이 중심이 되어 1966년에 창간한 〈창작과비평〉, 그리고 김현, 김치수, 김병익 등이 중심이 되어 1970년에 창간한 〈문학과지성〉이 월간문예지 중심의 한국문학의 판도를 일거에 바꾸어놓았다는 사실도 기억해야 한다. (…) 자실은 사회적 실천뿐만 아니라 문학적 성취라는 측면에서도 70년대 문학을 선도했다는 사실에 주목할 필요가 있다. 김수영, 신동엽의 뒤를 이어 김지하, 신경림 등이 한국문학사에 한 획을 그은 의미 있는 시편들을 생산해냈고, 소설에서도 이문구, 황석영 등이 리얼리즘 문학의 중요한 성과로 작품들을 쏟아냈다. 이는 순수문학이라는 협소한 틀에 갇혀 있던 한국문학이 사회적 의미를 획득하면서 미학적으로 더욱 의미 있는 진전을 이루었다는 뜻이다.」

1980년 서울의 봄 이후 전두환 일파의 신군부가 권력을 잡고 군사독재를 강화하자 자실은 기관지 〈실천문학〉을 연간으로 펴내는 일 말고는 이렇다 할 활동을 하지 못하고 있었다. 대표 간사인 고은이 '김대중 내란음모 사건'으로 구속되었고, 여러 회원 역시 투옥되었기 때문이다. 1983년 후반 전두환 정권이 일시적으로 유화조치를 펴자 9월 말에 민청련이 결성되었고, 이듬해 4월에는 민문협이 창립되었다. 민문협이 결성되자 이를 계기로 자실 중심의 문학운동이 문화운동으로 외연을 확장해야 한다는 요구가 일어난 것이다. 특히 동인지를 통해 등장한 전국 각지의 청년 문인들, 특히 광주의 〈오월시〉, 서울의 〈시와경제〉, 대전의 〈삶의문학〉, 청주와 대구의 〈분단시대〉 동인들은 전국적 단위의 문학운동조직을 결성하자는 데 합의했다. 다음 역시 『한국작가회의 40년사』에 나오는 내용이다.

「몇 차례의 준비모임을 가진 후 새로운 조직을 건설하는 대신 기존의 자유실천문인협의회를 개편하는 것이 바람직하다는 데 의견을 모았다. 물론 개편된 자실은 운동성과 대중성을 병진시키되 기존 자실보다 실천적이고 조직적인 전국 조직이어야 한다는 목표를 세웠다. 그리하여 자실 창립 10주년을 즈음한 1984년 12월 19일 흥사단 강당에서 자실을 새롭게 개편하는 '자유실천문인협의회 84회의'를 개최할 수 있었다. 스스로 재창립이라고 말할 수준으로 변모한 자실은 중견 작가 중심의 운영위원단과 청년 세대 중심의 간사단을 두고 활동했다. 개편된 자실의 주요 활동은 '민족문학의 밤'을 여는 일과 기관지를 펴내는 일이었다. 민주화운동에 행동으로 참여하고 각종 현안에 대해 발 빠르게 의견을 표명하는 일 역시 중요한 활동이었다. 특히 백낙청, 고은, 김지하 등이 주요 연사로 참여하여 개최한 민족문학의 밤은 대단한 성황을 이루었다. 참다운 민족문학에 대한 세간의 기대가 그만큼 컸던 것이다.」

자실의 간사단 실무는 문학평론가 채광석과 시인 김정환이 맡았다.

민주언론운동협의회 창립과 활동

전두환 정권은 1980년 여름부터 1천여 명에 이르는 언론인을 해직하고 언론을 통폐합하는 한편 언론기본법을 제정함으로써 여론을 권력에 유리하게 조작하는 길로 치달았다. 1981년 1월 6일에는 문공부에 홍보조정실을 설치했는데, 홍보조정실은 '언론기관의 보도 협조 및 지원에 관한 종합계획을 수립한다'는 명분을 내걸고 날마다 언론 보도를 통제했다.

언론인들이 전두환 군사독재에 순응하면서 자유언론실천이라는 사명을 완전히 포기하고 있던 1984년 3월 24일, 서울 종로1가에 있는 중국음식점 천향각에서 1980년에 해직된 언론인 30여 명이 모여 '80년해직언론인협의회'를 결성했다. 신군부의 언론인 대량 해직 때 현장에서

모임(목판화, 1983년, 김봉준 작)

쫓겨난 김태홍, 노향기, 이경일, 홍수원, 정상모, 고승우, 현이섭, 이영일 등 여러 언론사 출신들이 하나의 조직으로 뭉친 것이다. 그들은 창립선언문에서 '민주화는 조속히 실현되어야 하며 언론자유는 보장되어야 한다'고 전제하고 '국민 각계각층의 침해당한 생존권에 대한 정당한 회복 노력을 지지한다'고 밝혔다. 또 협의회는 '부당 해직된 언론인들은 즉각 원상회복되어야 한다'고 주장했다.

80년해직언론인협의회의 핵심 회원은 1975년 3월에 해직된 동아투위·조선투위의 활동가와 진보적 출판인으로, 이들이 중심이 되어 1984년 12월 19일 서울 장충동 베네딕도수녀원 피정의 집에서 민주언론운동협의회(언협)를 창립했다. 언협의 창립선언문은 다음과 같다.

"표현 수단을 빼앗긴 민중으로부터 자기의 삶을 스스로 표현하려는 민중 언론이 태동되고 있다. 오늘의 거짓된 지배 문화를 거부하고 진정한 민족·민중 문화를 건설하려는 새로운 문화운동과 더불어 민중 언론은 도처에서 광범위하게 확산되고 있다. (…) 언론 활동이란 모든 종류의 말할 권리와 알릴 권리의 실천을 포함하는 것이기 때문에 우리 민주언론운동협의회가 신문, 방송, 출판을 비롯한 모든 언론매체의 민주화를 요구하는 것은 당연하다. 따라서 우리는 민주언론을 실현하고자 하는 모든 분야의 자생적 언론 종사자들과 함께 이 운동을 펴나갈 것이다. 제도 언론 속에서 오늘의 범죄적 언론에 양심의 고통을 느끼는 사람들 역시 이 운동의 대열에 참가시키려고 노력할 것이다. (…) 언론 민주화란 사회의 전반적 민주화와의 통일적 관계 속에서만 가능한 것이다. 언론의 민주화 없이 사회의 민주화가 불가능한 것과 마찬가지로, 사회의 민주화 없이 언론의 민주화가 독립적으로 실현될 수 없음 또한 분명하다. 이것이 바로 언론 민주화운동이 사회의 민주화운동과의 연대 속에서 추진되지 않을 수 없는 이유이다. 우리는 진정한 여론 없이 인간다운 삶이 불가능하다고 믿는 모든 사람들의 호응과 지원을 기대한다."

언협 창립총회에서는 의장에 송건호, 공동대표에 김인한, 최장학, 김태홍, 김승균이 추대되었다.

언협은 1980년대 중반부터 전개할 한국의 대안언론운동 전략으로 다양한 방안을 제시했다. 새 언론 창간, 제도 언론 개혁투쟁, 민주화운동세력과의 연대투쟁이 바로 그것이었다. 민주언론운동의 구체적 내용으로는 언론기본법 폐지, 신문과 방송의 독과점과 카르텔 해체, 신문과 방송의 편집·제작권 독립, 언론사 소유 구조 개선 등이 제시되었다.

언협은 1985년 6월 15일 월간 〈말〉을 창간했다. 〈말〉은 언협의 기관지였지만 처음부터 대중을 상대로 제작한다는 방침을 세웠다.

'민주·민족·민중 언론의 디딤돌'이라는 주제를 내세운 〈말〉의 창간호는 시중에 나간 지 하루 만에 매진되어 재판을 찍을 정도로 폭발적인 반응을 얻었다. 전두환 정권은 물론이고 제도 언론 종사자들이 충격을 받았음은 말할 것도 없다.

〈말〉은 내용과 형식에서도 기존의 매체와는 아주 달랐다. 1975년과 1980년에 자유언론실천운동을 하다 해직된 언론인들이 한국사회의 현상과 모순을 제도 언론과는 전혀 다른 시각으로 독자들에게 전달했기 때문이다. 박정희 독재를 물려받은 전두환 정권의 폭정과 반민중적 속성은 물론이고 독점자본의 수탈, 정치인들의 자기중심주의, 제도권 문화예술인들의 권력 추수적인 행태를 냉정하게 보도했던 것이다.

〈말〉은 제도 언론이 묵살하거나 왜곡하는 사실들을 날카롭게 파고드는 한편 참신한 편집체제로 짧은 시일에 많은 고정 독자를 확보할 수 있었다. 전두환 정권의 마구잡이 개발에 희생되는 도시빈민들의 고통과 철거반대투쟁, 농민들이 벌인 소몰이 시위의 진상, 대우자동차 파업과 구로 지역 노동자 연대투쟁의 실상, 대자본 중심 경제체제의 모순, 군비 축소의 문제점 등에 관한 기사와 논평은 제도 언론이 엄두를 내지 못하던 것이다.

〈말〉은 또 해직 언론인에게만 의존하지 않고 학생운동권이나 대학신문사 기자 출신의 젊은이들을 과감하게 채용했는데, 그들은 〈말〉에 신선함과 패기를 불어넣었다.

1986년 9월 6일, 언협은 한국 언론사에 길이 남을 획기적인 사건을 일으킨다. 전두환 정권의 보도지침 폭로가 바로 그것이다. 〈말〉의 특집호에 실린 보도지침 내용은 나라 안팎에 큰 파문을 일으켰다. 문화공보부의 홍보정책실이 하루도 빠짐없이 언론사에 보도지침을 시달했음이 생생하게 드러났기 때문이다.

문공부의 보도지침을 〈말〉에 제공한 사람은 한국일보사 편집부에 근무하던 기자 김주언이다. 그는 1985년 10월쯤 야근자가 보도록 편집부 책상 위에 놓여 있던 보도지침 사본 한 부를 발견했고, 그 뒤 그는 날마다 내려오는 보도지침 사본이 한데 묶여 있는 서류철을 확보했다. 그는 그 사본을 〈말〉의 편집장으로 일하던 대학 친구 김도연에게 전달했고, 민통련 사무국장을 겸임하고 있던 김도연은 보도지침을 언협과 민통련이 공동으로 폭로하자고 제안한다. 그러나 언협 사무국장 김태홍은 "언론 규제에 관한 문제는 언론단체인 언협이 책임지고 폭로해야 한다"고 강력히 주장했다.

언협 실행위원회는 보도지침을 〈말〉의 특집으로 펴내기로 결정하고 홍수원과 80년 해직 언론인 박우정에게 사본을 넘겼다. 편집장 홍수원은 서대문 '아랫다방'이라는 골방에서 한 달 남짓 동안 보도지침을 분류하고 해설을 붙였다. 아랫다방은 〈말〉의 편집실 비밀 명칭이다.

편집된 보도지침을 넘겨받은 언협 실행위원 박성득은 이를 특집호로 인쇄해서 전달했고, 사무국장 김태홍은 비밀리에 대학가 서점에 배포했다. 전두환 정권의 반응은 심리적 공황이나 다름없었다. 동아일보, 조선일보, 중앙일보, 한국일보는 물론이고 한국의 모든 신문이 권력의 앵무새 노릇을 하고 있다는 사실이 만천하에 드러났기 때문이다. 정부는 보도지침 전담반을 구성해서 곧바로 수사에 나섰다. 치안본부와 국가안전기획부(국가정보원의 전신)에 각각 수사팀이 만들어지고, 먼저 언협 사무국장 김태홍을 수배했다.

1986년 12월 10일 김태홍은 체포되어 치안본부 남영동 대공분실로 연행되었다. 같은 날 언협 실행위원이자 조선투위 신홍범도 같은 곳으로 연행되었다. 닷새 뒤에는 한국일보사 기자 김주언도 대공분실로 연행되었다. 세 사람 모두 국가보안법 위반 혐의로 구속되었다. 1987년 3월에는 수배 중이던 〈말〉의 편집장 박우정도 같은 혐의로 구속되었다가 기소유예로 석방되었다.

1987년 6월 3일 서울형사지법에서 김태홍은 징역 10개월에 집행유예 2년, 신홍범은 선고유예, 김주언은 징역 8개월에 자격정지 1년, 집행유예 1년을 선고받고 모두 풀려났다. 1996년 대법원은 이 사건에 대해 무죄판결을 내렸다.

문화 3단체의 연대투쟁

1985년 5월 7일 오후 2시, 서울 마포구 공덕동의 자유실천문인협의회 사무실에 자실, 민문협, 언협의 대표와 실무자가 모였다. 전두환 정권의 극악한 출판 탄압을 규탄하고 그 실상을 나라 안팎에 알리기 위한 집회였다. 당시 전두환 정권은 현대판 분서갱유라고 할 정도로 출판계에 대해 대대적인 탄압을 가하고 있었다. 탄압은 5월 1일에 본격적으로 시작되었다. 이른바 이념서적을 펴내는 출판사와 출판인에 대해 압수수색, 연행, 구금을 자행한 것이다. 문공부 관리들과 경찰관들은 이틀에 걸쳐 풀빛출판사와 일월서각, 신림동 서울대 캠퍼스 주변의 광장서점, 대학서점, 오월서점 등에 들이닥쳐 사회과학 서적을 마구잡이로 압수해 갔다.

탄압은 출판계에 국한되지 않았다. 5월 1일 서울 중부경찰서 형사 10여 명은 장충동의 민주통일민중운동연합(민통련) 사무실에 압수수색영장을 가지고 들어가 기관지 〈민주통일〉 2호와 유인물 등을 트럭에 싣고 갔다. 운동권의 출판물을 찍어내 주던 을지로2가의 세진인쇄소 등을 덮친 경찰은 민청련 기관지 〈민주화의 길〉과 유인물을 압수해 갔다. 3일 오후에는 풀빛출판사 대표 나병식, 민통련 사무처장 장기표와 대변인 박계동, 세진인쇄소 대표 강은기 등 12명을 연행했다. 문공부장관 이원홍은 4일 '불온·불법 간행물 단속에 관한 기자회견'을 열고 강경한 대응 방침을 밝혔다.

문화 3단체인 민문협, 자실, 언협은 7일 모임에서 '출판의 자유에 대한 폭력적 탄압을 즉각 중단하라'는 제목의 성명을 발표했다. 이 성명은 "민중 언론은 언론의 죽음에 의해 일체의 표현 수단을 빼앗긴 민중이 출판물 형태를 통해 자기를 표현하고자 하는 자생적 언론"이라고 규정하고 나서, "당국의 탄압은 이런 민중 언론을 제거함으로써 일체의 표현의 자유를 말살시키겠다는 의도"라고 비판했다.

1985년 6월 들어 전두환 정권이 〈민중교육〉 관련자 3명을 구속하고 무크지 〈실천문학〉을 폐간하는가 하면 도서출판 이삭마저 폐쇄하자 문화 3단체는 이런 탄압의 법적 토대인 언론기본법 철폐운동을 펼치기 시작하면서 연대농성에 들어갔다. 같은 해 9월 3일에는 문공부가 창작과비평사 등록을 취소한 데 맞서 2차 연대농성을 벌였다. 그리고 문화 3단체는 9월 25일에 문화를 탄압한 배경 등을 정리한 〈문화탄압백서〉를 펴냈고, 1986년 8월에는 케이비에스의 어용성과 프로그램의 성격, 시청료 거부운동의 필요성을 정리한 자료집 〈제도언론, 그 반민중성을 폭로한다-KBS를 중심으로〉를 발간했다.

한국민족예술인총연합 창립

1984년 4월 결성한 민중문화운동협의회(민문협)가 89년 9월에 '노동자문화예술운동연합(노문연)'으로 개편되었다. 광주 민문연은 '광주민중문화운동협의회(광문협)'로, 전주와 대전의 소극장들은 각기 '전주민중문화운동연합'과 '충남문화운동협의회'로 이름을 바꾸었다.

문화예술계에 이런 변화가 일어나기 한 해 전인 1988년 9월 30일, 새로운 연합조직이 필요하다고 생각한 문화예술인이 서울의 예술극장 한마당에 모여 간담회를 열었다. 그들은 10월 6일 인사동의 그림마당 민에서 2차 간담회를 갖고 '한국민족예술인총연합(민예총)'을 창립하기로 의견을 모은 뒤, 조직·규약(김용태), 인선(황석영), 재정(오종우), 지역연락(채희완), 대회준비(임진택), 이렇게 5개 소위원회를 구성했다. 그들은 11월 2일 발기 취지문을 작성한 뒤 장르별로 문학 153명, 미술 185명, 민족극 149명, 영화 102명, 음악 123명, 춤 37명, 건축 67명, 사진 23명, 이렇게 총 839명으로부터 발기 동의 서명을 받았다.

1988년 11월 26일에는 고은, 백낙청, 신경림, 황석영, 오종우, 김용태, 채희완, 이건용, 임진택 등이 여의도의 여성백인회관에서 한국민족예술인총연합 발기인대회를 열었고, 12월 23일에는 서울 와이더블유시에이(YWCA) 강당에서 진보적 문화예술인이 참석한 가운데 민족예술의 발전과 문화예술운동의 대중화를 목표로 하는 민예총 창립총회가 열렸다. 창립총회에서는 시인 고은, 무형문화재 조성국, 미술평론가 김윤수가 공동의장으로 선출되었고, 대회에서 발표된 한국민족예술인총연합 창립선언은 다음과 같다.

"우리는 현 단계 민중적 민족예술운동의 과제가 민족 현실의 극복에 우선적으로 모아져야 함을 재삼 확인하면서, 뜻있는 예술인들의 마음을 모아 '한국민족예술인총연합'의 창립을 선언하고자 한다. (…) 우리는 멀리는 반제 반봉건의 깃발 아래 자생적이고 주체적인 근대화를 준비해 왔던 조선조의 민중운동과 민중예술의 전통을 이어받으면서, 가깝게는 일제하의 민족해방운동으로서 예술운동과 분단시대 전 기간을 통하여 끊임없이 지속되어 온 민족문화운동의 유산들을 비판 수렴하여, 통일된 그 땅에도 당당하게 존재할 수 있는 민족예술의 건설을 위하여 모였다. (…) 이러한 우리들이 예술운동에 대한 조직적인 자각과 실천 의지를 대동 통일하고 민중의 엄숙한 소명을 받아 이에 한국민족예술인총연합의 창립을 선언한다. 남북 예술인과 해외동포 예술인 여러분! 이 땅을 뒤덮은 예속과 독재의 어둠을 걷어낼 자주 민주 통일의 횃불을 밝혀 들고 '한국민족예술인총연합'과 나란히 단결하여 전진하자!"

이 창립선언문은 민족문학, 민족미술, 민족극, 민족음악, 영화예술, 민족춤, 건축문화, 사진예술이 나아갈 길을 구체적으로 제시했다. 민예총은 개인의 연합체적 기구를 표방했으나 실질적인 조직의 근간은 1980년대의 장르운동에 바탕을 두고 있었다.

1989년 봄부터 문익환, 황석영, 임수경의 방북 사건이 일어나자 노태우 정권은 공안정국을 조성했다. 특히 대변인 황석영이 평양에 가서 주석 김일성을 만난 일 때문에 민예총은 긴장하지 않을 수 없었다. 그런 상황이라 민예총은 개인의 참여를 통해 외연을 확대하기로 한 창립 초기의 조직 노선을 재검토할 수밖에 없었다.

1990년 2월 17일 서울 동숭동 흥사단 강당에서 열린 민예총 제2차

정기총회에서는 민예총의 조직을 '장르조직을 구성하고 있는 실질적인 조직(장르예술단체들)의 연합체'로 전환하기로 결의했다. 민족문학작가회의, 민족미술인협회, 전국민족극운동협의회 등이 장르조직을 운용하기로 한 것이다. 그 이후 1990년 11월에 '한국민족음악인협의(민음협)'가 창립되어 장르 협의체 활동에 참여했다. 노태우 정권의 탄압에 맞설 수 있는 전열을 갖춘 민예총은 진보적 문화예술운동의 중심체로서 예술 장르 간의 논의를 주도하고 공동 활동을 확산시킬 수 있게 되었다.

민예총은 월간 〈민족예술〉과 월간 〈민예총소식〉을 정기적으로 발간하는 한편 일반 시민을 위한 문예아카데미도 운영했다. 1992년 3월부터 상설 예술 강좌로 자리 잡은 문예아카데미는 봄·가을 12주의 정기강좌와 여름·겨울 6~8주의 특별강좌로 진행되었다.

창립 당시 민예총의 회원은 839명이었지만 창립 19주년을 맞이한 1998년에는 회원 수가 1만 명에 육박했다. 민예총은 그해 8월 9일 사단법인으로 등록했다.

12. 해방공간 이래 최대의 전국 조직
민주통일민중운동연합

1985년 3월 29일, 한국 민주민족민중운동사에 큰 획을 긋는 역사적 단체가 태어났다. 민주통일민중운동연합(민통련)이 바로 그 조직이다. 1987년에 민주헌법쟁취 국민운동본부(국본)의 핵심으로 6월민주항쟁에 앞장선 민통련은 1945년 8월 15일 직후 해방공간에서 활동한 단체들을 빼면 40년 만에 나타난 전국 최대의 조직이다.

민통련의 모체 민민협과 국민회의

민통련은 민중민주운동협의회(민민협)와 민주통일국민회의(국민회의)의 결합으로 태어났다.

민민협은 1984년 6월 29일 창립되었는데, 재야 운동권단체와 천주교, 개신교가 힘을 모아 서울 성북구 돈암동 상지회관에서 첫걸음을 내디뎠다. 종교, 노동, 농민, 언론, 문화예술, 청년 등 12개 부문의 단체가 3명 안팎의 중앙위원을 보냈고, 공동대표로는 천주교정의구현전국사제단의 신부 김승훈, 인천지역사회선교협의회 총무이자 목사 김동완, 동아자유언론수호 투쟁위원회 위원 이부영이 선출되었다.

민민협은 종로1가 서울빌딩 703호에 사무실을 얻고 8월 11일 입주식을 열었다. 민민협에 가입한 12개 단체의 명단은 다음과 같다.

천주교정의구현전국사제단, 전국목회자정의평화실천협의회, 한국

노동자복지협의회, 한국가톨릭농민회, 한국기독교농민회총연합회, 자유실천문인협의회, 민주언론운동협의회, 민중문화운동협의회, 인천도시산업선교회, 가톨릭기독학생회총연맹, 명동천주교회청년단체연합회, 민주화운동청년연합.

민민협은 9개월 동안 존속하면서 1984년 8월 30일 전두환의 방일 반대투쟁, 2·12총선투쟁 등을 주도했다.

전두환 정권 시기에 반군사독재운동을 하던 사람들 가운데는 단체에 속하지 않은 이가 많았다. 그래서 12개 단체가 가입한 조직인 민민협에 참여할 수 없었던 사람들은 1984년 10월 16일에 민주통일국민회의를 결성했는데, 재야인사, 성직자, 언론인, 문인 등 96명의 발기인이 서울 중구 장충동 분도회관 '피정의 집'에서 국민회의 창립대회를 연 것이다.

국민회의 창립대회에 참가한 발기인은 의장에 문익환, 부의장에 계훈제와 신현봉, 중앙위원회 의장에 강희남, 감사에 유운필과 곽태영을 선출했다.

국민회의 창립의 배경에는 당시 재야 운동권 내부에서 갈등을 빚어내던 운동 노선 논쟁이 도사리고 있었다. 그 논쟁을 촉발한 주체는 1983년 9월 말에 결성된 민주화운동청년연합(민청련)이었다. 민민협에서 강력한 발언권을 가지고 있던 민청련 지도부(의장 김근태)는 강하게 주장했다.

"80년대 운동은 기층민중운동단체들이 중심이 되어야 한다."

이처럼 민청련 지도부는 물론이고 청년·학생운동에 참여하던 다수의 젊은이는 노·장 세대의 재야인사들을 프티부르주아운동을 하는 명망가들이라고 비판하는 경향이 강했다.

그러나 김근태와 함께 학생운동 출신을 대표하던 장기표는 거기에 대해 반론을 제기했다.

"앞으로의 연대운동 방향이 기층민중운동으로 가야 하는 것은 맞다. 그러나 명망가라는 사람들이 그냥 생겨난 줄 아는가? 그들이야말로 한평생을 체제 변혁을 위해 살아온 사람들이다. 명망가운동은 극복될 대상이 아니라 계승·보완되어야 할 운동이다."

민청련 지도부의 명망가운동 극복론과 달리 재야운동의 통합을 주장하던 민민협 공동대표 이부영은 이창복, 장기표와 함께 국민회의 결성을 돕는 작업에 나섰다. 결국 기층민중운동을 주장하던 민청련과 재야운동 통합을 추진하던 세력은 1985년 3월 말 민주통일민중운동연합(민통련) 창립을 앞두고 잠정적으로 결별하게 된다.

전두환 정권을 강타한 2·12총선

민민협과 국민회의가 통합해서 민통련을 창립하게 된 결정적 계기는 야당다운 야당이 없던 1985년 2월 12일 치러진 12대 국회의원 총선거에서 민추협이 주도해 창당한 신민당이 예상을 뒤엎고 제1야당이 된 사건이었다. 그럼 그 경위부터 살펴보겠다.

총선을 몇 달 앞둔 1984년 11월 14일 오후 4시 30분쯤 전두환 정권을 정면으로 공격하는 사건이 터졌다. 고려대, 연세대, 성균관대 학생 264명이 서울 종로구 안국동의 민정당 중앙당사에 기습적으로 진입해서는 건물 9층으로 올라가 철제문을 잠그고 창문에 '노동법 개정하라', '전면 해금 실시하라'는 현수막을 내걸고 농성에 들어간 것이다. 학생들은 "민정당은 대중성이 결여된 철새 정치인들의 집합소이자 폭력정권의 합법적 외피로서 의회민주주의의 위장물"이라고 비판하면서 총학생회 인정, 노동자 권익 옹호, 노동악법 철폐, 집시법과 언론기본법 폐지 등을 요구했다.

학생들은 민정당 대표 권익현 면담을 요구했지만 그는 "폭도와는 타협 없다. 당장 투항하라"며 경찰에 무력 진압을 요청했다. 그러자 이튿날 새벽 4시 30분 쇠파이프로 무장한 경찰관 수백 명이 당사 벽을 부수고 쳐들어가 최루탄을 난사하며 점거농성을 하던 학생 전원을 연행했다. 그들 가운데 19명은 구속되고 180명은 구류 처분을 받았다. 이 사건은 전두환 정권의 폭압정치 때문에 위축되어 있던 학생운동권은 물론이고 야당 정치인에게도 깊은 인상을 주었다.

1985년 3~4월로 예정된 12대 총선을 앞두고 1984년 12월 7일 민주화추진협의회(민추협)는 운영위원회의를 열어 총선 참여 여부를 놓고 토론을 벌였다. 운영위는 찬반이 팽팽히 맞서 결론이 나지 않자 공동의장 김영삼과 공동의장대행 김상현에게 그 문제에 대한 판단을 위임했다. 김영삼은 이튿날 비민추협계의 이철승을 만나 총선 참여에 관한 논의를 한 뒤 "두 사람은 국민이 원하는 참신한 야당을 창당해 민주 거점 구축을 뒷받침해야 한다는 데 인식을 같이했다"라는 내용의 공동발표문을 언론에 전했다. 그 합의에 따라 민추협은 12월 11일에 미국 망명 중이던 고문 김대중, 공동의장 김영삼, 공동의장대행 김상현의 이름으로 기자회견문을 발표했다.

"우리는 민주화운동의 기구로서 민추협의 조직을 계속 유지, 확대, 강화하면서 범국민적 민주화 추진의 일환으로 선거투쟁을 전개하기로 하였다. 우리의 선거투쟁은 민정당에 대한 반대투쟁을 그 핵심으로 한다. 이러한 관점에서 민추협은 이번 선거투쟁에 적극적으로 대처할 것을 선언하며 민주화투쟁에 대한 결연한 의지를 내걸고 국민의 적극적 호응을 호소한다. 민추협은 민주화 추진을 위하여 국민이 납득할 수 있는 민주적인 자생 정당이 창당된다면 전폭적인 지지와 성원을 보낼 것이다."

당시 제1야당은 관제 또는 어용이라고 불리던 민한당이었다. 1984년

11월 30일 전두환 정권의 정치 해금에서 풀려난 옛 신민당의 전직 의원들이 민추협 지도부의 결정에 따라 신당을 만드는 작업을 시작하자 김현규, 서석재 등 민한당 의원 10명과 심봉섭 등 전직 의원 3명은 탈당해 신당에 가담하겠다고 발표했다. 전두환 정권이 협박과 회유 등 갖은 수단을 동원해 신당 창당을 방해했으나 신민당(가칭)은 12월 20일 발기인 115명이 참석한 가운데 창당발기인대회를 열고 창당준비위원장에 이민우, 부위원장에 김녹영, 조연하 등 6명을 선출했다.

신당이 급속히 세력을 확대하자 당황했음이 분명한 전두환 정권은 겨울철인 2월 12일에 총선을 실시하겠다고 발표했다. 그러자 신당은 총선을 겨우 20여 일 앞둔 1월 18일 서울 장충동 앰배서더호텔에서 대의원 532명이 참가한 가운데 창당대회를 열고 총재에 이민우, 부총재에 김녹영, 조연하 등 5명을 뽑았다.

총선 4일 전인 2월 8일, 미국에서 망명 생활을 하던 김대중이 비행기를 타고 김포공항에 내렸다. 전두환 정권은 그의 귀국을 막으려고 했지만 미국의 정치인과 언론인이 그와 동행했기 때문에 어쩔 수가 없었다. 공항에 수만 명의 환영객이 나와 "김대중! 김대중!"을 연호한 데서 확인할 수 있듯이 그의 인기는 폭발적이었다. 돌아온 김대중과 김영삼이 실질적으로 이끄는 신민당은 민한당을 여당의 2중대라고 공격하면서 단기간에 정통 야당으로 우뚝 솟아올랐다.

총선 결과는 충격적이었다. 투표율이 11대 총선의 78.4퍼센트보다 훨씬 높은 84.2퍼센트를 기록한 가운데 지역구에서 민정당이 87석, 신민당은 50석을 차지하고 말았다. 민한당은 26석, 여당의 제3중대라고 불리던 국민당은 15석에 불과했다. 전국구는 민정당 61석, 신민당 17석, 민한당 9석, 국민당 5석이었다. 창당 20여 일 만에 신민당이 거둔 67석은 기적이나 다름없는 성과였다.

게다가 총선을 통해 민심의 대세를 확인한 민한당 의원들이 대거 탈당해 신민당으로 당적을 옮김으로써 신민당은 헌정사상 야당으로는 최대치인 103석을 확보하게 되었다. 명실상부한 거대 야당이 출현한 것이다.

민통련 창립대회

1984년 말부터 민민협과 국민회의 내부에서는 통합을 위한 대화가 필요하다는 의견이 강하게 나오기 시작했다. 그래서 두 단체의 집행부는 통합의 필요성을 인정하고 실무자 협상을 추진하기로 했다. 국민회의에서는 임채정, 장기표, 이재오, 민민협에서는 김종철, 방용석, 최민화가 협상 대표로 나섰다. 그들은 장충동 '피정의 집'에서 주로 대화를 했는데 대표단 구성, 운동의 이념과 방향 등을 둘러싸고 두 달이 넘게 견해 차이를 좁히지 못하다가 2·12총선에서 신민당이 대중의 열광적 지지를 받는 것을 보고는 신속히 통합하자는 합의를 이루었다.

민민협은 1985년 2월 26일 중앙위원회에서, 국민회의는 27일 확대집행위원회에서 두 단체의 통합을 결의했다. 그래서 마침내 3월 29일 민주통일민중운동연합이 창립대회를 열게 된 것이다. 민청련과 개신교 쪽은 노선 차이를 이유로 참여하지 않았다. 창립대회에서 채택된 '민주통일국민회의와 민중민주운동협의회 통합선언문'의 주요 내용은 아래와 같다.

「나라의 민주화와 민족의 통일을 열망하는 민중의 요구에 따라 작년 6월 29일 발족한 민중민주운동협의회와 10월 16일에 창립된 민주통일국민회의는 그동안 내부적 역량을 확대하면서 활발하게 운동을 전개해왔다. 민민협과 국민회의는 물론이고 다른 동지적 단체들이 군사독재에 맞서 투쟁을 벌이는 동안 5월항쟁 이래 억눌려 있던 민중의 가슴에는 군사독재에 대한 저항 의지가 어느 때보다도 강렬하게 타오르기 시작했다. 가슴 속 깊은 곳에 응어리져 있던 민중의 울분과 군사독재에 대

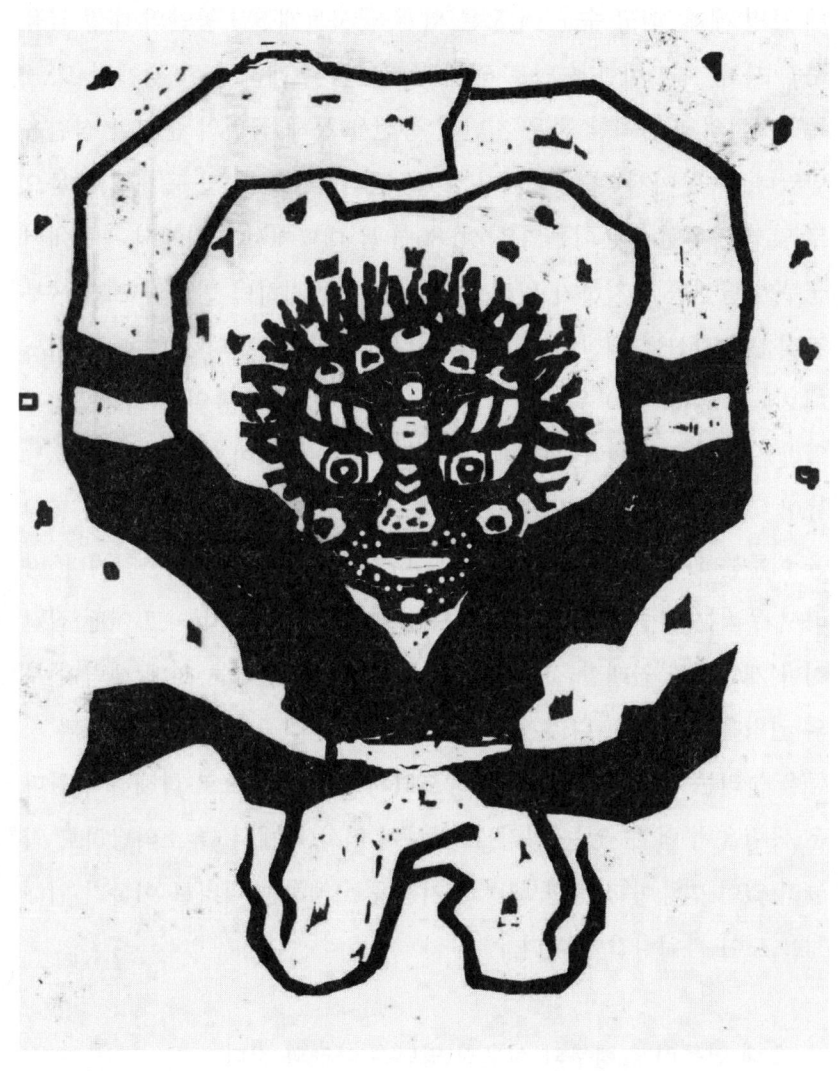

한판(목판화, 1987년, 김봉준 작)

한 반감은 지난번의 2·12총선에서 화산처럼 폭발하고 말았다. 수천 명의 동포가 야수적인 군대에 의해 살상당한 광주항쟁, 국민소득에 비례해 보면 세계 '최고 수준'에 오른 외채, 군사독재 5년 동안의 대형 금융부정 특혜, 무자비한 수탈로 인해 총파탄을 초래하게 된 경제적 모순, 족벌정치의 파렴치함 등은 지난번 총선을 통해 국민의 준엄한 심판을 받았다. (…) 이제 다시 봄이다. 25년 전의 4월, 이승만 독재에 온몸으로 맞서 싸우던 젊은이들의 함성, 80년 봄 대학에서 일터에서 광주에서 군부의 탈권을 저지하기 위해 총검 앞으로 돌진하던 민중의 뜨거운 부르짖음이 강산에 되살아난다. 민주화를 바라는 국민의 소리는 그 어느 때보다도 높다. (…) 우리는 오늘 하나로 뭉쳤다. 이 통일은 기층운동과 일반운동 각 부문의 단체들에 군림하기 위한 통일이 아니고 이것은 그들이 독자적인 활동을 강화하면서, 항구적으로 연대하여 민주화와 통일을 이루는 과업에 기여할 수 있도록 디딤돌을 마련하려는 통일이다. 따라서 우리는 민주화와 통일을 민족의 지상 과제로 여기는 그 어떤 집단이나 개인과도 연대할 것이다. 우리는 한 줌도 안 되는 지배 세력이 부와 권력을 독점하는 나라가 아니라 대다수의 민중이 정치적 자유와 평등을 누리는 나라, 동족이 서로 증오하지 않고 진정으로 화해하여 참다운 독립을 누릴 수 있는 나라, 그리하여 역사 속에서 늘 소외당하고 억눌려 있던 민중이 진정한 해방의 기쁨을 노래하는 나라를 이루기 위해 힘을 모아 싸워나갈 것이다.」

초대 민통련 집행부와 실무진 명단은 아래와 같다.
고문: 함석헌, 김재준, 지학순, 홍남순
중앙위원회 의장: 강희남
의장: 문익환

부의장: 계훈제, 김승훈

지도위원: 고영근, 유운필, 이소선, 함세웅, 문정현, 유강하, 신현봉, 이돈명, 송건호, 김병걸

감사: 호인수, 정동익, 박진관

민주통일위원장: 김승균

민중생활위원장: 이부영

정책기획실장: 임채정

대변인: 김종철

사무총장: 이창복

사무차장: 장기표

총무국 간사: 홍성엽, 유옥순, 변인식

조직국장: 유영래

사회국 간사: 정선순, 김영중, 이종산

홍보국장: 임정남

홍보국 간사: 박계동, 이명식, 임병주, 홍순우

노동상담소 소장: 방용석

민족학교 교장: 김병걸

민족학교 간사: 홍성엽, 진창희

민통련의 공개적 투쟁

민통련은 창립 직후부터 전두환 정권에 맞서 공개적으로 투쟁을 벌이기 시작했다. 민통련이 창립 이후 첫 번째로 펼친 공개적 투쟁은 광주민중항쟁의 실상과 전두환·노태우의 신군부가 저지른 학살의 진상을 국민에게 알리는 것이었다. 1985년 봄까지만 해도 대중은 외국 기자가 찍은 비디오나 『죽음을 넘어 시대의 어둠을 넘어』(전남사회운동협

의회 편, 황석영 기록) 같은 책을 통해 은밀하게 그 항쟁의 진실에 접근할 뿐이었다. 민통련은 1985년 5월 14일부터 17일까지 나흘 동안 민청련, 개신교 운동단체들과 함께 5월광주민중항쟁 기념 시민대회를 주관했고, 18일에는 광주 망월동 묘역과 대구에서 희생자 추도식을 가졌다.

1985년 4월 1일 발행한 민통련 기관지 〈민중의 소리〉 제5호에는 '특집-광주민중항쟁의 진상은 이러하다'가 실렸다. 이 기사에는 항쟁 일지와 신군부가 저지른 살상을 담은 기록 사진이 담겨 있었다. '광주는 부활하고 있다'라는 제목의 민통련의 주장 내용은 아래와 같다.

「오늘의 시점에서 볼 때 전두환 군사정권이 설령 지난 80년과 같은 폭거를 자행한다 할지라도 그 결과는 극히 자명하다. 80년의 민주화운동에 비해 현재의 민주·통일·민중운동은 그 역량이 훨씬 증강되어 있으며 조직력이나 연대운동에 있어 크게 발전해 있다. (…) 극한적인 힘과 힘의 결전장이 될 경우 우리 사회에는 엄청난 손실이 초래된다. 80년의 대폭압을 당시의 역량으로 극복하는 데 불과 3년밖에 안 걸렸다는 점을 상기할 때 현재 상황에서의 대폭압은 군사독재정권의 자멸을 초래할 것이다. 그러기에 우리는 담담하고 의연한 자세로 오늘의 민주·통일·민중운동을 줄기차게 펼쳐나갈 것이다.」

1985년 5월 17일에는 전국 80개 대학 3만 8천여 명의 학생이 5월광주민중항쟁과 광주학살의 진상규명을 요구하며 격렬한 시위를 벌였다. 5월 23일에는 서울 시내 5개 대학 학생 73명이 서울 을지로 입구의 미문화원에 기습적으로 들어가 점거농성을 벌이는 사건이 터졌다. 1982년 3월 18일 부산의 고려신학대 문부식을 비롯한 학생들이 부산의 미문화원에 방화한 뒤 3년 남짓 만에 미국을 거세게 비판하는 운동이 다시 일어난 것이다. 전국학생총연합(전학련)과 삼민투위(민족통일·민주쟁취·민중해방위원회) 산하 서울대, 고려대, 연세대, 성균관대, 서강대 학생은 미문화원 2층 도서관에서 "광주사태 책임지고 미국은 공개 사과하라", "미국은 전두환 군사독재정권에 대한 지원을 즉각 중단하라", "신민당은 국정조사권을 발동하라" 등의 구호를 외쳤다. 학생들이 창턱에 걸터앉아 "광주학살 책임지고 전두환은 물러나라"고 외치는 장면은 외신을 통해 국제 사회에 알려졌으나 언론 통제가 심하던 국내에는 거의 보도되지 않았다. 학생들은 72시간 만에 농성을 풀었으나 모두 경찰에 연행되었다. 〈민중의 소리〉는 학생들이 발표한 성명서 '우리는 왜 미문화원에 들어가야만 했나' 전문을 보도했다. '전국총학생연합 광주학살원흉처단 투쟁위원회' 이름으로 나온 이 성명서는 결론 부분에서 다음과 같이 요구했다.

1. 광주학살 지원 책임지고 미 행정부는 공개 사과하라!
2. 미국은 전두환 군사독재정권에 대한 지원을 즉각 중단하라!
3. 미국 국민은 한미 관계의 올바른 정립을 위해 진지하게 노력하라!

이 사건으로 서울대 삼민투 위원장 함운경 등 20명은 구속되었다. 광주학살이 새롭게 국제 사회의 눈길을 끌게 되자 국방부장관 윤석민은 국회 국방위원회에서 답변 형식을 빌려 광주사태의 전모를 발표했고, 주한 미국대사 워커는 "광주사태는 한국 내의 문제로 미국이 책임질 것이 없다"는 면피성 발언을 했다.

대학생의 미문화원 점거농성에 앞서 민통련은 5월 10일 '레이건 미국 대통령에게 보내는 공개서한'을 발표했다.

「(…) 귀하는 81년 대통령에 취임한 직후에 '외국의 국가원수'로서는 처음으로 초청하는 것이라고 선전하면서 전두환 씨를 미국으로 불러 유례없는 '우호'의 제스처를 보였습니다. 한국의 역대 정권의 사활은 미국 행정부의 태도에 크게 좌우되었다고 생각하던 한국의 군부와 특권 세력이 보기에 그것은 군사독재정권에 대한 전폭적 지지로 여겨졌을 것입니다. 전두환 씨는 그 뒤에 정치, 경제, 사회, 문화적으로 억압과 수탈을 강화하면서 민중의 민주화 요구를 묵살했습니다. 이런 상황 속에서 80년 12월 9일 광주에서, 그리고 82년 3월 18일 부산에서 미문화원 방화 사건이 일어났을 때 국민들은 미국이 광주학살을 방조하고 군사독재정권을 비호하는 데 대한 민중의 분노를 정당하게 대변한 것이라고 해석하는 경향을 보였습니다. 그럼에도 불구하고 귀하와 미국의 고위 관리들은 군사독재정권과 '우호적 관계'를 유지하면서 한국에서 미국의 기득권을 지키고 이익을 확대하기 위해 명백한 요구를 하거나 은밀한 압력을 가했습니다. (…) 우리는 미국이 이곳에 민주정부를 세워주는 것을 원치 않습니다. 그러나 우리는 미국이 군사독재정권을 비호함으로써 한국의 민중이 스스로 민주정부를 쟁취하는 것을 방해하는 데 항의합니다. (…) 미국이 한국과 진정한 우방이 되려면 미국은 한국 민중의 이 절실한 염원과 굳건한 자주 의지를 이해해야 합니다. 그렇게 될 때 우리 민중은 미국과 '친선'을 도모할 수 있을 것입니다. 우리는 민중이 해방되고 민족이 통일되는 그날까지 꿋꿋하게 싸워나갈 것입니다.」

이런 내용은 삼민투 학생에게 영향을 미쳤다고 볼 수 있다.

13. 전두환 정권의 전방위 탄압

1985년 2·12총선에서 김대중과 김영삼이 이끄는 신민당이 예상 밖의 성과를 거두자 충격을 받은 전두환 정권은 사회 모든 분야에서 무차별 탄압을 가하기 시작했다. 맨 처음으로 과녁이 된 곳은 사회 비판적 서적(세칭 이념서적)을 펴내던 출판사였다. 5월 3일 정부는 이른바 불온서적과 불법간행물 등 이념서적 50여 종과 유인물 298종에 대한 무기한 단속 방침을 발표한 뒤 도서출판 일월서각과 풀빛출판사, 민청련 등을 급습해 영장도 없이 압수수색을 강행했다. 이유는 '이념서적들이 날로 격화되는 학생운동권의 학습 자료가 되어 투쟁의 이론적 지침이 되기 때문'이라는 것이다.

이념서적 압수수색과 〈민중교육〉 사건

출판인의 모임인 대한출판문화협회는 바로 그날 긴급 상무이사회를 열어 대책을 논의했고, 재야의 민중문화운동협의회, 민주언론운동협의회, 자유실천문인협의회, 천주교정의구현전국사제단, 가톨릭농민회는 전두환 정권의 무차별 출판 탄압에 항의하는 성명서를 발표했다. 서울대, 고려대, 연세대를 비롯한 서울 시내 24개 대학 학생은 '도서 출판물에 대한 우리의 입장'이라는 성명서를 통해 "최근의 이념서적 압수 사태는 대학의 본질적 기능인 사회 비판과 문화 창달을 마비시키는 반문화적 행위"라고 비판했다.

영장 없는 압수수색에 대한 항의가 빗발치자 전두환 정권은 5월 4일부터 법원에서 영장을 발부받아 이념서적을 무더기로 압수하기 시작했다. 10일 동안 압수된 서적은 233종, 유인물은 298종이었다. '반국가단체들인 해외 공산주의 계열의 활동을 고무·찬양하며, 북괴 등 반국가단체를 이롭게 할 목적으로 자본주의를 비판하고, 노동투쟁 및 폭력혁명투쟁을 고무하는 내용의 서적(유인물)을 제작·반포한 혐의가 있다'는 것이 영장의 요지였다.

일월서각, 풀빛출판사 등 출판사와 33개 서점 대표는 5월 11일 서울형사지법과 서울남부지원에 경찰의 압수처분에 대해 취소신청을 했다. 압수당한 서적들이 용공성을 띠고 있지 않으며 1982년 정부 당국의 '이념서적 허용 방침'에 따라 출간되었다는 것이다. 그들은 "출판의 자유는 헌법에 명시된 기본권으로서 경범죄처벌법 위반 정도의 혐의를 걸어 그 자유를 제한하려는 것은 부당하다"고 주장했다.

1985년 5월에는 교육 현장의 문제를 깊이 있게 파헤친 〈교육현장-교사와 학생의 참삶을 찾아서〉와 학교교육의 현실을 이데올로기적으로 접근한 〈민중교육-교육의 민주화를 위하여〉(부정기 간행물, 실천문학사 펴냄)가 출간되었다. 그중에서도 특히 〈민중교육〉은 와이엠시에이(YMCA) 중등교육자협회 회원 교사와 문인 교사가 논문, 좌담, 사례, 시 형식을 통해 교육의 문제점을 지적하고 개선책을 제시한 책으로 5월 20일 출판되자마자 전국의 교사로부터 좋은 반응을 얻었다. 그런데 6월 25일 서울 여의도고등학교 교장이 〈민중교육〉이 불온한 내용을 담고 있다는 이유로 서울시 교육위원회에 검토를 의뢰하는 일이 일어났는데, 학무국장이 그 책을 시교위 담당 안전기획부 조정관에게 건네며 내용을 검토해 달라고 부탁하면서 사건은 더욱 커지고 말았다. 〈민중교육〉이 문공부로부터 납본필증까지 받아 시판한 지 한 달이 지난 때 이런 일이 터진 것이다.

〈민중교육〉을 만든 교사들은 "외국의 이론이나 사례가 아닌 우리의 교육 현실을 올바르게 진단하고 그 대안을 제시할 책임의 필요를 절실히 느꼈기" 때문에 부정기간행물을 제작했다고 말했다.

7월 18일 서울시교위는 〈민중교육〉 관련 교사를 소환했고, 이어 경찰이 집필 동기 등을 조사하기 시작했다. 19일 실천문학사가 교사와 함께 〈민중교육〉 출판기념회를 열려고 하자 경찰이 장소를 봉쇄함으로써 행사는 무산되었다. 문교부가 같은 달 31일 그 책 제작에 참여한 교사에게 파면 등 중징계 조치를 내리자 그들이 재직하고 있던 학교에서는 사직서를 내라고 요구했다. 그러자 교사들은 기자회견을 열어 〈민중교육〉의 내용이 정당하다고 주장하는 성명서를 발표했다. 그러나 8월 초 문교부는 그 책의 내용을 왜곡한 보도자료를 언론사들에 보냈다. 보도자료에는 1) 용공계급투쟁 시각에 의한 교육 분석과 서술, 2) 반공교육에 관한 공격과 왜곡, 3) 북괴와의 대적상황 비방, 4) 반미감정 선동, 5) 계급의식 고취와 자본주의체제 부정 등의 내용이 담겨 있었다. 공영방송인 케이비에스와 엠비시는 문교부의 보도자료를 그대로 인용하면서 '〈민중교육〉, 당신의 자녀를 노린다'라는 제목의 특집을 방영했다.

사실을 왜곡하는 보도로 〈민중교육〉 사건이 정치적·사회적으로 뜨거운 쟁점이 되자 경찰은 그 책을 발간한 소설가이자 실천문학사 주간 송기원과 교사 윤재철, 김진경을 국가보안법 위반 혐의로 구속했다. 사건 관련 교사들은 8월 5일 문교부장관에게 보내는 공개 질의서를 발표했고, 여러 학교 학생은 교사 처벌에 강하게 항의했다. 8월 12일 각 시·도 교육위원회는 경찰 조사를 받은 교사 10명은 파면, 7명은 강제사직, 2명은 감봉하는 것으로 사건을 매듭지으려 했다.

이 사건으로 구속된 교사들은 법정에서 "반국가단체인 북괴의 선전·선동에 동조하여 이를 이롭게 하였다"라는 검찰의 공소사실에 대해 "분단 극복을 위한 교육의 민주화를 위한 행위였다"고 주장했으나 결국 유죄 선고를 받았다.

〈민중교육〉 사건으로 실천문학사는 등록이 취소되었다. 이 사건을 계기로 문교부는 교사 초임발령 시 보안심사를 강화했으며, 현직 교사와 학생에 대한 이념 교육을 실시하기도 했다. 〈민중교육〉 사건은 이듬해 5월 반합법 재야 교육운동단체인 '민주교육실천협의회'가 탄생하는 데 밑거름이 되었다.

구로동맹파업

1984년 3월 한국노동자복지협의회 창립으로 활성화하기 시작한 노동운동은 이듬해 4월 10일 결성된 '노동운동탄압저지 투쟁위원회(노투)' 결성을 계기로 더 탄력을 받게 되었다. 노투는 지역 단위 조직의 선도적 활동을 통해 지역적 연대를 굳히고 정치적 투쟁을 이끌어 내기 위해 노력했는데, 그런 상황에서 5월 들어 대구 지역 택시 노동자 1천여 명이 '사납금 완화, 부제 완화, 노조결성 방해 중지'를 요구하며 시내 중심가에서 격렬한 차량시위를 벌이는 일이 일어났다. 그들의 투쟁은 경북 경산, 충남 대전, 서울, 강원 강릉 등지로 급속히 번져 나갔고, 6월에는 부산에서도 1천여 명의 택시 노동자가 참여한 대규모 파업이 일어났다.

그와 비슷한 시기인 5월 초에는 청계피복 노동자들이 노조복구투쟁을 본격적으로 펼치기 시작했다. 청계피복노동조합은 같은 달 5일 '청계피복노동조합의 합법성에 관한 공개토론회'를 개최한 데 이어 9월부터 1985년 봄까지 3차에 걸쳐 합법성쟁취대회를 열었다. 대회는 경찰의 봉쇄로 매번 가두시위로 변할 수밖에 없었지만 노동자와 학생 수천여 명의 과감한 연대투쟁은 노동운동은 물론이고 민주화운동 전반에 큰 영향을 미쳤다. 서울 구로공단을 비롯한 경인 지역의 사업장에서는 노조를 결성하거나 어용노조를 민주화하려는 운동이 활발하게 전개되었다.

서울 구로1공단에 있던 대우어패럴은 대우그룹 계열의 의류 봉제 수출회사로 종업원이 2천여 명이나 되는 큰 회사였다. 그러나 자본금 25억 원으로 1984년에 흑자를 36억 원이나 냈는데도 생산직 노동자의 월 평균 기본급은 7만 2천 원밖에 되지 않았다. 그래서 그동안 꾸준히 준비를 해왔던 현장 활동가들은 그해 6월 유화국면을 이용해 대우어패럴 노조를 결성했다. 노조는 1985년 봄의 임금인상투쟁을 성공적으로 진전시킴으로써 조직을 안정시키는 한편, 구로공단의 섬유업체에 월 10만 원 이하의 저임금을 없애는 데도 크게 이바지했다. 그러자 6월 22일 경찰은 노조에 들이닥쳐 위원장 김준용을 비롯한 노조 간부를 연행해 갔다. 경찰은 노조가 벌인 두 번의 파업농성이 쟁의조정법, 집시법, 폭력행위 등에 관한 법률 위반이라는 이유로 김준용과 노조 사무장, 여성 부장을 구속했다.

대우어패럴 노조 간부들이 경찰에 연행된 토요일은 구로공단의 민주노조 간부들이 합동교육을 받기로 되어 있는 날이었다. 대우어패럴 노조 대의원들이 비상대책회의를 하는 동안 효성물산, 가리봉전자, 선일섬유, 청계피복노조 간부 2백여 명도 교육 장소에 모여 밤새 대책을 논의하기 시작했다. 그들은 월요일인 24일 오후 2시를 기해 동맹파업에 들어가기로 결정했는데, 한국 노동운동사에 길이 남을 거사를 시작하기로 한 것이다.

1985년 6월 24일 오전 8시 10분, 대우어패럴 노조가 먼저 2층 작업장을 점거하고 파업농성을 시작했다. 그것을 신호 삼아 효성물산, 가리봉전자, 선일섬유 노조도 각각 긴급총회를 열고 오후 2시부터 파업농성

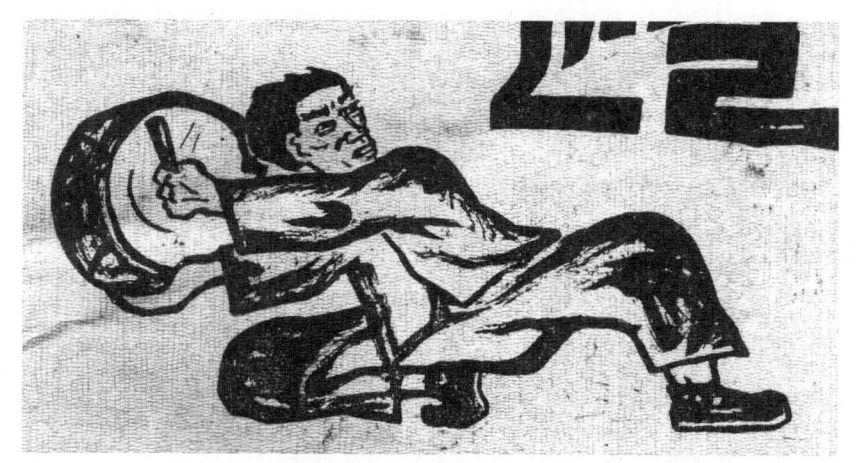

노동자 문화교실(삽화, 1989년, 김봉준 작)

에 들어갔다. 파업에 참가한 인원은 대우어패럴 350여 명, 효성물산 4백여 명, 가리봉전자 5백여 명, 선일섬유 70여 명이었다. 그들은 작업장 유리창에 '구속자를 석방하라', '노동3권 보장하라', '노동악법 철폐하라' 등의 구호를 써 붙였다.

바로 이튿날인 6월 25일에는 구로3공단의 세진전자, 남성전기, 롬코리아 노조가 동맹파업을 지지하는 시한부 농성을 벌였고, 27일에는 성동구 성수동의 삼성제약 노조, 28일에는 구로3공단의 부흥사 노조가 연대농성에 들어갔다. 구로공단 일대에는 '구로 지역 20만 노동자여! 다 함께 일어나 싸우자!'라는 제목의 유인물이 널리 뿌려졌다. 26일 저녁에는 가리봉오거리와 공단 들머리 등지에서 학생과 노동자 수백 명이 가두시위를 벌였다. 27일에는 효성물산과 청계피복 노조원 1백여 명이 노동부 중부지방사무소를 찾아가 노동부장관 면담을 요구하며 농성을 벌였다.

노동자들이 단일대오를 이루고 과감한 연대투쟁에 나서자 민주화운동 진영은 신속히 지원운동에 나섰다. 6월 26일 민통련, 민청련, 한국교회사회선교협의회, 한국노협, 민문협, 언협, 자유실천문인협의회, 민중불교운동연합 등 22개 단체 대표 50여 명은 청계피복노조 사무실에서 기자회견을 열고 연대파업 지지농성을 시작했다.

6·25 이후 최대의 동맹파업이라는 평가를 받은 구로공단 노동자의 투쟁은 6월 29일 끝났다. 물과 전기가 끊긴 상태에서 닷새 동안이나 굶주리며 투쟁하던 대우어패럴 노동자들이 작업장 벽을 뚫고 쳐들어간 관리자들과 구사대원들에 의해 강제로 해산되었기 때문이다. 효성물산과 선일섬유 노조는 26일 밤에 농성을 풀었고, 가리봉전자 노동자들은 27일 관리직 사원들에 의해 강제 해산이 되고 말았다.

구로동맹파업으로 인해 노동자 34명과 대학생 9명은 구속되었고 3천여 명의 노동자는 해고되었다. 구속된 노동자 가운데는 대학을 나온 사람이 8명이나 들어 있었다.

구로공단 동맹파업 이후 1985년 8월 25일에 서울노동운동연합(서노련)이 창립되었는데, 이를 계기로 노동운동은 학생운동과 긴밀하게 결합하기 시작했다.

학원안정법 파동

1985년 전반기에 학생들의 반독재민주화투쟁이 갈수록 치열해지자 전두환 정권은 학생들의 삼민이념을 좌경용공으로 몰아붙이는가 하면 종래의 학원 자율화 방침을 버리고 대학가에 대한 통제를 강화해 학생운동을 약화시키려고 했다. 그래서 경찰은 6월 29일 새벽 서울 시내 주요 대학을 급습해 학생운동 주도자를 연행하고 학생회 간부들을 구속했다. 7월 22일 문교부는 "2학기에는 학내 소요에 선별적으로 공권력을 투입할 것"이라고 발표했다.

그렇게 살벌한 상황에서 7월 25일 자 경향신문은 정부와 여당인 민주정의당이 '학원안정법' 제정을 추진하고 있다고 단독으로 보도했다. 이른바 운동권 학생들을 영장 없이 체포하거나 구금해서 선도하는 것이 목적이라는 말이다. 5월에 삼민투위 학생들의 미문화원 점거농성 사건이 벌어진 데 이어 6월에 일어난 구로동맹파업에도 학생들이 직접 참여하거나 적극적으로 지원투쟁을 펼친 것을 보고 위기의식을 느낀 전두환 정권이 제2의 삼청교육대를 만들려고 기도한 것이다. 국가안전기획부는 경향신문 배달을 강제로 막고 기사를 쓴 기자 김지영과 사회부장 강신구를 남산으로 연행해 무자비하게 구타했다.

민정당은 8월 5일 고위 당정협의회를 열고 학원안정법을 제정하기로 결정했다. 사흘 뒤인 8일 문교부는 문제 학생 순화방법을 주요 내용으로 하는 '학원안정법 시안'을 발표했다. 주요한 내용은 이렇다.

'학원 소요와 관련된 문제 학생을 대상으로 6개월 이내의 선도 교육 실시, 반국가단체 사상이나 이념을 전파 또는 교육하거나 그 사상이나 이념이 표현된 문서, 도서, 기타 표현물을 제작·인쇄·수입·복사·소지·운반·배포·판매 또는 취득하여 학원 소요를 선동·조장하는 행위를 한 자에 대해 7년 이하의 징역 또는 7백만 원 이하의 벌금에 처한다.'

이 시안에는 선도 교육의 기간과 대상자 선정을 위해 문교부에 '학생선도교육위원회'를 설치한다고 되어 있었다.

청와대 정무수석비서관 허문도가 1960년대 말 일본에서 한시법으로 적용하던 '대학 운영에 관한 임시조치법'을 바탕으로 입법 구상을 제시하고 안기부장 장세동이 합세해 구체화한 것이 학원안정법안이다.

이 법안이 발표되자마자 대학생들은 물론이고 재야 운동권도 강력히 반발했다. 방학 중인데도 각 대학에서는 학생운동 탄압 저지를 위한 투쟁위원회를 구성하고 반대집회를 열기 시작했다. 8월 12일에는 민통련 등 39개 단체가 '학원안정법반대 투쟁위원회'를 결성했으며, 8월 15일에는 서울 지역 12개 대학 학생들이 학원안정법 반대 연합시위를 벌였다. 17일에는 한신대 안병무, 경희대 김성식, 이화여대 이효재, 전남대 송기숙, 영남대 김윤수, 전남대 명노근, 고려대 이상신, 중앙대 유인호, 연세대 성내운, 연세대 김찬국, 홍익대 정윤형, 성균관대 장을병, 숙명여대 이만열, 이화여대 이남덕, 이렇게 14명의 대학교수가 학원안정법에 반대하는 야간 가두시위에 나섰다.

민정당 원내총무 이세기는 "학원안정법이 괴물처럼 잘못 인식되고 있다"며 "이 법을 순진한 양 떼를 지키는 목동으로 봐달라"고 말했지만 학생들과 재야인사들은 그것을 귀담아들을 리 없었다. 대통령 전두환은 8월 15일 신민당 총재 이민우와 회담을 갖고 학원안정법안 국회통과를 요청했지만 완강한 반대에 부닥쳤을 뿐이다. 바로 그날 전남도청 앞 금남로에서는 25세 청년 홍기일이 "광주 시민이여, 잠에서 깨어나라", "학원안정법 반대투쟁에 결사적으로 나서자"라는 구호를 외치며 분신 자결을 기도해 7일 만인 8월 22일 사망했다.

결국 8월 17일 열린 민정당 긴급 당정회의는 학원안정법 제정을 일단 보류하기로 결정했다. 전두환 정권이 서슬 퍼렇게 추진하던 전체주의적 학원통제 법안은 그렇게 무산되고 말았다.

〈깃발〉 사건과 남영동 김근태 고문 사건

1985년 5월 하순 전학련 산하 삼민투위 대학생들의 미문화원 점거 농성 사건이 일어난 뒤 전두환 정권은 삼민투위를 이적단체로 규정하고 전국의 학생운동세력을 대상으로 대대적으로 수배와 검거를 시작했다. 검찰은 19개 대학의 학생운동 관계자 86명을 수사선상에 올려놓고 7월 18일까지 63명을 체포해 56명이나 구속 기소를 했다. 그들 가운데 13명에게는 국가보안법을 적용했다. 전국학생총연합(전학련) 의장 서울대 김민석은 집회 및 시위에 관한 법률 위반 혐의로 구속되었고, 삼민투위 위원장 고려대 허인회도 같은 혐의로 수배되었다.

학생운동권을 옥죄려고 학원안정법을 제정하려다 실패한 전두환 정권은 10월 29일 "학내·외의 각종 시위와 위장취업 등 노사분규의 배후에 좌경용공학생들의 지하단체인 서울대 민주화추진위원회(민추위)가 있다"고 발표했고, 검찰은 서울대 국사학과를 졸업한 민추위 위원장 문용식과 그를 배후 조종한 혐의로 민청련 의장 김근태를 구속했다고 밝혔다. 두 사람 말고도 26명이 구속되고 17명이 수배되는 대형 공안 사건이 터진 것이다.

민추위 결성 준비 작업은 1984년 전반기에 시작되었다. 서울대 학생운동권 활동가들이 그해 6월 학생운동과 노동운동에서 각각 전위적 기간 조직을 결성한 뒤 통일적 조직을 만들기로 합의했던 것이다. 그들은 투쟁 노선을 선명하게 제시함으로써 활동가들의 참여를 이끌어내고 그것을 바탕으로 조직을 건설하기 위해 1984년 가을에 기관지〈깃발〉을 발간하기 시작했다. 〈깃발〉은 기존의 학생운동을 개량주의, 대중추수주의라고 강하게 비판하는 한편 학생운동과 노동운동이 개별적 부문 운동이 아니라 전체 혁명운동의 한 주체로 자리 잡아야 하며, 그렇게 하기 위한 전략전술은 '민족민주혁명(NDR)'이 되어야 한다고 주장했다. 그래서 그들은 10월 들어〈깃발〉의 노선에 동조하는 학생운동 활동가들을 모아 민추위를 결성한 것이다. 민추위는 먼저 하부 조직 건설에 나서서 서울대에 '민주화투쟁위원회(민투)'를 만들었고, 이어서 연세대, 고려대, 성균관대에도 민투가 조직되었다.

민추위는 1985년 5월 각 대학 학생회 연합체인 전학련이 주도하고 서울대 등 5개 대학의 삼민투위 학생들이 주도한 미문화원 점거농성 계획에도 개입했는데, 그 과정에서 수사기관에 실체가 포착되고 만 것이다. 그 결과 구성원들은 10월 말에 대대적으로 구속과 수배를 당했다. 당시 위원장 문용식은 전두환 정권의 수사기관이 무참한 고문을 통해 민추위를 좌경용공 조직으로 조작한 경위를 그의 책『꾸준함을 이길 그 어떤 재주도 없다』에서 아래와 같이 기록했다.

「(…)〈깃발〉의 파급력은 엄청났고 곧바로 전체 학생운동의 흐름을 바꾸어 나갔다. 그러자 언론에서 "드디어 자생적 사회주의자가 학내에서 활동한다"는 분석기사가 나오기 시작했고 검찰, 경찰, 안기부에서 수사망을 좁혀왔다. 나는 이곳저곳 은신해 다니다가 1985년 8월 말에 검거됐다. 이번엔 남영동 대공분실로 끌려갔다. (…) 그들의 질문은 변함없었다.

"배후가 누구냐?"

고문당하는 게 순서가 있다. 5층 조사실로 정신없이 끌려 올라갔다.

10여 명에게 둘러싸여 정신없이 맞는다. 주먹질, 발길질, 몽둥이질. 몇 시간 동안 맞고 나면 공포 속에서 녹초가 된다. 반실성 상태가 되는 것이다. (…)

"민청련 회원이지? 김근태 언제 만났어?"

그들의 목적은 민청련 의장 김근태를 잡는 것이다. 말하자면 김근태를 민추위 배후로 조작해서 감옥에 넣으려는 술책이다. 민청련이라는 조직은 알고 있었지만 함께 움직인 일이 없었고 김근태와도 일면식 외에는 특별한 관계가 아니었다. 근데 지푸라기라도 잡는 심정으로 "안다"고 자백했다. 그 자백과 동시에 경찰서 유치장에 있던 김근태는 남영동으로 끌려왔다."

민청련 의장 김근태는 1985년 8월 중순 어느 날 서울 동대문 부근의 이스턴호텔 찻집에서 민통련 대변인 김종철을 만나 "최근 열린 집행위원회에서 민청련이 민통련에 가입하기로 결정했다"고 말했다. 1985년 3월 말 민중민주운동협의회와 민주통일국민회의가 결합해 민통련을 창립하던 때 '재야인사 중심의 운동보다는 민중노선을 지키겠다'는 이유로 민통련에 들어가지 않은 것을 진지하게 재검토한 끝에 그런 결론을 내렸다는 것이다.

김근태는 그로부터 며칠 뒤 서울 서부경찰서로 연행되어 즉심에 넘겨졌고, '유언비어 유포' 등의 혐의로 구류 10일을 선고받고 유치장에 갇혔다. 9월 4일 새벽 5시 반쯤 깊은 잠에 빠져 있던 그는 의경이 부르는 소리에 눈을 떴다. 김근태는 당분간 운동 일선에서 벗어나 휴식을 취해야겠다는 생각을 하면서 유치장을 나섰다. 그런데 수사과를 지나 복도로 들어서는 순간 정사복 경찰 7명이 그의 앞을 가로막고 섰다. 그들은 소형 승용차에 그를 태워 남영동 전철역 부근의 치안본부 대공분실로 연행해 갔다.

그는 그날부터 9월 20일까지 모두 10차례나 전기고문과 물고문을 당했다. 남영동을 벗어나 구속 기소가 된 그는 9월 26일 서소문검찰청 복도에서 아내 인재근을 만날 수 있었다. 스쳐 지나가는 1분 남짓 동안 그는 고문당한 내용을 짧고 정확하게 아내에게 전했다. 그리고 발과 발꿈치에 생긴 찢어진 상처를 보여주었다.

김근태는 12월 19일 법정에서 자신이 남영동 대공분실에서 당한 고문 사실을 구체적으로 진술했다.

9월 4일부터 20일까지 전기고문과 물고문을 5시간 정도 받았는데 고문자들은 비명이 밖으로 새어나가지 않게 하려고 라디오를 크게 틀었다는 것이다. 9월 13일에는 고문자들이 "최후의 만찬이다", "예수가 죽었던 최후의 만찬이다", "네 장례 날이다"라고 협박하면서 두 차례나 전기고문을 가했다. 가방에 고문 도구를 넣고 다니는 건장한 사내는 다음과 같이 폭언했다.

"장의사 사업이 이제야 제철을 만났다. 이재문(남민전 사건의 주범, 옥사했음)이 어떻게 죽었는지 아느냐. 속으로 부서져서 병사했다. 너도 각오해라. 지금은 네가 당하고 민주화가 되면 내가 그 고문대 위에 서줄 테니까 그때 네가 복수를 하라."

검찰은 민청련의 지도이념인 민족적 민주주의가 반국가단체인 북한을 이롭게 한다는 이유로 민청련을 이적단체로 규정한 뒤 상임부의장 이을호를 비롯해 김희상, 김종복, 최민화, 권형택 등 간부들을 구속하거나 수배했다. 그리고 민추위는 민청련의 배후 조종을 받는 조직으로 몰아붙였다.

이돈명, 홍성우, 황인철 등 변호인들은 12월 30일 김근태를 죽음 직전까지 가게 한 고문 기술자 이근안(별칭은 김 전무, 그때까지 실명이 밝혀

지지 않았음) 등 경찰관 8명을 가혹 행위 혐의로 검찰에 고발했다. 김근태는 2007년에 펴낸 『남영동』에서 고문 기술자의 실체를 이렇게 적었다.

「이 고문담당 기술자(이근안)는 망나니였습니다. 숨통을 막아버리고 목줄띠를 끊어버리는 인간 백정의 진면목을 그대로 드러냈습니다. 요기어린 파르스름한 달빛이 감도는 황야에서 작두칼을 휘둘러대는, 미쳐버린 인간 백정이었습니다. 김수현과 백남은, 김영두는 이런 망나니를 찬양하고 거들어주고 축하하는 귀신들린 자들이었습니다. (…) 고문담당 기술자가 고문 도중에 지쳐서 잠시 쉴 때가 있었는데, 그때 본인의 생식기를 가리키면서 "야, 이렇게 작은 것도 ×이라고 달고 다니냐, 너희 민주화운동하는 놈들은 다 그러냐"라는 식으로 성적인 모욕도 하더군요. 그 당시 약간 열등감이 자극되기도 했지만 그건 아무래도 좋았습니다. 난 그때 '그게 무슨 문제냐, ×이 없더라도 상관없는 일이다. 이 고통과 공포로부터 벗어날 수만 있다면 너한테 그 이상의 모욕과 폭언을 들어도 상관없다'라는 생각을 하였습니다. 이것은 이자가 사내다움을 뽐내기 위한 것이기도 하고 가학적 분위기에서 눈에 띄는 대로 상처를 주는 일련의 행위였습니다.」

김근태 고문 사건은 전두환 정권의 전방위적 탄압에 눌려 이렇다 할 연대도 없이 반독재투쟁을 벌이던 재야와 야당을 하나로 묶어내는 계기가 되었다. 제1야당인 신민당과 재야세력은 개헌투쟁의 방향과 방법을 두고 대여 협상론과 전면 투쟁론으로 심각한 이견을 드러내고 있었다. 그러던 재야 운동권과 야당이 김근태 고문 사건을 계기로 '고문 및 용공조작 공동대책위원회(공대위)'를 결성하게 되었다.

공대위는 야당은 회유하고 재야세력은 극도로 탄압하던 전두환 정권에 큰 타격을 주었고, 이듬해인 86년 3월에는 '민주화를 위한 국민연락

기구'를 구성해 개헌투쟁의 연대 틀을 구축했다. 그러나 신민당이 재야의 반미반핵 논리를 지지할 수 없다는 입장을 밝히면서 이 기구는 와해됐지만, 87년의 박종철 고문치사 사건 이후 '민주헌법쟁취 국민운동본부'라는 재야와 야당의 통합체를 형성하는 모태가 되었다.

    1995년 김대중이 이끌던 새정치국민회의에 부총재로 영입되어 정치 활동을 시작한 김근태는 국회의원 3선과 보건복지부장관, 열린우리당 의장 등으로 일한 뒤 2011년 12월 30일 서울대병원에서 뇌정맥혈전증으로 별세했다. 남영동의 살인적 고문 후유증이 끝내 그의 목숨을 앗아갔음이 분명하다.

14. 대통령 직선제 개헌 1천만 서명운동

대통령 임기 단임제 7년으로 전두환 정권의 장기집권을 보장하고 있던 5공화국 헌법을 개정해야 한다는 주장은 1985년 2·12총선 직후부터 나오기 시작했다. 총선에서 대통령 직선제 개헌을 공약으로 내건 바 있던 신민당은 8월 말부터 '개헌추진본부'를 구성하기 시작했지만 개헌을 밀고 나갈 동력은 모자랐다. 당시 집권 민정당은 대통령선거인단 제도, 세칭 체육관 거수기 선거를 개선해야 하지만 간접선거제는 유지해야 한다고 주장하고 있었다. 재야세력과 학생운동권, 민주적 노동운동권이 강력히 요구하는 정권 퇴진이나 민중적 개헌 논의는 절대로 받아들일 수 없다는 것이다.

신민당은 민추협계와 비민추협계의 대립, 김영삼과 김대중의 역할 분담론 때문에 전열이 흐트러져 직선제 개헌에 대한 합의를 이루지 못하고 있었다. 신민당은 1985년 9월에 열린 정기국회에서 '개헌을 위한 특별위원회'를 설치하자고 공식적으로 제안했으나 실질적으로 활동에 나서지는 못했다.

민주화운동세력의 대통령 직선제 개헌 주장

야당이 대통령 직선제 개헌을 적극적으로 추진하지 못한 데 비해 재야의 민주화운동세력은 전두환 정권의 퇴진을 전제로 완진한 민주정부를 수립하자는 개헌론을 제기했다. 그 운동의 선두에 나선 조직은 민청련이었다. 민청련은 기관지 〈민주화의 길〉 8월 10일 자에서 개헌운동을 적극적으로 벌이자고 제안했다. 군사정권을 퇴진시킨 뒤 민주적 과도정부를 세우고 대통령 직선제를 중심으로 하는 민주제 헌법을 제정해서 국민의 직접선거를 통해 대통령을 선출하고 민주적 민간정부를 수립하자는 것이다.

1985년 9월 20일에는 민주통일민중운동연합이 조직을 대대적으로 개편했고, 그날 열린 확대개편 회의에서는 민청련, 민중불교운동연합(민불련), 서노련, 한국기독교농민회총연합회(기농), 한국기독교노동선교협의회, 인천지역사회운동연합(인사연), 부산민주시민협의회(부민협), 충남민주운동협의회(충남민협), 충북민주운동협의회(충북민협), 전북민주화운동협의회(전북민협), 전남민주청년운동협의회(전남민청협) 등 부문, 지역, 종교계의 11개 단체가 민통련에 가입하기로 결정했다. 이로써 민통련은 23개 가맹단체를 아우르게 되어 명실상부한 전국 조직으로 입지를 다지게 되었다.

민통련은 11월 20일에 '민주헌법쟁취위원회'를 결성하고 본부와 23개 가맹단체 소속 192명을 위원으로 선정했다. 그러고 나서 12월 2일 신민당에 대해 "군사정권과 타협을 통한 민주화의 환상을 포기하고, 국민이 바라는 민주헌법 쟁취투쟁에 동참하라"고 촉구했고, "모든 국민의 여망인 군사독재타도와 민주헌법 쟁취를 위해 모든 국민과 더불어 투쟁할 것"이라고 결의했다.

직선제 개헌을 중시한 초기 민청련이나 민통련의 개헌론과 달리 야당과 민중운동 간의 차이를 명확히 해야 한다고 판단했던 노동운동권 일부에서는 민중·민주·민족통일의 삼민헌법쟁취투쟁론을 내세우기 시작했는데, 이런 논의를 주도한 것은 서노련이었다. 그래서 1985년 10월 5일에

서노련, 인천노동자복지협의회, 한국기독노동자총연맹, 안양 지역 노동3권 쟁취위원회 등이 연합해 '전국노동자 민중·민주·민족통일 헌법쟁취위원회'를 결성한 것이다. 그들은 결성 선언문에서 다음과 같이 밝혔다.

"현 정권이 장기집권하려는 속셈을 가지고 개헌을 이야기하는 것을 용납할 수 없으며, 신민당의 직선제 개헌도 우리의 목표가 아니다. 민중이 주인이 되는 새로운 사회를 약속하는 민중·민주·민족통일 헌법의 쟁취만이 진정한 우리의 나아갈 길이다."

학생운동 진영은 삼민헌법쟁취투쟁론을 받아들였다. 전학련은 10월 26일 연세대에서 전국대표자대회를 열고 삼민헌법 개헌 서명운동을 시작하기로 결의했다. 27일에는 8개 대학에서 3천여 명의 학생이 삼민헌법 쟁취와 수입개방 압력철회를 요구하는 시위를 벌였다. 11월 18일에는 전학련 산하 '군부독재타도 및 파쇼헌법철폐 투쟁위원회' 위원장인 고려대 김의겸을 비롯한 서울 시내 14개 대학 학생 191명이 민정당 중앙정치연수원을 기습적으로 점거했다가 6시간 만에 전원 경찰에 연행되어 구속되었다.

야권의 민주제 개헌 1천만 명 서명운동

재야세력과 학생운동권이 민주헌법 또는 삼민헌법 쟁취를 위한 투쟁을 치열하게 펼치고 있던 시기에 미온적으로 대처하던 민추협은 1985년 12월 4일 상임운영위원회를 열고 개헌추진운동의 일환으로 '1천만 서명운동'을 벌이기로 결정했다. 개헌투쟁이 야권으로 번지자 전두환은 1986년 1월 16일 새해 국정연설을 통해 "대통령 선거 방법의 변경에 관한 문제는 평화적 정권 교체의 선례와 서울올림픽 개최라는 긴급한 국가적 과제가 성취되고 난 89년에 논의하는 것이 순서"라고 주장했다.

민추협은 전두환의 엄포에 아랑곳하지 않고 2·12총선 1주년이 되는

1986년 2월 12일 신민당과 공동으로 대통령 직선제 개헌 서명운동 취지문을 발표하고 기습적으로 서명운동을 시작했다. 그 서명운동은 민추협 공동의장 김대중과 김영삼, 신민당 총재 이민우의 3자 회동에서 합의된 것이다.

전두환 정권은 2월 13일 아침부터 전경 수백 명을 동원해 민추협 사무실을 강제로 수색하게 하는 한편 신민당 간부들과 당원들의 사무실 출입을 봉쇄했다. 대검찰청은 개헌 서명운동이 확산되는 것을 막으려고 옥내 집회에도 집시법을 적용하는 등 개헌 서명운동에 대해 사례별 처벌 지침을 전국의 검찰과 경찰에 내려보냈다. 경찰은 민추협 사무실뿐 아니라 신민당 중앙당사와 전국 지구당 사무실을 봉쇄하고 신민당 상임고문 김영삼과 총재 이민우를 가택에 연금했다. 경찰은 또 민추협 사무실에 몰려가 압수수색을 했을 뿐 아니라 45명의 회직자를 강제로 연행했다.

2월 24일 청와대에서 열린 3당 대표와의 회동에서 전두환은 평화적 정권 교체를 하려면 호헌(護憲, 현행 헌법을 지키는 것)을 해야 한다고 강하게 주장했다. 그러나 신민당은 전두환의 호헌론을 거부하는 뜻으로 3월 8일 헌법개정추진위원회 서울시지부 현판식을 하면서 본격적인 장외 투쟁을 시작했다. 그러자 경찰은 종로구 안의동 동대문경찰서 건너편에 있던 신민당사 출입문을 막으려고 시도했다.

3월 5일에는 서울, 경기·인천, 강원, 충북, 충남, 경북·대구, 경남·부산, 전북, 전남의 민주인사 303인이 민통련 주관으로 '군사독재 퇴진 촉구와 민주헌법 쟁취를 위한 범국민 서명운동선언'을 발표했다.

"민주통일민중운동연합에 가입한 23개 단체와 민주인사 303인의 이름을 명기함으로써 '군사독재의 퇴진을 촉구하고 민주헌법을 쟁취하는' 범국민 서명운동을 전개하기 시작했음을 만천하에 선언하는 바이다."

3월 7일에는 신민당 총재 이민우와 상임고문 김영삼, 민추협 공동의

민주화대행진(목판화, 1985년, 김우선 작)

장 김대중이 공동 기자회견을 갖고 1986년 가을에 대통령 직선제 개헌을 하고 이듬해에 대통령 선거를 실시하자고 제안했다. 민추협과 신민당은 3월 11일 서울 동숭동의 흥사단 강당에서 개헌추진위 서울시지부 결성대회를 열고 중앙당사에서 현판식을 거행하는 것을 시발로 전국 대도시를 순회하면서 군중집회를 주도했다. 김영삼과 이민우는 대부분의 집회에 참석했고 김대중은 녹음 연설을 보냈다.

3월 9일에는 천주교 서울대교구장 김수환 추기경이 '정의와 평화를 갈구하는 9일 기도'를 마무리하는 명동성당 미사에서 직선제 개헌을 촉구했다. 13일에는 한국기독교교회협의회(KNCC)가 1천만 명 개헌 서명운동에 적극적으로 동참하겠다고 발표했다. 같은 날 여성계에서도 한국가정법률상담소 소장 이태영과 여성단체협의회 의장 이우정 등 13명이 '민주헌법쟁취 범여성추진위원회'를 결성했다. 민통련, 천주교정의평화위원회, 한국기독교장로회도 개헌 서명에 적극적으로 참여하겠다고 밝혔다. 3월 26일에는 재야 법조단체인 대한변호사회가 개헌연구위원회를 구성했다.

3월 28일에는 이문영, 이호재, 최장집 등 고려대 교수 28명이 '현 시국에 대한 우리의 견해'라는 성명서를 통해 다음과 같이 선언했다.

"오늘의 근본 문제는 민주화에 있고 민주화의 핵심이 개헌에 걸려 있다는 것은 정당한 견해이다. 개헌에 대한 국민의 요구가 자유롭게 표현될 수 있어야 한다. 개헌은 국민 모두의 요구라고 보며 당국자와 정치인들은 조속한 시일 내에 개헌의 합의에 도달해야 한다."

4월 2일에는 한신대 교수 42명, 11일에는 성균관대 교수 35명이 개헌 서명운동을 지지한다는 성명을 발표했다. 전두환의 호헌을 반대하는 운동은 1985년 봄 내내 전국의 각계각층으로 확산되었다.

4월 30일 전두환은 청와대에서 열린 3당 대표와의 회담에서 "국회에서 여야가 합의하면 임기 중 개헌을 반대하지 않겠다"고 약속했으나 신민당과 민추협은 개헌추진위 전국 시·도지부 결성대회를 계속 강행했다.

15. 5·3인천항쟁과 전두환 정권의 극한 폭력

신민당이 1986년 5월 3일 '인천 개헌추진위원회 경기·인천지부 결성대회'를 열기로 결정하자 재야와 노동운동·학생운동 단체들도 그날 대규모 집회와 시위를 벌일 계획을 세우기 시작했다. 민통련은 본부 집행부와 산하의 지역운동협의회(지운협)를 중심으로 5월 3일 인천에서 독자적으로 민주헌법쟁취를 위한 대회를 열기로 했다. 애초에 신민당은 개헌추진위 결성대회를 인천시민회관에서 개최한 뒤 인천시지부까지 행진할 계획을 세우고 있었다.

야당과 재야, 노동·청년 학생의 전열이 분산되다

여러 운동단체가 전두환 군사독재의 호헌을 저지하기 위해 5월 3일 인천에서 대대적인 투쟁을 벌일 준비를 하고 있던 1986년 4월 29일, 재야와 신민당이 구성한 '민주화를 위한 국민연락기구(민국연)' 회의가 열렸다. 그 모임에는 신민당 집행부와 민통련 의장 문익환, 가톨릭정의평화위원회 위원장 이돈명, 한국기독교교회협의회 인권위원장 박형규 등이 참여했다.

그런데 이 회의가 열리기 바로 전날인 28일 서울대 정치학과 학생 이재호와 미생물학과 김세진이 분신하는 충격적 사건이 일어났다. 당시 전두환 정권은 대학 2학년 남학생을 최전방 부대에 보내 일주일간 군사

교육을 받게 하는 전방입소교육을 강요하고 있었다. 서울대 전방입소거부 특별위원회는 4월 28일 중앙도서관을 점거하고 나흘에 걸쳐 농성을 벌이려다가 학교 측이 거부하자 학교 부근의 신림사거리로 나갔다. 모인 학생은 4백여 명이었다. 경찰이 강제진압에 나서자 이재호는 김세진과 함께 근처 건물의 옥상으로 올라가 유인물을 뿌리고 "양키의 용병교육 전방입소 결사반대!"라는 구호를 외쳤다. 경찰이 폭압적 진압을 강행하자 두 학생은 온몸에 시너를 붓고 불을 붙였다. 김세진은 병원에서 5월 3일, 이재호는 26일에 사망했다.

4월 29일 열린 민국연 회의 직후 민추협 공동의장 김대중은 "최근 일부 소수 학생의 과격한 주장에 대해 참석자들은 우려를 표명했고, 그와 같은 과격 주장은 국민 다수가 지지하고 있지 않을 뿐 아니라 자칫 독재정권에 이용될 우려가 있기 때문에 지지할 수 없다"고 말했다. 이재호와 김세진이 외친 '반미 자주화'를 과격한 주장이라고 단정한 것이다. 4월 30일 열린 전두환과 이민우의 회동에서 이민우는 "소수이겠지만 좌익 학생들을 단호히 다스려야 하며 민주화운동에 이런 사람들이 끼어서는 안 된다"고 주장했다. 전두환이 급진적 학생운동을 탄압해도 묵인하겠다는 뜻이나 마찬가지였다.

그러자 민통련은 5월 1일 '민국연 기자회견과 왜곡보도에 대한 민통련의 입장'이라는 성명을 통해 신민당이 전두환 정권과 보수대연합을 추진하고 있다는 비판을 하면서 민국연을 탈퇴했다. 신민당과 함께 민주헌법쟁취투쟁의 중심축을 이루고 있던 민통련이 독자 노선을 밝히자 재야와 노동, 청년학생운동권단체도 5월 3일 인천집회에 개별적으로 참가하기로 결정했다.

민통련은 중앙위원회를 열어 인천대회에 총력을 기울이기로 결정하고 구체적인 준비는 가맹단체인 인천지역사회운동연합(인사연)에 일임했다. 당시 민통련은 민주화투쟁 과정에서 독자성은 유지하고, 신민당을 비롯한 야권과 연대한다는 입장을 보이고 있어서 인사연은 신민당이 인천 주안동의 시민회관에서 행사를 마치고 인천시지부로 행진하면 시민회관 앞 사거리를 점거하고 민주헌법 제정을 요구하며 무기한 밤샘농성을 시작한다는 계획을 세웠다. 그래서 민통련의 20여 개 가맹단체는 피켓과 현수막, 유인물 말고는 시위용품을 따로 준비하지 않았다. 그러나 청년 학생들과 노동자들은 적극적인 시위를 벌이기로 작정하고 있었다.

노동운동권도 인천대회를 준비하고 있었다. 1985년 구로동맹파업을 계기로 발족한 서울노동운동연합(서노련)은 신민당 등 야권 정치세력을 기회주의자들로 규정하고 그들과의 차별성을 강조했다. 서노련과 인천노동운동연합(인노련)은 인천대회가 노동자들이 정치 세력화할 수 있는 결정적 계기가 될 것으로 보고 신민당의 기회주의적 속성을 폭로하는 데 주력하기로 했다. 두 노동단체는 5월 3일 '인천을 해방구로 만들자'고 다짐했다.

5월 3일 아침부터 민주화운동권의 다양한 단체들과 개인들은 인천으로 모여들었다. 신민당 행사가 시작되기도 전인 정오 무렵부터 주안동 시민회관 앞 사거리는 시민과 학생들로 가득 찼다. 대규모 집회와 시위가 벌어지리라는 것이 분명해 보였는데도 경찰은 사전 기획을 했는지 불심검문도 통제도 하지 않았다.

정오가 지날 무렵 주안1동 성당에서 인사연을 중심으로 한 시위대가 나온 데 이어 1천여 명의 노동자들이 시민회관 앞에 모여들었다. 정파별로 집결한 시위대는 주안동사거리를 거점 삼아 사방으로 진출해 경찰과 대치했다.

거리에는 온갖 구호가 적힌 유인물이 뿌려졌다. 민통련은 "군부독재타도하고 민주정부 수립하자"라고 외쳤고, 서노련은 "속지 말자 신민당, 몰아내자 양키놈들"이라고 소리쳤다. "가자! 해방구 인천으로", "철천지원수 미제와 그 앞잡이 깡패적 반동정권의 심장에 해방의 칼을 꽂자", "학살 원흉 처단하고 신민당 배격하자" 등의 구호도 여기저기서 들렸다. "삼반(반민주, 반민족, 반민중)정권과 야합하여 이 땅의 노동자, 농민, 빈민의 투쟁을 외면하고, 개헌을 사리사욕적 집권 놀음에 악용하는 신민당에 민중의 이름으로 경고한다", "신민당이여! 민정당 의원 멱살만 잡지 말고, 미 제국주의의 앞잡이 군사파쇼정권 타도의 대열에 동참하라", "삼반 정권과 신민당의 타협을 배후 조종하는 미 제국주의 몰아내자" 등의 구호와 유인물도 난무했다.

인노련과 학생들이 뒤얽혀 있던 시위대는 손수레 여러 대를 연결한 뒤 그 위에 연단을 설치하고 앰프로 방송을 했다. 민통련 가맹단체들은 그들과 떨어져 집회를 열어야 했고, 신민당 지도부는 시민회관에 입장하지도 못했다. 오후 1시쯤 집회와 시위에 참여한 군중의 수는 5만여 명으로 불어났다.

일부 학생과 노동자에게는 미리 준비된 화염병이 지급되었다. 경찰이 접근하자 누군가가 부근의 민정당 인천지부 당사에 화염병을 던져 불길이 치솟아 올랐다. 오후 1시 반부터 경찰은 최루탄을 난사하기 시작했고, 시위대는 보도블록과 화염병으로 맞섰다.

오후 3시가 조금 지난 무렵 정책연구실장 장기표는 민통련을 대표해 서노련 책임자 김문수를 만나 공동집회를 열어 함께 투쟁하기로 합의했다. 그러나 민통련이 서노련 시위대와 합세하기 위해 자리를 비우는 동안 서노련 사람들은 어깨동무를 한 채 그대로 통과해버렸다. 민통련을 신민당과 동류라고 여겼던 것이다.

저녁 5시쯤 경찰은 다연발 최루탄을 난사하며 주안동사거리로 몰려와 시위대를 해산했다. 그러나 그들은 해가 저문 뒤까지 제물포와 주안

총파업투쟁(붓그림 담채, 1990년, 김봉준 작)

일대에서 산발적으로 시위를 계속했다. 그날 경찰이 8시간 넘게 난사한 최루탄 때문에 시위자들은 온몸에 가스를 뒤집어쓴 채 심한 기침을 해야 했다. 화염병이나 돌을 던진 시민이 소수에 불과한 데 비해 전두환 정권의 폭력은 극단으로 치달았던 것이다.

5월 3일 인천에서 나온 구호들은 1987년의 6월민주항쟁 시기까지 재야와 노동운동권, 학생운동권에 널리 퍼지기 시작했다. 민통련의 '민주헌법 쟁취', 서노련과 인노련의 '삼민헌법 쟁취', 민민투의 '헌제민회 또는 제헌의회 소집', 삼민투의 '미제 축출, 반전반핵' 등이 그렇다.

5·3인천항쟁은 30년이 지나도록 흔히 5·3인천사태라고 불렸다. 사태라는 말은 어떤 역사적 사건에 대해 구체적으로 가치를 평가하지 않고 그런 일이 있었다는 식으로 표현하는 말이다. 당시 전두환 정권과 극우보수 언론이 5·3인천항쟁을 폭력봉기로 몰아붙인 데 대해 민주화운동세력이 방어적으로, 또는 묵시적으로 사태라는 말을 받아들였기 때문에 많은 학자와 진보적 언론조차 그 용어를 관용적으로 쓰게 되었다고 볼 수 있지 않을까?

그러나 여기서 명백히 지적할 것은 1986년 5월 3일 인천에서 5만여 명의 군중이 벌인 시위와 집회는 참가자 일부가 폭력을 사용한 것 말고는 대다수의 시민과 학생이 평화적으로 전두환 군사독재를 비판하면서 퇴진을 강력히 요구했다는 사실이다. 또 이 사건은 1980년 5월 서울의 봄 때 전두환 일파의 신군부에 맞서 민주화운동권이 총궐기한 이래 가장 많은 인원이 참여한 기록을 세웠다.

전두환 정권의 민통련 말살 기도

전두환 정권은 5월 3일 인천에서 벌어진 대대적 집회와 시위를 '좌경용공세력의 반정부 폭력행위'라고 몰아붙이면서 주동자를 대대적으로 검거하기 시작했다. 5월 5일 경찰은 이른바 인천사태를 배후 조종한 혐의로 민통련 가맹단체인 인천지역사회운동연합(인사연), 한국노협 인천지역협의회(인노협) 등 4개 단체 간부 10명을 전국에 수배했다고 발표했다. 수배된 이들은 민통련의 정책연구실장 장기표, 사무차장 조춘구, 조직국장 박계동, 중앙위원 정동년, 인사연의 의장 이호웅, 집행국장 이우재, 인노협 대표 양승조 등이었다.

5월 8일 경찰은 또다시 인천사태의 배후 조종 또는 주동 혐의로 민통련 간부들과 학생, 노동자 등 32명을 지명수배했다고 밝혔다. 민통련을 폭력봉기의 주동 또는 배후 조종 세력으로 몰아붙인 것이다. 그러자 민통련은 바로 그날 오후 서울 중구 장충동의 분도회관 4층 사무실에서 기자회견을 열었다. 의장 문익환, 부의장 계훈제 등 집행부는 "우리는 가맹단체인 인천지역사회운동연합이 주도한 범국민대회에 적극 참여했을 뿐"이라면서 "민통련이 인천사태를 배후 조종했다는 당국의 주장은 사실을 왜곡한 것"이라고 반박했다. 집행부는 "최근 학생들이 극렬, 좌경화됐다는 비난을 받고 있으나 이는 정부의 탄압이 그만큼 더 강화되고 폭력화됨에 따라 이에 대한 반사작용으로 나타난 현상으로 이해돼야 한다"라고 하면서 다음과 같이 주장했다.

"민통련 가맹단체인 인천지역사회운동연합이 주도한 범국민대회와 학생운동단체와 노동운동단체들이 선도한 가두투쟁은 나라를 외세에 예속시켜 장기집권을 도모하는 군사독재정권에 대한 민중의 증오와 싸움의 결의가 얼마나 치열한 것인가를 보여주었다."

민통련은 전두환 정권이 인천사태를 폭력 현장이라고 비난한 데 대해서는 이렇게 반박했다.

"경찰이 인천의 역사적인 '5·3민중투쟁'을 교란하려는 음흉한 의도로 신민당의 개헌 서명 현판대회가 시작되기도 전에 최루탄을 발사함으로써 대회장을 수라장으로 만들고, 마치 투쟁의 현장이 '폭동화'한 듯이 보이게 만드는 데 광분했다."

5월 20일 서울대에서는 '5월제' 행사의 하나로 강연회가 열렸는데, 민통련 의장 문익환은 3천여 명의 학생을 상대로 '광주항쟁의 역사적 재조명'이라는 주제로 강연을 하고 있었다. 그런데 그때 학생회관 4층 옥상 난간에서 "파쇼의 선봉 전두환을 처단하자", "폭력경찰 물러가라", "미 제국주의 물러가라", "어용교수 물러가라" 등의 구호가 들린 뒤 한 청년이 불덩어리가 된 채 땅으로 떨어지는 사건이 일어났다. 서울대 원예학과 1학년 이동수였고, 병원으로 이송되던 중 숨을 거두고 말았다. 3천여 명의 학우들은 물론이고 연사인 문익환도 엄청난 충격을 받았음은 물론이다. 경찰의 수배를 받고 있던 문익환은 바로 그 이튿날 '한국의 민주화와 민족통일을 염원하고 지지하는 전 국민과 해외의 모든 인사에게 드리는 말씀'을 기자들에게 전하고 경찰에 자진 출두해 구속되었다. 민통련 대변인 김종철은 문익환에 관해 뒷날 『저 가면 속에는 어떤 얼굴이 숨어 있을까』에서 다음과 같이 기록했다.

「그의 일상적인 생활을 보면서 내가 감탄한 것은 노동자들이 몸에 불을 지르거나, 군에 끌려간 학생들이 의문의 죽임을 당하거나, 생산 현장의 일꾼들이 단식농성을 한다는 소식이 들리면 캄캄한 밤중에도 잠자리를 박차고 달려가는 모습이었다. (…) 구속되기 전날 그는 서울대에서 평생 잊지 못할 비극을 목격한다. 아크로폴리스 건너편의 옥상에서 분신하고 허공에 몸을 던진 이동수 열사의 죽음이 바로 그것이다. 젊은이들의 자결을 막으러 갔다가 막지 못한 문 목사는 "나도 오늘 죽었다. 나는 덤으로 얻은 생을 그대를 위해 살겠다"고 다짐했다.」

5·3인천항쟁 이후 구속된 민통련 간부의 명단은 아래와 같다.

대의원총회 의장 강희남, 지도위원 이돈명, 부의장 백기완, 부의장 이창복, 사무처장 이부영, 상임위원장 임채정, 대변인 김종철, 정책연구실장 장기표, 사무차장 조춘구, 감사 정동익, 총무국장 장영달, 보도실장 박용수, 대변인 대행 김정환.

민통련은 의장단은 물론이고 집행부 간부 대다수가 구속되거나 수배를 당함으로써 실질적으로 와해되다시피 했다. 전두환 정권의 극한 탄압은 그것을 노렸음이 분명했다. 그러나 민통련은 무너지지 않았다. 남아 있는 젊은 실무자들과 수배 중인 간부들이 긴밀하게 협력하면서 조직을 유지했기 때문이다. 사무처장 대행 성유보는 민통련이 여전히 건재하고 있다는 사실을 알리기 위해 기관지 〈민중의 소리〉를 펴내는 작업을 계속했다. 편집실장 김도연과 간사 임병주, 이달원, 이윤숙 등은 제작 업무를 맡았고, 수배 중이던 대변인 김종철은 그들을 은밀히 만나 도움을 주었다.

민통련의 지역운동협의회(지운협)는 1986년 8월 간사 이명식이 감옥에서 석방된 뒤 다시 활기를 띠게 되었다. 각 지역 간사들이 전국을 돌며 모임을 갖고 전두환 정권과의 전면적 대결에서 대중운동을 어떻게 통합하고 조직할 것인지를 연구·분석한 뒤 실천에 옮겼기 때문이다.

8월 21~23일 민통련은 경기도 의정부의 다락원에서 제3차 정기총회를 열기 위한 수련회를 가졌다. 그 모임에서는 전두환 정권과 신민당 일부 정치인이 추진하는 보수대연합을 저지하고 내각제를 중심으로 하는 개헌 협상을 벌이고 있는 국회 개헌특위를 무력화하는 전략이 논의되었다. 10월 16일에는 영등포 산업선교협의회에서 제3차 정기총회를 열고 대의원 총회 신설을 핵심으로 하는 규약 개정안을 통과시켰다. 그날 여성평우회가 새로 가입함으로써 민통련 가맹단체는 24개가 되었다.

1986년 10월 28일에는 전국 26개 대학 1,500여 명의 학생이 서울 건국대에 모여 '전국 반외세 반독재 애국학생 투쟁연합'을 결성하기 위한 집회를 열었다. 전두환 정권은 그 집회를 무자비하게 진압하는 한편, 민통련마저 말살하는 계기로 삼으려고 했다. 11월 3일 민통련이 '군부독재의 건국대 연합집회에 대한 폭력적 진압을 규탄한다'라는 성명서를 발표하자 경찰은 그 이튿날 민통련 사무실이 있던 분도빌딩을 포위하고 출입을 봉쇄했다. 부의장 계훈제, 중앙위원 김인한(동아자유언론수호 투쟁위원회 위원장)을 중심으로 실무자들이 밤샘농성을 계속했으나 나흘째인 6일 경찰이 난입해 사무처장 성유보와 보도실장 박용수를 남영동 대공분실로 연행하고, 사무실은 폐쇄해버렸다.

경찰의 물리적 봉쇄로 사무실을 잃었지만 민통련은 외부에서 〈민중의 소리〉와 〈민주통일〉을 계속 펴냈다. 특히 〈민중의 소리〉 23호에는 '장기집권음모 분쇄를 위한 범국민공동투쟁위원회를 결성하자'는 논설이 실렸는데, 그 논설에서 '민통련은 노동운동, 농민운동을 비롯하여 모든 부문운동과 전 지역운동의 역량이 집중되어야 하며 이를 토대로 종교계, 학계, 법조계 등 양심세력이 함께하면, 전 국민이 참여하는 범국민적 장기집권음모 분쇄투쟁을 거듭 제창하며, 이를 위해 모든 세력과 연대할 것임을 선언한다'고 밝혔다.

민통련은 전두환 정권 타도와 민주헌법 쟁취를 위해 운동권이 단합해 국민들의 총궐기를 이끌어내자고 촉구하면서 지운협을 중심으로 한 지역운동의 연대 전략을 세우기 위해 노력했는데, 민통련 실무자들은 사무실도 없이 거리를 떠돌면서 이런 활동을 한 것이다.

16. 한국사회가 갈 길을 둘러싼 사회구성체 논쟁

계간 〈창작과비평〉은 1980년 여름 제56호를 마지막으로 폐간되었다. 전두환 정권이 언론 통폐합이라는 이름으로 신문, 방송, 정기간행물을 없애거나 여러 매체를 하나로 묶는 과정에서 희생된 것이다. 그로부터 5년 뒤에 발간된 〈창작과비평〉 제57호에는 집중기획 '한국 자본주의 논쟁'이 실렸다.

박현채와 이대근이 촉발한 사회구성체 논쟁

『민족경제론』이라는 저서로 진보적 지식인 사이에서 널리 알려져 있던 재야 경제학자 박현채는 〈창작과비평〉 집중기획 '한국 자본주의 논쟁' 첫 회에 '현대 한국사회의 성격과 발전단계에 관한 연구 (1)'이라는 논문을 기고했다. 그는 이 논문에서 당시 학생운동권 일부와 학자들이 주로 논의하고 있던 종속이론을 포함한 주변부 자본주의론과 식민지 반봉건사회론을 동시에 비판했다. 두 이론은 '동기나 배경에도 불구하고 올바른 역사 인식을 위한 노력에서 중요한 예단 또는 오류에 빠져 있다'는 것이다. 박현채는 한국사회가 국가의 적극적 경제 개입을 특징으로 하는 국가독점주의 단계에 있다고 주장했다.

집중기획에는 박현채의 학설과 대척점에 있는 또 한 편의 논문이 실려 있었다. 박현채의 서울대 경제학과 후배인 이대근이 쓴 '한국 자본주의의 성격에 관하여-국가독점자본주의론에 붙여'가 바로 그것이다. 이대근은 한국사회에서는 '자본주의적 가치 법칙이 관철되고 있긴 하지만, 그것은 서구 자본주의 사회와 동일시할 수 없는 특수한 성격의 자본주의인 주변부 자본주의'라고 규정했다.

두 사람의 논문은 나중에 '사회구성체(사구체) 논쟁'을 촉발하면서 진보적 지식인 사회를 뜨겁게 달구었다. 〈창작과비평〉 편집진과 박현채가 뜻을 모아 이대근을 동시 출연시킨 그 기획은 애초에는 그렇게 확산되리라고 예상하지 못했다. 〈창작과비평〉 편집진과 박현채는 1980년 5월광주민중항쟁을 겪고 난 뒤인 1984년부터 학생운동권과 진보적 노동자 사이에서 마르크스주의와 종속이론 등이 활발하게 수입되는 데 주목했다. 이런 이데올로기를 바탕으로 학생운동권과 노동운동권에서 지하 유인물이나 소책자를 비밀리에 제작해 유통되는 것을 보면서 〈창작과비평〉 편집진과 박현채는 본격적인 학술 논쟁이 필요하다고 보고 집중기획을 연재하기로 합의한 것이다.

이렇게 시작된 논쟁은 운동권과 강단 사회주의자들이 가세하면서 혁명의 성격과 주력군, 계급동맹, 주요 타격 방향 등을 둘러싸고 복잡하고 치열한 양상을 보였다. 시에이(CA, 제헌의회), 피디(PD, 민중민주), 엔엘(NL, 민족해방)이 명멸하며 대립과 논쟁을 이어갔지만, 넓게 보면 레닌·스탈린주의가 담긴 소련판 교과서를 따르는 정파와 북한의 조선노동당 정권과 주체사상을 혁명의 중심으로 간주하는 세력이 양대 축을 이뤘다.

박현채와 함께 『한국사회구성체 논쟁』 1~4권을 펴낸 사회학자 조희연(전 성공회대 교수, 현재 서울시 교육감)은 1980년대 전반기를 사구체 논쟁의 준비기로 보고 그 이후를 3단계로 구분했다.

- 1단계 논쟁기(1980년대 중반기): 소시민적 이론 대 마르크스주의 이론의 대립을 기본 축으로 함.

- 2단계 논쟁의 제1소시기(1986~1987년): 엔엘(NL)과 시에이(CA)의 대립을 기본 축으로 함.
- 2단계 논쟁의 제2소시기(1988~89년): 엔엘(NL) 대 피디(PD)의 대립을 기본 축으로 함.
- 3단계(1989년 이후): 구소련 및 동유럽 사회주의의 붕괴를 계기로 하는 마르크스주의 이론 견지 대 수정 변화를 기본 축으로 함.

한국사회의 성격 규명과 진로 모색

전체적으로 보면 한국사회의 성격을 규명하려 했던 사회구성체 논쟁의 양대 축은 식민지 반봉건사회론(혹은 반자본주의론)과 신식민지 국가독점자본주의론이었다. 식민지 반봉건사회론(식반론)은 한국사회의 구조를 이해하기 위해 자본주의의 전근대성과 왜곡성, 제국주의의 정치적·군사적 지배, 남한 국가권력의 본질적 예속성을 강조하면서, 그 실천 전략으로 변혁운동 역량에 대한 전 한반도적 시각, 반제 자주화와 민족해방운동을 포괄한 민족해방 민중민주주의를 제시했다.

반면에 신식민지 국가독점자본주의론은 한국사회의 구조를 신식민지적 특수성을 가진 국가독점자본주의로 이해하고, 정치적 상부 구조로서 신식민지 파시즘의 성격을 부각시켰다. 진보학계에 상대적으로 큰 영향력을 행사한 것으로 평가되는 이 이론은 한국사회의 발전 경향을 독점 강화와 종속 심화로 파악하고, 정통 마르크스·레닌주의에 기초를 두고 노동운동을 중시하는 반제·반독점의 사회변혁론을 제시했다.

사회구성체 논쟁에 참여한 충북대 사회학과 교수 서관모는 계급 연구에 초점을 맞추었다. 그는 한국사회 계급 구성의 추이를 통계적으로 관찰해 보면 프티부르주아지가 감소하고 노동자계급이 급속히 증대하는 경향이 명확히 드러난다고 주장했다. 한국사회 계급구조는 자본가계

문 너머(유화, 2012년, 김봉준 작)

급 대 노동자계급이라는 양극을 축으로 해서 프티부르주아지, 중간 계층, 반프롤레타리아트층으로 이뤄지는 자본주의 계급구조의 보편적 양상을 보인다는 것이 그의 결론이었다.

엔엘과 피디 논쟁

한국 학생운동사에서 가장 치열한 논쟁을 벌인 양대 세력은 민족해방민주혁명그룹(NLPDR, 약칭 NL)과 민중민주주의그룹(PD)이다.

한겨레 논설위원 박찬수는 2016년 4월 29일부터 한겨레 토요판에 '엔엘 현대사'를 연재하기 시작했다. 그는 연재 제1회 '1986년생 엔엘(NL)은 현재진행형이다'에서 엔엘의 탄생 경위를 상세히 기록했다.

「전두환 정권의 강압 통치가 극에 이르렀던 1986년 3월, 휴학을 하고 공장 취업을 준비하던 서울대 약대 83학번 김지연은 서클 '고전연구회' 선배인 서울대 법대 82학번 김영환으로부터 팸플릿 하나를 타자로 쳐달라는 부탁을 받았다. 그 팸플릿의 제목은 '한 노동운동가가 청년 학생들에게 보내는 편지'였다. '지금 이 순간도 이 땅의 자주화와 민주화를 위해 분투하고 계신 청년 학생 여러분! 지금 우리나라에서는 전국적으로 민주주의적 개헌을 위한 천만 명 서명운동이 높은 열기로 진행되고 있으며, 케이비에스(KBS) 시청료 납부 거부운동이 새로운 바람을 일으키며 확산하고 있습니다. 이러한 민중들의 투쟁은 양키 침략자들과 그의 충실한 개 전두환 독재자 일당의 파쇼적 폭압에 대한, 그리고 기만적 착취와 부패에 대한 세찬 항거의 표현인 것입니다. (…) 지금 청년 학생들에게 부과된 가장 크고도 중요한 임무는 주체사상을 학습하고 이해하여 이를 지도적 지침으로 삼으며 주체사상을 중심으로 굳게 뭉치는 일입니다. 이렇게 되어야만 비로소 청년학생운동이 종파주의를 비롯한 제반 편향에 쉽게 빠지지 않을 강한 기반이 마련될 수 있을 것이며,

적의 어떠한 분열 와해 파괴 공작도 진정한 단결을 유지하며 싸워 이길 수 있는 힘이 만들어질 것입니다.'」

　이 팸플릿에 나오는 '주체사상'이 북한의 주체사상을 뜻한다는 것을 처음부터 알아차린 사람은 거의 없었다고 하고, 김영환은 그 뒤 두 달 남짓 동안 강철이라는 필명으로 주체사상에 관한 팸플릿을 서울대에 잇달아 배포한다. 박찬수의 연재 내용은 이렇게 이어진다.
　「1980년대 학생운동권을 뒤흔들고 이후 30년간 숱한 논쟁과 갈등을 불러온 엔엘(NL) 노선, 좀 더 좁혀서 얘기하면 남한의 자생적인 주사파(주체사상파)는 이렇게 세상에 모습을 드러냈다. (…) 문건은 수천, 수만 부로 복사에 재복사를 거듭하며 순식간에 서울 시내 다른 대학과 전국의 대학, 노동 현장, 재야 운동권으로 퍼져나갔다. 해방 이후 이처럼 단기간에 운동권을 사로잡은 문건은 전무후무했다. 나중에 이 문건들은 몰래 책으로 만들어져 출판됐고, 『강철서신』이란 제목이 붙었다. 강철은 안기부와 치안본부가 쫓는 1급 추적 대상에 올랐다.」
　참고로 덧붙이면, 얄궂게도 남한의 자생적 주사파의 원조인 김영환은 1990년대 중반부터 북한 정권 타도와 북한 민중 해방을 외치는 극우 반공주의자로 변신했다.

　1986년 3월에는 서울대 인문대 학생을 중심으로 반파쇼투쟁을 중심 과제로 설정한 '반제반파쇼민족민주 투쟁위원회(민민투)'가 결성되었고, 민민투의 주류 그룹은 그해 5월 제헌의회소집투쟁을 제창하면서 제헌의회그룹(CA)을 형성했다. 시에이(CA)그룹의 조직원은 직업적 혁명가라고 자처하면서 당시 직선제 개헌을 구호로 내걸고 있던 엔엘그룹에 맞서 파쇼하의 개헌 반대와 혁명을 통한 제헌의회 소집을 주장했다.

1989년 말부터 1990년에 걸쳐서는 엔엘 계열과 시에이 계열 간의 갈등이 엔엘과 피디(PD)의 대립으로 변한다. 양자는 한국사회의 성격, 변혁의 내용과 과제를 둘러싼 세계관, 조직 노선과 정치 노선, 구체적 전략과 전술, 그리고 운동 주체의 구성과 역량 편성, 학생운동의 역할과 조직 형태 등에서 관점의 차이가 컸다. 엔엘 계열의 운동론은 일제강점기 민족해방운동의 전통과 해방 후 종속적 한미 관계 속에서 형성된 사상적·이론적 기초를 중시했다. 피디 계열은 자본주의의 변화, 제3세계에 미치는 소련의 이론적 영향을 바탕으로 해방 이후 한국사회의 역사적 과정과 투쟁 경험을 접목하려고 시도했다.

엔엘 계열은 미국이 남한의 권력을 실질적으로 장악하고 있고 생산수단 역시 미국과 일본이라는 외세와 매판독점자본이 지배하고 있다고 보면서 남한은 식민지 반자본주의 사회라고 규정했다. 그에 반해 피디 계열은 남한은 독점 강화와 종속 심화가 병행되는 신식민지 국가독점자본주의 사회라고 주장했다.

좌파적 학생운동권과 사회운동 분야에서 경쟁적으로 활동을 벌이던 엔엘 계열과 피디 계열은 2000년 1월 30일 민주노동당 창당을 통해 정치적으로 한집안이 되었다. 창당대회에서는 엔엘의 자주와 피디의 평등을 당의 공식 이념으로 채택했다. 그러나 당의 주도권을 둘러싸고 두 계열이 대립한 끝에 노회찬, 심상정, 조승수를 중심으로 한 평등파는 2008년 총선을 앞두고 진보신당을 창당함으로써 자주파와 결별했다.

2011년 12월 6일, 민노당의 자주파와 진보신당의 평등파는 유시민 중심의 국민참여당과 함께 통합진보당을 창당했다. 그러나 평등파는 통합진보당의 주도권을 잡고 있는 경기동부연합 등 자주파를 패권주의, 종북세력이라고 비판하면서 탈당한 뒤 2012년 10월 18일 진보정의당을 창당했다. 진보정의당은 2015년 11월 22일 통합 당대회를 열고, 노동당에서 탈당한 평등사회네트워크, 노동정치연대 등과 함께 당명을 정의당으로 바꾸었다. 정의당은 2016년 4월 국회의원 총선에서 6석을 확보했고, 2017년 5월 대선에서는 후보 심상정이 선전했다는 평가를 받았다.

2013년 11월 5일, 국무회의는 법무부가 통합진보당을 대상으로 긴급 상정한 '위헌정당 해산심판 청구의 건'을 심의, 의결했다. 정부가 정당에 대한 해산심판을 청구한 것은 헌정사상 처음이었다. 헌법재판소는 1년 남짓 심리를 한 끝에 2014년 12월 19일 재판관 9명 중 인용 8명, 기각 1명의 의견으로 통합진보당을 해산하고 소속 국회의원은 의원직을 상실한다는 결정을 선고했다. 민주민족민중운동 진영과 진보적 언론은 통합진보당 해산을 헌정쿠데타 또는 정치적 살인 행위라고 비판했지만 헌재의 선고를 뒤엎을 수는 없었다. 통합진보당에 참여했던 정치인들과 당원들은 2017년 현재 정치적 재기를 모색하고 있다.

사회구성체 논쟁의 역사적 의의와 부정적 영향

전 서울대 사회학과 교수 김진균과 성공회대 교수 조희연은 사구체 논쟁의 역사적 의의를 다음과 같이 정리했다.

첫째, 이 논쟁은 한국 근현대를 연구함에 있어서 그 이전 시기에 잠재적으로 대립했던 입장을 명확히 밝혀 각각의 논리체계로 정립시켰다.

둘째, 이 논쟁은 민족적·민중적 사회과학의 이론적·방법론적 기초, 즉 한신대 경제학과 교수 윤소영과 강원대 경제학과 교수 이병천이 말한 단절된 정치경제학적 전통 복원의 올바른 방법론적 원칙을 제시했다.

셋째, 이 논쟁은 민족적·민중적 학문으로서의 학술 연구가 실천운동과 변혁운동에 중대한 영향을 미침으로써 이론과 실천의 변증법적 통일을 목표로 한 것이다.

박현채와 조희연은 1991년 10월 『한국사회구성체 논쟁』 3~4권을 펴

어머니와 두 아이(목판화, 1981년, 김봉준 작)

내면서 머리말에 다음과 같이 적었다.

「그간 사회구성체 논쟁에 대해서는 '논쟁이 변혁운동의 실천적 문제의식으로부터 유리된 채 관성화됨으로써', '변혁운동 내부의 조직적 분열을 가속화하였다'는 비판이 제기된 바 있다. 이러한 지적은 사회구성체 논쟁이 '변혁운동의 과학화와 과학적 변혁운동의 대중화'를 위한 이론적 기초이고자 하였던 자신의 본래적 위상을 올바로 확보하지 못하였음을 의미하는 것이고, 따라서 이러한 비판에 대해서는 겸허히 인정할 수밖에 없다고 생각된다. 돌이켜보면 많은 현실적 매개 요인들이 고려되면서 실천적 방침으로 구체화되어 가야 할 사회구성체론적 입장이 곧바로 하나의 현실 정치적 입장으로 동일시됨으로써 그러한 결과가 나타나지 않았는가 하는 생각이 든다. 현재의 시점은 서로의 차이를 전제하면서도 공통의 '연대의 기초'를 승인하고 그것에 기초하여 '공통의 실천'이 이루어질 수 있도록 노력할 때라고 생각한다. 각 정파적 독자성을 인정하면서도 민중 진영의 공통의 실천을 조직화하며, 민중 진영의 독자성을 승인하면서도 '민주대연합'적 실천을 조직화하여야 할 것이다.」

연세대 사회학과 교수 김호기와 서울대 국제대학원 교수 박태균은 경향신문 2015년 10월 22일 자 '광복 70주년 특별기획 (23)'에서 한국 사회구성체 논쟁의 결말을 다음과 같이 요약했다.

「사회구성체 논쟁은 1990년대에 들어 갑자기 쇠퇴하기 시작했다. 거기에는 나라 안팎의 요인들이 동시에 작용했다. 먼저, 1980년대 후반 동유럽 사회주의의 위기와 붕괴가 지대한 영향을 미쳤다. 국제 공산주의 운동의 중심이 해체됨에 따라 마르크스주의에 대한 근본적인 의문이 제기됐던 것이다. 이와 연관해 구소련의 신사고론과 페레스트로이카에 대한 논의가 소개되고, 사회민주주의, 유로코뮤니즘, 신사회운동론 등에 대한 관심이 높아졌다.

한편, 대내적으로는 논쟁이 격화되면서 구체적 현실에 대한 추상적 논의와 정통성 시비가 성행했는데, 이러한 경향은 결국 논쟁의 때 이른 쇠퇴를 가져오게 했다. 사회구성체 논쟁은 1987년 6월민주항쟁과 노동자대투쟁에 상당한 영향을 미쳤고, 동시에 이런 사회운동들은 논쟁을 더욱 확산시켰지만, 식민지 반봉건사회론의 감상적 민족지상주의나 신식민지 국가독점자본주의론의 협애한 계급주의는 관념적인 편향을 벗어나지 못했다.」

마르크스의 『자본론』을 번역한 전 서울대 경제학과 교수 김수행은 사회구성체 논쟁의 한계를 다음과 같이 지적했다.

첫째, 이 논쟁을 통해 제시된 다양한 견해들은, 그것이 식민지 반봉건사회론이든 신식민지 국가독점자본주의론이든 중진자본주의론이든, 현실의 역동성을 왜곡·부정하고 역사 과정에 대한 목적론적이고 고정된 관점을 강조했다.

둘째, 이 논쟁은 한국사회가 나아가야 할 종착점, 예를 들어 식민지적 정체 상태, 선진 자본주의와 사회주의에 대한 구체적이고 과학적인 분석을 결여하고 있었다.

셋째, 이 논쟁은 미래의 사회 변동을 경제주의적으로 예단하는 경향이 강하고, 따라서 현실의 변화에 내재된 계급갈등의 복합성을 간과했다.

1980년대 사회구성체 논쟁은 조희연과 성공회대 사회학과 교수 김동춘이 지적했듯이 진보적 사회과학의 '학문적 시민권'을 획득하게 한 일종의 학술운동이었다. 그 논쟁은 냉전분단체제 아래서 불허됐던 마르크스주의의 르네상스를 한국사회에 일으켰다. 1980년대에 대학을 다닌 이들 가운데 다수는 엔엘(NL), 피디(PD), 변증법, 사회구성체 등의 개념들을 공부하고 토론하며 학창 시절을 보냈다.

그러나 그 르네상스는 오래가지 못했다. 앞서 말한 대외적 환경의 변화와 논쟁에 내재된 추상적 급진성이 그 원인이었다. 1987년 6월민주항쟁으로 열린 민주화 시대는 한국사회를 새로운 방향으로 이끌어가기 시작했다. 사회구성체 논쟁의 줄기를 이룬 여러 이론은 민주화 시대의 사회 변동에 대응해 새로운 변화를 모색할 수밖에 없었다. 포스트 마르크스주의론, 포스트 포드주의론, 진보적 시민운동론 등이 대표적인 시도들이다.

17. 야만 정권의 본색을 드러낸
　　부천서 성고문 사건

1985년 4월, 서울대 의류학과 4학년 권인숙은 경기도 부천시의 가스 배출기 생산업체인 주식회사 성신에 허명숙이라는 가명으로 입사했다. 당시 운동권 학생들이 흔히 그랬듯이 위장취업을 한 것이다.

부천서 형사 문귀동의 야수적 성고문

성신에서 한 해 남짓 보통 노동자처럼 열심히 일하던 권인숙은 1986년 6월 4일 주민등록증을 위조해 위장취업을 했다는 혐의로 부천경찰서에 연행되었다. 조사계 형사인 경장 문귀동이 그런 사실이 있느냐고 추궁하자 권인숙은 순순히 시인했다. 그러나 문귀동은 6일 새벽과 7일 밤 두 번에 걸쳐 5·3인천항쟁 관련자들의 행방을 아는 대로 대라며 폭행과 고문을 자행했다. 수갑을 찬 채 저항할 수 없는 여성에게 자신의 성기를 고문의 도구로 쓰는 만행을 저지른 것이다.

권인숙은 며칠 동안 수치심과 절망감에 몸부림치다가 다시는 한국사회에서 공권력의 만행에 희생당하는 여성이 없도록 해야겠다는 결심으로 7월 3일 변호사를 통해, 즉 홍성우, 조영래, 이상수을 통해 문귀동을 강제추행 혐의로 인천지검에 고소했다. 그러나 바로 그날 권인숙은 공문서 변조 및 동 행사, 절도, 문서 파손 등의 혐의로 구속 기소가 되었다. 문귀동은 이튿날 권인숙을 명예훼손 혐의로 인천지검에 맞고소했다. 7

월 5일 권인숙의 변호인단 9명은 문귀동과 부천경찰서 서장 옥봉환 등 경찰관 6명을 독직, 폭행 및 가혹 행위 혐의로 고발했고, 문귀동도 곧바로 권인숙을 무고 혐의로 맞고소했다. 부천서 성고문 사건이 널리 알려지자 권인숙의 변호인단은 그의 신상이 드러나지 않게 하려고 이름 대신 권 양이라는 표현을 사용했고 언론에도 그렇게 보도했다.

검찰은 7월 16일 그 사건에 대한 수사 결과를 발표하면서 권인숙을 "성적 불량자, 가출자로서 급진좌경사상에 물들어 혁명을 위해 성적 수치심까지 이용하는 거짓말쟁이"라고 매도했다. 검찰은 권인숙의 고소·고발장에 나와 있는 문귀동의 성고문 혐의는 인정되지 않는다며 불기소 처분을 하겠다고 밝혔다. 변호인단은 즉각 반박했다.

"권 양의 모든 주장은 단 한 치의 거짓도 없는 진실이다. 이 전대미문의 만행의 진상이 백일하에 공개되고 그 관련자들이 남김없이 의법 처단되기 전까지는 이 나라의 모든 국민과 산천초목까지도 결코 잠잠하지 않을 것이다."

그러나 당시 전두환 정권의 문공부가 날마다 내려보내는 보도지침을 앵무새처럼 따라 부르던 언론은 변호인단의 항변을 단 한 줄도 전하지 않은 채 검찰의 주장만을 크게 실었다. 부천서 성고문 사건에 관한 보도지침을 보면, 전두환 정권이 그 사건이 정치적으로 비화하는 것을 얼마나 두려워했는지, 히틀러의 나치체제처럼 얼마나 파쇼적으로 언론을 통제했는지가 여실히 나타나 있다. 게다가 나중에는 검찰의 수사 결과 발표 직전인 7월 16일 문공부의 고위 관료가 주요 언론사의 간부들을 휴양지로 초대해 간담회를 열면서 거액의 촌지를 돌린 것도 밝혀졌다. 법조 출입기자들도 수사 결과를 취재하러 인천지검으로 떠나기 전에 법무부 당국자로부터 두둑한 돈 봉투를 받은 것으로 드러났다.

딸(유화, 1995년, 김봉준 작)

권인숙은 유죄, 문귀동은 기소유예

신민당과 재야 34개 단체가 결성한 '고문 및 용공조작 공동대책위원회'는 7월 19일 오후 2시 서울 명동성당에서 '고문·성고문·용공조작 범국민 폭로대회'를 개최했다. 경찰은 사전에 민추협 공동의장 김대중과 김영삼을 가택에 연금했고, 전투경찰 1,500여 명은 명동성당 출입을 완전히 차단했다. 그러나 같은 달 27일의 서울 성공회 대성당 집회를 시작으로 부천서 성고문 사건 규탄대회는 청주, 익산, 부산, 대전, 광주로 확산되었다.

8월 14일 신민당과 민추협은 신민당 중앙당사에서 '성고문 사건 범국민 폭로대회'를 열었는데, 당사 안팎에는 2천여 명이 모여 있었다. 신민당과 민추협은 '고문·성고문·용공조작의 폭력 통치를 고발한다'라는 제목의 공동성명에서 "이 땅에 죽음의 공포가 어두운 그림자를 드리우고 있다"고 전제한 뒤 "현 군사독재정권이 집권 연장을 위해 민주화운동을 탄압하는 온갖 파렴치한 폭력, 고문, 용공조작에도 모자라 마침내는 여성 노동자에게 천인공노할 성고문까지 자행하는 야만적 범죄행위에 충격과 분노를 금할 수 없다"고 밝혔다. 이 성명은 "정권유지용 인권탄압기구로 전락한 국가안전기획부, 보안사령부, 치안본부 대공분실을 즉시 축소, 해체하여 정치 사찰을 중단할 것과 모든 폭력 통치의 책임을 지고 전두환은 국민 앞에 진심으로 사죄하라"고 요구했다.

8월 25일 대한변호사협회는 문귀동에 대한 검찰의 기소유예 결정에 대해 변호사 166명이 재정신청 대리인단을 구성하고 법원에 재정신청을 냈다. 심리를 맡은 서울고법은 10월 31일 이유 없다며 그 신청을 기각했다. 기각 결정문은 모순되는 내용을 담고 있었다. 고발장의 범죄 내용을 대부분 인정하면서도 '문귀동이 손으로 그녀의 음부를 만지고 자신의 성기를 꺼내 그녀의 음부에 대어 여러 차례 비비는 등 추행을 했다'는 권인숙의 진술은 목격한 증인이 없으므로 인정할 수 없다며 문귀동에 대한 검찰의 기소유예 처분은 정당하다는 것이다.

9월 1일에는 재정신청과는 별도로 199명의 변호사가 참여한 권인숙 변호인단이 구성되었다. 11월 21일의 1심 재판에서 검찰은 징역 3년을 구형했다. 결심 공판에서 조영래는 변호인단을 대표해 작성한 장문의 변론 요지서를 낭독했다. 결론은 다음과 같다.

「이제 저 잔혹했던 여름과 가을을 지나, 권 양은 이 법정에 섰습니다. 우리가 마지막으로 눈물로써 호소하고자 하는 것은, 이 빛나는 영혼의 아름다움을 간직한 순결무구한 처녀는 이 시대의 모든 죄악과 타락과 불의를 속죄하는 제물로써 역사의 제단 앞에 스스로를 바쳤으며, 우리들 중 누구도 이 시대에서 가장 죄가 없는 이 처녀를 더 이상 단 한시라도 차디찬 감옥 속에 갇혀 있게 하는 죄악의 공범자가 되어서는 안 된다는 사실입니다.

우리의 권 양, 온 국민의 가슴속 깊은 곳에 은밀하고 고귀한 희망으로 자리 잡은 우리의 권 양은, 즉각 석방되어야 합니다.」

인천지법은 12월 1일 권인숙에게 징역 1년 6개월을 선고했고, 그녀는 이듬해 2월 항소심에서 기각 판결을 받자 대법원에 대한 상고를 포기했다. 권인숙은 1987년 6월민주항쟁 직후인 7월 8일 가석방되었다. 이듬해 1월에는 권인숙의 변호인단이 문귀동에 대한 '재정신청 조속 처리 촉구서'를 대법원에 제출했다. 2월 9일 대법원이 그 신청을 받아들임으로써 문귀동은 4월 9일 구속되어 6월에 열린 결심 공판에서 징역 5년을 선고받았다. 6월민주항쟁이 두 사람의 운명을 뒤바꿔버린 것이다.

18. 〈말〉의 보도지침 폭로

 부천서 성고문 사건을 통해 명백히 드러났듯이 전두환 정권은 보도지침을 통해 언론을 자유자재로 조종하거나 통제하고 있었다. 그렇게 언론자유가 압살당하고 있던 1986년 9월 6일 민주언론운동협의회(언협)는 한국 언론사에 길이 남을 획기적 사건을 일으킨다. 전두환 정권의 보도지침 폭로가 바로 그것이다. 〈말〉 특집호에 실린 보도지침의 내용은 나라 안팎에 큰 파문을 일으켰다. 문화공보부의 홍보정책실이 하루도 빠짐없이 언론사에 보도지침을 시달했음이 생생하게 드러났기 때문이다. 이 내용은 앞에서 잠깐 언급했지만, 이곳에서는 구체적으로 알아보도록 하겠다.

 문공부의 보도지침은 우연한 계기로 빛을 보게 되었다. 한국일보 편집부에 근무하던 기자 김주언이 1985년 10월 어느 날 야근자들이 보도록 편집부 책상 위에 놓여 있던 보도지침 사본 한 부를 발견한 것이 사건의 시발점이었다. 그는 이 사본을 〈말〉의 편집장으로 일하던 대학 친구 김도연에게 전달했다. 민통련 사무국장을 겸임하고 있던 김도연은 받은 보도지침을 언협과 민통련이 공동으로 폭로하자고 제안하는데, 그러나 언협 사무국장 김태홍은 "언론 규제에 관한 문제는 언론단체인 언협이 책임지고 폭로해야 한다"고 강력히 주장했다.

 언협 실행위원회는 보도지침을 상세히 검토한 끝에 〈말〉의 특집으로 펴내기로 결정한 뒤, 1980년 제작거부투쟁 때문에 경향신문사에서 해직당한 홍수원과 박우정에게 사본 편집 작업을 맡겼다. 홍수원은 서울 서대문에 있는 〈말〉 편집실에서, 비밀 명칭으로 '아랫다방'이라 불리던 골방에서 한 달 남짓 동안 보도지침을 분류하고 해설을 붙였다.

편집된 보도지침을 넘겨받은 언협 실행위원 박성득은 극비로 인쇄한 〈말〉 특집호를 전달하고, 사무국장 김태홍은 정보·수사기관들의 눈길을 피해 대학가 서점에 몰래 배포했다. 뒤늦게 이 사실을 알게 된 전두환 정권의 반응은 심리적 공황이나 다름없었다. 동아일보, 조선일보, 중앙일보, 한국일보는 물론이고 한국의 모든 신문이 권력의 앵무새 노릇을 하고 있다는 사실이 만천하에 드러났기 때문이다.

〈말〉 특집호에 실린 '보도지침 자료집'에는 1985년 10월 19일부터 1986년 8월 8일까지 10개월 가까이 문공부 홍보정책실이 언론사들에 전달한 사항이 수록되어 있었다. 그 기간에는 정기국회의 파란과 공전, 개헌 서명운동을 둘러싼 전두환 정권과 야당의 대립, 신민당의 장외투쟁(개헌 현판식), 개헌 움직임의 구체화 등 굵직한 사건이 벌어졌고, 그 결과 청년, 학생과 노동자가 군사독재를 비판하면서 격렬한 시위에 나서는가 하면, 저항 세력에 대한 구속과 재판도 꼬리를 물었다. 교수를 포함한 사회 각계각층에서도 시국 선언이 잇달아 나왔다.

그 기간의 보도지침 전문 가운데 전두환 정권의 언론 통제를 여실히 보여주는 사례를 요약하면 다음과 같다.

《1985년 10월 19일》
　＊ 최근 연행, 억압 사건에 관한 건
　　(1) 김영삼, 이민우 민추협 사무실에서 기자회견.
　　(2) 이 회견에 합류하려던 김대중, 문익환, 송건호 씨 등 재야인사

자유언론운동 42주년 기념, 역사 풍속화(김봉준 작)

가택 연금.

(3) 이 회견과 관련한 미 국무부 논평.

이상 3건은 일체 보도하지 말 것.

＊ 국회 관계

(1) 김한수 의원(신민) 질문 중 김근태(민주화운동청년연합 전 의장), 허인회(고대 총학생회장) 등 고문 행위, 광주의 홍기일에 이어 경원대의 송광영 군 분신자살, 서울대 오정근의 의문의 자살, 올 들어 농민 연 32회, 1만 5,000여 명 시위, 이는 동학란 이래 최대의 농민 저항, 국민의 95퍼센트가 군부통치 아닌 문민통치 희망.

이상의 내용은 보도하지 말 것.

《1985년 11월 1일》

＊ 미국의 사설 정보자문기관인 '프러스트 설리반'사에서 10월 29일 '한국 정치 문제 분석' 발표

(1) 향후 18개월간 쿠데타 가능성 15퍼센트.

(2) 현 정권이 교체될 경우 노태우 집권 가능성 50퍼센트, 야당 집권 가능성 30퍼센트, 군부 집권 가능성 20퍼센트.

(3) 정치 상황이 잘못될 경우 88년 정권 교체 저해 가능성.

이상의 내용은 일체 보도하지 말 것.

《1985년 12월 2일》

＊ 국회, 여당 단독으로 예산안을 통과시킨 점과 관련, 다음과 같은 방향으로 제작 바람

(1) 민정당은 예산안을 정상 처리하고 개헌특위 문제는 대폭 양보해서 오늘 새벽 최종안을 냈음에도 불구하고 협상을 외면한 채 야

당은 국회를 정쟁의 장으로 만들었다. 책임은 야당에….
(2) 여당은 정치 의안과 예산안을 일괄 타결하려 했으나(즉 협상을 제의했으나) 야당 측, 특히 김대중 측의 반대로 결렬됐음.

《1986년 1월 4일》
* 김일성 신년사 관계
일반 외신을 쓰지 말고 내외통신 기사를 쓸 것. 제목도 '남북수뇌회담'으로 뽑지 말 것.

《1986년 1월 22일》
* 노태우 대표 회견 관계
(1) 꼭 1면 톱기사로 쓸 것.
(2) 컷에는 '88년 후까지 정쟁 지양', '88올림픽 거국지원협의회' 등으로 크게 뽑을 것.
* 김근태 공판
그가 '고문당하고 변호인 접견을 차단당했다'는 등의 주장은 보도하지 말도록. 사진이나 스케치 기사 쓰지 말 것.

《1986년 2월 8일》
* 김대중 귀국 1주년
김영삼 초청 회합과 김대중 1주년 회고담은 1단 기사로 취급할 것. 김대중 '연금(자택)'이라 하지 말고 '보호조치'라고 표현할 것.

《1986년 3월 10일》
* 김수환 추기경 강론 관계

(1) 1단으로 취급하기 바람.
(2) 내용 중에서 '개헌은 빠를수록 좋다'는 것은 삭제하기 바람. 헌법 관계 신경 쓸 것.

《1986년 4월 1일》
기독교교회협의회(KNCC), 케이비에스(KBS) 텔레비전 시청료 납부 거부운동을 4월 초부터 개시하고 세미나 등도 개최할 예정이라고 발표. 이 사실은 보도하지 말 것.

《1986년 5월 3일》
* 인천 개헌 현판식 및 시위관계 기사 내용의 방향
'학생, 근로자들의 시위'로 하지 말고 '자민투', '민민투', '민통련' 등의 시위로 할 것. 폭동에 가까운 과격, 격렬 시위인 만큼 비판적 시각을 다룰 것. 이 같은 과격 시위를 유발한 신민당의 문제점을 지적할 것.

《1986년 5월 21일》
문익환 목사, 구속 전에 에이에프피(AFP) 기자와 회견한 내용 "분신 후보 학생 40여 명 더 있다"는 발언은 보도하기 바람.

《1986년 6월 7일》
"대통령이 텔레비전 뉴스에 항상 나온다"는 비판은 쓰지 말 것.

《1986년 6월 27일》
'교사들의 교육민주화선언' 보도하지 말도록.

《1986년 7월 1일》
"한국 민주화에 개입하기 곤란하다"는 30일 자 월스트리트저널의 사설은 눈에 띄게 보도할 것.

《1986년 7월 9일》
"핵전투기 배치에서 한국은 빼고 보도할 것."

《1986년 8월 4일》
* 독립기념관 화재 관계
컷이나 제목에 '전소', '참화', '수십억 피해' 등으로 뽑지 말 것. 또 '국민 경악' 등 자극적인 내용은 뽑지 말 것. 화재에 관한 각계 의견 청취는 쓰지 말 것.

《1986년 8월 5일》
독립기념관 원형극장의 시설이 모두 일제로 되었다는 사실은 화재 전 담당 기자들에게 사전 브리핑을 통해 양해를 구했던 것이므로 쓰지 말도록.

〈말〉이 보도한 보도지침이 국제적으로 엄청난 파문을 일으키자 정부는 보도지침 전담반을 구성해 곧바로 수사에 나섰다. 치안본부와 국가안전기획부(국가정보원)에 각각 수사팀을 만들어서 먼저 언협 사무국장 김태홍을 수배했다.

도피 생활을 하던 김태홍은 1986년 12월 10일 치안본부 남영동 대공분실로 연행되었고, 같은 날 조선투위 출신이자 언협 실행위원 신홍범도 같은 곳으로 연행되었다. 닷새 뒤에는 보도지침 제보자인 김주언이 대공분실로 끌려갔다. 세 사람은 국가보안법 위반 혐의로 구속되었다. 1987년 3월에는 수배 중이던 〈말〉의 편집장 박우정이 같은 혐의로 구속되었다가 기소유예로 석방되었다.

  6월 3일 공판에서 김태홍은 징역 10개월에 집행유예 2년, 신홍범은 선고유예, 김주언은 징역 8개월에 자격정지 1년, 집행유예 1년을 선고받고 풀려났다. 1996년 대법원은 이 사건에 대한 재심에서 무죄판결을 내렸다.

19. 1,290명이 구속된 건국대 애학투련 사건

1986년 10월 28일 아침, 서울 건국대 교정에서는 국화전시회가 열리고 있었다. 교정 한가운데 서 있는 학교 상징인 황소상 언저리에서는 동아리 학생들이 노래를 부르고 있었다. 그런데 한 무리의 학생들이 구내식당으로 모여들었다. 그들은 건국대생이 아니라 서울 지역의 다른 대학에서 온 학생이었다. 이상한 분위기를 느낀 학교 쪽은 오전 9시쯤 경찰에 경계 병력 파견을 요청했다. 학생들은 3인 1조가 되어 라면 상자에 화염병을 담고 대규모로 이동하고 있었다. 정문 앞에서는 다른 학생들이 바리케이드를 치고 돌멩이를 깨 시위용 짱돌을 만들고 있었다. 그런데도 무슨 까닭인지 경찰은 정문 출입을 통제하지 않았다.

전국 반외세 반독재 애국학생투쟁연합 발족식

경찰은 정오가 되자 정문과 후문, 그리고 민중병원 쪽 출입구를 중무장한 닭장차로 에워싸기 시작했다. 전국의 대학생이 건국대에서 '전국 반외세 반독재 애국학생투쟁연합(애학투련)' 발족식을 갖는다는 정보를 이미 입수했던 것이다.

오후 1시가 되자 전국의 29개 대학에서 온 학생 2천여 명은 민주광장에서 발족식을 시작했고, 한 학생이 나와서 애학투련 발족 선언문을 낭독했다.

「전국 반외세 반독재 애국학생투쟁연합의 깃발 아래 총집결하라! 미제의 식민지 통치와 그 앞잡이 전두환 일당의 억압과 착취로 뒤덮인 이 땅 한반도! 그러나 그 속에서 굳건히 일어나 민족해방의 찬연한 불꽃으로 헌신할 애국청년학도 여러분! 미제와 그 앞잡이 무리들은 무려 40년간이나 우리 조국 우리 민족의 생존을 위협하는 한반도의 군사 핵기지화, 아름다운 우리 조국 신성한 우리 민족을 반쪽으로 갈라놓은 분단 및 그 고착화, 식민지 남한을 더 확고히 지배하기 위한 파쇼체제 재편, 안정화, 우리 민족을 기아에서 허덕이게 하는 광란적인 경제 침략 등 미제와 그 앞잡이 무리들의 식민통치는 오늘도 계속되고 있으며 우리 민족, 우리 민중의 떨치고 일어섬이 없다면 앞으로도 영원히 계속될 것입니다. 이에 우리 애국 학도는 미제와 그 앞잡이에 의한 식민통치를 깨부수고 우리 민족을 해방시킬 투쟁의 선봉대로서 전국 반외세 반독재 애국학생투쟁연합을 건설하게 되었습니다. (…) 전국 반외세 반독재 애국학생투쟁연합은 식민지 한반도에서…. 백만 학도와 함께 싸워나가기 위해 다음과 같은 원칙을 제시합니다.

    하나, 각 지역마다 단위를 구성하여 그곳에서 민주적 과정에 의해 선출된 대표들로서 지도부를 구성한다.

    둘, 민주집중제의 일반적 원칙을 철저히 준수한다.

    셋, 서로 다른 생각을 가지고 있을 때 그에 대한 공개적 논쟁을 통하여 강력한 사상의 통일을 이룩한다.

    넷, 행동 통일의 원칙을 지키고, 그 전제하에 비판할 점은 과감히 비판한다.

    다섯, 작은 차이를 내세워 분열을 초래하는 자세는 척결한다.」

경찰의 최루탄 난사와 학생들의 점거농성

오후 3시 20분쯤 학생들은 전두환 정권을 지원하는 미국 대통령 레이건과 일본 총리 나카소네 화형식을 시작했다. 그때 공대 건물을 지나 학생회관 앞까지 진입한 경찰은 학생들을 향해 최루탄을 난사했다. 민주광장은 삽시간에 최루탄 연기로 휩싸였다. 학생들은 본관, 중앙도서관, 학생회관, 사회과학관 등으로 피신해서는 출입구에 책상, 걸상, 캐비닛으로 바리케이드를 쌓았다. 그러자 경찰은 건물 안으로 최루탄을 마구 쏘아댔다. 학생들은 실내에 가득 찬 최루가스를 빼내려고 유리창을 부쉈다. 건국대 교정은 아수라장으로 변해버렸다.

해가 지면서 기온이 크게 떨어졌을 때 건국대 쪽에서 경찰에 병력 철수를 요구한 뒤 학생들에게 안전 귀가를 보장할 테니 돌아가라고 설득했다. 그러나 경찰은 학교 당국의 요구를 묵살하고 오후 7시가 지날 무렵 전경차 70대, 병력 2천여 명을 늘리고 캠퍼스 주변을 봉쇄했다. 집회에 참가한 학생뿐 아니라 도서관에 있던 건국대생, 친구를 만나러 왔던 다른 대학 학생도 교내에 갇히고 말았다. 이런 상황이라 학생들은 어쩔 수 없이 점거농성에 들어갈 수밖에 없었다.

건국대는 29일 휴교 조치를 내리고 총장을 비롯한 간부 교직원이 경찰 지휘관을 만나 학생들의 안전 귀가를 보장하라고 촉구했으나 경찰은 오히려 오전에 단수를 하고 오후에는 전기까지 끊어버렸다. 농성 학생들은 물 한 모금도 마시지 못한 채 극심한 추위에 몸을 떨 수밖에 없었다. 뉴스를 보고 건국대 앞으로 달려온 학부모들이 자녀에게 외투를 전해 달라고 경찰관들에게 애원하는 모습도 여기저기서 보였다. 도서관에서 공부하던 학생들에게 제공한 도시락이나 자판기 커피 정도를 제외하면 음식이 거의 없어 각 건물을 끈으로 이어서 빵 등을 공수해야 했다. 건국대 부근 화양리 일대에서는 고성능 확성기를 장착한 정체불명

민주주의 만세(유화, 1993년, 김봉준 작)

의 차량들이 "공산당은 반드시 망한다"고 방송하면서 거리를 누볐다.

군사작전 같은 무차별 진압

2천 명이 훨씬 넘는 학생들은 추위와 피로, 갈증과 굶주림에 시달리며 10월 31일 아침까지 버텼다. 그러나 오전 8시 반쯤 8,500여 명의 경찰 병력이 갑자기 진압작전을 시작했다. 헬리콥터가 건국대 상공을 선회하면서 마치 적군을 공격하듯이 소이탄을 쏘는 것을 신호 삼아 경찰 병력은 5개 건물 안으로 난입했다. 학생들의 투신에 대비해 건물 언저리에 깔아놓은 매트리스에 불이 붙으면서 검은 연기가 치솟아 올랐다. 건물 안에서는 비명 소리가 진동했다. 경찰은 도서관, 학생관, 교양학관, 본관, 사회과학관 순서로 진압을 끝냈다. 주동자급 학생을 체포한 경찰관에게는 상금 100만 원과 포상휴가를 주기로 했다는데, 진압을 마치고 대운동장에 모인 55개 중대 경찰 병력은 마치 적을 섬멸한 듯이 환호성을 질렀다.

조선일보, 동아일보, 중앙일보를 비롯한 보수 언론과 케이비에스 등 관제방송은 건국대항쟁에 참여한 학생들을 공산혁명분자라고 매도했다. 검찰은 연행된 학생 1,525명 가운데 1,290명을 구속했고, 그들 가운데 주동자 29명에게는 국가보안법이 적용되었다. 결국 이 사건은 학생운동사상 최대의 공안 사건으로 기록되었고, 사법사상 단일 사건으로는 가장 많은 구속자를 낳았다.

애학투련은 '반제 민중민주화운동의 횃불을 들고 민족해방의 기수로 부활하자'는 구호 아래 1986년 봄 대학생 전방입소 훈련 거부와 팀스피릿 반대투쟁에 주력하던 학생운동그룹(민족해방파, NL)이 만든 조직이었다. 그들은 5·3인천항쟁이 민주화운동조직의 궤멸적 탄압을 자초했다고 비판하면서 직선제 개헌을 매개로 제도권 야당과의 연합전선을 구축해 군사정권을 향해 대대적 투쟁에 돌입한다는 계획을 세우고 행동했다. 또 당시 논란이 된 88올림픽은 남과 북이 공동으로 개최해야 한다는 입장을 갖고 있었다.

건대항쟁과 맞물린 평화의댐 건설 모금

경찰이 건국대항쟁 진압작전을 벌이기 하루 전인 10월 30일 전두환 정권은 강원도 화천군 화천읍 동촌리의 북한강에 평화의댐을 건설하겠다고 발표했다. 건설부장관 이규호는 기자회견을 열고 대북한 성명문을 발표했는데, "북한이 휴전선 북방 금강산 부근에 건설 중인 댐이 한강 하류 지역에 심각한 문제를 야기할 것이라며 금강산댐 건설계획을 즉각 중지하라"며 촉구하고 나선 것이다. 그는 북한이 금강산댐을 붕괴시켜 북한강을 통해 200억 톤의 물을 휴전선 이남으로 흘려보내면 "서울 여의도의 국회의사당은 완전히 물에 잠기고 63빌딩 중턱까지 물이 차오를 수 있다"고 주장했다. 이른바 북한의 수공(水攻) 위협론이다.

이에 조선일보, 중앙일보, 동아일보, 케이비에스, 엠비시 등 제도 언론은 금세라도 그런 사건이 터져 88서울올림픽이 무산될 수 있다고 호들갑을 떨었다. 제도 언론이 금강산댐 수공작전을 빌미로 국민의 공포를 극대화하는 경쟁에 나선 것이다.

'남산 기슭까지 물바다가 되며 원폭 투하 이상의 피해를 보게 된다.'
'한강 변 아파트는 완전히 물에 잠긴다.'

이런 보도가 난무하자 전국 각지에서는 북한의 금강산댐 건설을 규탄하는 대규모 집회들이 잇달아 열렸다. 서울에서 개최된 시민궐기대회에서는 무려 10만여 명이 모였다. 그러자 거의 모든 언론은 금강산댐의 수공을 저지하기 위한 평화의댐 건설을 위해 국민들이 성금을 모아야 한다고 캠페인을 벌이기 시작했다. 전두환 정권과 언론의 합작이 얼마나 거센 열풍을 일으켰던지 짧은 기간에 초등학생까지 참여한 성금 모으기에서 639억 원이 쌓였다.

11월 26일 국방부·건설부·문화공보부·통일원 장관이 합동기자회견을 열고 평화의댐 건설계획을 발표했다. 총 공사비는 1,700억 원인데 그중 639억 원은 국민 성금으로 충당한다는 것이다. 성금을 모으는 과정에서 정부는 기업의 매출액에 따라 최소 700만 원에서 최대 10억 원을 강제로 할당했다. 그리고 정부는 1987년 2월 28일 평화의댐을 착공해 1988년 5월에 1단계 공사를 끝냈다.

북한이 임남댐(남한에서 금강산댐이라고 명명)을 건설하겠다고 밝힌 것은 1984년 6월이었다. 노동신문과 평양방송 등은 북한강 상류에 80만 킬로와트 규모의 수력발전소를 세울 계획이라고 여러 차례 보도한 바 있었다. 그런데 전두환 정권은 그로부터 2년 4개월이나 지난 1986년 10월 말에 느닷없이 그것이 마치 경천동지할 사건이나 되는 듯이 북한의 수공 위협을 주장했다.

그러나 이는 5·3인천항쟁과 건대항쟁 등 반군사독재투쟁으로 궁지에 몰린 전두환 정권이 난국 돌파를 위해 조작한 사건임이 나중에 밝혀졌다. 당시 안기부장 장세동이 기획한 시나리오를 정부 부처들과 언론이 확대 재생산했던 것이다. 1993년 2월 대통령으로 취임한 김영삼은 평화의댐 성금 내역과 금강산댐의 실체를 밝히라고 감사원에 지시했다. 그해 6월 감사원이 발표한 감사 결과에 따르면, 금강산댐의 위치와 규모에 관한 1차 분석은 한국전력 직원 1명이 맡은 것으로 드러났다. 전두환 정권이 최대 200억 톤이라고 주장하던 저수량은 많아야 59.4억 톤으로, 그 물을 모두 방류해도 서울 한강 변의 저지대 일부만 침수하는 것으로 드러났다. 국민들은 전두환 정권의 사기극에 놀아나 거액의 성금을 바친 셈이다.

20. 박종철 고문치사 사건

　1987년 1월 14일, 서울 남영동 치안본부 대공분실에서 수사관들의 조사 중 물고문을 받던 서울대 언어학과 3학년 박종철이 목숨을 잃는 사건이 터졌다. 이 '박종철 고문치사 사건'은 호헌을 통해 장기집권을 기도하던 전두환에게 치명상을 입히면서 6월민주항쟁의 기폭제가 되었다.

남영동 대공분실에서 물고문으로 숨진 박종철
　박종철은 1984년 봄 서울대에 입학한 뒤 동아리와 농촌활동 등을 통해 사회의 모순에 눈을 뜬 청년이었다. 그는 1985년의 '미문화원 점거 농성 사건' 당시 농성 학생들을 지원하는 가두시위에 참여했다가 구류를 살았고, 1986년 4월에는 '청계피복노조 합법성 쟁취를 위한 대회'에 참가해 시위를 함께했다는 혐의로 구속되어 1심에서 징역 10개월에 집행유예 2년을 선고받고 7월 15일에 출소했다.
　박종철은 1987년 1월 14일 또다시 대공분실로 연행되었는데, 수사관들은 1985년 10월의 민추위 사건으로 수배 중이던 서울대 선배 박종운의 소재를 대라고 강요했다. 박종철이 계속 "모른다"고 대답하자 5명의 수사관은 옷을 벗기고 물이 가득 채워진 조사실 안의 욕조로 그를 끌고 갔다. 그들은 수건으로 박종철의 두 손과 두 발을 결박한 다음 겨드랑이를 잡고 등을 누른 상태에서 머리를 물속에 넣었다가 빼는 물고문을 되풀이했다. 그렇게 모진 고문을 받으면서도 박종철은 박종운이 어디 있는지 모른다는 답변을 반복했다. 그러자 수사관들은 결박당한 그의 다리를 들어 올린 채 물속에 머리를 집어넣었다. 그 과정에서 욕조의 턱에 목이 눌려 박종철은 숨을 쉬지 못하고 말았다.

박종철이 숨을 쉬지 않자 수사관들은 그를 부근에 있는 중앙대 부속병원 응급실로 데려갔지만 이미 숨을 거둔 상태였다. 나중에 밝혀진 사인은 경부압박이었다.

1월 14일 오후 7시 40분, 남영동 대공분실 경찰 간부 2명은 박종철의 주검을 유족한테 인계할 때 필요한 서류를 들고 서울지검 공안부장 최환을 찾아갔다. 변사 사건으로 묵인해 달라고 요청하기 위한 것이었다. 그러나 단순한 쇼크사라는 경찰의 주장을 믿지 못한 최환은 관할 용산경찰서에 "변사 사건에 관해 상세히 보고하라"고 지시했다.

경찰은 사체 부검을 위한 압수수색영장을 제시했음에도 불구하고 시신을 내놓지 않으려고 버텼다. 최환이 끈질기게 설득하자 경찰은 "사체 부검을 경찰병원에서 하자"고 주장했고, 결국 한양대 부속병원에서 국립과학수사연구소 법의학과장 황적준이 부검을 하게 되었다. 검사 안상수, 한양대 부속병원 의사 박동호가 배석하고, 박종철의 삼촌 박월길이 입회했다. 부검을 마친 황적준은 '물고문 도중 질식사한 것으로 보인다'는 소견서를 제출했다. 그러자 경찰은 부검 감정서에 사인을 심장마비로 써달라고 회유와 협박을 거듭했다.

전두환 정권이 언론을 극심하게 탄압하던 시기였지만 석간 중앙일보 1월 15일 자 사회면에는 '경찰에서 조사받던 대학생 쇼크사'라는 기사가 2단으로 실렸다. 이 기사가 중앙일보에 나가게 된 것은 우연과 기자의 재빠른 취재 덕분이었다. 이 신문의 법조출입기자 신성호는 15일 오전 10시쯤 출입처인 서울 서소문동 검찰청에서 기삿거리를 찾으려고 한 검찰 간부의 방에 들렀다. 그 간부는 책상 옆에 서 있는 그를 향해 "경찰들 큰일 났어"라고 혼잣소리처럼 말했다.

6년째 법조를 출입하고 있던 신성호는 뭔가 심상치 않은 사건이 일어났음을 직감하고 "그러게 말입니다. 요즘 경찰들 너무 기세등등했어요"라고 맞장구를 쳤다. 검찰 간부는 "그 친구 대학생이라지, 서울대생이라며?"라고 반문했다. 서울대생이 경찰에서 조사를 받다 사고를 당했다고 직감한 신성호는 "아침에 그렇다고 들었습니다"라고 말했다. "조사를 어떻게 했기에 사람이 죽는 거야. 더구나 남영동에서…." 신성호는 『6월항쟁을 기록하다』 3권의 '검찰출입기자의 특종'에서 다음과 같이 설명했다.

「사건의 윤곽이 잡히는 순간이었다. (…) 더 이상 그 간부의 방에 앉아 있을 수가 없었다. 충격적인 사건 발생을 회사에 보고해야 했고, 인적사항 등 추가 취재가 필요했기 때문이다. 곧바로 회사 데스크에 1차 보고를 했다. 사회부가 발칵 뒤집혔다. 치안본부와 서울대 등 출입기자에게도 은밀하게 이를 확인하라는 데스크의 지시가 떨어졌다.」

중앙일보에 이 기사가 나가자 경찰은 사건 경위를 밝히지 않을 수 없었다. 치안본부장 강민창은 16일 오전 기자회견을 통해 이렇게 발표했다. "1월 14일 오전 8시 10분쯤 서울 관악구 신림동 하숙방에서 연행하여 오전 9시 16분께 아침으로 밥과 콩나물을 주니까 조금 먹다가 어젯밤 술을 많이 먹어서 밥맛이 없다고 냉수나 달라고 하여 냉수를 몇 컵 마신 후, 10시 51분께부터 신문을 시작, 수사관이 박종운 군의 소재를 묻던 중 책상을 '탁' 치며 추궁하자 갑자기 '억' 하고 쓰러져 중앙대 부속병원으로 옮겼으나 12시쯤 사망하였음."

경찰의 고문치사 은폐와 언론의 진상 추적

박종철이 물고문을 받다가 숨이 끊어진 직후 중앙대 부속병원 의사 오연상은 간호사와 함께 남영동 대공분실로 불려갔다. 그를 데리고 간 수사관은 "꼭 살려야 한다"는 말만 거듭했다. 그들이 도착한 곳은 5층 9호 조사실이었다. 물이 흥건히 고인 바닥에 누워 있는 청년을 에워싸고 수사관 여러 명이 허겁지겁 인공호흡을 하고 있었다. 오연상이 검진해 보니 청년은 이미 사망한 상태였다. 16일 오전 경찰은 박종철의 주검을 아버지 박정기에 인도한 뒤 회유와 협박을 통해 경기도 벽제에서 화장하도록 했다.

중앙일보가 박종철 고문치사 사건을 쇼크사로 보도한 뒤 집중취재에 나선 동아일보는 1월 16일 자 사회면에서 박종철이 고문당한 정황을 구체적으로 밝혔다. 같은 날짜 사설인 '조사받던 대학생의 죽음'은 가혹 행위의 가능성에 무게를 두면서 진상과 책임을 가리라고 요구했다.

박종철 고문치사 사건의 진상을 더 이상 감출 수 없게 되자 전두환 정권의 관계 부처 장관들과 유관기관 책임자들은 1월 17일 관계기관 대책회의를 열었다. 그 회의에서 경찰이 자체 조사를 하도록 맡긴다는 결정이 나왔다. 내무부와 치안본부가 자체 조사를 강하게 요구한 것을 그대로 받아들인 처사로 고양이에게 생선가게를 맡긴 셈이었다.

경찰은 18일 자체 조사를 시작했다. 치안본부장 강민창과 치안감 박처원은 19일 요식적인 절차를 거쳐 마무리된 조사 결과를 발표했다.

"자체 조사 결과 박종철이 수사 과정에서 물고문을 당하던 중 질식 사망했다."

강민창은 '수사관들의 지나친 의욕 때문에 빚어진 일'이라는 것을 거듭 강조했다. 경찰은 그날 오후 박종철 고문치사 혐의로 경위 조한경과 경사 강진규를 구속했는데, 5명이 그 사건에 관련되었는데도 두 사람만

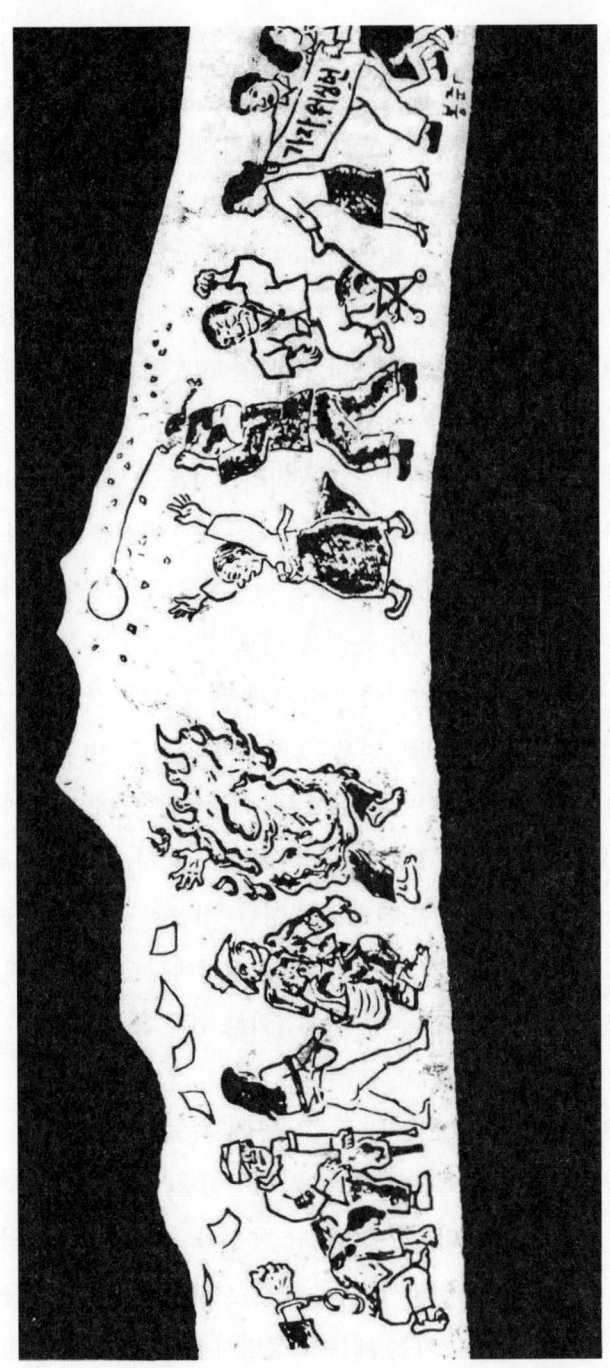

1987년 조국의 광장(붓그림, 김봉준 작)

구속함으로써 진상을 은폐하려 한 것이다. 그들을 수감하는 과정 또한 국민의 공분을 사기에 충분했다. 경찰은 호송용 승합차 안에 두 사람과 똑같은 방한복을 입은 경관 10여 명을 앉혀 놓음으로써 누가 조한경이고 누가 강진규인지 모르게 하는 꼼수를 부렸던 것이다.

동아일보는 19일 자 1면 머리기사에서 '물고문 도중 질식사 / 서울대 박종철 군 사망 사건 발표'를 통해 사건 내용을 자세하게 보도했고, 2, 3, 5, 10, 11면에도 관련 기사를 실었다. 또 사설 '고문경관과 구상 판결'은 가해자에 대한 책임 가중의 정당성을 지지함으로써 고문 근절을 강조했다.

동아일보는 1월 20일 자에도 1면 머리기사를 포함해 2, 3, 4, 6, 7면에 관련 사설과 기사를 싣는 등 고문치사 사건에 관심을 쏟았다. 동아일보가 박종철 고문치사 사건의 진상을 적극적으로 보도하자 다른 언론매체들도 경쟁적으로 기사와 논설을 내보냈다. 전두환 정권은 뜻밖의 사건으로 심각한 정치적 위기에 부닥치게 된 것이다. 2월 7일 내무부장관 김종호와 치안본부장 강민창은 그 사건에 책임을 진다며 사임했다.

박종철 고문치사 사건은 계속 소용돌이를 일으켰다. 야당과 재야단체는 정확한 사인과 진상규명을 요구하며 농성을 하는가 하면 추모집회를 열었다. 각계 인사 9천여 명으로 구성된 '박종철 군 국민추도회'가 2월 7일에 '고 박종철 군 범국민추도회'를 전국에서 열려고 하자 전두환 정권은 7만여 명의 경찰관을 동원해 집회를 원천 봉쇄했다.

사제단의 고문치사 진상의 축소·은폐 폭로

1987년 5월 18일 밤 8시 30분, 서울 명동성당에서 '5·18광주항쟁 희생자 추모 미사'가 열렸다. 미사가 끝난 뒤 서울 홍제동성당 주임신부 김승훈은 천주교정의구현전국사제단의 이름으로 '박종철 군 고문치사 사건의 진상이 조작되었다'라는 제목의 성명서를 발표했다. 그 내용은 경찰과 검찰이 그동안 밝힌 고문치사의 실상을 완전히 뒤엎는 것이었다. 장문의 성명서 가운데 중요한 대목은 다음과 같다.

1. 박종철 군을 직접 고문하여 죽게 한 하수인은 따로 있다.

박종철 군을 죽음에 이르게 한 범인으로 구속 기소가 되어 재판 계류 중에 있는 전 치안본부 대공수사 2단 5과 2계 학원문화 1반장 조한경 경위와 5반 반원 강진규 경사는 진짜 하수인이 아니다. 박종철 군을 직접 고문하여 죽음에 이르게 한 진짜 범인은 위 학원문화 1반 소속 경위 황정웅, 경사 반금곤, 경장 이정호로서 이들 진범들은 현재도 경찰관 신분을 그대로 유지하고 있다. (…)

2. 범인 조작의 각본은 경찰에 의해 짜여졌고 또 현재도 진행 중에 있다.

경찰은 당초 박종철 군이 쇼크에 의한 심장마비로 죽은 것으로 조작, 고문 사실을 은폐하고 조한경 경위에게만 지휘 책임을 묻는 것으로 그치려 했다. 그러나 여론의 빗발치는 진상조사 요구에 의해 고문치사 사실을 인정하면서도 범인만은 계속 조작, 조한경 경위와 강진규 경사에게 덮어씌우고 있는 것이다. (…)

3. 사건의 조작을 담당하고 연출한 사람들.

그들은 고문치사 사건 직후 직위 해제되었다가 4월 8일 버젓이 복직된 전 치안본부 대공수사 2단 단장 전석린 경무관, 5과장 유정방 경정, 5과 2계장 박원택 경정과 간부 홍승상 경감 등이다. 특히 5과장 유정방 경정은 박종철 군 사건 진상 은폐와 사후 처리를 지휘한 장본인이며 현재까지도 이 각본의 집행을 지휘 담당하고 있다.

4. 검찰은 사건 조작의 내용을 알고 있으면서도 밝히지 않고 있다.

5. 이 사건 및 범인의 조작 책임은 현 정권 전체에 있다. (…)

6. 박종철 군 고문치사 사건은 그 진상이 다시 규명되어야 한다. (…)

7. 조한경 경위와 강진규 경사에 대한 재판은 공개되어야 한다. (…)

8. 이 사건 조작에 개입한 모든 사람은 처벌되어야 한다.

강민창 전 치안본부장은 사건 은폐 및 범인 조작에 개입한 흔적이 확실하며, 전·현직 내무부장관, 현 치안본부장의 개입 또는 묵인 여부가 밝혀져야 하며, 검찰 관계자의 묵인도 규명되어야 한다. 또한 해당 기관 담당자와 책임자의 직무유기에 대해서도 응분의 책임이 추궁되어야 한다. (…)

천주교정의구현전국사제단이 '박종철 고문치사 사건 진상 조작'에 관한 정보를 폭로하게 한 주역은 당시 영등포교도소에 수감되어 있던 민통련 사무처장이자 동아자유언론수호 투쟁위원회 위원 이부영이었다. 그는 1986년의 5·3인천항쟁을 주도한 혐의로 수배를 당해 10월 하순에 체포되어 국가보안법 위반 등으로 기소되어 재판을 받던 중이었다. 이부영이 서울대 정치학과 동기인 김정남에게 보낸 1987년 1월 23일 자 비밀편지에는 놀라운 내용이 적혀 있었다.

「모든 것은 잘 돼 가는 줄 아네. 오늘은 아주 중요한 이야기가 있어 급히 몇 자 적어 보내네.

박 군 건으로 구속된 조·강 건은 완전 조작이야.(완전 조작에 밑줄)

1. 조는 그 사건을 일으킨 조의 반장으로 직접 고문살인에는 가담치 않았다가 사건 직후 들어와서 인공호흡으로 살려내려다 실패했지. 그래서 당초 지휘 책임(그것도 심장마비 정도에서)을 질 생각으로 각본에 응했던 것이지. 그랬다가 감찰부, 치본 특수수사대의 수사를 받으면서 외부와 차단되고 대공수사단의 피해를 극소화하는 선에서 속죄양으로 몰렸던 거야. 고문살인한 놈들은 3명인

데 따로 있어. (지방 전출) 조의 반장들인 모양이고, 그들의 과장은 유정방이라고 5·15민족상을 탔다고 하더군.
2. 강이란 친구는 조의 반원도 아니고 다른 반에서 징발되어 엉뚱하게 들어왔지. 그는 고문할 때 옆에서 소리가 새어 나가지 않도록 소리를 질러대는 역할을 했다더군.
3. 조가 지금 심경의 변화를 일으키고 있어. 마음이 흔들리는 조를 다잡아 놓기 위해 수사단에서는 유정방 등(5~6명)을 보내 자주 면회를 하여 돈을 몇천만 원을 걷어주고 있다. 파면되었지만 봉급이 그대로 나간다. 복직을 보장한다는 등으로 필사적으로 설득하고 있고 한편으로는 조·강의 가족을 미행·감시하고 있어. 그래서 면회도 토요일 오후에만 하고 있지. (…)」

이부영은 3월 1일 김정남에게 다시 비밀편지를 보냈다.
「1. 직접 범인의 이름은 조의 반원으로서 경위 황정웅(40대), 경사 반금곤(40대), 경장 이정호(30대 초), 그들의 과장 유정방 경정, 계장은 홍승상 경감, 이들에 의해 각본이 조작되어 감찰반, 특수수사까지 방조한 것으로 보인다. 아마 검찰 공안부까지 알고 있을 듯.
2. 2월 27일(금) 오후 7~8시 사이에 신창언 부장검사 대신 그 휘하의 안상수 검사가 조(한경)로부터 새로운 사실을 청취. 이 자리에는 교도소 측에서 한 사람도 입회치 못하도록 하고 문을 안으로 걸어 잠그고 조사….
3. 조의 심경은 단단한 듯. 그는 민주화나 정의의 입장보다는 나름대로 진실을 밝히겠다는 점과 자신의 자식들에게 나중에 미칠 장래의 영향을 걱정하는 모양. 그것은 조직 즉 대공수사단에 대한 배반이 아니라 오히려 그 조직의 건강성을 회복시켜 주는 것이라는 입장….

이후는 당분간 연락을 하지 않겠음. 감시가 어마어마해지고 있음. 보안 철저, 요.」

이부영은 검사 안상수가 조한경을 조사할 때 교도소 측에서는 한 사람도 입회하지 못했다고 편지에 적었으나 나중에 밝혀진 것을 보면 보안계장 안유가 참여한 것으로 드러났다. 안유는 거기서 들은 사실을 교도관 한재동에게 몰래 알려주었다. 교도소 안 공장 담당으로 근무하던 한재동은 1980년대 초부터 알고 지내던 이부영을 퇴근길에 비밀리에 만나 메모지와 볼펜을 주면서 안유에게 들은 사실을 상세히 전해주었다.

이부영은 같은 사동에 있던 고문치사 피의자 2명에게 수시로 들은 사실을 바탕으로 적은 비밀편지를 한재동에게 주었고, 한재동이 전직 교도관 전병용에게 맡기자 그가 김정남에게 전달한 것이다. 3월 1일 자 비밀편지는 한재동이 김정남에게 직접 전달했다. 전병용이 수배 중인 이부영 등에게 편의를 제공한 혐의로 체포되어 영등포구치소에 수감되어 있었기 때문이다. 이 부분은 저자가 오랫동안 알고 지낸 한재동에게 직접 들어 확인한 것이다.

사제단의 폭로는 전두환 정권을 뿌리부터 뒤흔들었다. 검찰은 5월 22일 박종철 고문치사 사건의 공동정범 3명인 경위 황정웅, 경장 반금곤, 경장 이정호를 서울지검으로 연행했다. 사건 은폐와 조작을 지시한 것으로 드러난 사건 당시 치안본부장 강민창, 치안감 박처원, 경정 유정방(당시 대공수사 5과장), 경정 박원택(당시 대공 5과 2계장)도 그 3명에 이어 곧 구속되었다.

무고한 대학생을 극악한 고문으로 죽게 했다는 사실, 그리고 경찰이 사건의 진실을 은폐하고 조작했다는 사실이 만천하에 공개되자 전두환 정권은 국무총리 노신영, 국가안전기획부장 장세동, 내무부장관 정호용, 법무부장관 김성기, 검찰총장 서동권, 치안본부장 이영창 등 관련 기관장 전원을 문책 인사 형식으로 경질했다. 대통령 전두환 말고 행정부의 상층부가 모두 물러난 것이다. 그러나 그렇게 비상조치를 서둘러 취했지만 박종철 고문치사 사건이 6월민주항쟁의 기폭제가 되는 것을 막을 수는 없었다.

21. 6월민주항쟁의 전초전

박종철 고문치사 사건을 중앙일보가 처음으로 보도하고, 이어서 동아일보가 그 실상을 대대적으로 보도한 1월 16일 오후, 재야 민주화운동 진영은 전두환 정권을 규탄하는 운동을 시작했다. 한국기독교교회협의회가 '박 군의 죽음을 애도하며, 고문살인정권의 퇴진을 촉구한다'는 내용의 성명서를 발표한 것을 시발로 민주통일민중운동연합, 천주교정의구현전국사제단, 24개 여성단체로 구성된 여성생존권대책위원회 등도 성명을 내고 추도집회를 연 뒤 시위를 하거나 농성을 벌였다.

민통련을 비롯해 민추협, 신민당 등이 1985년 11월 4일 결성한 '고문 및 용공조작 저지 공동대책위원회(고문공대위)' 실무 대표들은 1987년 1월 20일 기독교회관에서 공동 기자회견을 갖고 "설날인 29일 이전에 서울에서 재야단체 합동으로 고문 종식을 위한 범국민대회를 열기로 했으며, 이날부터 26일까지 일주일간을 박종철 군 추모기간으로 설정해 각 사무실에 분향소를 설치하고, 교회에서는 추모예배를 갖기로 했다"고 밝혔다.

재야와 야당의 공동전선

1월 17일 신민당은 확대간부회의를 갖고 임시국회를 열어 박종철 고문치사 사건에 대한 국정조사권 발동을 위한 진상조사특별위원회를 구성하자고 여당에 요구했다. 그동안 신민당은 총재 이민우의 내각제 개헌 검토 주장 때문에 내분에 시달리고 있었다. 이민우 구상이라고 불리던 그 주장은 그가 1986년 12월 24일에 발표한 것으로 선 민주화, 후 내각책임제 협상을 뼈대로 삼고 있었다. 지방자치제 실시, 언론자유 보장, 공무원의 정치적 중립, 구속자 석방과 사면·복권 등 민주화 7개 항을 전두환 정권이 받아들인다면 내각책임제 개헌 협상을 긍정적으로 검토할 수 있다는 뜻이다. 대통령 직선제 개헌을 강력히 추진하고 있던 양김(김대중과 김영삼)은 이민우 구상을 실질적인 쿠데타로 여겼다.

그런 상황이라 전두환 정권을 상대로 한 직선제 개헌투쟁을 잠시 유보하고 있던 김대중과 김영삼은 박종철 고문치사 사건이 엄청난 정치적 파문을 일으키자 그 사건을 대여투쟁에 접목시키기로 의견을 모았다. 민추협은 공동의장 김대중과 김영삼이 참여한 가운데 1월 20일 농성에 들어갔고 신민당도 진상조사특위 구성이 불발되자 28일부터 농성에 합류했다.

1월 24일 오전, 언협 의장 송건호, 민통련 의장 권한대행 계훈제, 민통련 고문인 목사 김재준, 신민당 인권위원장 박찬종 등 10여 명은 기독교회관에서 '박종철 국민추도회 준비위원회(준비위)' 발기식을 갖고, 26일 오후 4시 기독교회관 대강당에서 '박종철 군 국민추도회 발족식'을 열기로 했다. 그러나 준비위는 26일 발기인 28명이 참석하는 발족식을 개최하려 했으나 경찰이 장소를 사전에 봉쇄함으로써 행사가 무산되었다.

이튿날인 1월 27일 오전 10시, 서울 중구 무교동 민추협 사무실에서 계훈제, 송건호, 한국기독교교회협의회 인권위원장 조남기, 김대중, 김영삼, 여성단체연합 생존권대책위원장 박영숙 등이 참석한 가운데 전날 경찰의 방해로 무산된 '고 박종철 군 국민추도회 발족식'과 함께 기자회견이 열렸다. 준비위는 기자회견에서 "오는 2월 7일 오후 2시 서울 명동성당에서 박종철 군 추도회를 열고 이와 함께 전국 각지에서 동시에 추도식을 개최할 것"이라고 발표했다. 준비위는 2월 7일을 '박종철 군 국민추도일'로 선포하고, 전국의 직장과 가정에서도 추도모임을 갖도록 홍보하기로 했다. 준비위는 1차로 참가한 준비위원이 9,782명이라고 밝혔고, 준비위가 정한 국민추도회 참가 요령은 다음과 같다.

- 모든 국민은 2월 7일 오후 2시 각자의 위치에서 추도묵념을 올린다.
- 모든 국민은 이날 박 군을 추도하는 뜻에서 검은색 또는 흰색 리본을 단다.
- 모든 자동차는 이날 오후 2시 정각에 추도 경적을 울린다.
- 모든 교회와 사찰 등 종교기관에서는 이 시각에 타종을 실시한다.
- 추도회 참석자는 화환 대신 꽃 한 송이씩을 헌화한다.

전두환 정권의 극한적 탄압으로 얼어붙어 있던 대학가에서도 박종철 고문치사 사건을 계기로 시위가 일어나기 시작했다. 일요일인 1월 19일 고려대에서 학생들이 시위를 벌였고, 연세대, 서강대, 이화여대에는 대자보가 붙었다. 20일에는 서울대에서 박종철 추모제에 이어 성토대회와 시위가 있었다. 같은 날 서강대, 연세대, 성균관대, 한양대, 동국대에서도 추모제와 규탄대회 뒤 시위가 벌어졌다. 23일부터는 전국 17개 대학에서 고문치사에 항의하는 연합시위가 일어났다.

박종철 고문치사 사건은 종교계에도 큰 충격을 주었다. 박종철의 부모가 독실한 불교 신자라는 것이 알려지자 불교계 청년과 승려들은 21일과 22일 추모제와 항의법회를 열었다. 새문안교회, 영락교회, 구세군 강남영문, 대한기독교 감리회 등 비교적 보수적이면서도 영향력 있는 개신교 교회에서도 추모예배 또는 성명서 발표가 있었다.

반향은 천주교에서 가장 컸다. 유신체제에 강력히 맞서 싸운 천주교정의구현전국사제단을 비롯해 천주교사회운동협의회, 천주교정의평화위원회가 추모했고, 그리고 각 성당에서 추도미사를 갖거나 항의성명을 발표했다. 1월 26일에는 명동성당에서 추기경 김수환, 대주교 윤공희, 주교 지학순 등 천주교정의평화위원회 1백여 명의 집전으로 박종철 추도와 고문 근절을 위한 인권회복 미사를 가진 뒤 2천여 명의 신자가 150여 명의 사제·수녀를 앞세우고 명동 일대에서 큰 규모의 침묵시위를 벌였다. 같은 날 부산교구 주교좌성당에서는 30여 명의 사제가, 인천교구에서는 3개 성당이 추모미사에 이어 시위, 규탄대회 등을 가졌다. 여성단체, 노동단체에서도 잇달아 시위가 일어났다.

2·7추도회와 3·3평화대행진

1987년 2월 6일 '고 박종철 국민추도위 준비위원회 집행위원회'는 "2·7추도회는 끝까지 평화적으로 엄숙하고 경건한 가운데 치러질 것"이며 "정부 여당은 모든 행사 절차에 따라 참가자들에게 정중한 예우를 갖춰주기를 마지막으로 권유한다"는 내용의 성명을 발표했다.

그러나 전두환 정권은 2·7추도회를 무산시키려고 초강경 조치들을 강행했다. 2월 초부터 경찰이 재야단체를 압수수색하기 시작한 것을 신호 삼아 서울시경은 5일과 6일 밤 두 차례에 걸쳐 1만 6천여 명의 경찰관을 동원해 2,700여 곳에서 검문검색을 실시했다. 전국 105개 대학도 이틀 동안 수색을 당했다. 2월 6일에는 아침부터 명동성당 일대 출입을 통제했고, 김대중, 김영삼 등 정치인과 함석헌 등 재야인사는 자택에 연금했다. 2월 7일에는 전국의 경찰 병력 12만여 명 가운데 5만여 명이 동원되었는데, 그 가운데 3만 6천여 명을 서울에, 특히 명동 일대에는 전경 기동대 등 8천여 명을 배치했다.

새벽(유화, 1991년, 김봉준 작)

추도회 시작 3시간 전인 오전 11시, 명동성당에서는 성당 직원들이 정문에서 신도와 시민을 안내하려고 했으나 경찰은 성당 언저리 골목에 있던 사람까지 쫓아냈다. 오후 12시 50분쯤 시민과 재야인사 2백여 명이 명동 입구 롯데쇼핑 앞길에서 성당 쪽으로 가려고 하자 경찰은 최루탄을 쏘기 시작했다.

그러자 서울 시내 곳곳에서 항의 시위가 일어났다. 오후 1시에는 서울시청 앞 프라자호텔, 조선호텔, 명동 입구의 롯데호텔, 을지로 입구와 광교 부근에서 2천여 명이 명동성당으로 가려다가 경찰의 제지를 받자 산발적으로 시위를 벌였다. 검은 리본을 달고 명동성당으로 향하던 재야인사, 신민당과 민주당 사람들 역시 경찰의 벽을 넘을 수 없었다.

지방 여러 도시에서도 경찰은 추도회를 강제로 무산시켰다. 추도식 장소로 예고된 부산 대각사는 아침 7시부터 경찰 2천여 명이 포위했다. 정오 조금 지나 대각사로 들어가려던 신민당 당원들과 대학생들은 경찰과 몸싸움을 벌이다 밀려날 수밖에 없었다. 오후 1시 20분부터는 수백 명의 학생이 창선동 국민은행 앞에서 '종철이를 살려내라!'는 현수막을 펼쳐 들고 시위에 들어갔다. 부산민주시민협의회 집행부의 신부 송기인과 신민당원, 구속자 가족 30여 명과 시민 3백여 명은 오후 2시에 남포동 부산극장 앞에서 추도회를 가졌다. 이 모임에서는 변호사 노무현과 김광일이 추모연설을 했다. 뒤늦게 달려온 경찰이 최루탄을 난사하자 추도회 참가자들은 "독재타도", "고문추방" 등을 외치며 시위를 벌였다. 시위는 부산 시내에서 오후 5시까지 산발적으로 계속되었다.

광주에서는 경찰이 추도회 장소인 광주 와이엠시에이(YMCA) 건물을 미리 봉쇄했다. 그러자 전남도청 광장에 모인 재야인사, 시민, 학생 등 1,500여 명은 경찰과 몸싸움을 벌였다. 오후 2시에 광주 시내 교회와 성당 등 30여 곳에서 차량들이 동시에 경적을 울리자 시민들도 손뼉을 치며 시위에 나섰다.

인천에서는 천주교 인천교구 가톨릭회관 6층에서 오후 2시부터 1시간 40분 동안 추도회가 열렸다. 전주교구와 춘천교구에서도 추도미사가 거행되었다.

경찰은 전국 69곳에서 추도회가 열렸고, 798명을 연행해 34명을 구속했다고 발표했다.

2·7추도회 이후에도 박종철 군 국민추도회 준비위원회는 전두환 정권을 규탄하는 활동을 계속했다. 2월 8일 서울 성공회 대성당에서는 주교 김성수, 목사 박형규 등 500여 명이 횃불순행을 했다. 2월 9일 준비위는 그날부터 박종철의 49재가 되는 3월 3일까지를 '고문추방 및 민주화를 위한 국민결의 기간'으로 정했다. 준비위는 2월 23일 오전 기독교회관에서 공동위원장 연석회의를 열고 3월 3일 '고문추방 민주화 국민평화대행진'을 개최한다고 발표했다.

"서울은 3일 정오부터 오후 1시까지 각 집결지에서 탑골공원을 향해 인도를 따라 행진하다가 탑골공원에서 추도묵념을 올리며 전국 각 도시에서도 적절한 장소를 정해 추도묵념을 함께 올린다."

준비위는 "모든 행진은 어린이를 포함한 모든 국민이 참여할 수 있는 평화적인 방법으로 실시한다"며 "고문 희생자에 대한 추모, 불법 연금, 강제 연행, 검문검색 거부, 고문수사 반대, 고문 근절을 위한 민주화 실현 등에 목적이 있다"고 밝혔다.

경찰은 2·7추도회 때와 마찬가지로 3월 2일 밤 9시부터 자정까지, 그리고 3일 새벽 4시부터 7시까지 1만 2천여 명의 병력을 동원해 서울 시내 일원에서 검문검색을 실시했다.

3월 3일 오전 10시 55분에는 불교 5개 단체가 중심이 된 '49재 봉행위원회'의 지선 등 승려 20여 명과 민통련 회원 등 50여 명이 조계사 건너편 신영다방 등에 모여 있다가 경찰이 봉쇄한 조계사로 들어가려고 정문 앞에서 경찰과 몸싸움을 벌이고 있었다. 부근의 골목 등지에 모여 있던 재야 운동권 사람 200여 명이 합류하자 오전 11시 20분에 조계사 부근 가나약국 앞 노상에서 49재 천도재를 약식으로 열었다. 정오 조금 지나서는 청계4가 부근에서 학생 등 2,000여 명이 약 40분 동안 가두시위를 벌였다.

부산의 사리암에서는 박종철의 부모와 가족, 친지들과 해인사 주지 명진, 통도사 주지 청하 등 400여 명이 모여 49재를 올렸다. 오후 5시쯤부터는 부산 시내 미화당백화점 앞 등 여러 곳에서 산발적으로 시위가 일어났다. 광주에서는 '광주 사암(寺庵)연합회'가 49재를 주관했고, 오후 4시 40분부터 9시까지 여러 군데서 시위가 벌어졌다. 대구, 대전, 전주 등지에서도 시위가 일어났다. 전국 46개 대학에서는 학생 6,000여 명이 교내에서 49재를 올린 뒤 시위에 나섰다.

경찰은 3월 3일 서울에만 88기동대 등 3만여 병력을 동원해 탑골공원으로 향하는 시내 간선도로에 배치했고, 전국에서 439명을 연행해 20여 명을 구속했다.

전두환의 4·13호헌조치

1986년 12월 23일 신한민주당 총재 이민우는 서울 남산 외교구락부에서 송년 기자간담회를 갖고 "7개 항의 민주화 조치가 선행되면 내각제 개헌을 받아들일 수 있다"고 밝혔다. 1) 지방자치제 실시, 2) 언론 및 집회·결사의 자유 등 기본권 보장, 3) 공무원의 정치적 중립, 4) 2개 이상의 건전한 정당제도 확립 보장, 5) 공정한 국회의원 선거법, 6) 용공분자를 제외한 구속자 석방, 7) 사면복권이 그것이다.

이른바 '민주화 7개 항' 또는 '선민주화론'이라고 불리던 이민우 구상에 대해 집권 민주정의당과 민정당 2중대라고 비난받던 한국국민당은 긍정적 반응을 보였다. 그러나 신민당 상임고문 김영삼과 민추협 공동의장 김대중은 "대통령 직선제 당론은 어떤 경우에도 바꿀 수 없다"고 강조하면서 이민우 구상을 강력히 반대했다.

1987년 2월 13일 김영삼과 김대중은 공동 기자회견을 열고 "개헌정국을 타개하기 위해 대화를 하자"고 전두환에게 요구한 뒤 개헌안을 국민투표에 부치는 선택적 국민투표를 제안했다. 그러나 전두환은 묵묵부답이었다. 3월 2일부터 시작된 신민당 지구당 개편대회에서 이민우가 다시 선민주화론을 주장하자 양김은 10일 개편대회에 불참하겠다고 밝혔다.

4월 8일이 되자 김대중과 김영삼은 신당을 창당하겠다고 선언했다. 그러자 신민당 소속 의원 가운데 63명이 9일 창당주비위원회에 참여했다. 주비위는 4월 13일 김영삼을 중심으로 통일민주당 발기인대회를 민추협 사무실에서 열었다. 바로 그날 전두환은 특별담화를 발표했다.

"임기 중 개헌이 불가능하다고 판단하고 현행 헌법에 따라 내년 2월 25일 임기 만료와 더불어 후임자에게 정부를 이양하겠다."

전두환은 1979년 12·12군사반란과 1980년 5·17쿠데타, 그리고 광주학살의 주범이자 박종철 고문치사 사건의 최종 책임자로서 재야 민주화운동세력과 야당으로부터 끊임없이 퇴진 요구를 받고 있었다. 그런 인물이 7년 임기를 고스란히 마치고 체육관 대통령에게 정권을 넘겨주는 것을 평화적 정권 이양이라고 주장했으니, 4·13호헌조치 반대투쟁은 거세게 일어날 수밖에 없었다.

전두환이 특별담화를 발표한 바로 그날 대한변호사협회는 "개헌은 누구도 중지시킬 수 없다"는 내용의 성명을 냈고, 전북인권선교협의회는 호헌에 결연히 반대하는 싸움에 나설 것이라고 선언했다. 4월 14일에는 한국기독교교회협의회, 전국목회자정의평화실천협의회, 광주기독교교회협의회 인권위원회, 기독교장로회 전북노회 등 개신교 단체들이 '호헌철회'와 '직선제 쟁취' 등을 주장하는 성명을 발표했다. 19일에는 민중문화운동협의회, 민주언론운동협의회, 자유실천문인협의회 등 6개 문화운동단체가 전두환 정권의 장기집권 음모를 규탄했다.

4월혁명 27주년이 되는 1987년 4월 19일, 서울의 국립 4·19묘지 언저리에서는 '3·3평화대행진' 이후 가장 큰 규모의 호헌 반대 시위가 벌어지고 있었다. 오후 2시부터 민통련이 주최한 기념식이 2시간 남짓 만에 끝나자 참가했던 3천여 명이 호헌철폐를 외치며 시내로 진출하려고 한 것이다. 경찰은 시위대를 향해 최루탄을 난사했고, 전경들은 시위자를 체포하려고 남의 집 담장을 뛰어넘기까지 했다. 그날 현장에서는 학생 289명을 포함해 358명이 경찰에 연행되었다.

4월 21일 천주교 광주대교구 소속 사제 19명은 "4·13호헌조치는 유신 이래 독재 권력에 빼앗긴 정부를 선택할 국민의 권리를 되찾자는 민의를 배반한 것"이라고 비판하고 29일까지 단식농성을 하겠다고 밝혔다. 전주교구에서는 신부 18명이 24일부터 5월 4일까지, 서울대교구에서는 신부 62명이 단식농성에 참여했다. 사제들의 단식은 원주교구, 인천대교구, 춘천, 마산, 부산, 대전, 수원의 교구로 확산되었다. 천주교정의평화위원회가 4월 중순부터 5월 4일까지 주도한 '호헌철폐 및 민주제 개헌지지 서명운동'에는 신부 571명이 참여했다.

4월 27일부터는 전남 목회자정의평화실천협의회 목사 29명이 단식에 들어갔고, 5월 4일에는 서울 목회자협의회 목사 30여 명도 삭발을 하고 무기한 단식기도를 시작했다. 단식기도는 인천, 춘천, 부산, 공주, 대전, 충주, 광주로 번져 나갔다. 불교계에서도 정토구현승가회 등 4개 단체 소속 40여 명이 4월 30일 밤샘농성을 벌였다.

대학교수들은 4월 22일부터 시국성명을 발표하기 시작했다. 1986

년에 가장 먼저 나섰던 고려대 교수 30명이 이번에도 '개헌문제에 관한 우리의 견해'라는 성명서를 맨 처음으로 발표했다. 그 뒤를 이어 28일에는 광주가톨릭대 교수 16명, 29일에는 서강대 교수 28명이 성명서를 냈다. 30일에는 성균관대 교수 43명, 가톨릭대 교수 15명이 뒤따랐다. 5월 1일에는 서울대 교수 122명이 '현 시국에 대한 우리의 견해'를 발표했다. 교수들의 시국성명은 전국 여러 대학으로 확산되어 5월 30일까지 50개 대학에서 1,530명이 참여했다.

4월 17일 통일민주당 창당주비위원장 김영삼은 현행 헌법 아래서는 대통령 선거에 불참하겠다고 선언했다. 그리고 신당은 전두환 정권의 갖은 방해를 물리치고 4월 29일 소속 의원 67명의 이름으로 원내교섭단체 등록을 마친 뒤 5월 1일 창당대회를 열었다.

22. 6월민주항쟁 (1)

광주민중항쟁 7주년을 맞은 1987년 5월 18일, 전국 62개 대학 학생 2만 2천여 명은 추모집회를 갖고 시위에 나섰다. 바로 그날 저녁 서울 명동성당에서 열린 '광주민주항쟁 제7주기 미사' 뒤 천주교정의구현전국사제단이 발표한 '박종철 군 고문치사 사건의 진실이 조작되었다'는 제목의 성명서가 6월민주항쟁의 기폭제가 되었음은 앞에서 기술한 바 있다.

민주헌법쟁취 국민운동본부 결성

1987년 5월 22일에는 서울대 등 전국 18개 대학 5,800여 명이 4·13호헌조치 철폐를 요구하며, 박종철 고문치사 사건의 은폐·축소를 규탄하기 위해 시위를 벌였다. 전두환은 26일 전면적 개각을 통해 난국을 돌파하려고 꾀했으나 2·7추도회를 계기로 강화된 야당과 재야세력의 민주대연합은 전두환 정권에 결정적 타격을 가할 준비를 하고 있었다.

그전인 5월 20일에 이미 사회 각 부문의 실무대표 15명이 모여 '호헌철폐 및 민주헌법쟁취 국민운동본부'를 결성하기로 합의한 것이다. 그래서 27일 아침 7시 서울 중구 향린교회에서 발기인대회가 열렸다. 전국 2,191명의 발기인을 대표해 계훈제, 박형규, 김상근, 최형우, 김동영, 양순직 등 150여 명이 모였다. 원래 결성대회는 그 이튿날 열 계획이었으나 전두환 정권의 방해공작을 막기 위해 발기인대회와 함께 개최하기로 했다. 경찰은 발기인 대표들이 기자들에게 그 사실을 알릴 때까지 전혀 모르고 있었다. 군사독재정권의 정보망이 허술해진 셈이다.

발기인대회는 조직 명칭을 '민주헌법쟁취 국민운동본부(국본)'로 정하고, "4·13조치는 건국 정신과 민주화를 부정하는 것이므로 도덕적·법률적으로 당연히 무효"라고 선언했다. 국본은 현행 헌법과 집시법, 언론기본법, 형법과 국가보안법의 독소 조항, 노동관계법 등 모든 악법의 민주적 개정과 무효화를 위한 범국민적 운동을 펼치고, 5·18민중항쟁 등에서 전두환 일파가 저지른 야만적 사건들의 진상을 밝히는 동시에 민주인사 석방과 복권을 위해 노력하겠다고 다짐했다. '민주헌법쟁취 국민운동본부 발기선언'은 다음과 같다.

「전두환 씨는 지난 4월 13일 반민주적인 현행 헌법의 호헌과 그 헌법에 따라 선출된 차기 대통령에게 권력을 이양한다는 이른바 중대 결정을 발표했다. 그 후 4·13 결정에 대한 전 국민의 항의는 전국을 휩쓸었다. 독재정치에 확고한 반대 입장을 표해 왔던 야당 정치인은 물론 국민 각계각층에서 이를 반대하는 분신, 단식농성, 가두시위, 연기명 서명 발표 등이 날로 규탄의 목소리를 드높이고 있다. (…)

현 정권이 거짓 선전하는 침묵하는 다수란 누구인가? 그들은 미처 반대 의사를 명시적으로 표현하지 못했거나 군부독재의 총칼 탄압 보복이 두려워 발설하지 않고 있는 선량한 국민들이다. 저들은 용기 있는 민주주의자들을 '폭력분자', '독선주의자', '좌경분자', '용공분자' 등 갖은 용어를 통해 매도하고, 심지어는 집회 방해, 활동 방해, 연금, 연행, 투옥, 고문, 테러 등 동원할 수 있는 모든 폭력적 수단을 통해 국민과 차단시키고, 공포 분위기로 국민들을 짓누르고 굴종을 강요하는 것이다. 저들이 남용하는 공포와 회유의 그물망은 그 위로는 거대한 관료조직과 관제언론에서, 군경과 통·반장의 말단에 이르기까지 야비하고 추악한 그림자를 드리우고 있다. 그러나 1945년 8·15해방과 분단 이후 이승만 백색독재 이래 40년 이상의 독재정치를 온몸으로 체험한 바 있는 우리 국민들은 독재의 부정, 부패, 불의가 온 국민에게 끼치는 정신적 물질적 악영향, 노예근성과 빈곤이 얼마나 엄청나고 또 끔찍하며, 정치·경제·사회 구조의 후진성을 그 자체로 초래시키는가를 몸으로 깨닫게 되었다.

민주화는 이 땅에서 그 어느 누구도 거역할 수 없는 도도한 역사의 대세가 된 것이다. 이제 우리는 지금까지 고립 분산적으로 표시되어 오던 호헌 반대 민주화운동을 하나의 큰 물결로 결집시키고, 국민을 향해 국민 속으로 확산시켜 나가야 한다는 데 뜻을 모았다. 우리들 사제, 목사, 승려, 민주여성, 민주정치인, 노동자, 농민, 도시빈민, 문인, 교육자, 문화예술인, 언론출판인, 청년들은 하나 되어 이 땅의 민주화를 위해 몸 바쳐야 한다는 뜻에서, '호헌 반대 민주헌법쟁취 범국민운동본부' 설립을 발기하는 바이다.」

국본 발기인은 지역 대표 352명, 천주교, 개신교, 불교 등 종교계 대표 683명, 각계 대표 934명, 정치인 213명 등 모두 2,191명이었다. 그 뒤 법조인 73명이 추가되어 2,264명이 되었다. 국본은 고문 8명에 함석헌, 홍남순, 강석주, 문익환, 윤공희, 김지길, 김대중, 김영삼, 상임공동대표 11명에는 박형규, 김승훈, 지선, 계훈제, 이우정, 송건호, 박용길, 고은, 양순직, 김명윤, 한승헌, 그리고 각계 인사가 포함된 공동대표단과 집행위원회로 구성되었다.

2·7추도회를 주도한 '박종철 군 국민추도회 준비위원회'는 5월 23일 모임을 갖고 민정당이 전당대회를 열어 노태우를 대통령 후보로 선정하는 6월 10일에 범국민적 규탄대회를 열기로 결정한 바 있었다. 그러나 5월 27일 출범한 국본이 그 계획을 떠맡아 6월 10일에 '고문살인

은폐규탄 및 호헌철폐 국민대회'를 주최하기로 했다.

연세대생 이한열의 최루탄 피격

6월 들어서는 전국 여러 대학에서 호헌철폐와 군부독재 종식을 위한 투쟁이 치열하게 벌어졌다. 6월 1일에는 서울지역대학생대표협의회(서대협) 소속 13개 대학 총학생회 회장과 간부 20여 명은 각자 사무실에서 호헌철폐와 군사독재 종식을 요구하며 단식농성을 시작했다. 같은 날 고려대 학생 2백여 명은 경찰에 연행된 총학생회장이자 서대협 의장 이인영을 석방하라고 외치며 교내에서 시위를 벌였다. 6일에는 서울대, 연세대 등 서울 시내 29개 대학 학생 2천여 명이 고려대에서 서대협이 주최한 '연합대동문화제'에 참석했다.

6월 9일에는 서울, 부산 등 전국 여러 대학에서 '6·10규탄대회 총궐기를 위한 실천대회'가 열렸다. 그런데 오후 2시쯤 연세대에서 열린 '구출 학우 환영 및 6·10대회 출정을 위한 연세인 총궐기대회' 직후 충격적인 사건이 일어나고 말았다. 경영학과 2학년 이한열이 경찰이 쏜 최루탄을 맞고 중상을 입은 것이다. 다음은 신학과 4학년 정성원이 기록한 당시 상황을 요약한 것이다.

「실천대회가 열린 뒤 연세대 학생들은 스크럼을 짜고 교문을 나섰다. 일명 지랄탄과 최루탄, 사과탄이 시위대를 향해 날아오고 격한 괴성과 함께 쇠파이프를 든 백골단이 교문 쪽으로 달려오자 학생들은 학교 안으로 밀리기 시작했다. 이한열은 백골단의 기습에 대응하기 위해 각목과 화염병으로 무장하고 전면에 배치된 학생들 가운데 한 명이었다. 학생들은 치약을 바른 마스크를 쓰고 경찰에 맞섰지만 화학무기를 당해낼 수는 없었다.」

이한열이 최루탄에 직격당한 시각은 오후 5시쯤이었다. 두어 시간 쯤 경찰과 백골단에 맞서 격렬한 시위를 벌이던 연세대 학생들은 그런 사실을 모른 채 교내 민주광장에 모였다. 그들이 구호를 외치고 노래를 부르며 단상 앞에 정렬하고 있는데 한 여학생이 신발 한 짝을 들고 다가왔다. 주인을 찾아보았지만 아무도 나타나지 않았다.

총학생회 복지부장이자 국문학과 4학년 김배균은 시위가 끝나면 으레 그랬듯이 교내 세브란스병원 응급실을 찾아갔다. 부상당한 학생이 있는지 확인하기 위해서였다. 그는 연세대를 담당한 안기부 요원이 응급실 앞에서 서성이고 있는 것을 발견했다. 응급실 안으로 급히 달려가 보니 이한열이 신음하며 병상에 누워 있었다. 이종창을 비롯한 학우 여러 명이 그를 업거나 부축하고 응급실로 데려간 것이다. 그러나 의사와 간호사는 학생들이 묻혀 온 최루가스 때문에 눈을 제대로 뜨지 못해서 응급치료를 할 엄두를 내지 못했다. 병상에 누운 이한열은 온몸을 쥐어뜯으며 "뒤통수"라고 소리치거나 "전신 마비"라고 외치기도 했다. 그는 "내일 시청 앞에 나가야 하는데…."라고 중얼거리더니 조금씩 의식을 잃어 갔고 몸은 차츰 굳어졌다.

뒷머리에 최루탄을 맞아 피를 흘리며 쓰러진 이한열을 이종창이 부둥켜안고 있는 사진을 촬영한 사람은 로이터통신 서울지국의 사진기자 정태원이었다. 그 사진은 중앙일보 6월 9일 자 1면에 크게 실렸다. 중앙일보 사진부장 이창성이 자기 회사 기자들이 찍어온 사진들이 선명하지 않은 것을 보고 로이터통신에 부탁해서 문제의 사진을 지면에 올린 것이다. 전두환 정권의 보도지침이 서슬 퍼렇게 살아 있던 당시에 그는 비장한 각오를 밝혔다.

"이 사진을 키워서 낸다. 모든 책임은 내가 진다. 보안대에 끌려가도 내가 끌려간다."

민주주의를 살려내라(목판화, 김봉준 작)

그 처참한 장면은 나라 안팎에서 분노를 폭발시키기에 충분했다. 남영동 대공분실에서 고문을 받다 죽임을 당한 박종철에 이어 이한열이 6월민주항쟁의 두 번째 기폭제가 된 것이다.

6월 10일의 국민대회

민주헌법쟁취 국민운동본부는 6월 5일 고문단과 공동대표단 이름으로 '6·10국민대회에 즈음하여 국민께 드리는 말씀'과 '6·10국민대회 행동요강'을 발표했다. 행동요강의 주요 내용은 아래와 같다.

1. 6월 10일 오전 10시 이후 각 부문별, 단체별로 고문살인 조작규탄 및 호헌철폐 국민대회를 개최한 후 오후 6시를 기하여 성공회 대성당에 집결, 국민운동본부가 주관하는 국민대회를 개최한다.
2. ① 오후 6시 국기 하강식을 기하여 전 국민은 있는 그 자리에서 애국가를 제창하고, ② 애국가가 끝난 후 자동차는 경적을 울리고, ③ 전국 사찰·성당·교회는 타종을 하고, ④ 국민들은 형편에 따라 만세 삼창(민주헌법 쟁취 만세, 민주주의 만세, 대한민국 만세)을 하든지, 제자리에서 1분간 묵념을 함으로써 민주쟁취의 결의를 다진다. ⑤ 국민대회는 우천 불구 진행한다.
3. 경찰이 폭력으로 대회 진행을 막는 경우 ① 전 국민은 비폭력으로 이에 저항하며, ② 연행을 거부하고, ③ 연행된 경우에도 일체의 묵비권을 행사한다.
4. 전 국민은 오후 9시부터 9시 10분까지 10분간 소등하고 케이비에스, 엠비시 뉴스 시청을 거부함으로써 국민적 합의를 깬 민정당의 6·10전당대회에 항의하고, 민주쟁취의 의지를 표시할 수 있는 기도, 묵상, 독경 등의 행동을 한다.

(…)

9. 각 도시 등 지방에서도 위와 같은 행동요강으로 국민대회를 진행하되 시간과 장소는 지역의 편의에 따라 할 것이며, 각계각층이 총망라하여 준비위원회를 구성하여 국민대회를 가져주기 바란다.

경찰은 6·10국민대회를 불법으로 규정하고 갑호 비상령을 발동했고, 5만 8천여 명을 투입해 6·10국민대회 봉쇄작전에 들어갔다. 그렇게 살벌한 상태에서 국본 상임집행위원들은 국민대회 준비 상황을 마지막으로 점검하기 위해 6월 7일 서울 압구정동의 블랙 앤 화이트라는 카페에서 비공개회의를 가졌다. 비공개회의에 참석한 상임집행위원은 이해찬, 박우섭, 김학민, 황인성, 이명준, 유시춘, 인재근 등이었다. 상임공동대표와 공동대표는 성공회 대성당에 들어가 국민대회를 치르기로 했고, 젊은 상임집행위원은 현장에 들어가 성명서, 현수막, 음향시설 등을 준비하기로 했다. 당시 국본의 공동대표단과 집행위원은 경찰에 미행을 당하고 있었으므로 국민대회 사흘 전부터 집에서 나가 있기로 결정했다.

6월 10일 정오, 성공회 대성당의 종루에서 종이 42번 울렸다. 종소리와 함께 스피커에서는 선언이 흘러나왔다.

"우리는 민주주의를 갈망하는 온 국민의 이름으로 지금 이 시각 진행되고 있는 민정당의 대통령 후보 지명이 무효임을 선언한다."

민정당 제4차 전당대회 및 대통령 후보 지명대회와 같은 시각에 열린 민주당·민추협의 '영구집권음모 규탄대회'에서 민주당 총재 김영삼은 "지금 민정당은 4천만 국민의 뜻을 무시한 채 역사 속의 치욕스럽고 부끄러운 돌아올 수 없는 다리를 건너고 있다"고 비판했다.

경찰은 6월 10일 서울에만 160개 중대 2만 2천여 명을 배치했다. 그런 상황에서 오후 1시부터 서울 시내 여러 곳에서 가두시위가 벌어졌다. 오후 4시 45분, 을지로2가 사거리에서 서울대, 성균관대, 총신대 학생 500여 명이 '우리의 소원은 민주'라는 노래를 부르며 "호헌철폐, 독재타도" 등의 구호를 외치자 길가의 군중은 태극기를 흔들며 환호했다. 이태영, 이우정 등 여성단체 간부들과 민주화실천가족운동협의회(민가협) 회원 2백여 명은 남대문 부근 삼성본관 빌딩 앞에서 "성공회로 가자"라는 구호를 외치다 경찰에 제지당했다. 경희대, 한국외국어대 학생 5백여 명은 오후 5시 서울 성북역과 인천을 왕래하는 전동열차를 신이문역에서 가로막고 승차한 뒤 남영역에서 내려 "호헌철폐" 구호를 외치며 경찰과 맞섰다.

오후 5시에는 강신옥, 고영구, 홍성우, 황인철, 하경철, 조영래 등 국본에 참여한 변호사 27명이 광화문 부근 변호사회관에서 성명서를 낭독한 뒤 성공회 대성당으로 가다가 광화문사거리에서 경찰에 가로막혔다. 그들은 변호사회관으로 돌아가 이튿날까지 농성을 벌였다.

오후 6시, 경찰에 겹겹으로 포위된 성공회 대성당 안에서는 국기 하강식에 맞춰 국본 간부들과 성공회 성직자 등 70여 명이 국본 상임집행위원장인 목사 오충일의 사회로 국민대회를 시작했다. 성당 부근의 태평로 연도에는 시민들이 가득 들어차 있었다. 경찰이 해산시키려고 최루탄을 쏘아댔지만 시민들은 야유를 퍼부으며 골목으로 흩어졌다가 다시 모이곤 했다. 거리를 달리던 차량은 오후 6시 국기 하강식에 맞춰 경적을 요란하게 울려댔다.

그날 밤 신세계백화점과 롯데쇼핑 언저리, 회현동과 퇴계로, 남대문시장 일대에서는 시가전이나 다름없는 시위가 벌어졌다. 회현동 쪽에 모여 있던 학생과 시민 3천여 명은 신세계백화점 뒤편 고가도로를 점거한 뒤 남산3호터널부터 신세계백화점 앞 로터리에 걸쳐 경찰과 대치했다. 그 공방전에서 경찰의 저지망이 무너지자 2만여 명으로 불어난 시위대는 도로를 완전히 점거했다. 8시에는 학생 5백여 명이 퇴계로2가 파출소를 점거했다가 경찰에 밀려났으나 잠시 뒤 2천여 명의 시위대가 또다시 그곳을 점거했다.

밤 9시가 되자 국본의 행동요강에 따라 서울 시내의 아파트 지역에서 10분 동안 불빛이 사라졌다.

인천에서는 오후 4시부터 주안역, 백운역, 부평시장, 부평4공단, 청천동 등지에서 시민과 학생, 노동자 등 1만여 명이 시위를 벌였다. 시위는 밤 11시 반까지 계속되었다.

성남에서는 오후 5시 45분 경원대 학생들이 시위를 시작했다. 시위대는 밤 9시 20분 2만여 명으로 불어났다. 수원에서도 소규모 시위가 일어났다.

부산 지역에서는 오후 3시 30분 부산대를 비롯한 여러 대학 학생이 교내에서 출정식을 가졌다. 저녁 6시가 되자 대각사 주변 시민들은 국기 하강식에 맞춰 애국가를 합창하면서 "독재타도", "민주헌법 쟁취" 등의 구호를 외쳤다. 8시 30분에는 보수동로터리에 모인 군중이 경찰에 맞서 투석전과 연좌시위를 계속했으며, 전경 1개 소대를 무장 해제시키고 차량 1대를 탈취했다.

광주에서는 오후 5시부터 시위가 시작되었는데, 6시 정각 가톨릭센터에서 녹음된 타종 소리가 방송되자 군중 5천여 명은 태극기를 들고 애국가를 제창했다. 시민과 학생 등 1만여 명은 밤 10시 광주공원 부근에서 이튿날 새벽 5시까지 산발적으로 시위를 벌였다.

전주에서는 오후 5시 20분부터 밤 10시 반까지 시위가 있었다. 익산에서는 정오 원광대 학생들이 출정식을 가진 뒤 시민들과 합세해 시위에 나섰다. 5천여 명이던 시위대는 오후 7시 1만여 명으로 불어났다.

마산에서는 경찰이 3·15의거기념탑 언저리를 완전히 봉쇄한 가운데 오후 7시 1,500여 명의 시위대가 공설운동장으로 들어갔다. 경찰이 쏜 최루탄 가스 때문에 거기서 열리던 대통령배 축구대회가 중단되자 관중도 시위에 합세했다. 대전에서는 오후 5시 40분에 시위가 시작되어 밤 9시 10분이 되자 참여 인원이 5천여 명으로 늘어났다. 청주와 천안, 춘천과 목포, 군산에서도 시위가 일어났다.

대구에서는 오후 5시 40분부터 시내 30여 곳에서 산발적으로 시위가 벌어졌고, 포항과 울산, 경주에서도 소규모 시위가 일어났다.

이처럼 서울뿐 아니라 성남, 인천, 광주 등 여러 지역에서 시민들은 6·10국민대회에 적극적으로 참여했다. 22개 도시가 같은 시간에 동일한 행동 방침으로 시위를 한 것은 처음 있는 일이었다. 서울과 성남, 마산 지역에서는 한때 전경이 무장 해제를 당하기도 했다. 파출소는 16개가 파손되었고, 부산에서는 민정당사 3곳이 공격당했다. 경찰 차량은 6대가 전소되고 17대가 파손되었다.

서울에서는 2,392명, 전국에서 3,831명이 연행되었다. 치안본부는 시위가 전국 도시 104곳에서 벌어졌고, 시위 참여 인원은 4만 5천여 명이라고 발표했지만, 국본은 22개 도시에서 30만여 명이 참가했다고 주장했다.

23. 6월민주항쟁 (2)

6·10국민대회가 거국적 항쟁으로 발전하리라고는 국본 집행부도 미처 예상하지 못한 일이었다. 한국의 역사에서 그때까지 3·1운동 말고 가장 오래, 가장 큰 규모로 계속된 것은 바로 6월민주항쟁이었다. 1960년의 4월혁명이나 1979년의 부마항쟁, 그리고 1980년의 광주민중항쟁보다 기간이 훨씬 길고 규모도 훨씬 컸던 것이다.

항쟁의 거점 명동성당

1987년 6월 10일 오후 4시 반, 서울 명동성당 앞마당에서는 상계동 주민 2백여 명이 천주교도시빈민사목협의회 사람들과 함께 약식으로 국민대회를 열 준비를 하고 있었다. 그들은 상계동에서 쫓겨난 73가구 주민으로 1986년 말부터 명동성당에 천막을 치고 서울시의 무분별한 개발정책에 항의하며 장기농성을 하고 있었다. 그런데 그때 명동 입구 유네스코 건물 앞에서 경찰과 치열한 투석전을 벌이던 학생과 시민 5백여 명이 무차별 최루탄 발사에 밀려 성당 안으로 들어온 것이다. 6시 이후에는 시민과 천주교 신자, 그리고 수녀가 전두환 정권을 규탄하는 토론회를 열었는데, 밤 10시가 넘자 퇴계로 쪽에서 경찰에 쫓긴 학생들이 또다시 몰려 들어왔다. 성당 안의 군중은 이제 1천여 명으로 불어났다. 그래서 그들은 11시 반쯤 중앙극장 쪽과 로얄호텔 쪽에 입간판 등으로 바리케이드를 친 뒤 동부·서부·남부·북부 지역의 학생대표 4명과 노동자, 도시빈민, 일반 시민 대표 3명으로 임시집행부를 구성했다.

임시집행부는 자정을 넘어선 11일 새벽 4시쯤 명동성당청년연합회(명청연)와 성당 직원의 도움으로 귀가하기를 원하는 사람을 밖으로 내보내기 시작했다. 명청연 지도부는 소집 가능한 회원들을 동원해 사무실을 임시상황실로 개방하고 시위대 임시집행부와 국본, 천주교 쪽과의 가교 역할을 할 긴급대책반을 구성했다. 상계동 주민들은 천막농성장 안에 솥을 걸어놓고 밥을 짓고 라면을 끓여 시위대에 제공했다.

명동성당에 있던 시위대 사람들이 11일 새벽 4시부터 농성을 계속할 것인지에 대한 여부를 둘러싸고 토론하고 있을 때, 국본 대변인인 목사 인명진이 '6·10국민투쟁은 6월 10일 24시를 기해 종결되었고, 명동농성투쟁은 국본과 무관하다'고 발표한 신문이 시위대에 전달되었다. 분위기는 순식간에 험해지면서 토론회는 국본 성토대회로 바뀌고 말았다. 격앙된 감정을 가라앉힌 시위대는 다시 농성 계속 여부를 두고 토론을 벌였다. 투쟁 열기를 명동으로 한정할 것이 아니라 밖으로 나가 국민과 함께할 방법을 찾자는 '즉각 해산론'과 6·10국민대회의 열기를 지속하기 위해 투쟁본부로서 명동성당을 거점화해야 한다는 '계속 투쟁론'이 팽팽히 맞섰다.

11일 아침 농성하던 시위대가 명동성당 입구 바리케이드 앞에서 전두환과 노태우의 허수아비를 화형하자 경찰은 10시 55분 바리케이드와 현수막을 제거하려고 최루탄을 쏘며 쳐들어 왔다. 그러나 50여 명의 농성자가 화염병과 돌로 완강히 맞서는 바람에 경찰은 후퇴했다.

오후 2시 경찰은 농성자 전원을 연행하겠다고 명동성당 쪽에 통고하고 다시 맹공격을 퍼부었다. 최루탄이 우박처럼 쏟아지는 가운데 바리케이드가 무너지고 시위대는 정문 앞까지 밀려났다. 최루탄은 성당 앞마당까지 날아와 떨어졌다.

12일 오후, 서울대, 경희대, 외국어대, 서울시립대 등 7개 대학 학생은 '명동성당 농성학우 구출투쟁 출정식'을 갖고 도심지로 나왔다. 오후 5시에는 1천여 명의 학생이 남대문시장 앞에서 시위를 벌였고, 그들 가운데 일부는 바리케이드를 넘어 명동 로얄호텔 쪽으로 진출했다.

사태가 심각해지자 명동성당 주임신부 김병도는 추기경 김수환의 재가를 얻어 수도권 사제 50여 명을 성당으로 불러들였다. 그들은 경찰이 성당 구내에 최루탄을 난사한 데 항의하는 뜻으로 철야농성을 하는 한편, 시위대가 안전하게 귀가할 때까지 미사를 드리기로 결의했다.

오후 8시, 미사가 진행되는 동안 시위대는 성당 입구의 바리케이드를 경계선으로 삼아 시민과 시국토론을 벌이고 있었다. 그런데 그때 또다시 2,300여 명의 경찰이 성당 안으로 최루탄을 쏘아댔고 시위대는 화염병으로 공격에 맞섰다.

6월 12일 새벽에 소집되어 서울대교구 사제단 회의에 참석한 신부 40여 명은 학생과 시민의 민주화투쟁을 적극적으로 지지해 동참할 것이며, 사제의 양심으로 그들을 끝까지 보호할 것이라는 등 4개 항을 결의했다. 천주교 사제들이 처음으로 농성을 공식적으로 지지한 것이다.

시위대는 폭력시위를 자제하기로 합의하고 성당 안으로 철수했다. 그러나 서울시경 국장 조종석은 명동성당 집단 난동 사태는 6·10대회와 달리 체제 전복을 꾀하는 국기 문란 행위라면서 "극렬 불순분자들은 각종 폭력시위를 주동했던 좌경운동권의 핵심 세력으로 추정된다"는 주장의 성명을 발표했다.

침묵하던 넥타이부대가 항쟁에 동참하다

6월 12일 오전, 회사원과 은행원을 비롯한 넥타이부대가 명동성당 부근으로 모여들기 시작했다. 낮 12시 45분에 명동성당에서 농성하던 사람들이 대열을 갖추고 정문으로 나오자 시민들은 박수와 환호를 보내며 만세를 불렀다. 주위 건물에서도 넥타이를 맨 젊은이들이 창문을 열고 함성을 지르거나 옥상에 올라가 손을 흔들었는데, 오후 2시가 조금 지났을 때는 은행과 증권사, 보험회사 사무원이 길가에 나와서 "독재타도"를 외쳤던 것이다. 그리고 넥타이부대는 시민들과 함께 모은 성금을 명동성당 농성자에게 전달했는데, 그날부터 5일 동안 성금이 2천여 만 원이나 모였다.

넥타이부대의 등장에 당황한 경찰은 1,300여 명의 병력으로 명동성당 일대를 차단해 버렸고, 상가와 사무실은 개점휴업 상태가 되고 말았다. 오후 4시 경찰의 저지선을 뚫고 명동거리로 나온 사제, 수녀, 신자가 침묵시위를 벌이자 1만여 명의 시민은 어우러져 대규모 시국토론회를 벌이기 시작했다.

서울 시내 도심에서는 12일 밤늦은 시각까지 시위가 일어났고, 경찰은 학생 327명 등 437명을 연행했다. 그날 전국 37개 대학 교내에서는 2만여 명이 시위를 벌였다.

세브란스병원에서 이한열이 사경을 헤매고 있던 연세대에서는 학생 3천여 명이 '살인적 최루탄 난사에 대한 범연세인 규탄대회'를 열었다.

13일에도 항쟁의 거점인 명동성당 일대에서는 시위가 잇달아 벌어졌다. 점심식사가 끝난 뒤 농성대원이 성당 언덕에 올라서자 부근 사무실 창문이 열리면서 박수와 환호가 쏟아졌다. 전두환 정권이 침묵하는 다수라고 주장하던 중산층의 반란이 갈수록 치열해진 것이다. 오후 5시에는 시민과 학생이 성당 입구에서 노래를 부르고 구호를 외치며 농성자를 격려했고, 밤 10시가 되자 농성자는 촛불기도회를 마친 뒤 신자, 시민과 함께 촛불평화대행진에 나섰다. 6월 13일 전국에서 시위에 참가한 사람은 전날의 절반가량인 1만 3천여 명이었다.

14일 아침 현재 명동성당 농성자는 여성을 포함해 350여 명이었다. 그들이 오전 10시부터 시민과 학생과 어우러져 성당 일대에서 연설과 토론을 벌이자 오후 1시 전두환은 전권 위임자를 신부 함세웅에게 보내 다음 날 정오까지 농성을 풀면 사법조치를 취하지 않겠다고 통보했다. 그러나 시민과 학생은 농성자를 보호하기 위해 성당 입구에서 집회 장소까지 인간 바리케이드를 만든 뒤 오후 2시부터 시국대토론회를 열었다. 저녁 6시부터 비가 내리기 시작했지만 성당 농성자와 시민은 명동 거리를 가득 메우며 촛불행진을 시작했다. 함세웅의 요청에 따라 밤 10시에 경찰은 철수했다.

농성자는 성당 안에서 철수 문제를 두고 밤새도록 토론을 벌였다. 15일 오전 8시 1차 투표를 했으나 찬성도 반대도 과반수에 못 미쳐 다시 투표에 들어갔다. 오전 9시에 3차 투표를 한 결과는 찬성 119, 반대 94였다. 엿새에 걸친 농성을 풀기로 결정한 것이다.

6월 10일 밤부터 15일 아침까지 계속된 명동성당 농성투쟁과 넥타이부대를 중심으로 한 시민의 시위는 국본이 주최한 6·10국민대회를 민주항쟁으로 발전시키는 결정적 구실을 했다. 초조하다 못해 심리적 공황 상태에 빠진 듯한 전두환 정권이 갖은 술수를 동원해 농성자를 해산하려고 한 까닭은 바로 그것을 두려워했기 때문이다.

농성자들은 해산했지만 15일 오후 1시부터 시민 2만여 명이 명동성당 입구부터 코스모스백화점에 이르는 거리에 운집해 학생들과 함께 "독재타도", "민주헌법 쟁취"를 외쳤다. 시민들 가운데는 상인보다 넥타이를 맨 회사원이 더 많았다. 오후 8시에는 명동성당에서 사제 4백여 명이 참석한 가운데 '나라의 민주화를 위한 특별미사'가 열렸다. 밤 10시부터는 천주교 신자, 신부, 수녀 4천여 명이 한 손에 촛불을 들고 다른 손으로는 브이(V) 자를 그리며 기도회를 가졌다.

같은 날 연세대에서는 학생 7천여 명이 비상총회를 열었고, 그들 가운데 1천여 명은 교문 밖으로 나가 격렬한 시위를 벌였다. 이한열은 세브란스병원에서 의식을 잃은 채 7일째 사경을 헤매고 있었다.

그날 대전, 부산, 대구, 광주, 인천, 진주 등지에서도 학생과 시민이 시위에 나섰다. 전국 59개 대학에서 학생 9만 2천여 명이 시위에 참가했고, 140곳에서 시민을 포함한 총 10만 4천여 명이 시위를 벌였던 것이다.

6·18최루탄추방대회

명동성당 농성투쟁이 끝난 이튿날인 6월 16일 오전, 국본은 공동대표단 회의를 열고 18일을 '최루탄 추방 국민결의의 날'로 정했다. 이한열을 비롯해 경찰의 최루탄에 맞아 다친 이들의 회복을 기원하는 동시에, 전두환 정권의 야만적인 집회·시위 탄압을 규탄하자는 뜻이었다.

6월 16일에도 시위는 계속되었다. 전날보다 참가자 수는 적었지만 시위는 더 과격해졌다. 부산과 대전, 진주 등지에서는 경찰버스와 파출소가 불타거나 파손되었다. 전국 8개 도시의 122곳에서 1만 7,400여 명이 시위에 참가했고 민정당 지구당사 3곳에는 화염병이 투척되었다. 경찰은 6월 9일부터 48시간 시한부로 내렸던 갑호비상령을 무기한 연기했다.

17일에는 서울에서 28개 대학 학생 2만 7천여 명이, 지방에서는 45개 대학 2만 5천여 명이 시위를 벌였다.

6월 18일, 국본이 이틀 전에 결정한 대로 전국 16개 도시의 247곳에서 최루탄 추방을 위한 시위와 집회가 벌어졌다. 서울에서는 경찰이 최루탄 추방공청회 장소인 종로5가 부근의 연동교회 일대를 포위한 가운데 오후 2시부터 학생과 시민 6백여 명이 거리로 나와 오후 4시까지 "최루탄을 몰아내자", "호헌철폐" 등 구호를 외쳤다. 특히 이우정, 박영숙,

박용길 등 여성단체 대표와 구속자 가족 등 3백여 명은 '최루탄을 쏘지 마세요'라는 어깨띠를 두른 채 '내가 낸 세금이 우리 자녀 죽인다' 등 피켓 30여 개를 들고 시민, 학생과 노상공청회를 열었다.

같은 날 오후 7시 반에는 남대문시장과 퇴계로 일대에서 학생 3천여 명이 모여 명동 쪽에서 온 학생 2천여 명과 합세해 차도를 완전히 점거했다. 시민까지 합류하자 시위대는 2만여 명으로 불어났다. 신세계백화점 부근에서는 시위대 2천여 명이 전경 60여 명의 무장을 해제하고 그들을 분수대로 몰아넣었다. 오후 8시에는 서울역 일대에 1만여 명이 모여 도로를 점거했다. 군중 가운데 일부는 경찰버스와 예비군 수송버스를 불태우고 남대문경찰서와 역전파출소를 심하게 파손하기도 했다.

부산에서는 1979년 10월의 부마항쟁 때보다 훨씬 많은 인파가 시위에 참가했다. 특히 택시가 50~300대씩 떼를 지어 도로를 차단하고 경적시위를 벌인 점은 1980년 5월 광주를 연상시켰다. 오후 4시부터 서면 로터리에 모여든 시민과 학생은 오후 7시 8차선 도로 4킬로미터를 완전히 메웠고, 자정을 넘기면서는 시위가 더욱 격렬해졌다. 시위대는 대형 트럭과 트랙터 10여 대를 탈취해 2백여 대의 택시와 함께 시청 앞으로 돌진했다.

전두환의 정치적 아성인 대구에서도 학생과 시민 1만여 명이 시위에 나섰다. 파출소 2곳이 불타고 3곳이 파손당한 상황이라 중심가의 상점은 거의 모두 철시했다.

광주, 인천, 대전, 춘천, 원주, 진주, 마산, 김해, 성남, 울산, 목포, 익산, 군산 등지에서도 시위가 일어났다.

대통령 전두환은 19일 오전 10시 반, 안기부장, 국방부장관, 3군 참모총장 등을 청와대로 불러들여 서울, 부산, 대구, 광주, 대전 등지로 군 병력을 이동시키라고 지시했다. 그러나 그 명령은 오후 4시 반에 유보되었

팔칠년 6월민주항쟁 역사풍속화(2017, 김봉준 작)

다. 주한 미국대사 릴리가 그날 오후 대통령 레이건의 친서를 받고 전두환에게 어떤 메시지를 전달했는데, 그것이 영향을 미쳤을 가능성이 크다.

6월 19일부터는 광주와 전주 등 호남 지역에서 시위가 확대되었다. 광주에서는 그날 오후 5시 10분부터 시작된 시위에 시민이 대대적으로 참여해 밤 10시에는 1만여 명으로 불어났다. 경찰은 63회에 걸쳐 4만 5천여 명이 시위를 한 것으로 집계했다. 20일 저녁과 밤에는 시위 규모가 훨씬 커져 이튿날까지 계속되었다. 일요일인 21일 밤 10시 10분에는 광주공원 일대에 3만여 명이 운집했다.

전주에서는 19일과 20일에 각각 3천여 명이 시위를 벌였고, 21일에는 6천여 명으로 늘어났다. 목포, 순천, 군산에서도 19일부터 21일까지 대규모 시위가 일어났다. 특히 21일 익산에서는 기독교연합회가 주최한 기도회에 시민과 학생 1만여 명이 참가해 목사 3백여 명을 선두로 가두시위를 벌이기도 했다.

6월 19일부터 21일까지 부산, 대구, 대전, 청주, 제주, 성남, 안동 등지에서도 시위가 끊이지 않았다.

6·26평화대행진

6월 17일 열린 국본 상임집행위원회는 6월 26일 '민주헌법쟁취를 위한 국민평화대행진'을 주관하기로 합의했다. 19일 밤 마포구 합정동 마리스타수녀원에서 열린 국본 상임공동대표단과 상임집행위 연석회의에서 민주당의 최형우 등과 김대중계 양순직 등은 전두환이 비상조치를 취할 가능성이 크다며 영수회담 결과를 기다려보자고 주장했고, 개신교 쪽도 신중론을 폈다. 밤을 새워 토론을 한 끝에 국본은 20일 아침 전두환 정권이 4·13호헌조치를 철회하고 민주화 요구를 받아들이지 않으면 23일에 평화대행진의 날짜와 방법, 국민행동수칙 등을 발표하겠다고 밝했다. 민주당 총재 김영삼은 21일과 22일 잇달아 국본에 참여한 개신교 지도자들을 만나 여야 영수회담 등을 통해 정치적 대화로 풀어야 한다고 주장하면서 대행진을 연기하자고 요청했다.

국본은 23일이 되자 전두환이 김영삼과의 회담에서 민주화 조치를 명백히 약속한다면 그것을 적극적으로 지지할 것이라는 단서를 발표문에 넣기로 결정한 뒤, 26일 오후 6시 전국에서 동시에 '민주헌법쟁취를 위한 국민평화대행진'을 실시하겠다고 발표했다. 국본은 평화대행진 행동지침을 이렇게 정했다.

'오후 6시 국기 하강식과 동시에 애국가를 제창하고, 전국의 교회와 사찰에서는 타종을 하며, 밤 9시에는 10분 동안 텔레비전을 끄고 소등한다.'

서울에서는 동대문, 시청 앞, 안국동, 신세계백화점, 영등포시장 등 각 구별로 주민이 모일 곳을 지정하고, 최종 집결지는 탑골공원으로 정했다. 24일 국본은 평화대행진에 참여할 도시가 애초 13곳에서 22곳으로 늘었다고 발표했다.

재야단체와 야권이 평화대행진 계획을 공식으로 발표하기 전날인 6월 22일, 부산에서는 심각한 사건이 일어났다. 17일 아침부터 가톨릭센터에서 농성을 하고 있던 학생과 시민 2백여 명이 부산시경으로부터 안전 귀가를 보장받고 밤 9시 40분쯤 신부 2명과 함께 집으로 돌아가는데, 경찰이 최루탄을 난사하며 무차별 폭행을 가한 것이다. 그들은 모두 남부서에 연행되어 밤 11시 20분까지 갇혀 있다가 풀려났지만, 부산교구 소속 신부 80여 명은 경찰의 만행에 항의하는 뜻으로 무기한 농성에 들어갔다.

6월 22일부터 25일까지 광주, 전주, 대구, 인천, 수원, 천안, 공주, 원주, 익산, 순천, 안동, 제주 등지에서도 크고 작은 시위가 끊이지 않았다.

6월 24일, 전두환과 김영삼의 영수회담이 열렸다. 김영삼은 4·13호헌조치 철회 등 민주화 조치를 하고 직선제 개헌을 하거나, 직선제 개헌과 내각제에 대한 선택적 국민투표를 하자고 제안했으나 전두환은 4·13 호헌조치는 철회하면서도 직선제 개헌이나 국민투표는 받아들이지 않았다. 그러자 민주당은 회담이 실패로 끝났다고 단정하고 평화대행진에 참여하겠다고 발표했다.

'국민평화대행진'의 날인 6월 26일이 되자 경찰은 5만 6천여 명의 병력을 전국 24개 도시에 배치했다. 서울에서는 경찰 2만여 명이 집회 장소를 원천봉쇄하는 데 동원되었다. 그러나 평화대행진은 애초 계획보다 많은 34개 시와 4개 군에서 동시다발적으로 진행되었다.

서울에서는 학생과 시민의 시위가 오후 5시 30분 신세계백화점 앞에서 시작되어 서울역, 영등포역, 동대문 쪽으로 확산되었다. 최대의 격전지는 서울역 일대였다. 오후 8시가 되자 서울역, 서부역, 고가도로, 남대문, 남산거리에는 3만여 명이 모여 경찰의 최루탄 발사에 맞서 3시간 남짓 동안 일진일퇴의 공방전을 벌였다. 오후 7시 45분에는 영등포로터리 일대에도 시위대 2만여 명이 운집했다. 동대문과 동대문시장, 종로5가, 서울운동장과 청계고가도로에서도 1만 5천여 명이 시위를 벌였고 차량들도 경적을 울리며 이에 호응했다. 27일 새벽 1시에는 영업용 택시 3백여 대가 신설동로터리 부근의 도로를 점거했고 운전기사는 경적을 울렸다.

광주에서는 오후 5시 30분에 시위가 확대되기 시작하더니 6시가 되자 2만여 명이 한일은행사거리에 모였다. 7시 20분에는 시위대가 10만여 명으로 늘어났다. 여수, 순천, 목포, 무안, 완도, 광양에서도 시위가 일어났다.

부산에서는 가톨릭센터 '농성귀가 폭행 사건'에 항의하다가 고가차도에서 추락해 사망한 이태춘을 위한 위령미사가 오후 4시에 열렸다. 오후 7시 40분에는 서면로터리 일대에서 4만여 명이 시위를 벌였는데, 이 시위에는 버스, 택시, 트레일러 등 운수 노동자가 많이 동참했다.

마산에서는 평화대행진이 무산되자 경남대와 창원대 학생 등 2만여 명이 가두시위에 나섰다. 진주, 울산, 김해, 진해, 거창 등지에서도 시위가 있었고, 인천, 대전, 수원, 청주, 천안, 원주, 춘천, 제주에서도 시위가 벌어졌다.

야권이 선뜻 받아들인 노태우의 6·29선언

평화대행진이 끝난 이튿날인 6월 27일 오전 8시, 국본은 상임공동대표단 회의를 열고 "현 정부는 이제 국민의 뜻에 따라 새 헌법에 의한 정부 이양 일정을 구체적으로 밝히라"고 요구했다. 28일 천주교 부산교구 중앙성당에서는 신도 1만여 명이 참가한 가운데 특별미사가 열렸다. 그들은 이후 성명을 통해 "분명한 민주화 일정이 발표될 때까지 농성을 계속하겠다"고 밝혔다. 서울에서도 서울제일교회를 비롯한 개신교 교회에서 기도회가 열리고 시위가 일어났다.

민정당 대표 노태우는 6월 29일 오전 9시 5분에 열린 중앙집행위원회 회의에서 '시국 수습을 위한 특별선언'을, 세칭 6·29선언을 발표했다.

"(…) 오늘 저는 각계각층이 서로 사랑하고 화합하여 이 나라의 국민임을 자랑스럽게 여기며 정부 역시 국민들로부터 슬기와 용기와 진정한 힘을 얻을 수 있는 위대한 조국을 건설하기 위해서 비장한 각오로 역사와 국민 앞에 서게 되었습니다. (…)

이 구상은 대통령 각하께 건의를 드릴 작정이고 당원 동지 그리고 국민 여러분의 뜨거운 뒷받침을 받아서 구체적으로 실현시킬 본인의 결심입니다.

첫째, 여야 합의하에 조속히 대통령 직선제 개헌을 하고 새 헌법에 의한 대통령 선거를 통해서 88년 2월 평화적인 정부 이양을 실행하도록 해야겠습니다. (…)

둘째, 직선제 개헌이라는 제도의 변경뿐만 아니라 이의 민주적 실천을 위하여는 자유로운 출마와 공정한 경쟁이 보장되어 국민의 올바른 심판을 받을 수 있는 내용으로 대통령선거법을 개정하여야 한다고 봅니다. (…)

셋째, 우리 정치권은 물론 모든 분야에 있어서의 반목과 대결이 과감히 제거가 되어 국민적 화해와 대단결을 도모하여야 합니다. 그러한 의미에서 저는 그 과거가 어떠하였건 간에 김대중 씨도 사면, 복권되어야 한다고 생각합니다. (…)

넷째, 인간의 존엄성은 더욱 존중되어야 하며, 국민 개개인의 기본적 인권은 최대한 신장되어야 합니다. (…)

다섯째, 언론자유의 창달을 위해 관련 제도와 관행을 획기적으로 개선해야 합니다. (…)

여섯째, 사회 각 부분의 자치와 자율은 최대한 보장되어야 합니다. (…)

일곱째, 정당의 건전한 활동이 보장되는 가운데 대화와 타협의 정치 풍토가 조속히 마련되어야 합니다. (…)

여덟째, 밝고 맑은 사회 건설을 위하여 과감한 사회 정화 조치를 강구해야 합니다. (…)"

노태우가 발표한 6·29선언의 핵심은 '대통령 직선제 개헌과 새 헌법에 의한 대통령 선거', '김대중 사면과 복권'이었다. 다른 6개 항목은 중요하기는 하지만 민주화를 위한 원론에 불과했다.

국본은 6·29선언이 국민의 뜻을 받아들이기로 결정한 것으로 이해한다며 환영했다. 김대중과 김영삼도 그 선언을 열렬히 지지했다. 특히 사면, 복권이 되어야 대선에 출마할 수 있게 되는 김대중 쪽은 전두환 정권의 올가미에서 풀려나게 되므로 그 선언을 반대할 까닭이 전혀 없었을 것이다. 대통령 꿈을 접은 적이 없는 김영삼 역시 마찬가지였다.

7월 1일 열린 민추협 상임위원회에서 김대중과 김영삼은 약속이나 한 듯이 단결을 강조했다. 김대중은 "80년과 같은 우매한 짓을 하지 않고 국민을 위해 어떠한 희생도 감수하겠다"고 다짐했고, 김영삼도 "우리 두 사람은 갈라지지 않고 철저히 단결할 것"이라고 약속했다. 나중에 드러났지만 양김의 그런 다짐과 약속은 빈말에 지나지 않았다.

6·29선언은 전두환과 참모들의 작품이라는 설이 있지만 확실한 근거는 분명하지 않다. 전두환과 노태우의 재집권 계략을 간파한 전문가들은 6·29선언을 '속이구선언'이라고 비하했다. 그러나 김대중과 김영삼 같은 정치 지도자뿐 아니라 많은 재야단체와 대중이 그것을 지지하니 반대의 소리는 잦아들 수밖에 없었다.

전국에서 160만 명이 애도한 이한열 장례식

6월 9일 경찰이 쏜 최루탄을 맞고 세브란스병원에서 의식을 잃은 채 병상에 누워 있던 이한열은 7월 5일 0시 10분쯤 갑자기 혈압이 떨어지기 시작했다. 담당 의사는 급히 혈압 상승제를 주사하고 심폐소생술 등 응급조치를 취했지만 그는 새벽 2시 5분쯤 끝내 숨을 거두고 말았다.

그날 오전 5시 반, 세브란스병원 회의실에서는 유족, 학교 당국자, 병원 관계자, 학생대표가 모여 장례 대책을 논의했다. 오전 11시에 이한열의 부모와 학교대표와 학생대표는 장지는 광주 망월동묘역, 명칭은 '애국학생 고 이한열 열사 민주학생장'으로 정했다고 발표했다. 7월 7일 오전 10시, 민주학생장이라는 말을 바꿔 '민주국민장 추진위원회'가 구성되었다. 장례 날짜는 7월 9일로 정해졌다.

7월 6일 새벽 연세대 학생회관 1층 로비에 빈소가 차려졌다. 아침부

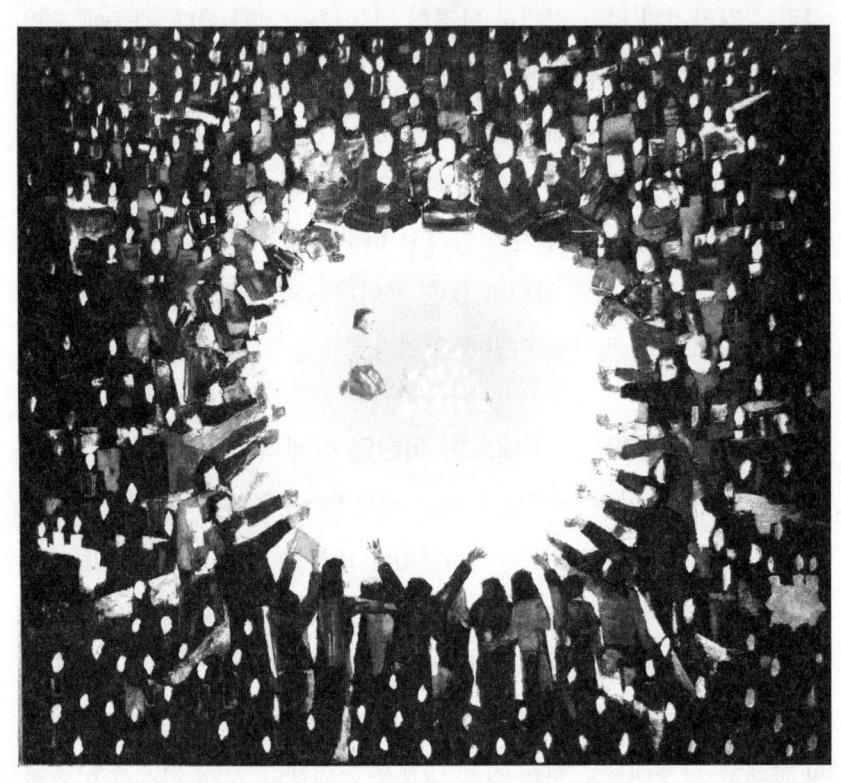

촛불광장시민(유화, 2012년, 김봉준 작)

터 조문객이 얼마나 많이 왔던지 백양로를 따라 이어진 행렬은 끝이 보이지 않을 정도였다. 학생과 시민, 정치인은 물론이고 어린이까지 부모의 손을 잡고 빈소를 찾았다.

국무총리 이한기가 문상을 하겠다는 전갈이 왔으나 유족과 장례위원회는 거부했다. 민정당 대표 노태우가 보낸 조화는 학생들의 발길에 짓밟힌 채 쓰레기장에 버려졌다.

7월 9일 이른 새벽부터 연세대 교정은 추모객으로 붐비기 시작했다. 학교와 단체별로 현수막과 만장을 든 사람들이 구호를 외치거나 노래를 부르며 백양로를 오르내렸고, 민가협 회원들은 머리에 삼베수건을 쓰고 안내문을 돌렸다.

이한열이 활동하던 동아리 만화사랑 회원과 경영학과 학생은 영결식장으로 운구했고, 오전 9시에 교목 윤병상의 묵도를 시작으로 '이한열 열사 민주국민장'이 거행되었다. 민주국민장 집행위원장인 연세대 총학생회장 우상호의 추도사 낭독이 끝나자 바로 전날 시국관련 사범 367명과 함께 가석방된 민통련 의장 문익환이 연단에 올랐다. 그는 이렇게 조사를 시작했다.

"밤을 꼬박 새면서 아무리 생각해도 할 말이 없었습니다. 그래서 이 자리에서 이한열 열사를 비롯한 많은 열사들의 이름이나 목이 터져라 부르고 들어가려고 나왔습니다.

전태일 열사여! 김상진 열사여! 장준하 열사여! 김태훈 열사여! 황정하 열사여! 김의기 열사여! 김세진 열사여! 이재호 열사여! 이동수 열사여! 김경숙 열사여! 진성일 열사여! 강성철 열사여! 송광영 열사여! 박영진 열사여! 광주 2천여 영령이여! 박영두 열사여! 김종태 열사여! 박혜정 열사여! 표정두 열사여! 황보영국 열사여! 박종만 열사여! 홍기일 열사여! 박종철 열사여! 우종원 열사여! 김용권 열사여! 이한열 열사여!"

만 69세로 한 해 넘게 옥살이를 하고 바로 전날 나온 사람답지 않게 그의 목소리는 우렁찼다. 절규하는 듯한 문익환의 '열사 초혼'은 수만여 조문객의 가슴을 후벼 파는 듯했다. 그가 마지막으로 '이한열 열사여!'를 외쳤을 때 고인의 어머니 배은심은 단상 앞으로 걸어 나갔다. 한참 통곡을 하고 난 배은심은 떨리는 목소리로 말했다.

"불쌍한 우리 한열이 가슴에 맺힌 민주화를 성취시켜 주시기를 바랍니다. 이 살인마! 현 정부는 물러가라! 한열아 가자, 우리 광주로 가자, 한열아."

장례식이 끝나자 장의 행렬이 교문을 나섰다. 길을 메우다시피 한 인파 때문에 걸어서 5분이면 갈 수 있는 신촌로터리까지 이동하는 데 한 시간이나 걸렸다. 추모 행렬은 시간이 갈수록 불어났다. 노제 장소인 서울시청 앞 광장은 인산인해였다. 광화문네거리, 을지로 입구, 한국은행 앞, 무교동까지 추모객이 가득 들어찼다. 길가로 나오지 못한 사람은 건물 창문을 열고 손수건을 흔들며 구호를 외쳤다. 한국 역사에서 볼 수 없었던 최대 규모의 장례였다.

정오에 시작하기로 했던 노제는 오후 3시에 겨우 시작되었다. 발 디딜 틈도 없이 인파가 들어차서 노제를 제대로 치를 수가 없었다. 서둘러 노제를 마친 운구 행렬은 한남대교를 넘어 경부고속도로를 타고 광주로 달렸다.

이한열의 유해가 서울시청 앞을 떠나자 추모객은 광화문 쪽으로 행진하기 시작했다. 이순신 동상 앞에는 페퍼포그 차량을 앞세운 경찰이 진을 치고 있었다. 그곳이 무너지면 전두환이 있는 청와대로 군중이 몰려갈 가능성이 크다고 여겼던지 경복궁 앞 큰길에는 수도방위사령부의 탱크가 자리 잡고 있었다. 군중이 다가가자 경찰은 페퍼포그를 쏘아댔다. 맨손인 시민은 흩어질 수밖에 없었다. 그날 밤 이한열의 유해는 광주 망월동묘역의 1.5평짜리 무덤에 안장되었다.

'이한열 열사 민주국민장'이 치러진 날에는 추모객이 서울에서 150만 명이 운집했고, 광주 10만을 포함하면 전국에서 160만여 명의 동포가 그의 순국을 애도했다.

24. 한국사상 최대의 노동자 대투쟁

1987년 6월 26일 '국민평화대행진'으로 절정을 향해 치달리던 민주항쟁은 29일 노태우가 발표한 6·29선언 때문에 급제동이 걸렸다. 역사에서 가정은 부질없는 일이라지만, 만약 그때 학생과 시민, 넥타이부대가 상징하는 중산층과 노동자가 투쟁을 계속 강화해 전두환 정권을 무너뜨렸다면 군사독재는 역사의 무덤으로 사라지고 민주화와 통일을 강력히 추진하는 정치체제가 확립되었을 것이다. 그러나 현실은 그렇지 않았다. 야당 정치인 대다수는 물론이고 평범한 시민조차 6·29선언이 국민에 대한 항복 선언이라는 노태우의 말을 순순히 받아들였기 때문이다.

사그라진 항쟁의 불꽃을 되살린 노동자 대투쟁

민주화 항쟁이 표적을 잃고 약화되던 7월 초, 울산 지역의 현대그룹에서 노동자 대투쟁의 서막이 올랐다. 울산은 박정희 정권 시기인 1970년대 중반부터 중화학공업을 대표로 성장하기 시작한 도시로, 조선, 자동차, 기계, 화학 등 남성 노동자 중심의 대규모 사업장이 많은 곳이었다. 특히 현대중공업과 현대자동차 등 현대그룹의 주력 기업은 거기 몰려 있었다. 그러나 회장 정주영의 경영 방침에 따라 경영진 상층부부터 하급 간부에 이르기까지 노동조합 결성을 범죄 행위로 여기는 그룹이라서 노동운동은 원천적으로 봉쇄되어 있었다. 그래서 강도 높은 노동과 열악한 작업 조건, 죽음으로 이어질 수도 있는 산업재해 속에서도 울산에서는 노동쟁의가 거의 일어나지 않았다.

1987년 7월 5일 현대그룹 계열사 가운데 처음으로 현대엔진에서 노동조합이 결성되었다. 이것은 현대그룹의 경영진과 노동자에게 충격을 준 사건이었다. 그날 노동자 101명이 참가한 가운데 열린 노조결성대회에서는 권용목이 위원장으로 선출되었다. 노조는 결성 직후부터 날마다 점심시간에 보고대회를 열었고, 7월 13일 울산시청에서 설립신고증을 받아냄으로써 합법성을 얻게 되었다.

7월 15일에는 현대미포조선 노조가 결성되었다. 그러나 회사 쪽은 이튿날 울산시청에서 노조설립신고서를 탈취하는 일을 벌이는데, 이 사실이 언론에 보도됨으로써 현대그룹 계열사 가운데 두 업체가 열흘 사이에 노조를 만들었다는 사실이 전국에 알려지게 되었다. 현대미포조선 노동자들은 설립신고서 탈취 사건에 관한 보고대회를 연 뒤 곧바로 농성에 들어갔다. 그러자 여론의 압력과 노동자들의 투쟁 열기에 밀린 회사 쪽은 설립신고서를 되돌려 주었고, 울산시청은 7월 17일 설립신고증을 교부했다. 현대미포조선의 노조 결성에 이어 7월 17일과 18일에는 울산의 택시 노동자가 택시운행부제 개선투쟁을 벌여 그 제도를 4부제로 환원시키는 데 성공했다.

부산 지역에서는 7월 13일부터 28일까지 동아건설, 풍영, 태광산업, 대한조선공사, 세진정밀, 국제상사 등에서 연쇄적으로 파업농성이 벌어졌다. 마산·창원 지역에서는 7월 26일 동명중공업 노조 결성을 시작으로 8월 7일까지 한국중공업, 현대정공 창원공장, 효성중공업, 세신실업, 대우중공업, 삼성중공업, 기아기공, 통일 등에서 파업농성이 벌어졌다.

인천에서는 7월 12일 한독금속노조 결성을 시작으로 13일부터 16일까지 남일금속, 서울조구, 태원 등 사업장으로 투쟁이 확산되다가 8월 6

늙은 노동자(목판화, 1982년, 김봉준 작)

일 대우중공업의 파업농성을 계기로 전 지역으로 번져 나갔다.

노동자 대투쟁은 7월 말과 8월 초를 거치면서 대구, 구미, 광주, 이리, 성남, 부천, 안양, 안산 등 전국의 산업도시로 확대되었다.

노동자 대투쟁은 단기간에 울산 지역 전체로 파급되어서 7월 27일에는 현대중전기, 8월 1일에는 현대정공에서 노조가 결성되었다. 민주노조 결성을 막으려고 회사 쪽에서 어용노조를 급조했던 현대중공업과 현대자동차에서는 노동자들이 농성과 조합원총회를 통해 집행부를 갈아치워 버렸다. 금강개발과 한국프랜지를 마지막으로 울산 지역 현대 계열사 전체에 노조가 들어서자 11개 노조는 8월 8일 '현대그룹 노조협의회'를 창립했고, 의장은 권용목이 맡기로 했다. 왕회장 정주영이 그룹 전체에 대한 전권을 행사하고, 각 계열사의 경영 실적과 상관없이 임금을 자의적으로 인상하며, 종합기획실이 모든 분야를 통제하던 현대그룹의 중앙집권적 지배 구조에 맞서기 위한 노동자들의 연대조직이 바로 노조협의회였던 것이다.

노동자 대투쟁의 전국화

현대그룹의 노조협의회 창립과 8월 4일 거제 대우중공업 파업을 기점으로 노동투쟁은 폭발적으로 일어나서 전국 모든 지역의 산업과 사업장으로 확산되었다. 7월 마지막 주에 60건이었던 파업은 8월 첫째 주에 192건으로 늘어났고, 셋째 주인 8월 17~23일에는 880건으로 폭증했다. 파업 참가자 수는 25만 5천 명을 넘어섰으며, 113개 노조가 새로 만들어졌다.

8월 중순으로 접어들자 노동자들의 투쟁은 동해안과 남해안에서 전국으로 확산되었다. 6월 29일부터 10월 31일까지 노동자 대투쟁 기간에 벌어진 3,235건의 파업 가운데 약 69퍼센트인 2,235건이 그 시기에 발생했다. 노동조합 결성도 급속히 증가했다. 6월 29일~7월 25일에 33개 노조가 결성되었으나, 8월 한 달 동안 681개로 늘어났으며, 9~10월 두 달 동안에는 319개의 노조가 결성되었다. 노조 결성이 가장 왕성했던 8월에는 하루에 22개의 노조가 신설될 정도였다. 그 결과로 노조 조직률은 1986년의 16.9퍼센트에서 1987년 10월 현재 23.1퍼센트로 높아졌다.

현대그룹은 8월 16일 현대중공업을 비롯한 6개 사에 휴업조치를 내렸다. 그러자 노조협의회는 연합시위를 하겠다고 선언했다. 투쟁은 8월 17일 현대중공업 정문 앞에서 시작되었는데, 현대중공업을 비롯한 현대그룹 계열사의 노동자 3만여 명이 가두시위에 참가했다. 노동자들은 경찰의 최루탄 공격을 무릅쓰고 행진을 계속했지만 남목을 거쳐 현대중공업 정문 앞으로 돌아가서는 해산해야 했다. 그러나 시위 행렬의 본대는 해산해도 현대중공업 노동자의 투쟁은 새벽까지 계속되었다. 회사 쪽은 기숙사에 단전·단수 조치를 한 뒤 식당까지 폐쇄했다. 안기부 간부와 노동부 지방사무소장이 중재를 하겠다고 찾아갔으나 회장 정주영이 노조를 비난하는 발언을 함으로써 노동자의 분노는 더욱 커졌다.

이튿날인 8월 18일 6만여 명의 현대그룹 노동자들은 현대중공업 정문 앞에 다시 모였다. 가족 3천여 명도 거기 합류했다. 그들은 '정주영 회장 및 족벌체제 타도 화형식'을 치른 뒤 덤프트럭, 소방차, 화물트럭, 지게차 등을 앞세우고 행진을 시작했다. 전경 4천여 명이 가로막았지만 역부족이었다. 4킬로미터가 넘는 대열은 16킬로미터를 행진한 끝에 울산공설운동장에 도착해 집회를 열었다.

노동자 대투쟁이 7월 말과 8월 초를 거치면서 부산, 대구, 구미, 광주, 이리, 성남, 부천, 안양, 안산 등 전국의 산업도시로 확산되자 전두환 정권은 대규모 공권력 투입과 이데올로기 공세를 준비하기 시작했다. 8월 20일 합동수사본부가 설치되었고, 21일에는 치안본부가 좌경 척결을 위한 3대 방안을 발표했다. 22일에는 국제상사 농성 주도자에게 위장취업자라는 이유로 구속영장을 발부했다. 25일에는 금성사 평택공장 노동자 5명이 같은 혐의로 구속되었다. 신문과 방송은 날마다 불순세력 개입, 좌경용공, 노사분규의 정치적 이용 등으로 노동자 대투쟁을 매도했다.

그렇게 살벌한 상황에서 8월 22일에는 거제도 옥포의 대우조선에서 참혹한 사고가 일어났다. 『80년대 한국노동운동사』에서는 당시를 이렇게 기술했다.

「회사 측의 무기한 휴업 단행에 평화적 가두시위를 선언하며 돌과 각목을 모두 버린 후 시위에 들어갔던 옥포 대우조선 노동자들은 백골단의 폭력과 전경들의 최루탄 직격 발사에 의해 폭력적으로 진압, 해산되었다. 이 과정에서 이석규 씨가 가슴에 직격탄을 맞아 사망하고, 한 남성 노동자가 3층에서 뛰어내려 허리가 부러지는 등 다수의 부상자가 나왔다. 이 대우조선 진압은 정부가 노동쟁의를 전면적, 직접적 폭력으로 좌절시키겠다는 강력한 신호탄이었다. 이후 8월 28일의 '고 민주노동자 이석규 열사 민주국민장'에서 운구차를 탈취하여 장례 행렬을 무력으로 해산시키고, 이날 전국 각지에서 벌어진 이석규 열사 추모집회 및 시위 관련자 933명을 연행해 이 중 64명을 구속하면서 정부의 폭력적 탄압은 본격화하기 시작했다. 9월 1일 삼척탄좌 정암광업소 농성장에 경찰이 난입했고, 서울 택시 총파업 및 가두시위 또한 강제 해산과 연행으로 대처했다. 9월 4일에는 울산 현대중공업과 인천 대우자동차 농성장에서 군사작전을 방불케 하는 폭력 진압작전을 벌여 현대중공업에서 40명, 대우자동차에서 95명의 노동자를 구속했다. 이어 치안본부는 '위장취업자 일제 검거령'을 내렸다.」

전두환 정권의 탄압과 노동자 대투쟁의 약화

8월 28일 임원선거에서 새로 구성된 현대중공업 노조 집행부는 9월 1일 오후부터 태업에 들어간 뒤 늦은 밤까지 회사 쪽과 교섭을 벌였다. 경영진은 전혀 성의를 보이지 않고 오히려 노조 집행부를 비난했다. 교섭이 진전되지 않자 9월 2일 아침 조합원은 보고대회를 연 뒤 오토바이, 지게차, 크레인을 밀고 끌면서 가두로 나갔다. 전투경찰의 저지선을 무너뜨린 노동자들은 "시청으로!"를 외치며 전진했다. 노조 집행부는 회사 쪽의 공작에 말려들 우려가 있다며 공설운동장 쪽으로 방향을 틀려고 했지만 조합원은 시청으로 계속 행진했다.

오후 5시 1만여 명의 시위대가 울산시청 앞마당과 도로를 점거한 가운데 울산의 기관장들과 군 부대장, 노조대표 등이 모여 회의를 열었으나 회사 쪽 대표가 빠진 상태라서 협상은 결렬되고 말았다. 그러자 노조 간부들은 일부 조합원의 강력한 반발을 무마하고 시위 행렬을 공설운동장 쪽으로 유도했다. 그때 노동자로 보이는 몇 사람이 갑자기 "여기서 결판을 내야지, 시청을 벗어나서는 안 된다"며 유리창을 부수는가 하면 노조 간부들을 각목으로 후려쳤다. 간부들이 출입증을 보여 달라고 하자 그들은 달아나버렸다.

차고에서는 정체를 알 수 없는 남자 10여 명이 차량에 불을 질렀다. 신문과 텔레비전은 제대로 취재도 하지 않고 '현대중공업 노동자들이 난동을 부리고 있다'며 보도했다. 같은 날 울산공설운동장에서는 술 취한 운전자가 도로 통제원을 제치고 차량을 몰아 3명을 크게 다치게 하는 사건이 일어났다. 채태창이라는 노동자는 그 자리에서 사망했다.

9월 3일, 경찰이 현대중공업 주변에 병력 수천 명을 배치한 가운데 회사 쪽은 기숙사에 단전·단수를 하고 식당을 폐쇄했다. 5천여 명의 노동자가 항의 시위를 벌이자 경찰은 철수했고, 노동자와 가족은 농성을 시작했다. 노조가 반대하는데도 9월 10일 회사는 채태창의 장례를 가족장으로 치른 뒤 '현대중공업 노조해산명령 요청서'를 울산시청에 제출했다. 노조임원 선출 절차에 문제가 있고, 노조가 불법집회를 주도하면서 시청에 불을 지르고 파괴하는 행동을 선동했다는 것이다. 울산시청은 노조해산명령 대신 임원개선명령을 내리라고 경상남도에 건의했고, 9월 17일 경남지방노동위원회는 현대중공업 노조에 임원개선명령을 내렸다.

9월 12일 오후에는 현대엔진 노조 사무실에서 열린 현대그룹 노동조합협의회 회의에 현대중공업 관리자 6명이 난입해 현대중공업 노조 간부를 납치하려고 했는데, 이게 실패하자 현대엔진 노동자 1명을 차로 깔아뭉개 중상을 입혔다.

현대중공업 명예회장 정주영은 농성 15일째인 9월 16일 구속자 전원 석방을 위한 노력, 현대엔진 수준의 임금인상 등을 제시했다. 그러나 노조 대의원대회는 그것을 거부하고 구속자를 무조건 석방하라고 요구했다. 이런 상황에서 9월 17일 경상남도가 임원개선명령을 내리자 옥중에 있던 노조위원장 이형건은 '구속자 전원 석방을 위한 노력, 임금 14퍼센트 인상, 구속자 가족 생계보장, 회사 쪽의 임원개선명령 소송비용 제고, 9월 22일 정상 조업' 등을 뼈대로 하는 정상조업방안 합의서에 서명했다.

회사 쪽은 9월 19일 합의사항을 발표하고 21일을 '노사 화합의 날'로 정했다. 그러나 합의사항 가운데 지켜진 것은 현대엔진 수준의 임금인상뿐이었다. 9월 21일 현대그룹 노동자협의회가 계획한 울산 지역 동맹파업이 실패하자 현대중공업 노조는 22일부터 정상조업에 들어갔다. 노동자 대투쟁의 선봉대였던 현대중공업 노조가 일단 투쟁의 깃발을 접은 것이다. 노중기는 『6월민주항쟁과 한국사회 10년 1』의 '6월민주항쟁과 노동자 대투쟁'에서 다음과 같이 증언했다.

「1987년 7, 8월 노동자 대투쟁은 한국 노동운동사 전체에 걸쳐 전무

동트는 그날까지(실크스크린 판화, 1988년, 김봉준 작)

후무한 대규모 투쟁이었다. 5공화국의 억압적 노동 통제하에서 표출되지 못하고 억눌려 왔던 노동자들의 제반 요구가 짧은 기간에 일거에 분출되었던 것이다. (…)

노동자의 투쟁은 6·29선언 이후 7월 중순부터 9월 중순까지 약 두 달 동안 집중적으로 전개되었다. 7월부터 9월까지 3개월 동안 쟁의는 총 3,311건으로 하루 평균 30건을 상회했고, 가장 정점에 달했던 8월에는 하루 평균 쟁의가 83건이나 발생했다. 또 쟁의에 참가한 총 인원은 약 122만 명으로 1987년 8월 말 현재 상용 근로자 10인 이상 사업체 총 노동자 333만여 명의 약 37퍼센트에 달했다. (…)

노동자 대투쟁은 9월 중순에 끝났지만 투쟁의 직접적 결과 중 하나는 11월의 노동관계법 개정이었다. 대투쟁이 본격화하기 이전인 7월 초에 이미 노동법 개정 논의가 시작되었기에 대투쟁은 최소한의 법 개정을 필연적으로 강제한 효과를 갖고 있었다. 1987년 노동법 개정의 핵심은 기업노조 설립 요건의 대폭 완화와 핵심 통제조항의 유지·강화로 요약될 수 있다. 그리고 노동조합의 수와 조직률의 대폭적 증가 또한 대투쟁의 중요한 직접적 결과였다. 대투쟁 직전인 6월 30일까지 노조 수 2,725개, 조직률 14.7퍼센트에서 87년 말에 이르면 노조 수 4,086개, 조직률 17.3퍼센트로 급격히 증가했다. 조합원 수도 같은 기간에 105만 명에서 127만 명으로 크게 늘어났다. 이와 같은 노조 조직화가 노동운동의 핵심적 요구로 등장했고, 노조 간의 연대가 향후의 중요한 과제가 되었다.」

언론기본법 폐지와 언론노조 결성

6월민주항쟁으로 파탄 직전까지 몰린 전두환이 후계자로 지명한 노태우가 6월 29일 발표한 특별선언에는 "언론자유의 창달을 위해 관련 제도와 관행을 획기적으로 개선해야 한다"는 항목이 들어 있었다. 6·29

선언은 전두환과 노태우가 어떻게 해서든지 군사독재를 연장하기 위해 합작한 '속이구선언'이라는 평가가 나중에 나왔지만, 어쨌든 한국사회 전역에 개혁의 바람이 거세게 일게 한 동인이 된 것은 사실이다.

그런 개혁의 열풍에 밀려서인지, 아니면 6·26선언의 언론자유 관련 항목을 이행하기 위해서였는지, 문공부장관 이웅희는 7월 14일 언론기본법을 폐지하겠다고 발표했다. 그는 8월 1일 "각 시·도 단위로 1명씩 주재함을 원칙으로 지방 주재 기자제도를 부활시키겠다"고 밝혔다.

한국언론법제사상 최악의 법률 가운데 하나로 꼽히는 언론기본법은 1980년 12월 26일에 제정되었다. 거수기 집단인 통일주체국민회의가 11대 대통령으로 선출한 전두환이 9월 1일 취임식을 가진 뒤 불과 한 달 반 만에 국가보위입법회의를 통해 이런 악법을 제정한 것이다. 당시 국무회의는 '신문·통신 등의 등록에 관한 법률(1963년 12월 12일 공포)'과 '방송법(1963년 12월 26일 공포)', '언론윤리위원회법(1964년 8월 5일 공포)'을 통합한 언론기본법을 12월 31일에 확정, 공포했다.

언론기본법은 정기간행물 발행 조건으로 일정한 시설 기준(제21조)을 정함으로써 발행의 자유를 제한했을 뿐 아니라 언론기관의 등록을 취소하거나 발행정지를 명할 수 있는 권한을 문공부장관에게 부여(제24조)하고, 정기간행물 납본제도를 의무화(제26조)했다. 언론을 권력에 완전히 종속시킨 것이다.

이웅희가 언론기본법을 폐지하겠다고 발표한 지 4개월 가까이 되는 11월 11일 국회는 그 법을 폐지하기로 의결했고, 정부가 한 주 뒤인 28일 폐지 사실을 공포했다. 바로 그날 '정기간행물 등록 등에 관한 법률'과 '방송법'이 공포되었다.

언론기본법이 폐지되자 전국의 여러 언론사에서는 노동조합 결성을 위한 운동이 활발하게 일어났다.

한국사회에서 기자 중심의 노동조합이 처음으로 결성된 곳은 동아일보였다. 박정희 유신독재의 서슬이 퍼렇던 1974년 3월 7일 서울시청에 노조 설립신고증을 제출했던 것이다. 그로부터 9개월 남짓 뒤인 12월 10일에는 한국일보 기자들이 노조를 결성했다. 그러나 두 노조는 박정권의 탄압으로 법외 노조로 존속하다가 활동을 중단했다. 6월민주항쟁 직후에 일어난 노조결성운동은 그 시기에 비하면 규모가 훨씬 크고, 신문과 방송을 망라한 것이었다.

언론사에서 맨 처음 노동조합이 결성된 곳은 한국일보였다. 그해 8월 공무국과 수송국 노동자의 임금인상투쟁을 계기로 10월 29일 한국일보사 사원은 신군부의 정권 장악 이후 처음으로 언론노동조합을 만들었다. 11월 18일에는 동아일보 기자조직을 중심으로 노조가 창립되었다. 12월 1일에는 중앙일보, 9일에는 서울 엠비시(MBC), 14일에는 코리아헤럴드에서 노조결성대회가 열렸다. 해가 바뀌어 1988년에는 1월 한 달 동안 마산 엠비시, 시비에스, 부산일보사, 목포 엠비시에서 잇달아 노조가 설립되었다.

동아일보에서는 경영진의 묵인 아래 노조가 생겨났으나 중앙일보에서는 노조를 만들면 매체를 정리해버리겠다고 사주가 위협하는 사태가 벌어지기도 했다.

엠비시에서는 보도국 기자 최용익, 조헌모, 이우호, 심재철 등과 라디오국 피디(PD) 최상일, 국제부 직원 이세용 등 7, 8명이 노조를 설립하기로 뜻을 모으고 12월 8일로 예정된 기자협의회 총회에서 노동조합 창립대회를 열기로 했다. 엠비시 지하 구내식당에서 열린 기자협의회 총회에서는 해직 기자 복직, 공정 방송을 위한 실천 방법 등이 논의되었다. 그러나 기자협의회 의장단은 젊은 기자들이 더 강력히 투쟁하자고 끈질기게 요구하자 자리를 떴다.

기자협의회 총회에 참석한 92명 가운데 47명만 남은 가운데 노조설립 준비팀은 미리 마련한 창립선언문과 정관을 배포했다. 기자협의회 총회가 노동조합 창립총회로 바뀌어버린 것이다. 노동조합 창립총회는 위원장에 보도국 외신부 정기평, 부위원장에는 보도국 사회부 이선명, 회계감사에는 보도국 특집부 박수택과 보도국 텔레비전 편집1부 윤도한, 공정방송위원회 간사에는 보도국 경제부 최용익, 사무국장에는 보도국 텔레비전 편집1부 조헌모를 선임했다.

엠비시 노동조합은 1987년 12월 9일 오전 영등포구청과 서울지방노동위원회에 설립신고서를 제출했다. 이로써 한국사상 최초의 방송사 노동조합이 탄생했던 것이다.

이듬해인 1988년 정초부터 지방 엠비시에도 잇달아 노조가 설립되었다. 1월 11일 마산, 30일 목포, 2월 1일 여수, 6일 대구, 20일 광주, 5월 14일 부산의 순서였다. 그 이후 1988년 말까지 엠비시 계열사 전체에 노조가 결성되었다.

케이비에스(KBS)에는 피디협회에 이어 기술인협회, 아나운서협회, 경영협회 등이 결성되어 있었다. 마침내 1988년 5월 20일, 사내 9개 협회에서 10명씩 선정된 90명의 발기인단이 본관 커피숍에서 노동조합 창립대회를 열고 피디 고희일을 초대 회장으로 선출했다. 1987년 11월부터 설립되기 시작한 신문사 노조들이나 엠비시 노조보다는 늦었지만 한국 최대의 언론사 노조가 탄생한 것이다.

시비에스(CBS)에서는 부산국이 먼저 노조를 만들었다. 1988년 1월 19일 범어사 부근의 식당에서 기자 고희범이 아나운서와 엔지니어 몇 사람과 함께 노조 발기인대회를 열고 부산진구청에 노동조합 설립신고서를 제출했던 것이다. 부산진구청이 25일 오후 설립신고서를 발급함으로써 기독교방송 노동조합이 합법적으로 탄생했다. 방송사 노조로는 서울 엠비시와 마산 엠비시에 이어 세 번째였다. 위원장에는 고희범, 사무국장에는 김봉남이 선임되었다.

시비에스 부산국 노조가 출범하자 서울 시비에스 중앙방송국에서는 조직을 전국으로 확대하자는 움직임이 일어났다. 4월 30일부터 5월 1일까지 부산에서 열린 제1차 전국대의원대회에서는 규약을 개정하고 임원을 선출한 뒤 주 사무소를 서울로 옮기기로 결의했다. 새 노조위원장에는 중앙국의 피디 김동운이 선출되었다.

1987년 10월 29일 한국일보 기자가 노조를 결성한 이래 한 해 남짓 동안 전국 43개 언론 사업장에 노조가 설립되어 1만 3천여 명이 가입했다.

1988년 들어 언론사 노조는 연대 활동 문제를 진지하게 논의하기 시작했다. 그 결과 4월 6일에 당시까지 결성된 7개의 신문사 노조와 7개 방송사 노조, 그리고 연합통신 노조 등 15개 노조가 창립한 단체인 '전국언론사노동조합협의회(언노협)'가 출범했다 언노협은 전국의 언론사 노조가 벌이는 쟁의와 투쟁을 적극적으로 지원했다.

10월 중순부터 언노협은 전국언론노동조합연맹(언론노련) 결성을 위한 준비 작업에 들어가 창립 일정을 11월 하순으로 정했다.

1988년 11월 26일 토요일 오후 2시, 프레스센터 20층 국제회의장에서 전국언론노동조합연맹이 출범했다. 이날 창립대회에는 전국 41개 언론노조에서 파견된 122명의 대의원이 참석했다. 대의원은 사전에 내정된 대로 준비위원장 권영길을 초대 언론노조 위원장으로 선출했고, 창립 선언문, 언론노련 강령, 국민에게 드리는 글을 차례로 채택했다. 1987년 10월에 불과 58명의 기자가 한국일보 노동조합을 창립한 뒤 언론 민주화를 위해 시작한 언론노동운동이 불과 13개월 만에 41개 노조, 1만 3천여 명의 조합원을 거느린 언론노련의 탄생으로 결실을 보게 된 것이다.

언론노련은 합법화를 방해하는 노태우 정권에 맞서 끈질기게 법정

투쟁을 벌인 끝에 1992년 12월 22일 대법원의 최종 판결에 따라 합법적 단체의 지위를 획득했다.

25. 종교계의 민주민족민중운동

　　1980년 5월 광주민중항쟁이 신군부의 유혈 탄압으로 막을 내린 뒤, 광주·전남 지역 밖에서 그 만행을 가장 먼저 고발하려고 시도한 사람들은 고려대 기독학생회 회원 16명이었다. 그들은 1980년 5월 29일 '8백만 서울 시민에게 고함'이라는 제목의 유인물을 살포하려고 하다가 모두 경찰에 연행되고 말았다. 그 이튿날인 5월 30일에는 서울 약수동 형제교회 신자이자 기독교대한감리회 청년회전국연합회와 한국기독교청년연합의 농촌분과위원장이던 서강대 학생 김의기가 종로5가 기독교회관에서 '동포에게 드리는 글'이라는 유인물을 뿌린 뒤 투신 자결하는 사건이 일어났다. 사흘 뒤인 1980년 6월 2일 김의기 장례식장에서는 그의 유서(유인물)를 살포한 감리교신학대 학생 장석재가 경찰에 연행돼 구속되었고, 6월 9일에는 경기도 성남 주민교회 회원이자 한울야학 출신인 노동자 김종태가 서울 신촌 이화여대 입구에서 '유신잔당 퇴진, 계엄령 해제, 구속인사 석방' 등을 요구하는 성명서를 뿌리고 분신 자결했다.

　　해가 바뀌어 1981년 5월 9일, 전두환 정권의 가혹한 탄압 때문에 재야 운동권은 물론이고 모든 언론이 광주학살에 관해 침묵하고 있던 때 천주교 광주교구 사제단은 '광주사태 1주기를 맞는 우리의 주장'이라는 성명서를 발표했다. 그 성명서는 이렇게 주장했다.

　　"5·18광주항쟁은 불순분자의 책동을 받아 일어난 폭동이나 내란이 아니다. 이 항쟁은 자유민주주의를 수호하기 위하여 물리적 폭력에 항거하여 일어난 80만 광주 시민의 자발적인 민중의거다."

그 이튿날인 5월 10일, 광주민중항쟁의 진상을 알리기 위해 광주교구 사제단이 서울 명동성당에서 공동으로 집전한 미사에는 신자와 시민 3천여 명이 모였다. 강론은 주교 윤공희가 맡았다. 이 미사는 광주민중항쟁과 관련해 광주 밖에서 치러진 최초의 대규모 행사로 기록되었다. 5월 18일에는 광주 남동성당에서 1천여 명이 참석한 가운데 윤공희의 집전으로 '광주사태 1주기 추도미사'가 열렸다. 미사를 마친 광주교구 사제단은 신부 김성용 등 광주민중항쟁 관련 구속자 석방을 요구하며 21일까지 나흘 동안 단식농성을 벌였다.

개신교계의 민주민족민중운동

한국기독교교회협의회(KNCC)가 중심이 된 개신교계의 민주민족민중운동은 흔히 종로5가라고 불리던 연건동의 기독교회관을 본거지로 삼고 있었다. 1980년 초 '구속자가족협의회' 회원과 신자, 그리고 재야 인사는 기독교회관 강당에서 금요기도회를 정기적으로 열고 있었는데, 8월 16일 정보·수사기관원은 갑자기 구속자 가족의 출입을 금지했다. 1982년 2월에야 모임은 목요기도회라는 이름으로 정기적으로 열렸다. 이 기도회는 서울 한복판에서 매주 열리는 합법적 반정부집회라고 불리기도 했다. 천주교의 명동성당과 더불어 기독교회관은 한국 민주민족민중운동의 성지가 되었다.

개신교계의 민주화운동은 이미 1970년대부터 노동운동, 농민운동, 도시빈민운동과 같은 민중운동, 청년운동과 학생운동, 지식인운동 등을 망라하는 포괄성과 광역성을 특징으로 보여주었다.

1980년대에는 새로운 개신교 운동조직이 잇달아 등장했다. 기존의 학생운동(KSCF)이나 청년운동(EYCK) 외에도 개신교 농민운동조직으로 1982년 3월에 출범한 한국기독교농민회총연합(기농), 진보적인 성직자 운동조직으로 1984년 7월에 등장한 전국목회자정의평화실천협의회(목협 혹은 목정평)를 비롯하여 개신교 노동운동조직으로 1985년 2월에 창립된 한국기독노동자총연맹(기노련), 개신교 여성운동조직으로 1986년에 창립된 기독여민회(기여민), 개신교 빈민운동조직으로 1988년 7월에 출범한 한국민중교회운동연합(한민연) 등이 그것이다.

전두환 정권 초기 침체 상태에 빠져 있던 개신교의 민주민족민중운동은 1984년 11월 26일 기독교회관에서 열린 제1차 기독자민주쟁취대회를 계기로 활력을 되찾기 시작했다. 1985년 2월 12일에 열릴 국회의원 총선거를 하루 앞둔 2월 11일에는 기독교장로회 총회 회의실에서 제3차 기독자민주쟁취대회가 열리기도 했다.

1986년 들어 개신교의 연대 활동은 국민과 함께하는 운동으로 발전했다. 그해 초부터 언론 민주화운동의 일환으로 '케이비에스 텔레비전 시청료 거부운동'의 중심에 서는가 하면, '대통령 직선제 개헌 1천만 명 서명운동'에도 적극적으로 참여했다.

1987년 6월민주항쟁 기간에는 종교인이 두드러진 활약을 보였다. 항쟁을 이끈 '민주헌법쟁취 국민운동본부(국본)' 발기인 2,191명 중 683명인 31.2퍼센트, 집행위원 506명 중 197명인 38.9퍼센트가 종교인이었다. 특히 개신교 목사 오충일은 집행위원장을 맡아 국본에서 중추적인 역할을 했고, 5월 27일 향린교회에서 결성된 국본은 사무실을 기독교회관에 두고 있었다.

6·29선언 이후에는 개신교 진영이 민주쟁취기독교공동위원회(기공위)로 총집결했는데, '선거를 통한 민주혁명'을 구호로 내세운 기공위는 1987년 8월 4일 결성되어 1988년 1월 11일 해체될 때까지 활동했다.

1987년 11월 13일에는 13대 대통령 선거에 대비해 '공정선거감시전국본부'를 구성하기도 했다.

또 개신교계는 1988년 9월 9일 열린 '전두환·이순자 구속 처벌 및 평화구역 철폐를 위한 기독자 결의대회'를 계기로 '민족자주와 민주쟁취를 위한 기독교사회운동 공동투쟁위원회'를 결성했다. 이 조직에는 목협, 기농, 기노련, 기빈협, 기여민, 청년운동, 학생운동, 전국신학대학 대표자협의회, 이렇게 8개 단체가 참여했다. 이 조직은 신애전자 노동조합 탄압 대책활동, 교계 쇄신운동 지원 등의 활동을 전개했지만 1988년 12월 말부터는 활동이 정체되었다. 그러나 대선 이후 크게 와해되었던 기독교 사회운동의 연합투쟁을 기독교사회운동협의회로 복원시키는 데 거점을 마련했다는 평가를 받았다. 1988년 2월 29일 한국기독교교회협의회가 발표한 장문의 성명 '민족의 통일과 평화에 대한 한국기독교회 선언'은 개신교의 진보적 진영이 민족의 통일과 평화 공존에 관해 어떤 견해를 갖고 있는지를 명확히 보여주었다.

「(…) 1945년 남북 분단 이후 남한의 그리스도인들은 분단의 현실 속에서 고통당하는 피난민들과 전쟁고아들과 희생자들을 돌보아왔다. 또한 북한을 떠난 이산가족들과 교우들을 교회의 품 안에 받아들였고 사랑으로 치유하여 왔다.

분단이 고착화되면서 나타난 군사독재정권은 안보를 구실로 인권을 유린하고 경제성장 논리로써 노동자와 농민을 억압했으며 한국교회는 이에 대하여 정의와 평화를 위한 신앙으로 저항하여 왔다. 1970년대와 80년대 한국교회의 인권 및 민주화운동은 바로 이러한 정의와 평화를 위한 선교운동의 전통을 이어받은 것이다. (…)

남북대화의 길은 1972년 이른바 7·4공동성명이 계기가 되어 트이기 시작하여 대화와 협력과 교류에 희망을 갖게 하였다. 1985년에는 남북적십자회담이 재개되고 이산가족 고향 방문이 이루어졌으나 그 수는 극히 한정되었으며 대화와 협상은 끝없이 공전되고 있는 실정이다.

남한 그리스도인들은 1980년대 초반까지만 해도 북한에 그리스도인들과 교회가 있는지 없는지조차 확인할 수 없었고, 분단이 고착화되는 과정에서 북한 공산정권에 대하여 깊고 오랜 불신과 뼈에 사무치는 적개심을 그대로 지닌 채 반공 이데올로기에 맹목적으로 집착해 왔다.

한국의 그리스도인들은 평화와 통일에 관한 선언을 선포하면서 분단체제 안에서 상대방에 대하여 깊고 오랜 증오와 적개심을 품어 왔던 일이 우리의 죄임을 하나님과 민족 앞에 고백한다. (…)」

천주교의 민주민족민중운동

천주교계가 본격적으로 사회운동에 참여하게 된 역사를 거슬러 올라가면 1958년 11월 17일 창립된 한국가톨릭노동청년회(JOC, 지오세)를 만나게 된다. 이 단체는 1958년 1월 서울대학교 부속병원 간호사 10명이 1925년 벨기에서 창립된 가톨릭노동청년회에 관한 책자를 연구하다가 당시 가톨릭신학대학 교수인 박성종을 지도신부로 초청해 모임을 갖게 된 데 연원을 두고 있다. 지오세 창설자인 주교 조셉 카르댕이 그해 서울을 방문해 11월 17일 명동성당에서 한국인 9명의 '투사 선서식'을 가진 뒤 미사를 봉헌함으로써 한국 지오세가 출범하게 되었다.

"그 투사들은 정식으로 팀을 조직하고 각 본당과 직장조직을 확장하기 시작하여 이를 바탕으로 1960년에 서울교구연합회가 결성되었다."

지오세운동은 지방의 교구로 확산되어 1961년 10월 21일 전국평의회가 조직되었다. 같은 해 11월 2일에는 한국천주교 주교회의에서 가톨릭평신도단체로 정식 인준을 받는 한편, 국제가톨릭노동청년회에 가입했다.

지오세는 초기에 빈민촌 무료 진료, 윤락 여성 선도, 서독 파견 간호사와 광산 노동자를 위한 활동, 가정부 생활 실태 조사를 주로 했다. 그러나 1960년~1970년대 산업화 시기에는 노동조합 결성, 임금 인상, 노동 강좌, 직업여성 실태 조사 등 노동자의 인권과 복지 향상을 위한 운동에 주력했다.

지오세는 1968년의 강화도 심도직물 사건, 1970년의 전태일 분신 사건 등을 겪으면서 박정희 정권의 탄압을 받았고, 이후 경제투쟁과 인권운동으로 방향을 바꿈으로써 1980년대 초까지 침체 상태에 빠져 있었다.

1980년대에는 천주교의 청년운동과 학생운동이 비약적으로 발전하기 시작했다. 1975년 2월 창립된 대한가톨릭학생전국연합회와 그 후신으로 1985년 5월 창립된 대한가톨릭학생총연맹, 그리고 1978년 창립된 명동천주교청년단체연합회가 그 중심에 있었다. 특히 천주교계의 학생운동은 1984년~1985년에 걸쳐 개신교 청년단체, 학생단체 및 일반 청년운동단체와 연대하여 가장 활발하게 민주화운동을 전개했다.

1984년 3월, 천주교계의 새로운 노동운동조직으로 가톨릭노동사목전국협의회(노사목)가 창립되었다. 1985년 3월에는 도시빈민운동조직으로 천주교도시빈민회(천도빈, 1988년에 천주교도시빈민사목협의회로 개칭), 1986년 4월에는 가톨릭문화운동협의회(가문협), 같은 해 11월에는 천주교인권위원회가 결성되었다.

한국 천주교 최초의 연합조직은 1984년 4월 창립된 천주교사회운동협의회(천사협)였다. 천사협은 1988년 11월에 창립된 천주교정의구현전국연합(천정연)과 1991년 12월에 통합했다.

1970년대 중반부터 한국사회의 민주민족민중운동에서 선도적 역할을 한 단체는 1974년 9월에 결성된 천주교정의구현전국사제단(사제단)이다. 사제단은 원주교구 주교 지학순이 '민청학련 사건'으로 구속된 뒤 박정희 정권에 맞서 반유신독재투쟁을 펼치는가 하면, 1974년 10

사람이 곧 한울(실크스크린, 1990년, 김봉준 작)

월 24일 동아일보사의 젊은 언론인이 시작한 자유언론실천운동을 적극적으로 지원했다.

사제단은 1980년 초부터 다른 재야 운동단체가 엄두를 내지 못하던 작업을 시작했다. 대통령 박정희 피살 사건과 관련해 1980년 1월 25일 고등군법회의에서 검찰이 김재규 전 중앙정보부장에게 사형을 구형하자 각 교구 사제단 대표와 수도회 대표 사제의 이름으로 그의 구명을 위한 청원서를 육군 참모총장 앞으로 우송한 것이다. 사제단은 '10·26사태는 억압의 권력에 대한 국민적 저항이라는 연장선 위에서 보아야 한다'고 주장하면서 해외 동포에게까지 구명운동을 호소했다.

1982년 4월, 부산 미문화원 방화 사건과 관련해 원주교구 신부 최기식이 구속되자 사제단은 전두환 정권을 강력하게 비판했다.

"사건의 실체에 대한 진상의 조사와 발표보다는 천주교 신부의 범인 은닉 문제를 확대 선전, 발표함으로써 사건의 본말을 전도시키고 나아가 의식적으로 천주교를 음해하고 있는 인상을 주고 있다."

1986년 9월 9일에 사제단이 민주언론운동협의회와 공동 기자회견을 열고 문화공보부의 보도지침을 중심으로 언론탄압의 실상을 폭로한 것은 전두환 정권에 심각한 타격을 가했다.

사제단은 또 1987년 5월 전두환 정권이 박종철 고문치사 사건의 진상을 어떻게 왜곡하고 은폐했는지를 밝힘으로써 6월민주항쟁을 촉발하는 데 크게 이바지했다. 그리고 6월민주항쟁의 보루가 된 명동성당에서 시민, 학생과 함께 혼연일체의 투쟁을 펼쳤다.

사제단과 함께 천주교 민주민족민중운동의 중심축을 이룬 한국천주교정의평화위원회(정평위)는 1970년 8월 24일 대전 성모여고에 모인 가톨릭 대표 24명이 창립했다. 정치, 사회, 경제, 문화 등 모든 분야에서 인간의 존엄과 정의, 평화를 구현하는 것을 목표로 삼았고, 신자들은 그 주체가 되었다.

1980년대 전반기에 정평위는 헌법 개정, 크리스챤아카데미 사건 관련자와 시인 김지하 석방 등을 위해 노력하는 한편, 동일방직에서 부당하게 해직당한 여성 노동자의 복직투쟁을 적극적으로 지원했다. 천주교 신자인 변호사 다수가 참여해 활동한 것이 정평위의 두드러진 특징이다.

1987년 1월 박종철 고문치사 사건이 터진 뒤 정평위는 사제단, 천주교사회운동협의회와 함께 전국 주요 성당에서 추도미사를 열거나 항의성명 발표를 주도했다. 정평위는 같은 해 4월 중순부터 '호헌철폐 및 민주제 개헌지지' 서명운동을 벌이면서 5월 4일까지 신부 571명이 서명했다고 발표했다.

1970년대 천주교 민주화운동의 주역 중 하나였던 한국천주교평신도사도직협의회(평협)는 1982년 2월 보수적인 집행부가 들어서면서 사실상 민주화운동의 대열에서 이탈했지만, 1986년 2월 한용희 교수가 전국평협 6대 회장으로 선출되면서 상황은 다시금 반전되었다. 이후 평협은 언론 민주화운동의 일환으로 펼쳐진 1986년 케이비에스 시청료 거부운동에서 중요한 역할을 담당했으며, 직선제 개헌운동과 1987년의 6월민주항쟁에도 적극적으로 참여했다.

불교계의 민주민족민중운동

박정희가 철권 독재정치를 자행하면서 종신 집권을 기도하던 1970년대, 개신교계와 천주교계는 민주민족민중운동을 치열하게 펼친 데 비해 불교계는 이렇다 할 만한 움직임을 보이지 못했다. 그런 상황에서도 유독 청년 학생의 조직인 한국대학생불교연합회(대불련)가 불교계 정화와 사회 개혁을 위해 고군분투하고 있었다.

대불련은 1963년 9월 22일 동국대 강당에서 창립되었는데, 동국대,

서울대, 고려대, 연세대, 이화여대, 숙명여대 등 17개 대학의 청년 불자가 조직에 참가했다. 대불련은 창립 취지문에서 지성, 정신 수양, 민족, 대중 불교를 주요 이념으로 내세웠다.

1970년대까지 전국 조직을 강화하면서 운동의 정체성을 모색해 가던 대불련이 본격적으로 민중불교운동에 나서게 된 것은 1979년 12월 말 사찰을 근거지로 하는 새로운 불교운동(사원화운동)을 발의하면서부터다. 법련사에 모여 베트남 불교의 '파고다 모델'과 개신교계 학생운동의 '교회대학생회 모델'을 한국 불교의 현실에 맞게 응용하려고 모색하던 사원화운동의 중심 청년은 서울대 총불교학생회, 동국대 만해사상연구회, 조계사학생회 동문회에 속한 7명이었다.

1979년 10월 26일 박정희가 중앙정보부장 김재규의 총탄에 맞아 목숨을 잃고 1980년에 서울의 봄이 찾아오자 민중불교운동은 고개를 들기 시작했다. 4월 9일 서울대 총불교학생회가 승려 출신인 시인 고은을 초청해 4·19기념강연회를 열었던 것이다.

1980년 10월 27일 전두환의 신군부는 법난으로 불교계를 쑥대밭으로 만들었는데, 이것이 승려와 신자의 분노에 불을 댕기고 말았다. 그래서 1980년대 중반 전두환 군사독재정권에 정면 대결을 선언하면서 신자와 승려가 함께 참여하는 전국적 조직인 '민중불교운동연합(민불련)'이 결성된 것이다.

1985년 5월 4일, 여익구, 서동석 등 대불련 출신의 재야 활동가는 서울 신문로의 한글회관에서 민불련 창립대회를 열려고 했으나 경찰이 무력으로 봉쇄하자 광화문 교보빌딩 뒤 청진동의 식당 포석정으로 장소를 옮겼다. 창립대회에서는 의장에 여익구, 부의장에 진관, 김래동, 집행위원장에 서동석, 기획위원장에 현기 등 재가(在家)와 불가 사람이 골고루 선출되었다. 고문에는 월운과 용태영, 지도위원에는 고은, 김지하, 황석영, 김승균, 장기표, 지선, 성열, 성승표, 백영기, 김만선 등이 추대되었다.

의장 여익구가 낭독한 창립선언문은 "초강대국에 의해 분단된 조국은 민족의 총체적 발전을 저지, 파괴당하고 있으며, 반민중적 권력 집단이 자행하는 폭력과 비민주적 제도는 민중의 기본적인 생존권조차 유린하고 있다"고 단정하면서 민불련은 "초 종단적인 사부대중의 힘의 결집체로써 (…) 간단없는 투쟁을 지속하여 불교의 민중화를 이룩할 것"이라고 밝혔다.

민불련은 창립 직후 민통련에 가입하고 기관지 〈민중법당〉을 창간했다. 민불련의 창립과 활동은 불교계의 운동력을 크게 높여 놓아서 1985년에는 전두환 정권의 민중운동 탄압에 맞서 힘찬 투쟁을 벌일 수 있었다. 또한 내부적으로는 민중불교운동론의 정립을 위한 학습과 연구에 매진하는 한편, 불교의 민주적 개혁을 위한 계획도 세워나갔다. 그러면서 반민중적, 반민족적 정권을 타도하기 위한 각종 시위와 집회, 농성 등에도 전력을 기울였다. 85년 구로공단의 대우어패럴 파업을 계기로 촉발된 동맹파업 당시에는 현장에 대한 지원과 농성, 1986년 초부터 민통련을 중심으로 전개된 민주제 개헌 요구 서명에는 19명의 승려와 재가자가 참여했다. 1986년 5·3인천항쟁 때는 이를 주도한 민불련 의장 여익구와 집행위원장 서동석, 문화부 차장 진철승 등이 경찰에 구속되었다. 민불련은 민통련 가맹단체로서 1987년 6월민주항쟁 때도 일선에 나섰다.

호헌철폐운동이 한창이던 1987년 5월 9일, 조계종 승려 152명은 시국 선언문을 통해 전두환의 장기집권 음모를 규탄했고, 민불련과 대불련 회원 2천여 명은 제등행렬에 참가해 시위를 벌였다. 6월 5일에는 승려 215명이 다시 시국 선언문을 발표했고, 6월 19일에는 광주 원각사에서 불자와 시민 4만 5천여 명이 참여한 가운데 '호헌철폐 및 구속자 석방을 위한 법회'가 열렸다. 6월 16일에는 불교계의 민주민족민중운동

세력이 결집한 '민주헌법쟁취 국민운동 불교공동위원회'가 구성되었다.

원불교 사회개벽교무단 창립과 활동

일제강점기인 1916년 소태산 박중빈이 창시한 원불교는 초기부터 정치적으로 온건한 노선을 걸어왔다. 나중에 대종사라고 불리게 된 소태산이 새 종교 이름을 불법연구회라고 정한 데서 그 성향이 잘 드러나 있다. 그가 1919년 3·1독립운동 당시 방관적 자세로 일관한 일도 그런 노선의 연장이라고 보아야 할 것이다. 1948년 8월 대한민국 정부가 수립된 뒤부터 21세기에 들어서기까지 원불교는 조직의 보위 차원이 아니라 교리의 포교와 실천을 위해 사회개벽운동을 펼쳐왔다. 그래서 정치적 성격을 띤 체제 비판이나 사회를 민주화하는 운동에는 기독교와 불교보다는 소극적이었다. 종단이 실제로 보유하고 있는 인력과 자산에 비하면 그렇다는 뜻이다. 최준식은 『한국의 종교, 문화로 읽는다』에서 이렇게 말했다.

「(…) 원불교가 보유하고 있는 기관을 다 보는 것은 차라리 불가능에 가깝다. 워낙 많기 때문이다. (…) 신도 수만으로 하면 한국 종교 가운데 불교, 개신교, 천주교, 유교에 이어 다섯 번째인 셈이다. 국내에는 15개의 교구에 교당이 450여 개 있고 해외에도 13개국 이상에 80여 명의 교무가 파견되어 원불교를 알리고 있다. 한국에서 자생적으로 일어난 종교 가운데-통일교를 빼고-유일하게 전 세계로 뻗어 나간 종교가 원불교이다. (…)

해외에도 힘들여 학교를 만드는 터에 국내를 소홀히 할 리가 없다. 물론 가장 유명한 학교는 원광대학교이다. (…)

(…) 복지기관은 수도 없어 언급하기가 힘들다. 양로원, 보육원, 장애인복지관, 정신질환자 수용시설, 저소득층을 위한 복지시설 등 전국

에서 수십 개의 시설이 움직이고 있다. (…) 원불교는 대학을 통해 대규모 병원도 보유하고 있다. 양방·한방·정신·치과 병원을 따로 갖고 있고, 전국 9개 도시에 많은 한방 병원과 한약방을 두루 갖고 있다. 그 밖에 농업과 공업, 상업을 관장해 이익을 남기는 산업시설도 대단히 많은데, 이것은 소태산이 초기에 장사를 했던 전통에서 비롯된 것으로 보인다.」

이처럼 원불교는 대단한 교세 때문에 지나치게 사업에 치우친다는 비판을 듣기도 했다. 그러나 박정희 정권이 10월유신을 선포하기 직전인 1972년 9월 21일 원불교 사회개벽교무단이 창립된 것을 시발점으로 원불교는 사회참여운동에 발을 내딛기 시작한다. 사회개벽교무단 출범에 참가한 교무 240여 명은 '이 땅의 민주화를 위한 우리의 주장'이라는 성명서에서 정치·사회·언론 등 6개 분야가 안고 있는 문제를 지적하면서 개혁에 앞장서겠다고 다짐했다.

1987년 6월민주항쟁 이전까지 사회개벽교무단이 벌인 운동의 수준이나 강도는 그리 높지 않았지만, 6·10국민대회 직후인 6월 17~18일 원불교 교무 1백여 명은 전북 익산의 원불교 중앙총부 대각전에서 '시국토론 철야기도회'를 갖고 한국사회의 현안에 대해 성직자로서 적극적으로 발언하기로 합의했다. 그 결과 원불교 최초의 시국 선언문이 발표되었다.

그 이후 민주민족민중운동에 열성적으로 참여해 온 사회개벽교무단은 2008년 촛불집회와 시위, 2009년 용산참사에 항의하는 대중 집회, 2010년 천안함 사건이 일어나자 이명박 정권의 안보 위기 조장을 비판하며 4대 종교의 공동 기자회견에도 참여했다. 특히 4대강 사업이라는 이름으로 이명박 정부가 강행한 실질적 대운하 공사에 대해 강하고 끈질기게 반대 의사를 밝혔다.

2016년 여름, 미국 정부는 북한 미사일 요격을 명분으로 한국 국민의 동의도 없이 박근혜 정권과 야합해 경북 성주에 고고도미사일방어체계(사드)를 배치하려고 기도했다. 그러자 원불교 사회개벽교무단은 그곳 주민, 전국의 평화운동세력과 함께 사드배치 철회운동의 제일선에 서서 투쟁하고 있다.

26. 생존권과 자주권 확보 위한 농민운동

1987년 6월민주항쟁은 노동운동뿐만 아니라 농민운동에도 큰 영향을 미쳤다. 전국의 시·군 지역에서 토지 무상 양도, 수세 폐지, 의료 보장 쟁취를 위한 투쟁이 거세게 일어났던 것이다. 농민이 그렇게 떨쳐 일어나게 된 동인을 알려면 1980년대 초부터 그들이 권력과 자본을 상대로 어떻게 싸워왔는지를 살펴볼 필요가 있다.

전두환 정권의 농민 수탈에 맞선 가농과 기농

한국사회에서 전국 조직을 가진 농민운동단체로 가장 먼저 창립된 것은 한국가톨릭농민회(가농)였다. 가농은 1964년 10월 설치된 한국가톨릭노동청년회 농촌청년부에 있다가 1966년 10월 독립한 한국가톨릭농촌청년회를 모태로 한다. 이 조직이 1970년 1월 가톨릭농민국제연맹에 회원국으로 가입하면서 한국가톨릭농민회로 이름이 바뀐다.

전두환이 이끄는 신군부가 1980년 5월의 광주민중항쟁을 총칼로 억누르고 권력을 잡은 뒤 사회 모든 부문이 그렇듯이 농민운동도 한껏 위축되어 있었다. 그러나 군사독재가 살벌한 철권정치를 일삼고 있어도 개신교 농민운동가는 중심을 잡고 1982년 3월에 한국기독교농민회총연합회(기농)를 결성했다. 그때부터 기농은 가농과 함께 농민운동의 두 축을 형성하게 된다.

가농은 1981년 봄부터 고추 생산비 조사 활동과 수확 후 농지세 자진신고 및 이의 신청 활동을 조직적으로 펼쳐나가기 시작했다. 또 부당 농지세 시정투쟁과 함께 농지세 납부거부 서명운동도 전개해 나갔다. 전두환 정권이 이런 운동을 혹독하게 탄압하자 가농은 1982년 3월 '부당농지세 시정 농민대회'를 열었다.

이 대회에는 2천여 명의 농민이 서명하며 참여했는데, 1,500명이 넘는 경찰의 저지선을 뚫고 집회 장소에 모여 투쟁한 이 대회는 1980년 5월 광주 시민을 무참히 살상한 군사독재 권력에 맞서 민중이 거둔 최초의 승리로 기록될 만했다. 특히 집단적으로 세금 납부를 거부함으로써 권력의 민중 수탈과 지배 기반을 일시적으로나마 무력하게 만들었다는 점은 그 이후의 농민운동에 주요한 지침이 되었다. 그 투쟁의 결과로 1984년 가을 정기국회에서 농지세법이 개정되었다.

가농은 1983년 들어 농협민주화추진위원회를 구성하고 7월 27일 각 도 연합별로 '100만인 서명운동 추진 결의대회'를 연 뒤 8월 1일부터 '농협 조합장 직선제 실시 10만인 서명운동'을 전개해 나갔다. 특히 교회와 교회 단체의 적극적인 동참과 지원은 커다란 힘이 되었다. 서울의 천주교 명동성당의 경우 주일 하루에만 3천여 명이 서명에 동참했고, 어떤 농촌 교회에서는 신자 전원이 서명운동에 참여하기도 했다.

1980년대 초 전두환 정권이 미국의 농산물 수입개방 압력에 굴복해 농민들을 희생시키는 정책을 강행함에 따라 농가 부채는 급증하기 시작했다. 1980년에 호당 33만 9,000원이던 농가 부채는 1982년에 83만 원, 1984년에는 178만 4,000원으로 늘어났다. 이렇게 농민들의 생존이 위협받게 되자 가농과 기농은 중심이 되어 농가 부채 탕감운동을 벌였는데, 그 운동에 가장 먼저 나선 주체는 전남 함평과 무안의 농민이었다.

그들은 1984년 9월 2일부터 농민의 이해와 요구를 정치 문제로 부각

추수(채색목판화, 1984년, 김봉준 작)

시키는 작업에 들어갔다. 가농과 기농의 활동가들이 주축이 된 '함평·무안 현장문제 대책위원회'는 오일장 장터에서 외국 농축산물 화형식을 벌인 뒤 가두시위에 나서서는 양파 을류농지세 철회, 생고구마 전량 수매, 농가 부채 탕감, 외국 소 도입 피해보상, 쌀 수매가 보장, 비농민 토지의 농민 환원, 지방자치제 실시 등을 요구했다. 경찰이 폭력으로 가로막자 농민들은 농성투쟁에 들어갔다. 결국 전두환 정권은 양파 을류농지세를 철회하고 생고구마를 전량 수매하기로 결정했다. 투쟁이 끝난 뒤 '함평농민회'라는 자주적 조직이 결성되었는데, 이런 움직임은 전국의 농민운동에 큰 영향을 미쳤다.

박정희 정권이 1978년 2월 수입 자유화 기본방침을 확정한 뒤 세 차례에 걸쳐 수입 자유화 조치가 취해졌다. 1980년에는 육용우와 쇠고기, 고추, 마늘, 참깨 등이 수입되면서 품목은 더 다양해졌다. 그런 조치 때문에 고추, 양파, 돼지의 값이 폭락해 농가 부채 폭증의 요인이 되었던 것이다. 같은 해 수입개방 농정이라는 명분으로 쌀을 비롯한 350여 종의 농축산물이 수입되었는데, 사료용 곡물 수입량만 해도 4천여 만 석에 이르렀다. 1983년~1984년에는 미국에서 쌀 50만 톤이 수입되었고, 1980년~1984년에는 육우 17만여 마리, 젖소 3만 5천여 마리, 쇠고기 2억7천만여 근이 수입되었다.

정부의 정책에 따라 기업체들이 소를 대량으로 수입하자 농민들이 시장에 내는 솟값은 폭락하고 말았고, 그 결과 120만여 호의 축산 농가는 엄청난 피해를 보게 되었다. 1984년에는 바나나 수입량이 크게 늘어 참외, 수박 등 여름 과일을 재배하는 농가가 연쇄적으로 파산했다. 전두환 정권의 농축산물 수입개방 정책은 결국 식량 자급률도 급격히 떨어뜨리고 말았다.

1985년 4월 22~23일 기농 회원은 서울의 미국대사관 앞에서 '미국

농축산물 수입개방 강요 규탄대회'를 열고 항의 시위를 벌였다. 7월 1일 경남 고성의 농민은 '소몰이투쟁'을 펼치기 시작했다. 그해 7~8월에는 경기도의 안성, 강원도의 원주, 춘천, 홍천, 경북의 안동, 의성, 전남의 강진, 무안, 함평, 해남, 전북의 부안, 완주, 임실, 전주, 진안, 충남의 당진, 충북의 괴산, 음성, 진천, 청주 등 20여 개 시·군에서 2만여 명의 농민이 소몰이투쟁에 참여했다.

1985년 7~8월에 농민들이 벌인 생존권투쟁은 9월 23일에 가농이 주최한 전국농민대회와 9월 25일에 가농, 기농, 가톨릭여성농민회가 공동 주최한 '솟값피해보상운동 진상보고대회'를 통해 마무리되었다.

1980년대 후반기의 농민운동

1986년에 들어서면서 농민운동 진영은 새로운 투쟁을 모색하기 시작했다. 1985년의 솟값피해보상과 수입개방 저지투쟁이 정치투쟁으로 발전하지 못함으로써 대중을 조직할 수 없었다는 반성을 바탕으로 자주적 대중조직을 건설하기로 방향을 정한 것이다. 그리고 천주교나 개신교 등 종교에 의존하던 운동을 '자주적 농민대중조직(자주농)'으로 발전시키기 위한 논의도 활발히 전개되었는데, 그 결과 6월민주항쟁 직전인 1987년 2월 26일 전국농민협회가 창립되었다.

전국농민협회가 결성된 직후에는 산하에 11개의 군 농민회가 조직되었고, 그 이후 15곳에도 비슷한 조직이 만들어졌다. 전국농민협회 창립은 가농과 기농에도 상당한 영향을 미쳤다. 가농은 1987년 2월 말 지역단위 군협의회를 대중조직으로 개편하는 한편, 그 밑에 면위원회를 두고 1면 1분회 체제를 확립했다. 기농도 같은 해 3월 대중조직을 바탕으로 운동을 발전시킨다는 방침을 정하고 군 단위 조직 건설과 확산에 나섰다.

전국농민협회와 가농, 기농은 6월민주항쟁에도 적극적으로 참여했고,

1987년 하반기 이후에는 생산자단체 중심의 수입개방 저지투쟁이 전개되었고, 지방 단위에서는 농협민주화추진위원회가 결성되었다.

1988년에는 서울올림픽을 앞두고 농민운동단체와 품목별 생산자단체가 연대해 농축산물 수입개방 반대운동을 펼쳤다. 이 단체는 올림픽이 끝난 뒤인 10월 31일 '전국농민단체협의회'를 결성하고, 11월 17일 서울 여의도광장에서 '농축산물 수입 저지 및 전국 농민대회'를 열었다. 1989년에는 수세거부투쟁과 고추 제값받기투쟁이 결합되어 2월 13일 여의도에서 '전국수세폐지 대책위원회'와 '고추생산지역 대책위원회' 공동 주최로 '부당수세 폐지 및 고추 전량수매 쟁취 전국 농민대회'를 열었다.

1988년 11월 1일 전국농민협회, 가농, 기농 등은 '전국농민운동협의체 결성을 위한 간담회'를 열고 '농민운동단체 대표자 회의'를 소집하기로 결정했다. 그들은 10여 차례의 실무자 회의와 대표자 회의를 거친 뒤 1989년 3월 1일 전국농민운동연합(전농) 창립대회를 개최했다.

전농이 창립된 1989년 3월은 신자유주의가 지구적 규모로 확산되던 시기였다. 그래서 전농은 출범하자마자 외세에 맞서 '관세에 관한 일반협정(GATT), 우루과이라운드(UR) 반대투쟁'을 벌이기 시작했다. 관세에 관한 일반협정과 우루과이라운드 협상은 1986년에 시작되었지만 노태우 정권은 그에 관한 정보를 전혀 공개하지 않고 있었다. 따라서 전농은 '우리농업지키기 범국민운동본부'라는 연대 기구를 만들어 그 협상을 반대하는 투쟁에 나섰다.

27. 권력의 비인간적 개발에 맞선 도시빈민운동

전두환이 신군부를 이끌고 군사반란과 쿠데타를 통해 집권한 1980년 경제는 크게 악화되고 있었는데, 결국 그해 성장률은 마이너스를 기록하고 말았다. 특히 1982년에는 내수 경기가 침체되어 빈민층은 생계를 유지하기가 더욱 어려워졌다. 역대 빈민층 대상 조사 결과를 비교 분석한 데 따르면, 무직과 단순노동을 합한 비율이 1970년부터 1990년까지 대개 60퍼센트 선이었으나 유독 1982년에 실시된 조사에서만 10퍼센트 이상 높게 나타났다. 미래 생활이 나아질 것이라는 대답은 36.5퍼센트에 그쳤다.

서울 목동에서 시작된 철거반대투쟁

1980년대 초 산동네 판자촌에 사는 주민은 서울시 인구의 10퍼센트 이상을 차지하고 있었다. 그 무렵 이란·이라크 전쟁마저 터져 중동 경기가 급락하자 그 지역에 진출했던 한국 건설업체는 유휴 장비와 인력을 국내 시장으로 철수해 활용할 수밖에 없었다. 그리고 전두환 정권은 86 아시안게임과 88서울올림픽을 앞두고 대대적으로 도시 개발과 정비를 한다는 명분으로 판자촌을 철거하거나 개발하는 정책을 강행한다는 방침을 정했다. 그 두 가지 요인이 겹쳤기 때문인지 서울의 목동, 사당동, 상계동, 돈암동 등지에 있는 대부분의 산동네는 '합동재개발' 대상지로 선정되고 말았다. 그나마 판잣집이라도 소유하고 있는 주민은 보상금을 받을 수 있었지만 세 들어 사는 사람은 보증금이나 전세금만 받고 속절없이 쫓겨날 수밖에 없었다.

전두환 정권이 밀어붙인 신시가지 개발의 첫 번째 대상은 목동이었다. 그곳은 여름철이면 안양천이 범람하는 상습 침수 지역인 데다 무허가 공장과 판잣집이 들어 있어서 개발 1순위 지역이었다. 서울시는 1983년 4월 12일, 목동의 140만여 평에 신시가지를 조성하겠다는 계획을 발표했다. 개발 이익을 공적으로 환수해 무주택 서민을 위해 사용하는 공영개발방식으로, 즉 서울시가 토지와 건물을 수용한 다음 아파트를 짓겠다는 것이다.

그러나 그 지역에 살던 5,200가구 3만 2천여 명의 주민 가운데 절반쯤 되는 가옥주는 무허가 판잣집을 헐값에 수용당하고 아파트 분양권을 받더라도 입주할 수 없었다. 그 이유는 수용가가 평당 7만~14만 원인데 아파트값은 평당 105만~134만 원이었기 때문이다. 세입자들은 3개월치의 생활비와 이사 비용 말고는 보상을 전혀 받을 수 없었다.

그런 정책에 대해 맨 먼저 들고일어난 쪽은 무허가 주택 가옥주들이었다. 그들은 보상을 현실화하고 그 지역에서 계속 살 수 있도록 서울시가 임대주택을 지어 입주권을 보장하라고 요구했다. 세입자들도 임대주택을 건설해 세 들어 살게 해달라고 주장했는데, 그 과정에서 나타난 목동 주민의 대응 방식은 이전과 달리 조직적이고 체계적이었다.

서울시가 신시가지 공영개발계획을 발표한 지 한 달 만인 1983년 5월, 목동 천주교회 신자를 중심으로 추기경 김수환에게 탄원서를 제출하면서 시작된 목동 철거반대투쟁은 1백여 차례가 넘는 집회와 시위를 거치면서 2년간 지속되었다. 특히 당시 전두환 군사독재 시절에는 상상하기 어려웠던 가두점거농성이나 구청 진입, 경찰서 앞 시위 등이 수시로 벌어졌다.

1984년 8월 26일에는 주민 대표들이 구청장을 면담하다가 경찰에 연행되자 주민 3백여 명이 새벽 2시까지 경찰서 앞에서 농성을 벌였으며, 27일에는 주민 1천여 명이 양화대교를 점거했다가 5백여 명이 연행되기도 했다. 그들은 같은 해 12월 18일에도 경인고속도로를 차단했다.

이듬해인 1985년 1월에는 3백여 명의 주민이 시청 앞 광장에서 농성하다 187명이 연행되었고, 그 과정에서 2월 25일 세입자 대표 이종훈, 유영우가 구속되었고, 3월 17일에는 부구청장을 지역에 감금했다는 이유로 7명이 구속되었다. 3월 25일에는 경찰 병력 수백 명이 이 지역에 상주하고 있었는데, 또다시 가옥주 대표 권용하 등 8명이 구속되었다.

경찰이 목동 주민을 대대적으로 구속하자 가족들은 종교계 등 재야 단체를 찾아다니며 전두환 정권의 비인간적 신시가지 개발이 부당하다고 호소했다.

1983년부터 1985년까지 계속된 목동 철거반대투쟁은 1980년대 빈민운동의 서막을 알리는 것이었다. 목동의 판잣집 소유자들은 끈질긴 투쟁을 통해 무허가 주택의 재산권을 인정받을 수 있었고, 세입자들은 10평 아파트 입주권을 받아낼 수 있었다.

철거반대투쟁의 확산

목동의 철거반대투쟁은 당시 민주화운동권에 충격을 주는 한편 큰 영향을 미치기도 했다. 주민이 전두환 정권에 굴복하거나 서울시와 타협하지 않고 일정한 성과를 거두었기 때문이다. 그래서 목동투쟁의 경험을 공유한 대학생과 민주화운동가는 아직 철거가 시작되지 않은 빈민 지역으로 들어가 조직화 사업을 시작했다.

목동에 이어 본격적으로 시작된 철거반대투쟁은 1985년 4월 재개발구역이던 사당3동 산24번지 판자촌에서 일어났다. 그곳 주민은 4월 4일 세입자대책위원회를 구성하고는 5월 28일 '복음자리'를 찾아가 목동 철거반대투쟁의 경험을 전해 들었다. 참고로 복음자리는 학생운동 출신의 제정구가 중심이 되고 천주교 단체의 지원으로 경기도 시흥군 소래읍에 세운 도시빈민의 공동체이다.

이후 사당3동 주민은 구청 앞에서 시위를 벌이는가 하면 민정당 의원 사무실에서도 농성을 했다. 사당3동 세입자들은 목동 공영개발사업에서 세입자들이 보상을 받은 사례를 들면서 최소한 그 이상의 대책을 요구했다. 그러나 서울시는 재개발사업이 민간 주도라는 이유로 보상대책 수립을 거부했다. 사당3동 철거반대투쟁은 철거의 폭력성과 반민중성을 폭로하면서 1987년 10월까지 계속되었지만 대책 없는 철거 반대라는 차원을 넘어서지 못한 채 끝나고 말았다.

사당3동 철거반대투쟁이 한창이던 1986년 봄, 상계5동 173번지 판자촌에서도 1980년대 합동재개발사업의 반대를 상징하는 싸움이 시작되었다. 서울시가 그해 3월 21일 판자촌 주민에게 철거 계고장을 발부하자 주민들은 3월 25일 세입자대책위원회를 결성한 뒤 집회를 열고 시위를 벌인 것이다. 5월 13일부터 강제철거가 시작되자 주민들은 생존권 보호와 철거 중단을 요구하며 거세게 저항했다. 천주교 단체는 상계5동 주민의 투쟁을 적극적으로 지원했는데, 특히 추기경 김수환은 그 지역을 방문해 주민을 격려했고, 신부 정일우와 신자 제정구는 그 지역에 상주하다시피 하면서 투쟁을 도왔다.

6월 26일에는 강제철거 과정에서 주민 2명이 사망하는 사건이 벌어졌다. 7월에는 지원 투쟁에 나선 한국외국어대 학생 1명이 구속되었고, 9월에는 황길구, 이판종, 김진홍 등 주민 대표 6명이 구속되었다. 주민은 격렬한 투쟁을 계속했지만 1987년 4월 14일 가옥은 결국 강제로 철

해방의 십자가(걸개그림, 1983년, 김봉준 작)

거되고 말았다.

강제철거를 저지하는 데 실패한 상계동 철거민 78가구는 서울 명동성당 교육관 옆 공터로 자리를 옮겨 천막을 치고 장기 농성에 들어갔다. 그래서 그들은 1987년 6월민주항쟁을 거기서 맞이할 수밖에 없었다. 6월 10일 저녁부터 상계동 철거민은 3백여 명의 농성 학생과 함께 "호헌철폐, 독재타도"를 외쳤다. 상계동 철거민이 머물고 있던 명동성당은 그로부터 여러 날 동안 6월민주항쟁의 보루가 되었다.

전두환 정권의 재개발은 사당3동, 상계5동 말고도 서울 전역으로 확대되었다. 정부와 서울시가 88올림픽을 앞두고 무리하게 재개발을 강행했기 때문이다. 1987년에만 해도 그 사업은 사당2동, 신당동, 오금동, 돈암동, 창신3동 등지로 확산되어 서울 시내 20여 곳에서 철거반대투쟁이 벌어졌다.

서울시철거민협의회 결성과 활동

6월민주항쟁 직후인 1987년 7월 17일, 강제철거를 당한 주민들을 중심으로 서울시철거민협의회(서철협)가 결성되었다. 기존의 도시빈민 철거반대투쟁이 주로 종교계의 주도로 이루어졌지만, 서철협은 피해 당사자인 철거민이 주축이 된 조직으로서 도시빈민운동에 새로운 지평을 열었다는 평가를 받았다.

서철협에는 사당3동, 전농동, 면목동, 신림2동, 홍은동, 양재동 등 서울 시내 50여 개 지역 주민이 참여했다. 규모가 커지자 서철협은 각 도시빈민 지역의 세입자대책위원회의 협의체라는 소극적 역할에 그치지 않고 새롭게 철거 문제에 당면한 지역과 결합해 초기 조직화를 지원했고, 먼저 철거반대투쟁을 경험한 지역의 사례를 바탕으로 효과적인 운동 방식을 제시하려고 했다. 그래서 서철협은 수도권 전역을 3~4개 권역으로 구분한 뒤 투쟁하는 지역에 활동가를 파견해 주민을 지원하기 시작했다. 특정 지역에서 철거가 강행될 경우 다른 지역의 역량을 동원해 공동 저지투쟁을 펼친 것이다.

이 시기의 철거반대투쟁은 1980년대 민중운동의 지향을 지닌 젊은 활동가와 1970년대 주민 조직화 사업의 전통이 결합됨으로써 철거민 운동에 민주화와 평등 실현뿐만 아니라 주민 공동체라는 이념이 부여된 게 특징이었다. 그 결과 대부분의 철거 지역에서는 종교계, 학생운동권, 민주화운동단체가 공동으로 지원 사업에 나섰다. 또 철거민운동을 지원하는 조직으로 이 무렵 결성된 '천주교도시사목협의회', '기독교도시빈민선교협의회' 등은 아직 철거민의 힘만으로는 조직을 꾸려가기 힘든 상태인 점을 알고 종교계와 지식인의 자원을 주민에게 연결하는 매개 역할을 했다.

1988년이 들어서자 철거반대투쟁은 권력 대 도시빈민의 사생결단 같은 양상을 띠게 되었다. 폭력이 만성화되고 인명 사고도 자주 일어났던 것이다. 그해 3월 중순 서철협 회장이자 도화동 세입자대책위원장 우종범이 귀가하던 중 테러를 당해 전치 5주의 부상을 당했고, 3월 15일 주민들이 테러를 규탄하는 집회를 열자 경찰은 129명을 연행했다. 사당2동에서는 어린이 2명이 철거 잔해에 깔려 숨지는 사고가 일어났다.

돈암동, 동소문동 같은 재개발지역 주민도 1988년 5월 세입자대책위원회를 구성하고 서철협과 함께 철거반대투쟁에 나섰다. 그 과정에서 1989년 2월 22일 대책위 부위원장 정상률이 가옥주와 말다툼을 하다 칼에 찔려 사망하고 말았다.

서철협을 중심으로 철거민의 조직화와 의식화 수준이 높아지면서 투쟁이 갈수록 강화되자 노태우 정권은 1988년 후반기부터 기만적 조치를 취하기 시작했다. 1989년 5월 이후부터 세입자의 오랜 요구 사항이던 영구임대주택을 지역마다 건설해 주거 문제를 해결하는 등 주거 환경 개선사업에 나서겠다는 것이다.

그런 반면에 서울시가 재개발지역 세입자에게 주겠다는 방 1칸의 입주권값이 1천만 원 안팎으로 치솟자 재개발반대 공동투쟁에도 금이 가기 시작했다. 영구임대주택 쟁취를 위해 싸워온 서철협 구성원이 내부적으로는 딱지값 상승에 따라 동요되고, 외부적으로는 더욱 강화된 폭력 철거와 입주 대상 제한을 이유로 갈등을 일으켰기 때문이다.

노점상의 조직적 투쟁

1980년대 철거민과 함께 도시빈민운동의 다른 한 축을 구성한 세력은 노점상이었다. 그들은 1980년대 초까지만 해도 경찰의 단속에 맞서 개별적으로, 또는 집단적으로 저항했지만 조직적 차원의 운동을 펼치지는 못했다. 그러다가 1983년 국제의원연맹(IPU) 총회를 앞두고 도시 미관을 이유로 노점상 단속이 강화되자 사발통문으로 서로 연락해 서울시청 앞에서 항의 시위를 벌인 것이다.

1985년 국제통화기금(IMF) 및 국제개발은행(IBRD) 총회를 앞두고 노점상은 대규모 항의 시위에 나섰다. 그때까지는 볼 수 없었던 대규모 저항이었다. 아시안게임이 끝난 뒤인 1986년 12월 29일에는 노점상단체들이 결합한 '노점상복지협의회'가 결성되었다. 그러나 이 조직도 경찰이 단속을 벌이면 집단적으로 항의하는 수준에 머물고 있었다.

1987년 6월민주항쟁이 끝난 뒤인 10월 19일, 노점상복지협의회는 조직을 확대하면서 '전국노점상연합회(전노련)'로 이름을 바꾸고 생존권 확보와 민주화운동에 적극적으로 나서기로 결의했다. 전노련은 1987년 12월의 대통령 선거와 1988년 4월의 국회의원 총선거를 최대한으로 활용해 노점상의 생존권을 확보한다는 전략으로 공청회 등을 열면서 조직을 강화해 나갔다. 그래서 당시 전노련에 가입한 노점상은 서울 7천여 명을 비롯해 전국적으로 1만 5천여 명에 이르렀다. 서울에서는 명동, 동대문, 동평화, 흥인시장 등에 180개 지부가 결성되었다. 이런 노력으로 전노련은 의료, 복지, 재정 지원 같은 일상적 활동을 펼치면서 강력한 대중조직으로 성장할 수 있었다.

1989년 7월~8월에 노태우 정권이 노점상운동을 대대적으로 탄압하기 시작하자 전노련은 명동성당에서 역량을 총동원해 두 달 가까이 항의투쟁을 벌였다. 그러나 전노련은 '대책 없는 노점단속 중단'과 '생존권 보장'이라는 단일한 요구만 했고, 또 대중의 힘에 기초한 일회성 집회 형식으로 뜻을 관철하는 데 익숙했기 때문인지 뭔가 부족한 듯했다. 결국 명동성당 대투쟁이라는 엄청난 동원력과 노점상투쟁 초유의 50여 일 장기 항전에도 불구하고 부분적인 노점 대책의 확보조차 이루지 못한 채 많은 회원의 이탈과 지방 조직의 와해 속에 정리되고 말았다.

1988년 서울올림픽을 앞두고 서철협과 전노련, 천주교도시빈민회, 기독교빈민협의회 등은 빈민 생존권 탄압에 대처할 목적으로 '도시빈민공동투쟁위원회'를 구성한 바 있다. 그러나 올림픽이 끝난 이듬해인 1989년 3월에 도시빈민공동투쟁위원회는 발전적으로 해체하고 '전국빈민연합(전빈련)'을 결성하기 위한 준비위원회를 발족시켰다. 1989년 명동성당 대투쟁과 지역별 철거저지투쟁 과정에서 개별, 고립, 분산적 전략을 쓴 것이 실패를 가져왔고, 그 경험이 빈민 대중의 역량 미숙을 아쉬워하기보다 공동으로 대응할 필요가 있다는 사실을 깨닫게 했기 때문이다. 그 결과 그동안 준비위에 함께했던 기빈협, 천도빈, 지탁연의 이탈에도 불구하고 11월 11일 전국적인 민중대회와 함께 '전국빈민연합'이 결성되었다.

1980년대 도시빈민운동은 사회 전반의 민주화운동 속에서 도시빈민의 생존권 문제를 적극적으로 부각시켰고, 전두환, 노태우의 군사독재에도 맞서 치열한 투쟁을 펼쳤다. 그러나 1990년대 후반기부터는 도시빈민이 안고 있는 문제가 축소되거나 왜곡되어 운동이 약해질 수밖에 없었다. 이명박 정권 시기인 2009년 초에 터진 용산참사는 도시빈민의 생존권과 생명이 어떻게 유린되는지를 여실히 입증함으로써 1980년대의 운동이 발전한 형태로 부활해야 한다는 점을 대중에게 일깨워 주었다.

28. 양성평등과 여성해방을 지향한 운동

　세계적으로 남성운동이라는 말이 쓰이지 않는 데 반해 여성운동이라는 용어가 보편적으로 사용되고 있는 현상은 역사적으로 남성보다 여성이 차별을 훨씬 더 많이 받아왔다는 사실을 단적으로 나타낸다. 한국의 대학에 남성학은 없지만 여성학은 독자적 학문의 영역을 이루고 있다는 점도 비슷한 맥락으로 해석할 수 있을 것이다.
　1980년대 들어 여성학계에서는 여성운동을 어떻게 보았을까? "여성이 주체가 되어 여성을 억압하는 사회질서에 대하여 남녀평등사회의 구현이라는 궁극적인 목적을 달성하기 위해 조직적 활동을 전개하는 사회운동"이라는 견해에 여성운동의 개념과 목표가 간명하게 드러나 있다고 볼 수 있을 것이다.

1970년대 여성운동

　1970년대 박정희 정권이 주도한 새마을운동은 농촌 근대화라는 명분으로 여성 농민에게 어머니와 아내로서의 역할을 넘어 지역 사회와 국가로 봉사 범위를 확대하라고 요구했다. 그리고 여성 노동자에게는 산업 역군으로서 자부심을 갖고 노사 화합에 힘쓰라고 강조했다. '국가와 사회를 넓은 가정으로, 새마을 부녀 지도자를 사회적 주부'라고 상정하면서 여성이 가정의 연장선에서 사회에 참여해 근대화에 기여해야 한다고 주장한 것이다.

박정희 정권이 전체주의적 새마을운동을 강요하고 있던 1970년대 초반부터 여성의 지위 향상과 인권 신장을 위한 운동은 활기를 띠기 시작한다. 여성계의 숙원인 '가족법 개정'을 위한 운동이 확산되는가 하면 '매춘관광 반대운동'도 활발히 펼쳐졌다. 그러나 한국가정법률상담소를 비롯한 여성단체가 여러 번이나 제기한 가족법 개정 청원은 1970년대 말까지 부분적인 성과를 거두었을 뿐이고, 호주제 폐지 등의 쟁점은 외면당하다시피 했다. '기생관광 반대운동'은 박 정권이 반정부 활동으로 몰아붙이는 바람에 급속히 위축되고 있었다.

1970년대 여성운동을 한 단계 높은 수준으로 끌어올린 주역은 여성노동자였다. 박정희 정권이 수출 산업화를 강하게 추진하자 섬유, 의복, 신발, 고무, 전기·전자 부문에는 여성 노동자가 몰릴 수밖에 없었고, 따라서 그 부문에서 일하는 노동자 가운데 50~70퍼센트는 여성이 차지하고 있었다. 그러나 그들은 단지 여성이라는 이유만으로 남성보다 훨씬 낮은 임금을 받았고, 더 오래 일해야 했고, 열악한 노동조건도 감수해야 했다. 그런 상황에서 1978년 2월 동일방직 노조원이 당한 똥물 사건과 1979년 8월의 와이에이치(YH) 사건은 여성 노동자가 조직적으로 권력과 자본에 맞서 생존권과 인권을 쟁취하려고 벌인 대표적 투쟁이었다.

1965년에 설립된 크리스챤아카데미는 1974년부터 여성, 학생, 교회, 산업, 농촌 등 사회 각 분야의 지도력 양성을 위해 중간집단교육을 시작했다. 그 단체의 여성사회 부서가 주관한 중간집단교육의 주요 대상은 젊은 여성이었는데, 대학생뿐 아니라 지역과 단체에서 활동하는 지도자, 연극인, 종교인, 언론인, 노조 간부, 농촌 여성 등 다양한 분야의 여성이 교육에 참여했다. 그리고 이화여대는 1977년 한국에서 처음으로 여성학이라는 교양과목을 개설했다.

민족민주여성운동의 대두

5월광주민중항쟁 3주년을 맞은 1983년, 재야 민주화운동세력이 오랜 침체에서 벗어나 반군사독재운동을 활발하게 벌이기 시작하자 전두환 정권은 유화정책을 펼치면서 그런 움직임을 약화시키려고 시도했다. 그래도 사회 전반의 민주화운동은 열기를 더해 갔고 여성들도 조직적 대응에 나섰다.

1983년 6월 11일에는 맨 처음으로 '여성의전화'가 창립되었는데, 한국에서는 최초로 남편이 아내에게 휘두르는 폭력에 관한 상담이 시작되었다. 당시만 해도 가부장적인 환경이라서 성차별과 억압을 당하는 여성이 아주 많았기 때문에 여성의전화는 개통되자마자 학대받던 여성들의 전화가 쇄도했다. 6개월 동안 상담한 결과를 보면 한 주에 한 번 이상 남편에게 구타를 당하는 여성이 절반을 넘었고, 심하게 맞거나 머리카락이 뽑히는 등 통원 치료를 필요로 하는 경우의 전화도 많았다.

여성의전화가 문을 연 지 한 주 뒤인 6월 18일 대중적 여성운동을 주창하는 '여성평우회(여평)'가 창립총회를 열고 출범했다. 여성평우회는 '독자적인 여성운동체로서 여성해방의 이념을 갖춘 조직운동을 분단 이후 최초로 시도했다는 점'에서 여성운동의 새로운 지평을 열었다는 평가를 받았다.

여평은 초창기부터 다양한 사업을 통해 기층 여성의 삶에 파고드는 대중적 활동 방식을 선택했다. 여러 곳에서 여성학 교실과 공부방을 운영하는 한편 '여성문화 큰잔치' 같은 문화운동도 펼쳐나갔다. 마당놀이나 풍자극의 형식을 빌려 성차별 문화를 비판한 것이다. 여평이 1984년 10월 서울에서 개최한 '여성문화 큰잔치: 일하는 여성'에는 1,700여 명이 참여했고, 같은 해 12월에는 부산에서 1,100여 명이 모인 가운데 여성문화 큰잔치를 열었다.

빨래(유화, 1993년, 김봉준 작)

여성평우회에 이어 진보적 여성운동을 지향하는 단체인 '또하나의 문화'가 1984년 11월 4일 창립되었고, '주부아카데미협의회'는 1985년 2월 7일, 잇달아 '기독여민회'가 1986년 7월 4일 창립되었다. 특히 1984년 4월 17일 발족한 '민주화운동청년연합(민청련) 여성부'는 기존의 여성평우회와 함께 민족민주여성운동의 중심축을 이루게 된다.

여평과 달리 민청련 여성부는 대중과 일상적으로 접촉하는 활동보다는 시기에 따라 쟁점을 제기하고 홍보하면서 기층 여성을 지원하는 방식을 택했다.

1980년대 초반은 민주화투쟁을 지지하거나 여성해방을 위해 일하는 여성단체가 아주 적은 상황이었으나 여성평우회와 민청련 여성부는 주도적으로 활약해 위대한 업적을 남겼고, 1987년 6월민주항쟁을 전후로 태어난 여성단체의 활동에도 큰 영향을 미쳤다.

6월민주항쟁 전후의 여성운동

1985년 3월 8일 서울 와이더블유시에이(YWCA) 중강당에서 '세계 여성의 날'을 기념하는 '제1회 한국여성대회'가 열렸다. 경찰의 삼엄한 경계 속에서 진행된 이 대회는 여성운동의 새로운 좌표와 진로를 결정하는 모임이라서 의미가 컸다.

1986년 3월 8일에 열린 제2회 한국여성대회에서는 기층 여성의 생존권투쟁을 지원하자는 의지가 더욱 적극적으로 표현되었다. 대회에 참가한 단체는 '생존권 쟁취하여 여성해방 이룩하자!'라는 제목의 선언문을 채택한 뒤 '여성단체연합 생존권대책위원회'를 발족시켰다.

전두환 정권이 1986년에 일어난 5·3인천항쟁을 극한적 폭력으로 진압하자 민주화운동권의 활동가와 학생 다수는 구속되거나 폭행을 당해야 했다. 게다가 경찰의 수사를 받는 과정에서도 가혹 행위와 성적 인권침해가 생기자 여성단체연합 생존권대책위원회는 6월 26일 '여성에 대한 성적 고문을 규탄한다'는 성명을 발표한 뒤 28일까지 철야농성에 들어갔다.

그런데 농성이 끝날 무렵 부천서 성고문 사건이 폭로되었다. 사건의 진상을 은폐하기에 급급한 검찰은 7월 16일 수사 결과를 발표하면서 "피해자가 성적 모욕을 당했다고 주장하는 것은 운동권세력이 상습적으로 벌이고 있는 의식화투쟁의 일환"이라고 발표했다. 그러자 여성단체연합 생존권대책위원회는 '성고문대책위원회'라는 임시 조직을 구성한 뒤 민주화운동단체와 함께 성고문 피해자 권인숙의 법정투쟁을 지원하면서 전두환 정권을 규탄하는 운동을 벌여 나갔다.

1980년대 중반이 되자 생존권대책위원회, 성고문대책위원회, 케이비에스 시청료 거부 여성연합 등 사안별 연대를 통해 '여성단체연합'의 이름을 걸고 함께 활동해온 여성단체들은 상설 연대조직이 필요하다고 합의했다. 그런 결정을 바탕으로 1987년 2월 18일 서울 합정동 '여성의전화' 강당에서 '한국여성단체연합(여연)' 창립대회가 열렸다. 회장에는 이우정, 부회장에는 박영숙, 김희선, 이미경, 엄영애, 이영순 등이 선출되었다.

1987년 3월 21일에는 1970년대 민주노조 출신의 여성 노동자와 여성평우회에서 일하던 활동가들이 결합해 '한국여성노동자회'를 결성했다. 6월민주항쟁 뒤인 9월 12일에는 성 평등과 여성의 인권이 보장되는 민주사회, 인간과 자연이 조화로운 생태적 사회의 실현을 목적으로 하는 '한국여성민우회'가 창립되었고, 초대 회장은 이효재가 맡았다. 그 이후 11월에는 제주여민회, 12월에는 충남여민회, 1988년 1월에는 대구여성회, 2월에는 광주전남여성회와 전북민주여성회가 잇달아 창립되었다.

1987년 12월 13대 대통령 선거를 앞두고 여연은 민통련의 김대중

비판적 지지에 동조했다. 김대중과 김영삼의 분열과 각자 출마로 민주화운동 진영은 단일 후보를 낼 수 없었고, 그 결과 전두환의 후계자인 노태우가 대통령이 되어 군사독재를 연장시키는 일이 벌어졌다. 그래서 여성운동권 가운데 후보 단일화를 주장하던 쪽에서는 여연을 비판하는 소리가 높아질 수밖에 없었다.

29. 민가협과 유가협

박정희와 김종필 일파가 1961년 5월 16일 군사쿠데타를 일으켜 장면 민선정부를 뒤엎고 권력을 탈취한 이래로 한국사회에는 양심수가 셀 수 없을 정도로 많이 생겨났다. 특히 박정희가 종신 집권을 위해 1972년 10월 17일 유신이라는 미명 아래 헌정을 파괴하고 무소불위의 권력을 휘두르자 한국사회는 공포정치의 포로가 되고 말았다. 재야 민주화운동가들도 학생들도 어쩔 수 없이 침묵을 지킬 수밖에 없었다.

그러나 1973년 10월 2일 서울대학교 문리대 교정에서 학생 5백여 명이 감행한 '유신독재 반대' 집회와 시위는 겨울잠에 빠져 있던 민주화운동에 불을 댕겼다. 박정희는 1974년 1월 초에 긴급조치 1호를 발동했고, 이어서 4월 3일에 공표한 긴급조치 4호를 통해 고문과 거짓 자백으로 조작한 '민청학련 사건'을 발표했다. 그다음으로 역시 조작된 '인혁당 사건'을 언론에 공개했다.

민가협과 유가협의 모태인 구속자가족협의회

그 어느 매체에도 민청학련 사건과 인혁당 사건이 조작되었다는 실상이 보도되지 않자 양심수 가족들은 개신교와 천주교의 인권기도회로 찾아가 구속된 남편과 아들딸을 구해 달라고 호소했다.

이런 과정에서 양심수 가족들은 분산적으로 벌어지던 석방운동을 조직적으로 추진할 필요를 느꼈고, 1974년 9월에 구속자가족협의회(구가협)를 결성하게 되었다. 회장에는 전 대통령 윤보선의 부인인 공덕귀, 부회장에는 김윤식, 총무에는 김한림이 선출되었다.

그렇게 결성된 구가협 회원 50여 명은 그해 11월 11일 서울의 명동성당에서 구속자 석방을 요구하며 4일 동안 단식기도회에 들어가기도 했고, 또 양심수가 재판을 받는 날이면 군법회의 법정에 함께 몰려가 피고인을 격려하는가 하면 검찰과 법관에게는 무언의 압력을 가하기도 했다.

1974년 11월 21일에는 열성적인 투사로 변모한 구가협 회원 21명이 미국 대통령 포드의 방한을 앞두고 '더 이상 못 참겠다, 구속자 석방하라', '포드는 유신체제를 지지하는가?' 등의 현수막을 들고 시위를 벌였고, 1976년 봄에는 재야 민주화운동가들이 서울 명동성당에서 '3·1민주구국선언'을 발표하고 대대적으로 구속되자 투쟁의 제일선에 나서기도 했다. 구가협은 1980년대 초까지 활동을 계속했다.

민가협 창립과 활동

전두환 군사독재정권의 서슬이 퍼렇던 1985년 12월 12일, 서울 종로구 연건동 기독교회관 강당에서 민주화실천가족운동협의회(민가협)가 창립되었다. 당시는 수많은 청년·학생, 민주인사와 노동자들이 수감되어 있었다. 안전기획부(국가정보원의 전신)를 비롯한 정보·수사기관들이 고문과 거짓 자백 강요 등을 통해 인권 유린을 자행했기 때문이다. 그래서 양심수의 가족이 민주화운동에 동참한다는 뜻으로 민가협을 결성했는데, 그 뿌리는 1974년에 만들어진 구가협이었다.

민가협은 창립된 지 1년 반 만에 6월민주항쟁을 맞이했다. 6월 18일 최루탄추방대회가 열렸을 때 경찰이 시민들을 강제로 해산하자 민가협의 '어머니들'은 카네이션을 들고 전경들에게 다가갔다. 그리고는 아들

또래인 전경들의 가슴에 카네이션을 달아주자 살벌하던 곳이 순식간에 평화로운 분위기로 변해버렸다. 그 이색적인 장면은 여러 신문의 1면 머리를 장식했다. 그러나 항쟁이 절정에 이른 6월 26일의 국민평화대행진 때는 민가협 회원들이 시위대의 선봉에 나섰다.

민가협은 또 양심수의 존재 자체를 부정하던 전두환·노태우 정권에 맞서 '장기수 석방투쟁위원회'를 구성하고는 끈질긴 조사와 투쟁을 통해 장기수들의 참상을 폭로했고, 그 결과 1988년 12월에는 비전향 장기수를 제외한 대부분의 양심수가 석방되었다. 김영삼 정부 시기인 1995년에는 '세계 최장기수 김선명 석방운동'을 시작하면서 국제사면위원회 등 세계적 인권단체와 연대함으로써 많은 비전향 장기수가 감옥을 벗어나게 하는 데 공을 세우기도 했다.

그리고 민가협은 여러 시민단체와 힘을 모아 '이인모 노인 고향가기 운동'을 벌였는데, 실제로 그는 1993년 3월에 북녘의 가족 품으로 돌아갈 수 있게 되었다. 또 민가협 주도로 1999년 12월에 결성된 '비전향 장기수 송환추진위원회'가 적극적으로 활동하자 2000년 9월 2일에 마침내 63명의 비전향 장기수가 모두 북녘의 고향으로 돌아가게 되었다.

1989년 2월 하순, 민가협은 남영동 대공분실에서 민청련 의장 김근태를 무참하게 고문한 바 있는 이근안을 직접 검거하자는 '국민수사'를 제안하며 그를 수배했다. 민가협이 10년 넘게 그런 노력을 계속한 결과 이근안은 마침내 1999년 10월 수사기관에 자수해 구속되었다.

민가협은 또 전두환·노태우 정권 시기에 조작된 간첩 사건의 실상을 밝히는 한편, 그 피해자의 명예회복과 진상규명을 위해 '사례보고서'를 작성해 전국을 돌면서 재심청구운동을 펼쳤다. 그 영향으로 이근안에게 고문을 당해 간첩으로 조작된 함주명은 2005년 7월 재심에서 무죄 판결을 받았다.

2000년대에 들어서도 민가협은 한국사회 전반에서 인권의식을 높이기 위해 활동을 계속하고 있다. 현재 민가협 회원은 양심수 석방, 국가보안법을 비롯한 악법 개선, 테러방지법 반대운동은 물론이고 사회적 약자의 인권을 옹호하기 위해 투쟁에 앞장서고 있다.

유가협 결성과 활동

민가협이 창립된 지 꼭 8개월 뒤인 1986년 8월 12일, 서울 창신동의 전태일기념사업회에서 민주화운동유가족협의회(유가협)가 결성되었다. 유가협은 박정희·전두환의 독재정권에 맞서 민주화운동을 하다 스스로 몸을 바쳤거나 희생당한 이들의 가족이 만든 모임으로, 10명의 회원으로 출범한 유가협의 초대 회장은 '노동열사' 전태일의 어머니 이소선이 맡았다. 그들은 '창립선언문'에서 아래와 같이 다짐했다.

'사랑하는 자식, 남편, 형제를 잃고 창자를 끊는 듯한 슬픔에 눈물이 마를 날이 없었던 우리 유가족들은 지금 이 모든 아픔을 딛고 고인들이 썼던 민주의 가시관을 받아 쓰는 경건한 마음으로 오늘 이 자리에 모였습니다.

우리 유가족들은 지난 1970년 전태일의 분신 이래 이 나라의 민주화와 민중의 생존권 보장을 요구하다 스스로 혹은 권력에 의해 민주제단에 희생이 된 고인들의 죽음을 계기로 이 시대의 참담함을 누구보다도 뼈저리게 경험하였습니다. 또한 고인들이 하나뿐인 생명을 바쳐가면서까지 목말라 외치던 바를 살아있는 가족들이 함께 실천해 나가는 것만이 그들의 원혼을 위무해 줄 수 있는 길이라 생각하였습니다.

(…)

이제 우리 가족들은 고인들이 생전에 그리도 목메어 외치던 민족통일과 민중이 주인 되는 세상을 위해 앞장서 투쟁할 것을 온 세상에 선

초혼도(목판화, 1985년, 김봉준 작)

언하는 바입니다.'

2016년에 창립 30주년을 맞기까지 유가협은 민주화와 민족통일을 위한 운동 현장에 빠짐없이 참여했다. 1988년 11월 12일에는 전두환 구속을 촉구하는 시가행진을 한 뒤 서울 명동성당에서 '의문사진상규명 및 책임자 처벌을 위한 시민대회'를 주최했고, 1998년 4월 24일에는 '민족민주열사 명예회복, 의문의 죽음 진상규명 특별법 제정 대국민 선포식'을 서울역 광장에서 열기도 했다. 그래서 특별법은 우여곡절 끝에 1999년 12월 28일 국회를 통과했다. 유가협 회원들은 이 법이 제정되기까지 무려 422일 동안 국회 앞에서 농성을 했다. 2009년 1월 하순에는 '용산 철거민 참사 진상규명과 책임자 처벌'을 이명박 정부에 촉구하는 운동을 적극적으로 펼쳤다.

유가협은 가난하고 소외된 사람이 권력과 자본에 맞서 싸우는 곳이면 어디든지 찾아가 힘을 보탰는데, 이는 유가협이 '산 자여 따르라'는 슬로건을 충실히 실천하려고 노력했다는 증거이다.

유가협은 운동과 사업 방식을 둘러싸고 회원들이 갈등을 겪은 끝에 2007년 7월 31일 21차 임시총회를 열고 전국민족민주유가족협의회로 이름을 바꾸면서 조직을 개편했다.

2016년 8월 12일, 유가협은 창립 30주년을 맞이한 기념식과 그간의 발자취를 기록한 책인 『너의 사랑 나의 투쟁-유가협 30년의 기록』 출판 기념회를 열었다. 회장 장남수는 이 책 발간사에서 '부당한 방법으로 권력을 찬탈한 독재자들은 정통성 없는 권력을 유지하기 위해 유가협 가족들의 일거수일투족을 감시하고 탄압했다'며 '용공, 종북, 불순 세력, 불량 국민으로 낙인이 찍혀 기본권을 제한당하고 요주의 인물로 정보 당국으로부터 감시 대상으로 살아왔다'고 회고했다.

30. 김대중·김영삼의 분열 속에 치러진 13대 대선

6월민주항쟁 때 시민과 재야단체, 그리고 야당이 일관되게 요구한 핵심적 사항은 대통령 직선제 개헌이었다. 민정당 대표이자 대선 후보인 노태우가 6·29선언을 통해 그것을 받아들이자 항쟁은 민주정부 수립으로 방향을 틀게 되었다. 전두환·노태우 중심의 군사독재체제를 해체하고 민주 진영이 새 정부를 자력으로 세울 수 있게 되었더라면 항쟁은 혁명으로 승화되었을 것이다. 그러나 전두환이 기획하고 노태우가 실행한 직선제 개헌을 아무런 조건 없이 수용한 것이 항쟁을 주도한 국본과 재야단체의 한계였기 때문에 역사의 흐름을 크게 바꿀 수 있는 혁명은 무산되고 말았다.

김대중과 김영삼의 분열을 예측한 전두환 정권

여기서는 전두환 정권이 6·29선언을 준비한 과정과 양김인 김대중과 김영삼의 분열을 어떻게 조장했는지를 살펴보기로 하겠다.

대통령 전두환은 국본이 주최한 6·10국민대회 직후부터 대통령 직선제 수용의 방식과 내용을 본격적으로 검토하기 시작했다. 그 결과 그는 직선제 개헌안을 받아들이자고 노태우를 설득했지만 대선에서 승리할 가능성이 불투명하다고 본 노태우는 망설였다. 그러자 청와대 민정수석 김용갑이 나서서 "양김 동시 출마면 필승"이라고 주장했다.

6월 24일 국민당 총재 이만섭은 전두환에게 이렇게 건의했다.

"각하께서 하신 일이 많고 올림픽도 잘 치러야 되겠고, 민주주의 전통을 살려 나가자면 직선제를 해서 나가는 게 국민이 안정을 바라기 때문에 좋다고 봅니다. 깨끗이 직선제를 해서 국민 심판을 받도록 하시지요. 그래서 동교동, 상도동 머리 처박고 싸우게 하고, 이쪽은 당당하게 물가 안정, 올림픽 가지고 심판받는 게 좋습니다."

전두환은 김대중과 김영삼의 동시 출마를 유도하기 위해 6·29선언에서 그에 대한 사면과 복권을 명기하도록 함으로써 노태우가 직선제 개헌을 받아들이게 만들 수 있었다.

개헌 협상은 3단계를 거쳤다. 제1단계는 7월 24일 집권 민정당과 제1야당 민주당이 8인 정치회담 구성에 합의한 뒤 각각 개헌안을 마련하기까지의 시기였다. 제2단계는 8월 3일부터 8인 정치회담이 시작되어 8월 31일 개정헌법안의 전문과 본문 130개 조항에 완전히 합의하기까지였다. 제3단계는 헌법 부칙을 협상한 때로 9월 2일 노태우·김영삼 회담 이후 9월 16일까지 헌법 개정을 위한 정치 일정에 합의한 시기였다.

개헌 협상의 주도권은 민정당과 민주당이 잡고 있었고, 6월민주항쟁을 이끈 재야세력은 그 협상에 거의 관여하지 않았다.

87헌법의 장점과 문제점

8월 3일에 시작된 8인 정치회담은 14일 1차 독회를 통해 이견이 있던 110개 조항 가운데 55개 조항에 대해 합의를 하거나 의견 접근을 이루었다. 그러나 헌법 전문, 대통령 임기, 부통령제 도입 여부, 대통령 후보의 국내 거주 요건, 선거 연령, 부칙의 정치 일정 등의 문제는 해결하지 못했다. 그러나 8월 말까지 진행된 2차 협상에서는 부칙의 정치 일정만 빼고 모든 문제가 해결되었다. 헌법 전문과 관련해 민주당이 '5·18민주화운동'을 넣지 않기로 양보하는 대신 민정당은 '제5공화국 창건'을 명기하지 않는 데 동의했다. 총강에는 군의 정치적 중립을 명시하기로 합의했다. 대통령 임기는 5년 단임제로 하고 부통령제는 두지 않기로 하는 한편 선거 연령은 헌법 조항에서 빼고 하위법에서 규정하기로 했다.

노태우와 김영삼은 9월 2일 회담을 갖고 개헌안을 국회에서 통과시켜 국민투표에 부치고, 12월 20일 전에 대통령 선거를 실시하기로 합의했다. 8인 정치회담은 새 헌법 발효 시기를 1988년 2월 25일로 하는 데 합의했다. 개헌 협상은 정치 일정에 관한 부칙에 대해서까지 합의함으로써 9월 16일 완전히 타결되었다. 국회의 헌법개정특별위원회는 8인 정치회담에서 합의된 내용을 넘겨받아 9월 17일 전문과 본문 10장 130조, 부칙 6조로 구성된 개헌안을 국회에 제출했다. 개헌안은 10월 12일 여야 합의로 국회를 통과했고, 10월 27일 실시된 국민투표에서 93.1퍼센트의 찬성을 받아 29일 공포되었다.

1987년에 개정된 헌법은 권력 분립을 위해 대통령의 권한을 축소하고 입법부와 사법부의 권한을 확대함으로써 삼권분립을 강화했다. 대통령의 권한 규정에서는 비상조치권과 국회해산권을 폐지하고, 국회의 국정감사권을 부활시킴으로써 국회가 행정부를 감시하고 견제할 수 있도록 했다. 87헌법은 사법부의 실질적 독립을 위해 법관 임명 절차를 개선하고, 헌법재판소를 신설했다. 헌법재판소는 법률의 위헌 여부, 탄핵, 정당 해산, 국가기관 상호 간의 권한쟁의, 헌법소원 등에 대한 심판권을 갖게 되었다.

87헌법이 안고 있는 가장 심각한 문제는 민정당과 민주당이 정략적 이해타산으로 합의한 '5년 임기의 대통령 단임제'였다. 대통령 단임제를 한다면 임기 말의 권력 누수 현상이 나타날 것이고, 그리고 대통령 선거와 국회의원 총선거 주기가 각각 5년과 4년으로 엇갈리면 정치적 갈등과 혼란이 나타날 것도 문제였다. 또한 87헌법은 국민의 기본권 강화를 위해 다양한 조치를 마련했지만, 노동자의 경영참여권과 이익균점권 등을 배제함으로써 노동자의 권익 신장을 고려하지 않았다는 비판을 받을 수밖에 없었다. 게다가 87헌법은 5·18민중항쟁과 6월민주항쟁의 결과로 태어났는데도 헌법 전문에 그 정신과 이념을 명시하지 않아 전두환과 노태우의 역사적 죄과에 면죄부를 준 셈이 되었다.

김대중과 김영삼의 분열

김대중은 전두환 정권이 '건국대 애학투련 사건'으로 민주화운동세력에 극심한 탄압을 가하던 1986년 11월 5일 대통령 불출마 선언을 한 바 있었다. 그 선언은 군사독재정권의 탄압을 완화하는 한편 당시 교착상태에 빠져 있던 개헌 협상에 돌파구를 마련하자는 뜻으로 해석되어야 할 것이다. 김영삼도 "사면·복권이 이루어진다면 김대중 민추협 공동의장을 대통령으로 만들기 위해 전력투구를 하겠다"고 밝혔다.

김대중은 6·29선언 직후인 1987년 7월 10일에 기자회견을 갖고 "나는 대통령이 되는 데 관심이 없다. 현재로서 불출마 선언은 변함이 없다"고 말했다. 그러나 그는 바로 이튿날인 7월 11일 언론과 인터뷰에서 "작년의 불출마 선언은 전두환 대통령이 자발적으로 대통령 직선제를 하면 선거에 나가지 않겠다고 한 것이지 이번처럼 국민의 압력에 의해 직선제가 이루어진 것과는 아무런 상관이 없다"고 말하면서 하루 전의 불출마 선언을 번복했다. 김대중이 대선 출마를 공식화함으로써 김영삼과의 경쟁은 불가피해진 것이다.

민주당은 물론이고 재야단체에서도 김대중이 김영삼 쪽으로 후보 단일화를 해야 한다는 소리가 높아졌다. 그런 분위기에서 김대중은 8월 8일 일단 민주당에 입당했다. 김영삼은 같은 당에서 경쟁을 벌이게 된 김

대척(유화, 2016년, 김봉준 작)

대중을 향해 조기 단일화를 이루자고 주장했다. 그러나 당내 세력 분포에서 매우 불리했던 김대중은 36개 미창당 지구당을 정비하자고 요구하면서 조기 단일화를 가능한 한 늦추려고 했다.

민주당 안의 경쟁에서 김영삼을 누르는 것이 불가능하다고 판단한 김대중은 당 밖에서 지지 세력을 확대하는 쪽을 택했다. 그는 먼저 9월 8~9일 연고지인 광주와 목포를 방문했다. 두 도시에서는 50만여 명이 그를 열광적으로 환영했다. 그는 또 12일에는 대전, 26일에는 인천을 찾아가 대중의 지지를 호소했다.

양김의 후보 단일화 가능성이 희박해지자 김영삼은 10월 10일 민주당 후보로 대선에 출마하겠다고 선언하고는 17일 정치적 고향인 부산 수영만에서 대규모 군중집회를 열었다. 그곳에는 1백만 명이 넘는 인파가 운집했다. 이런 김대중과 김영삼의 치열한 세 대결은 결국 대선 과정에서 지역주의를 조장하는 결과를 낳고 말았다.

김대중은 10월 28일 대통령 출마 선언을 하면서 신당을 만들겠다고 발표했는데, 결국 30일에 평화민주당(평민당) 창당 발기인대회가 열렸다. 김영삼은 11월 9일 통일민주당 전당대회에서 대통령 후보로 선출되었다.

11월이 되자 13대 대통령 선거 구도는 4파전 양상을 띠게 되었다. 민주정의당의 노태우, 통일민주당의 김영삼, 평화민주당의 김대중, 새로 만들어진 신민주공화당의 김종필이 후보로 나선 것이다. 여당 1명, 야당 3명의 경쟁이라면 노태우가 유리한 입지를 차지하게 되리라는 우려가 재야세력에서 나온 것은 당연한 일이었다.

야권 후보 지지를 둘러싼 재야의 분열

6월민주항쟁을 주도한 재야세력의 결집체인 국본은 현실적으로 김대중과 김영삼에게 후보 단일화를 강제할 수 있는 힘을 갖지 못했다. 10

월 13일 열린 국본 연석회의는 후보 단일화를 촉구했으나 그 내용은 미온적이었다. 거국중립내각 수립과 선거감시운동에 초점을 맞추고 있었기 때문으로, 국본은 실제로 10월 31일 전국 12개 지역에서 '거국중립내각 수립과 양심수 석방을 위한 국민대회'를 열었다.

양김의 후보 단일화가 이루어질 가능성이 거의 없어지자 재야에서 가장 먼저 특정 후보를 선택해 지지하자고 나선 단체는 민주통일민중운동연합(민통련)이었다. 민통련은 9월 초부터 '추상적인 단일화 촉구가 아니라 현실적이고 구체적인 단일화 방안을 마련'하기 위해 24개 가맹단체의 의견을 수렴한 뒤 10월 5일 정책과 후보 적합성을 비교할 목적으로 '양 김씨 초청 세미나'를 개최했다. 오전에는 김영삼, 오후에는 김대중이 초청되어 정치, 외교, 경제, 통일, 사회, 문화 등 12개 항목에 관해 질문한 것이다.

민통련 중앙위원회는 10월 12일 대선에서 특정 후보를 지지할 것인지, 지지한다면 누구를 선택할 것인지를 놓고 투표를 실시했다. 결과는 김대중 지지 17표, 기권 7표로 나타났다. 민통련은 10월 13일 '범국민적 대통령 후보로 김대중 고문을 추대한다'라는 성명을 통해 김대중을 비판적으로 지지하는 이유를 이렇게 밝혔다.

"민통련은 김대중 고문이 민주화를 실현하기 위한 구상, 군사독재 종식의 결의, 민생 문제 해결책, 평화적 민족통일의 정책, 5월광주민중항쟁의 계승과 그 상처의 치유책 등에 있어서 상대적으로 적극적인 자세를 보이고 있다는 판단을 근거로, 김 고문을 범국민적 후보로 추천하는 것이 현 단계에서 택할 수 있는 바람직한 방책이라는 데 합의했다."

13대 대선에 대처하는 재야세력의 움직임은 세 갈래로 나뉘었다. 첫 번째는 민통련의 결정을 바탕으로 한 김대중 후보에 대한 비판적 지지의 흐름이었다. 먼저 민통련을 중심으로 한 재야단체와 개인은 11월 20일 '김대중 선생 단일 후보 범국민추진위원회(김추위)'를 결성했다. 김추위는 창립선언문에서 군부독재 종식과 군의 정치개입 금지, 광주학살 해결, 농민과 노동자의 생존권 보장, 민족통일의 네 가지 과제를 해결하는 데 있어 김대중 후보가 김영삼 후보에 비해 더 적합하다는 판단에서 김대중 후보를 범국민세력의 단일 후보로 추대한다고 밝혔다. 또 김추위는 선거운동 결과 국민의 지지가 약한 것으로 드러나는 후보를 사퇴시켜 군부독재를 청산해야 한다고 주장했다. 전국대학생대표자협의회(전대협)와 서울지역대학생대표자협의회(서대협)도 그 흐름에 동참했다.

두 번째는 후보 단일화의 흐름이었는데, 그 흐름은 10월 12일 민통련 중앙위원회 결정에 대한 반발에서 비롯되었다. 민통련의 결정 직후 가맹단체 중 6개 단체가 그 과정에 의문을 제기하면서 총회 소집을 요구했다. 10월 31일에는 각계 민주인사 122명이 민통련의 특정 후보 지지를 비판하면서 후보 단일화를 주장하는 내용의 성명서를 발표했다. 대선에서 4파전이 벌어지면 야권의 승리가 불가능할 것이라는 뜻이었다. 가톨릭농민회(가농) 회장단은 11월 5일 후보 단일화를 요구하는 단식농성에 들어갔고, 13일에는 가농 주최로 서울 명동성당에서 '군부독재 종식을 위한 후보 단일화 쟁취대회'가 열렸다. 11월 23일에는 가농 주도로 명동 와이더블유시에이 강당에서 각계 인사 1천여 명이 참석한 가운데 '군정종식 단일화쟁취 국민협의회(국협)'가 결성되었다. 12월 6일 국협은 연세대에서 '군정종식 단일화쟁취 비상국민대회'를 개최했는데, 그 모임에는 가농, 국본 노동자위원회, 서울지역 비상대학생 대표자협의회(서비협), 전국구속청년학생협의회, 기독교도시빈민선교협의회, 천주교도시빈민사목협의회, 전국농민협회, 서울 민통련 등 13개 단체의 회원 5천여 명이 모였다.

세 번째는 독자 후보론의 흐름이었다. 이 흐름을 주도한 조직은 민통련 부의장 백기완을 중심으로 한 선거운동본부 지도부와 범제헌의회(CA계열), 인천지역민주노동자연맹 등이었다. 독자 후보론, 또는 민중 후보론은 11월 12일 '백기완 선생 대통령 후보 임시추대위원회(백추위)' 결성으로 구체화되었다. 백추위는 11월 27일 '민중대표 백기완 선생 대통령 후보 선거운동 전국본부(백본)'를 결성했고, 백본은 12월 6일 서울 대학로에서 10만여 명이 참여한 가운데 '군정종식과 민주연립정부쟁취 범국민결의대회'를 열었다.

대선 투표를 한 주 앞둔 12월 9일 13개 재야단체와 백본은 후보 단일화를 제안했고, 국협이 그것을 받아들이자 12월 9일 김대중과 김영삼에게 '비상정치협상'을 제의했다. 백기완은 12월 10일 김영삼, 11일 김대중을 만나 후보 단일화를 촉구했다. 김영삼은 수락했으나 김대중은 그것이 자신에 대한 후보 사퇴 압력이라고 보고 공식적으로 거부했다. 그러자 국협은 12월 12일 후보 단일화운동이 실패했음을 인정하고 승리할 가능성이 더 큰 후보에게 투표해 달라고 호소했다. 같은 날 백기완은 민주연립정부 수립이 실패로 끝났다고 판단하고 후보 사퇴 의사를 밝혔다.

노태우의 당선과 부정선거규탄투쟁

1987년 12월 16일 제13대 대통령 선거가 치러졌다. 득표율은 노태우가 828만 표를 얻어 36.6퍼센트, 김영삼은 633만 표를 얻어 28퍼센트, 김대중은 611만 표를 얻어 27.1퍼센트, 김종필은 182만 표를 얻어 8.1퍼센트로 나타났다. 그러자 재야 운동권에서는 후보 단일화를 이루지 못한 것이 결정적 패인이라는 비판이 거세게 일어났다. 특히 대선 직전에 평화민주당을 만들어 출마를 선언한 김대중을 공격하는 소리가 더 높았다.

그러나 민주쟁취 국민운동본부(민주헌법쟁취 국민운동본부가 6·29

선언 뒤 바뀐 이름)와 천주교정의구현전국사제단을 비롯한 재야단체와 학생운동권 일각에서는 관권을 동원한 부정선거가 자행되었다며 노태우의 당선을 무효화하려는 투쟁을 벌였다.

13대 대선 당일인 오전 11시, 한 중년 여성이 서울 구로갑구 선거관리위원회 쪽이 투표함을 식빵 상자와 같이 밀반출하려 한다며 공정선거감시단에 제보했다. 구로을구 선관위 사무과장이 위원장에게 보고도 하지 않은 채 투표 마감 이전에 자의로 투표함을 옮기려 했다고 제보한 사건으로, 이는 결국 사실로 드러났다. 오후 1시 30분 구로구청 3층 선관위 사무실로 몰려간 시민과 학생은 투표함 1개, 붓두껍 60개, 새 인주 70개, 정당 대리인 도장, 인주가 묻어 있는 장갑 6켤레, 백지 투표용지 1,506장을 발견했다. 붓두껍에 인주가 선명하게 묻어 있는 사실을 확인한 5천 명의 시민과 학생은 문제의 투표함을 공개적으로 개봉하라고 요구하는 한편, 오후 4시부터 부정투표에 항의하는 농성에 들어갔다. 학생 여러 명은 그 투표함을 깔고 앉았다.

오후 6시 30분에 구로구 선관위원장은 부정투표함이 불법이라고 시인했으나 중앙선거관리위원회는 오후 7시에 평민당원이 합법적인 투표함을 탈취했다는 내용의 성명을 발표했다.

이튿날인 17일 오후 12시 40분에는 농성하던 사람들이 투표함을 밀반출하려던 사람을 붙잡아 기자회견을 가졌다. 오후 5시 30분에는 전날 구로구청 농성에 참여했던 시민 허기수(41세)가 가리봉시장에서 부정선거에 항의하며 분신자결을 기도했다는 소식이 전해졌다. 오후 8시에는 항의에 참가한 군중이 6천여 명으로 늘어났는데, 그들은 '부정선거 규탄대회'를 계속하며 밤새 농성을 멈추지 않았다.

그러자 18일 자정 무렵 서울시장은 그들을 무력으로 진압하겠다며 농성장으로 전화를 걸었다. 그러나 농성자들이 불응하자 전두환 정권은 새벽 6시에 5천여 명의 백골단을 구로구청에 투입했다. 일부 전경들은 헬리콥터를 타고 구청 옥상에 내린 뒤 농성장으로 난입해 최루탄을 난사했다. 그 과정에서 서울대 경영학과 3학년 양원태는 건물에서 지상으로 떨어져 척추가 절단되는 중상을 입어 평생 휠체어를 타는 장애인으로 살게 되었다. 중상을 입은 사람은 17명이나 되었다. 경찰은 진압작전 2시간 남짓 만에 농성자 1,034명을 연행해 그 가운데 208명을 구속했다. 동아일보 2013년 5월 25일 자에서 양원태는 당시 상황을 이렇게 회고했다.

「부모님은 울고 계셨다. 의식을 잃고 병원으로 실려 온 지 일주일 만에 눈을 떴다. 부러진 척추를 철골로 고정시키는 수술을 받고서는 잠만 잤다고 했다. 누워 있는 것 자체는 자기 몸이지만 자기 몸이 아닌 듯했다. 하반신 마비. 실감이 잘 나지 않았다. 최루탄 연기 자욱한 서울 구로구청 강당, 눈물 콧물 뒤범벅된 얼굴로 창가에서 가쁜 숨을 몰아쉴 때 머리 위로 쏟아지던 전경들의 쇠파이프 세례. 그리고 이어진 추락. 기억나는 건 그게 전부였다.」

구로구청 부정선거를 계기로 재야 운동권에서 결성된 '민주쟁취 부정선거무효화투쟁본부'는 12월 23일 명동성당에서 전두환 정권 규탄대회를 열었다. 이듬해인 1988년 2월 5일에는 구로구청에서 경찰의 폭력으로 부상한 사람들과 민주화실천가족운동협의회(민가협)가 명동성당에서 '구로학살만행 진상보고 및 부정선거 규탄대회'를 열었다. 천주교정의구현전국사제단 공정선거감시단은 대선 개표방송에서 컴퓨터 조작이 이루어졌다는 증거들을 확보한 뒤 두 달 가까이 진상을 조사한 다음 2월 16일 기자회견을 갖고 대통령 선거 무효소송을 하자고 제안했다. 그러나 이른바 제도 언론은 기자회견 내용을 단 한 줄도 보도하지 않았다. 결국 전두환 정권이 노태우를 대통령으로 만들기 위해 저지른 부정선거와 만행은 전혀 없던 일이 되어버리고 말았다.

31. 여소야대 이룬 4·26총선

1988년 2월 25일 오전 10시, 노태우는 국회의사당 광장에서 취임식을 가졌다. 구로구청 부정선거 사건 등 때문에 재야단체로부터 당선 무효라는 공격을 받았던 그는 그런 일이 전혀 없었다는 듯이 취임사를 통해 국민들에게 장밋빛 미래를 약속했다. 그는 "이제 새 공화국의 출범을 알리는 저 우렁찬 고동 소리와 함께 우리는 민주주의 항로로 확실하게 전진해 나아갈 것"이라고 말했다. 그러나 그는 취임한 지 두 달 만에 정치적 암초에 부닥치고 말았다. 4월 26일 실시된 13대 총선에서 여소야대라는 뜻밖의 결과가 나타났기 때문이다.

유권자와 지역주의가 만들어준 여소야대 체제

13대 국회의원을 뽑는 총선거는 4월 26일에 실시하기로 되어 있었다. 그런데 총선을 한 달도 남기지 않은 3월 31일 전두환의 동생이자 새마을운동중앙본부 회장이던 전경환이 구속되는 일이 벌어졌다. 그는 형이 대통령으로 있던 기간에 온갖 부정과 비리를 저지른 혐의로 투옥되고 말았다. 퇴임 후에도 상왕 노릇을 하려던 전두환을 무력화하기 위해 노태우가 칼을 빼 들었다는 것이 전문가들의 분석이다. 대검 중수부는 물론이고 서울지검 특수부와 인천지검 등 5개 검찰청에서 검사 32명과 수사관 99명이 동원되어 새마을운동중앙본부와 관련된 전경환의 비리를 조사할 정도로 노태우의 전두환 무력화 작전은 요란하게 진행되었다.

총선을 앞두고 한국갤럽이 실시한 여론조사에서는 민정당이 39.8퍼센트를 득표할 것으로 예측했다. 그대로라면 민정당은 의석의 60퍼센트 이상을 차지할 것이 분명했다. 이런 여론조사를 근거로 청와대 정무수석 최병렬은 전체 224개 지역구에서 민정당이 53퍼센트인 119석을 차지할 것으로 노태우에게 보고했다.

야당인 통일민주당과 평화민주당은 13대 대선에서 김영삼과 김대중이 독자적으로 출마함으로써 일어난 갈등에서 벗어나지 못한 채 총선에 나섰다. 두 사람이 정치 일선에서 물러난 형국이라서 임시 지도부가 선거를 이끌 수밖에 없는 상태였다. 그러나 야권은 지난 대선에서 기승을 부린 지역주의에 다시 기대면서 대선 부정과 전두환 정권의 비리를 강하게 공격했다.

4월 26일, 17년 만에 부활한 소선거구제로 치러진 총선은 노태우 정권과 언론의 예측을 완전히 뒤집는 결과가 나타났다. 민정당은 득표율 33.9퍼센트로 지역구 87석과 전국구 38석을 차지해 전체 의석 125석을 얻었다. 민주당은 득표율 23.8퍼센트로 지역구 46석과 전국구 13석을 얻어 합계 59석이 되었다. 평민당은 득표율 19.2퍼센트로 지역구 54석과 전국구 16석을 차지해 모두 70석을 얻었다. 김종필이 이끈 신민주공화당은 득표율 15.5퍼센트로 지역구 27석과 전국구 8석을 합쳐 35석을 차지했다.

압승을 예상했던 노태우 정권이 경악할 수밖에 없었던 것은 집권 민정당의 의석이 125석인 데 비해 세 야당의 의석을 합치면 164석이나 된다는 사실이었다. 한국 헌정사상 처음으로 여소야대 체제가 나타난 것이다.

13대 총선의 특징은 1985년의 12대 총선이나 그 이전의 어떤 선거에서도 볼 수 없었던 강력한 지역주의 경향이 나타났다는 점이다. 평민당은 호남에서 37개 의석 전부를 휩쓸었고, 민정당은 대구·경북에서 29개 의석 가운데 25개를 차지했다. 민주당은 부산·경남의 37개 의석 중 23개를, 공화당은 대전·충청의 27개 의석 가운데 15개를 가져갔다.

여소야대 체제가 이루어질 수 있게 만든 가장 중요한 요인은 대선 부정 논란에 휩싸여 있던 노태우 정권이 여론조사와 집권당 내부 전문가들의 예측을 전적으로 믿은 나머지 부정선거를 기도하지 않았기 때문이라고 분석할 수 있을 것이다. 그에 못지않게 총선에 절대적 영향을 미친 동인은 지난 대선에서 군사독재 청산의 결정적 계기를 놓친 주권자 다수가 강력한 야당의 출현을 위해 표를 몰아준 점이었다.

4·26총선의 최대 수혜자는 김대중이었다. 그는 야권의 분열로 13대 대선 실패를 초래했다는 점에서 김영삼보다 훨씬 혹독한 비판을 받아 정계에서 은퇴할 수밖에 없는 상황까지 몰렸으나 평민당이 원내 제1야당이 됨으로써 김영삼보다 강력한 영향력을 행사할 수 있게 되었다.

여소야대의 위력과 노태우 정권의 위기

여소야대 체제는 한국사회의 정치 지형에 놀라운 변화를 일으켰다. 1972년 10월 17일 박정희가 종신 집권을 위해 이른바 10월유신을 선포하고 국회의 야당을 무기력하게 만든 지 16년 만에 야권이 의회정치를 주도할 수 있게 된 것이다.

대통령 당선자 노태우는 대선 공약에 따라 취임 전인 1988년 1월 민주화합추진위원회(민화위)를 발족시켰다. 2월 26일에 취임식을 가진 그는 민화위를 대통령 직속기구로 두고 5·18광주민주화운동의 진상조사와 피해자 치유 방안을 모색하기 시작했다. 전두환과 함께 광주학살의 주범으로 몰려온 그가 여소야대의 위력에 몰려 얄궂게도 그런 일을 할 수밖에 없게 된 셈이다.

여소야대 국회에서 노태우가 심각한 정치적 타격을 당한 첫 번째 사례는 1988년 7월 2일 국회에서 대법원장 임명동의안이 부결된 일이다. 노태우는 서울형사지법원장을 지낸 정기승을 대법관으로 내정하고 국회에 대법원장 임명에 동의해 달라고 요청했으나 야 3당은 박정희 정권 이래로 주로 시국 사건을 맡아 민주화운동권에 불리한 판결을 내려온 전력이 있다는 이유로 안건을 부결시켰다. 출석 의원 295명 가운데 찬성은 141명, 반대는 154명이었다. 전두환 정권 때라면 상상도 할 수 없는 사건이었다.

야 3당은 또 의회의 권한을 강화하기 위해 국정감사를 부활시키고, 대법원장과 감사원장을 비롯한 고위공직자를 임명할 때 국회의 동의를 거치게 하는 법을 제정하는 한편, 국정에 관한 청문회 제도도 도입했다.

1988년 가을에 열린 제144회 정기국회에서는 1972년의 유신 쿠데타 이후 폐지된 국정감사가 부활되어 10월 4일부터 20일까지 실시되었다. 국정감사에서는 전두환의 호를 따서 만든 일해재단이 전두환 정권 시기에 저지른 비리, 그리고 전두환의 아내 이순자가 주도한 새세대육영회와 새세대심장재단이 기업을 상대로 저지른 불법 모금의 실상이 밝혀졌다. 당시 드러난 모금 액수는 일해재단 598억 원, 새세대심장재단 298억 원, 새세대육영회 236억 원, 새마을 성금 1,526억 원 등 모두 2,659억 원이었다.

1988년 7월의 임시국회에서는 헌법재판소법, 안기부법, 정당법, 집시법 등 17개 개혁 입법이 발의되었다. 이듬해 2월에는 비민주법률개폐특위가 중심이 되어 정당법, 집시법, 사회보호법 등에 관한 개정안을 본회의에서 통과시켰다.

여소야대 체제의 국회가 거의 모든 분야에서 적폐 청산을 주도함에 따라 노태우 정권은 실질적으로 식물정권이 되고 말았다. 야 3당은 거기서 그치지 않고 전두환 정권의 부정과 비리를 총체적으로 조사할 각종 특별위원회도 설치했다.

5공비리특위와 광주특위의 활동

국회가 '제5공화국에 있어서의 정치권력형 비리조사특위(5공비리특위)'와 '5·18광주민주화운동 진상조사특위(광주특위)'를 구성한 것은 1988년 6월 27일이었다. 이것이 전두환 정권인 5공 청산의 첫걸음이었다. 1988년 7월 임시국회 기간에 5공비리특위는 일해재단 등 모두 44건의 조사 대상을 확정했다. 전두환은 이미 4월 13일에 국민에게 사과하는 성명을 발표했지만 효력은 전혀 없었다. 야 3당은 8월 3일 국회에서 전두환 등 16명에 대한 출국금지 요청안을 통과시켰다.

서울올림픽이 끝난 뒤인 11월 동시에 열린 5공비리청문회와 광주청문회는 나라 안팎에서 비상한 관심을 일으켰다. 두 청문회에서 다루어진 의제는 광주민중항쟁 진상규명과 군부 책임자 처벌, 김대중 내란음모 사건 조작 경위, 전두환과 친인척의 부정과 비리, 5공 정경유착의 실상, 1980년 언론 통폐합과 언론인 강제해직의 진상 등이었다.

5공비리청문회에서는 전두환이 퇴임한 뒤 머물 곳으로 지었다는 일해재단의 호화로운 내실 사진이 공개되었고, 친인척의 축재와 권력형 특혜도 드러났다. 1983년 버마(현재 미얀마) 아웅산에서 일어난 참사 희생자의 유족을 지원하겠다는 명분으로 설립된 일해재단은 전두환이 대통령직에서 물러난 뒤 노태우의 상왕으로 군림하기 위해 만들어졌다는 사실도 드러났다. 20만 평이 넘는 대지에 598억 원을 들여 지은 일해재단 건물은 연구원이 20여 명인 데 비해 관리 인원은 120명이나 둔 초호화판 시설을 갖추고 있었다.

광주청문회에서는 1980년 5월 18일부터 27일까지 전두환과 노태우

독립 만세(유화, 2016년, 김봉준 작)

의 신군부가 저지른 잔학 행위와 시민 살상의 진상이 구체적으로 드러났다. 현직 대통령인 노태우는 그런 만행에 대해 침묵으로 일관했지만 전두환은 들끓는 여론에 굴복하지 않을 수 없었다. 결국 그는 11월 23일 '국민 여러분께 드리는 말씀'이라는 성명을 내고 이순자와 함께 강원도 인제군의 백담사로 유배를 떠나야 했다.

조선·중앙·동아일보 사주들을 불러낸 언론청문회

광주민중항쟁과 5공비리를 도마에 올린 청문회가 국민의 뜨거운 눈길을 받은 데 못지않게 1988년 11월 2일에 시작된 언론청문회도 대중의 폭발적 관심을 일으켰다. 1980년 늦여름 보통 사람이 모르는 사이에 전국 곳곳에서 신문사의 주필과 논설위원을 비롯해 기자, 방송사의 언론인과 업무 사원이 자진 사직의 형식으로 회사를 떠난 사건은 몇 해 뒤 일부 피해자가 '80년해직언론인협의회'를 결성하고 원상회복투쟁을 벌이면서 조금씩 진상이 드러나기 시작했다. 그런데 국회의 언론청문회에서는 강제해직은 물론이고 언론 통폐합 역시 전두환 정권이 체제를 전체주의화하려던 음모의 일환임이 명백히 밝혀졌다.

가장 충격적인 것은 청문회에서 증인이 폭로한 강제해직의 과정이었다. 그때까지 피해자인 해직 언론인 대부분은 1980년 당시 서슬 퍼렇던 국가보위입법회의 주도 아래 청와대 비서실과 보안사령부의 실무진이 강제해직을 자행했고, 일부 언론사의 경영주와 간부들은 미운털이 박힌 언론인을 얼마쯤 덤으로 얹어 끼워팔기를 했다고 믿고 있었다. 그러나 청문회에서 드러난 놀라운 점은 언론사의 경영주와 간부가 신군부와 공동정범 아니면 공범이었다는 사실이다. 한 국회의원은 전두환 정권의 비밀문서를 바탕으로 청문회에서 다음과 같이 폭로했다.

「국보위 문공분과위원회가 작성한 대외비 자료인 '언론계 자체정화 계획'에 따르면 숙정과 관련, 1단계로 1980년 7월 25일부터 30일 사이에 문공부 주관으로 한국신문방송협회의 긴급총회를 소집, 자율 숙정을 결의하고, 2단계로 8월 1일부터 10일 사이에 각 사 발행인 책임 아래 언론자체정화위를 설치, 자체 숙정을 포함해서 합동수사본부에서 조사 처리한다고 되어 있다. 이런 계획은 실제로 집행되었다. 특히 제2단계인 발행인 책임 아래 자체정화 과정에서 발행인과 언론사 간부들이 기자 해직에 깊이 간여하여 해직 언론인의 수가 대폭 늘어났다. 청와대 공보수석비서관 이수정(당시 문공부 공보국장)이 작성한 '언론인 정화 계획'을 보면 80년에 해직된 언론인은 업무직 종사자를 포함, 모두 993명으로 집계됐는데, 보도·편집 요원은 705명으로서, 보도·편집 요원의 60퍼센트인 427명은 계엄사의 강요 없이 언론사의 자체 인사 정화에 의해 해직되었다.」

언론청문회를 주관한 야 3당 의원은 80년 강제해직의 진상을 명확히 밝히기 위해 동아일보, 조선일보, 중앙일보, 한국일보 사주나 경영자를 증인으로 부르겠다고 밝혔다. 그러나 그들은 국회의 연락을 받고도 출석을 하지 않다가 비난 여론이 빗발치자 언론청문회 마지막 날인 12월 13일 마지못해 국회에 나갔다. 한국 현대사상 가장 진기한 장면 가운데 하나가 민의의 전당에서 펼쳐진 것이다. 동아일보사 회장 김상만, 조선일보사 사장 방우영, 한국일보사 회장 장강재, 중앙일보사 사장 이종기는 증인석에 나란히 서서 양심에 따라 진실만을 말하겠다고 선서했다.

이종기 말고 세 사람은 명실상부한 신문사 사주였다. 텔레비전 생중계로 언론청문회를 보던 국민은 종전의 청문회에서 조사 대상자나 증인에게 고압적인 자세를 보이던 국회의원이 언론사 경영자들 앞에서 갑자기 유순해지는 것을 보고 의아하게 여겼을 것이다. 날카로운 추궁은 전혀 들리지 않았다. 1980년의 언론인 대량 해직 때 그들이 전두환 정권에 굴종한 점이나 미운털이 박힌 사원을 자기 마음대로 끼워 넣기 식으로 내쫓은 점에 대해서도 이렇다 할 문제 제기를 하지 않았다. 5공특위 의원 몇 사람은 정회 시간에 경영자 네 사람에게 찾아가 "죄송합니다"라고 사과까지 했다는 사실이 한겨레에 보도되었다.

여소야대라는 가장 유리한 여건임에도 일부 야당 의원들은 언론을 개혁하겠다는 확고한 의지를 보이지 못하고 오히려 언론사 사주들 앞에서 비굴한 태도로 일관했다는 점, 이것은 그 이후 거대 언론사들이 권력화하는 데 동력을 실어준 셈이나 마찬가지였다.

32. 국민주식으로 창간된 한겨레신문

1988년 5월 14일 오후, 서울 영등포구 양평동 안양천 변에 있는 낡은 건물 1층에서 중고 윤전기가 요란한 소리를 내며 돌아가기 시작했다. 한겨레신문 창간호가 쏟아져 나오는 순간이었다. 대표이사 송건호가 첫 번째로 인쇄되어 나온 신문을 펼쳐 들었다. 그의 안경 속에서는 눈물이 반짝이고 있었다. 1975년 3월에 그가 편집국장을 맡고 있던 동아일보사에 사직서를 제출하고 떠난 지 13년 2개월 만의 일이었다.

한겨레는 6월민주항쟁의 산물

1988년 5월 14일 저녁, 퇴근 시간에 맞춰 서울 시내 가판대와 지하철 판매대에 5월 15일 자 한겨레신문 창간호가 선을 보였다. 창간호는 36면짜리로 50만 부를 발행했으나 삽시간에 매진되었다.

한겨레는 여러 면에서 민주민족민중운동과 6월민주항쟁의 산물이었다. 한국 최초의 국민주 신문이 나오기까지 나라의 민주화와 민족의 통일을 염원하며 몸과 마음을 바친 사람의 피와 땀이 있었기 때문이다.

한겨레 창간 준비 작업은 1985년 6월 15일에 창간된 〈말〉의 '제언' 란에서 비롯되었다고 보아야 할 것이다. 동아투위·조선투위와 80년해직언론인협의회 구성원이 결성한 민주언론운동협의회(언협)가 발행한 그 책에는 이런 대목이 들어 있었다. '제도 언론의 외면으로 노동자,

농민 등 여러 분야에서 자신들의 목소리를 전하는 자생적인 언론이 활발히 전개되고 있'으니 '이 민중 언론 시대의 요청에 따라 새로운 언론 기관의 창설을 위한 범국민운동을 지체 없이 전개하자'라는 내용이다.

언협의 제안에 앞선 1979년 가을, 서울 거여동 성동구치소에서 긴급조치 9호 위반 혐의로 옥살이를 하고 있던 동아투위 위원장 안종필은 함께 수감되어 있던 홍종민, 정연주, 김종철에게 의미심장한 구상을 밝혔다.

"새 시대가 와서 우리들이 언론계에서 다시 일할 수 있게 될 때, 구체적으로 신문을 어떻게 만들고 경영은 어떻게 해야 할까? 당장은 어렵다고 하더라도 언젠가는 가로쓰기에 한글 전용을 해야 할 거야. 지금 신문은 너무 식자층 중심으로 제작되고 있는데, 민중을 위한 진정한 신문이 되기 위해서는 누구나 쉽게 읽을 수 있게 한글 전용을 해야 해. 편집도 지금처럼 정치, 경제, 사회, 문화, 이런 식으로 나눌 것이 아니라 종합편집을 해야 하고, 지금 같은 부처 출입제도도 없어져야 해. 너무 관 위주의 취재여서 민중의 뜻이 제대로 반영되지 않고 있어. (…)

새 시대가 오면 국민들이 골고루 출자해서 그들이 주인이 되는 신문사를 세우는 것이 가장 바람직해. 그렇게 되면 어느 한 사람이 신문사를 좌지우지하지 못할 테고, 편집권의 독립도 이루어질 거야. 그렇게 되면 어느 누구의 신문도 아니고 우리의 신문이라는 생각에서 제작에도 적극적으로 협조하게 되지 않겠어?"

가로쓰기와 한글 전용

〈말〉의 제언은 상당히 추상적인 데 비해 안종필의 구상은 아주 구체적이었다. 그리고 그것은 한겨레 창간에 정확히 반영되었다. 가로쓰기, 한글 전용, '국민들이 골고루 출자해서 주인이 되는 신문'이 바로 그것이었다.

1987년 노태우의 6·29선언으로 대통령 직선제가 현실로 나타나자 정치인들은 12월에 치러질 선거에 온통 관심을 쏟고 있었고, 해직 언론인 사이에서는 새로운 언론사를 세우자는 논의가 고개를 들고 있었다. 7월 어느 날 동아투위 위원장 이병주, 조선투위 위원장 정태기, 언론인이자 해직 교수 리영희, 전 한국일보 논설위원 임재경이 저녁을 함께하는 자리에서 새 언론 창간을 위한 구체적 방안을 마련하자는 대화가 오가고 있었다. 그런데 신문사를 차리려면 자기 건물 말고 중고 윤전기와 기본 설비를 갖추는 데만도 당시 돈으로 500억 원 이상이 필요했다. 바로 그 자리에서 이병주가 제안했다.

"온 국민이 한 주씩 갖는 캠페인을 벌여 자본금을 모으면 특정 자본에 종속될 리 없는 자유로운 언론사를 만들 수 있지 않겠느냐."

자리를 함께했던 이들이 그 방법이 가장 좋겠다고 동의하자 그들은 7월 중순에 재야 언론계의 원로이자 민협 의장인 송건호를 찾아가서 새 신문 창간 작업에 앞장서 달라고 부탁했다. 그는 그렇게 거창한 사업을 어떻게 맨손으로 이룰 수 있을까 하는 걱정을 하면서도 그 구상에 동의하고 언협과 동아투위, 조선투위가 협의해서 일을 추진하는 것이 좋겠다고 말했다.

며칠 뒤에 열린 언협 실행위원회는 이병주, 정태기, 언협 사무국장 김태홍에게 '새언론창설연구회'를 만들어 일을 추진하라고 위임했고, 이 연구회는 7월 말에 '민중신문(가칭) 창간을 위한 시안'을 작성했다. 내용을 다듬어 가는 과정에서 '민중신문'이 '국민신문'으로, 그리고 다시 '새 신문'으로 바뀌었다. 새 신문 시안에는 국민적 참여, 편집권 독립, 한글 가로쓰기, 독자의 반론권 보장 같은 진보적 구상이 담겨 있었다.

3,300여 명이 창간 발기인으로 참여

1987년 8월 중순부터 동아투위, 조선투위 사람과 80년 해직 언론인을 상대로 새 신문 창간에 대한 설명회와 구체적인 논의가 본격적으로 이루어졌다. 새 신문 연구회를 중심으로 뭉친 언론인은 9월 1일 서울 종로구 안국동로터리에 있는 안국빌딩 18층에 50평짜리 창간사무국을 열었다. 6·29선언이 나온 지 겨우 두 달 뒤의 일이었다.

서울 한복판의 버젓한 건물에 창간사무국을 개설하는 데는 전·현직 언론인이 모은 기금이 씨앗이 되었다. 196명이 창간발의준비위원회를 구성하고 송건호를 위원장으로 뽑은 뒤 1인당 50만 원씩을 낸 것이 1억 원이나 되었던 것이다.

9월 23일에는 창간사무국에서 '새 신문 발의자 총회'가 열렸다. 발의자들은 새 신문이 권력과 자본으로부터 독립할 수 있도록 전 국민을 상대로 주식을 공모하기로 결의했다. 창간발의준비위원회는 곧 창간발기준비위원회로 개편되어 발기인단을 구성하기 위한 접촉에 들어갔다. 함석헌, 문익환, 김수환, 이희승 등 사회 원로 24인이 새 신문에 대한 지원을 당부하는 성명을 낸 데 힘입어 애초 1천여 명 정도로 예상했던 발기인 지원자는 20일 만에 3천 명을 넘어섰다.

창간사무국은 해직 언론인과 대학신문 기자를 대상으로 제호에 대해 설문조사를 했다. 자주민보, 민주신문, 독립신문을 제치고 '한겨레신문'이 새 신문의 이름으로 결정되었다.

10월 30일, 드디어 서울 명동 와이더블유시에이 대강당에서 창간발기인대회가 열렸다. 3,314명의 발기인 가운데 1천여 명, 그리고 많은 시민이 참석한 가운데 '창간위원회'를 구성할 각계 대표 56인이 뽑혔다. 창간위원회는 재야와 각계 사무국에 실무자를 보내 주식을 모집하는가 하면, 11월 8일 자 조선일보에 '온 국민이 만드는 새 신문-한겨레신문의 주인이 됩시다'라는 광고를 냈다. 1988년 2월 25일 위원회는 '창간기금 50억 원이 다 모였습니다'라는 광고를 동아일보에 실었다.

촛불시민과 국민주권행동, 역사 풍속화(장지에 붓그림, 김봉준 작)

모금이 진행되던 12월 25일에 한겨레신문사는 주식회사로 정식 발족했다. 그 이전에 창간사무국의 편집기획팀은 신문의 기본 성격, 편집국 조직, 제작 방향 설정을 단계적으로 확정했다. 신문의 성격은 대중적 정론지로 정하고 편집국의 민주적 운영을 위해 편집위원회 제도를 채택하기로 했다. 그리고 편집위원회는 전원을 자유언론 실천을 위해 일하다 해직된 기자로 구성했다.

1988년 2월에 실시한 한겨레신문사 신입사원 공개채용에는 33명 모집에 8,052명이 응시했다. 경력기자 채용에는 중앙 일간지뿐 아니라 지방신문에서까지 현역 기자와 업무직 사원이 대거 지원했다.

한겨레신문사는 창간 준비 작업을 마무리하고 '정기간행물의 등록에 관한 법률'에 따라 1월 23일 정부 관계 부처에 등록 신청서를 제출했다. 그러나 정부는 시행령 미비 또는 현장 시설 확인 등을 구실로 석 달이나 미루다가 총선 하루 전인 4월 25일에야 등록증을 내주었다.

한국 최초의 국민주 신문

한겨레신문의 탄생은 여러 면에서 한국 언론계의 지형에 큰 변화를 일으켰다.

첫째, 한겨레는 실질적으로 우리나라 최초의 국민주 신문이었다. 3·1 독립운동 이듬해인 1920년 4월 1일에 창간된 동아일보가 민족지이자 국민신문이라고 선전했으나 그 이후의 보도와 회사 경영을 보면 그런 작명은 허구로 드러났다.

둘째, 1988년 2월에 들어선 노태우 정권보다 석 달 뒤에 태어난 한겨레는 처음부터 군사독재의 연장에 반대하면서 나라의 민주화, 민족의 통일, 민중이 주인 되는 세상을 지향하는 기사와 논설에 중점을 두었다. 이것은 기존의 일간지들과는 전혀 다른 노선이었다.

셋째, 한겨레 기자는 가난하고 소외된 사람의 삶 속으로 파고들어 그 실상을 보도함으로써 다른 언론사에서 권력과 자본의 동향을 중점적으로 전달해 양심의 가책을 느끼던 젊은 언론인을 일깨우게 되었다. 특히 엠비시와 케이비에스의 다수 기자와 프로듀서는 한겨레와 연대감을 가지고 노태우, 김영삼 정권 때 노동조합을 중심으로 사회 민주화와 민족통일을 지향하는 데 주력했다.

한겨레는 발행 부수가 조선일보, 중앙일보, 동아일보에 비하면 훨씬 적었지만 위와 같은 특성 때문에 해마다 여러 여론조사기관의 설문조사에서 '가장 믿을 만한 신문'으로 꼽히고 있다.

그러나 한겨레가 창간 이후 25년 가까이 순탄한 길만 걸어온 것은 아니었다. 신문 제작과 회사 경영을 둘러싸고 구성원 사이에서 갈등과 대립이 벌어졌고, 일부 주주는 이사회 구성과 주식 관리에 대해 이의를 제기하기도 했다. 한겨레신문사가 2008년에 펴낸 『희망으로 가는 길-한겨레 20년의 역사』에는 이런 사실이 설명되어 있다.

「한겨레는 유일무이한 언론이었다. 분단의 금기, 권력의 비리, 재벌의 치부가 한겨레를 빌려 세상에 알려졌다. 권력자들은 정치공작을 벌여 신문사 간부들을 감옥에 넣었지만, 오히려 국민들은 100억 원의 발전기금을 모아 한겨레를 성원했다. 창간과 동시에 영향력과 신뢰도에서 종합일간지 가운데 최고의 자리에 올랐다.

그러나 한겨레는 시장의 높은 벽을 함께 넘어야 했다. 굴종 언론이 만들어 놓은 판매와 광고의 왜곡된 시장 구조는 자본이 열악하고 경험이 일천한 한겨레 사람들에게 벅찬 과제를 연이어 안겨주었다. 가장 좋은 신문, 가장 믿을 만한 신문, 진실만을 보도하는 신문이라고 다들 평가했지만, 그것이 바로 신문사의 이익이 되지는 못했다. 창간 직후부터 적자가 쌓였다.

경영의 어려움이 생기면서 장차 갈 길을 둘러싼 논란도 커졌다. 정치 지향, 경영 방식, 소유 구조 등을 놓고 백가쟁명의 토론을 벌였다. 한겨레에 대한 신념과 애정이 너무 투철하여 내부에서 정치적 경쟁도 벌였다. 일부 주주들이 여기에 합세해 경영권의 정당성에 대한 법정 소송까지 제기했다. 마음의 상처를 입은 사람들은 신문사를 떠나기도 했다.」

한겨레 내부의 분열과 갈등

한겨레신문사의 이런 공식적 기록에 대해 한겨레신문 창간에 참여한 뒤 민권사회부장과 심의실 부국장을 지냈던 80년해직언론인협의회 공동대표 고승우는 그의 책 『한겨레 창간과 언론 민주화』에서 다른 견해를 밝혔다.

「창간 당시 한겨레신문 조직원은 해직 기자, 기존 언론사의 경력기자와 직원, 언론유관단체 사원, 신입사원 등의 다양한 배경을 지니고 있었고, 그에 따라 이들의 정체성(identity)은 동일하다고 보기 어렵고 개개인에 따라 차이가 존재할 수 있었다. 이는 신문사 창간 시기를 기준으로 삼을 때 조직원의 언론운동 참여 정도 또는 기존 언론에 대한 비판 수위, 새 신문의 사회적 역할 등에 대한 인식이 차별성을 보일 수밖에 없었고, 실제로 그런 사례가 창간 직후부터 자주 발생했다.

예를 들어 새 신문이 기존 언론에 대한 강한 비판과 함께 대안언론으로 출발했는데도 다른 매체에 대한 비판, 즉 매체 비판을 놓고 내부의 반발이 심했고 결국 창간 1주년이 안 돼 중단되고 말았다. 이는 편집국 구성원 사이에 벌어진 많은 갈등 사례 가운데 하나인데 편집과 비편집 부분 구성원 간에 소속 부서의 독창성과 개혁성의 차이로 인한 갈등도 피할 수 없었다.」

고승우는 한겨레 내부에서 일어난 정체성 위기와 갈등의 원인을 조직의 특수성과 구성원의 성향 차이에서 찾았다. 1989년 11월부터 중장기 경영전략을 수립하는 과정에서 총괄상무가 신사옥 건립 계획을 세우면서 확대 경영론을 주장한 반면, 상무 등 일부 이사는 축소 경영론으로 맞섰다. 총괄상무와 상무는 팽팽히 대립하다가 모두 사표를 냈으나 이사회의 중재로 사표를 철회했다. 그때부터 한겨레신문사 안에서 분열의 양상이 드러나기 시작했다.

한겨레신문은 1990년 경영진의 인사권과 편집권이 대립하면서 재야 운동권과 다수 주주의 주목을 받았다. 1991년 3월에는 대표이사 송건호가 주주 몇 명의 제안을 받아들여 창간위원회가 추천한 이사 명단에 들어 있지 않은 사람을 추가하고 명단에 들어 있던 감사를 탈락시키자 노조 대의원 다수는 강력히 항의했다. 노조는 대표이사가 창간위원회의 합의를 어기고 파행적으로 의사를 진행했다는 이유로 송건호와 임원 2명의 사퇴를 요구했다. 그런 상황에서 회사 정관에 따라 대표이사에 대한 사원 신임투표가 실시되었다. 그는 과반수의 지지를 받지 못하자 대표이사직을 사퇴했다.

한겨레 탄생을 적극적으로 도운 주주가 경영에 참여하겠다고 요구한 것도 구성원 사이에 찬반 논란을 일으켰다. 다음은 고승우의 『한겨레 창간과 언론 민주화』에 나오는 내용이다.

「창간 초기에는 축제 분위기에서 주주들의 주총 참여가 이뤄졌지만, 이 신문사가 기업화하면서 나타난 경영 난맥상에 대해 주총에서 일부 주주들이 문제 제기를 하는 일이 잦아졌고 강도도 높아졌다. (…)

전국의 일부 주주들과 독자들은 1991년 여러 지역에서 자생적으로 조직을 만들어 전국 조직을 형성한 후 한겨레신문의 일부 부실 경영에 대해 공개적 문제 제기를 계속하다가 급기야 대표이사 선임과 관련해 법정 소송까지 벌이게 된다.」

33. 문익환·황석영·임수경의 방북과 공안정국

1989년 1월 21일, 24개 단체가 가맹해 있던 민주통일민중운동연합(민통련)이 해산했다. 1987년 12월 13대 대선 이후 김대중에 대한 '비판적 지지론'과 '후보 단일화론'을 두고 상호 비판을 주고받던 재야 운동세력이 새로운 전국 운동체를 결성하기 위한 절차였다. 바로 그날 전국민족민주운동연합(전민련)이 결성되었고, 민통련 의장을 맡고 있던 문익환은 전민련 고문으로 추대되었다.

세계를 놀라게 한 문익환의 북한 방문

북한 주석 김일성은 1989년 신년사를 통해 '남북정치협상회'를 열자고 제의한 뒤 1월 3일 남한의 4개 정당 총재, 추기경 김수환, 재야인사 문익환과 백기완 등에게 초청장을 보냈다. 2월 4일 문익환과 백기완은 기자회견을 열고 김일성의 제의를 수락한다고 밝혔다.

문익환은 새해 첫 새벽에 '잠꼬대 아닌 잠꼬대'라는 시를 썼다.

난 올해 안으로 평양으로 갈 거야
기어코 가고 말 거야 이건
잠꼬대가 아니라고 농담이 아니라고
이건 진담이라고

(…)
난 걸어서라도 갈 테니까
임진강을 헤엄쳐서라도 갈 테니까
그러다가 총에라도 맞아 죽는 날이면
구름처럼 바람처럼 넋으로 가는 거지

'걸어서라도', '임진강을 헤엄쳐서라도' 평양에 가겠다던 문익환의 새해 첫 새벽 맹세는 낭만적 시인의 허황된 꿈이 아니었다. 3월 25일 오후 그는 북한 당국이 제공한 조선민항 특별기편으로 중국 북경을 출발해 평양 부근의 순안비행장에 도착했기 때문이다.

문익환이 지인 유원호와 함께 김포공항에서 일본행 항공기를 탄 것은 3월 20일 오후 2시 40분이었다. 오후 5시 10분 나리타공항에 내린 그는 오래된 손아래 벗이자 재일동포 저술가인 정경모를 만나 동경으로 갔고, 닷새 동안이나 북한 방문 준비를 하고 나서 평양으로 향했다.

문익환은 정경모, 유원호와 함께 평양에 들어가자 도착 성명을 발표했다.

"제가 금단의 땅이었던 이곳을 찾아왔다는 것, 김일성 주석과 더불어 서로가 민족의 일원으로서 뜨겁게 부둥켜안고 민족의 빛나는 미래에 대하여 서로가 아름다운 꿈을 이야기한다는 것, 이것의 상징적인 뜻을 생각하는 것만으로 저는 기쁨과 가슴의 고동을 억누를 수가 없습니다."

문익환이 평양에 도착했다는 소식은 바로 남한에 알려졌다. 오후 7시에 조선중앙방송이 북한 당국의 발표문과 함께 문익환의 도착 성명을 육성 녹음으로 방송했기 때문이다. 노태우 정권은 그날 자정 무렵 신문사와 방송국 등에 그 뉴스를 알리면서 정부의 사전 허가를 받지 않은 방북이라고 강조했다. 그 소식이 국내 언론과 외신을 통해 알려지자 남한 사회는 물론이고 세계의 여러 나라에서도 충격적인 사건이라는 반응이 나왔다. 그러자 3월 26일 정부와 민정당은 "문익환 목사 등의 평양 밀행은 김일성 집단의 일관된 대남 분열 정책의 소산"이라며 일행이 귀국하는 대로 구속 수사할 것이라고 밝혔다. 검찰은 문익환의 방북 행위는 국가보안법 제6조 2항 잠입·탈출과 제8조 1항 회합 금지 위반이라며 의법 처리하겠다고 발표했다.

김일성과 단독 회담 갖고 통일방안 논의

문익환은 평양 도착 이튿날인 3월 26일 평양 봉수교회의 부활절 예배에 참석해 특별설교를 했고, 27일에는 주석궁에서 김일성과 회담을 가졌다. 김형수는 『문익환 평전』에서 당시를 이렇게 밝혔다.

「문익환은 김일성을 보는 순간 두 팔을 한껏 벌리고 망설임 없이 다가가서 부둥켜안았다. 세계를 섬기는 자세, 세계를 껴안는 자세, 언젠가 이한열의 장례식장에서 26명의 열사들을 거명하면서 하늘을 향해 내보였던 그 동작으로 뜨겁게 포옹해버린 것이다. 그 장면은 참으로 충격적이었다고 북의 안내원은 말한다. '도대체 어떤 사람이 저렇게까지 담대할 수가 있을까? 남에서 재야운동을 하는 사람들은 그렇게 크다는 말인가? 정말 위대한 재야인사가 왔구나!'」

문익환은 통일 방안에 관해 김일성과 많은 대화를 나누었다. '민주·자주·통일'에 관해서는 의견이 일치했다. 문익환이 남북한 유엔 동시 가입을 주장하자 김일성은 처음에는 반대하다가 유엔에 한 나라로 가입한다는 것을 전제 조건으로 동의했다. 당시 북한은 남북이 먼저 정치·군사 회담을 열어야 한다고 주장했고 남한은 경제·문화 분야 등에서 가능한 교류가 우선이라며 맞서고 있었다. 문익환이 "민중을 믿읍시다"라며 두 가지를 동시에 추진하자고 제안하자 김일성은 한동안 생각하더니 "좋습니다. 동시에 추진하도록 합시다"라고 말했다.

문익환은 4월 1일 오전 김일성과 2차 회담을 가졌다. 두 사람이 통일 방안에 대해 다양한 이야기를 나누던 중 문익환은 남북정상회담을 열어야 한다고 주장했고, 김일성은 대통령 노태우, 야당 총재인 김대중, 김영삼, 김종필을 만날 용의가 있다고 대답했다.

문익환은 평양에 머무는 동안 북한의 조국평화통일위원회(조평통) 위원장 허담과도 두 차례 회담을 갖고 "쌍방은 어떠한 경우에도 분열의 지속을 목적으로 하는 두 개 조선 정책을 반대하고 끊임없이 하나의 민족, 그리고 통일된 나라를 지향해야 한다는 것을 확인한다"는 등 9개 항으로 이루어진 공동성명을 발표했다. 9개 항 가운데는 다음과 같은 중요한 내용이 들어 있었다.

   1항. 한반도 통일은 남북의 주도로 자주·평화·민족대단결의 원칙에 기초해 해결해야 한다.
   3항. 정치·군사적 대결 상태 종식, 이산가족문제와 다방면에 걸친 교류협력.
   4항. 점진적인 연방제 통일.
   5항. 팀스피릿훈련 중지.

남한의 개인 특사 역할을 한 문익환 구속 수감되다

평양에서 바쁘게 일정을 마친 문익환은 4월 3일 항공편으로 평양을 떠나 귀국 길에 북경과 동경에 들렀다. 그는 4일 북경에서 내외신 기자와 가진 인터뷰에서 "나의 방북은 민족통일의 실현에 누구라도 참여할 수 있음을 보여주기 위한 것"이라며 "나는 구속되는 것을 두려워하지

늦봄, 그대 오르는 통일의 언덕(실크스크린 판화, 1990년, 김봉준 작)

않는다. 그러나 남북 관계를 원만히 펴도록 이번만은 구속되지 않기를 바란다"고 말했다. 그는 "남북 교류는 정부 간 대화를 민간 대화로 보충해야 한다"고 주장하기도 했다.

어디까지나 가정이지만, 만약 노태우 정권이 방북한 문익환을 실질적인 개인 특사 자격으로 인정하고 북한 당국과 합의한 공동성명 9개 항을 받아들였다면 남북 관계는 획기적으로 개선될 수 있었을 것이다. 그러나 문익환은 4월 14일 낮 김포공항에 도착하자마자 기내에서 국가안전기획부 요원들에 의해 유원호와 함께 안기부 청사로 연행되었다. 검찰은 국가보안법상 '반국가단체 구성원과의 연락·회합', '지령에 의한 탈출', '반국가단체에 대한 동조·찬양' 등 혐의로 문익환을 구속했다.

5월 2일 안기부는 문익환 목사 등 입북 사건의 수사 결과를 발표했다. "이 사건은 재일 북한 정치 공작원 정경모(65)에게 포섭된 연락 공작원 유원호(59)와 친북 일본인 야스에 료스케 등이 소위 민중대표와의 남북정치협상이라는 명분 아래 국내 과격 통일론자들을 밀입북시켜 남한 내부를 교란시키고 북한 측의 대남 선전·선동 전술을 적극화하려는 책략에 의해 발생한 것."

안기부는 또 이렇게 덧붙였다.

"이들은 입북에 앞서 평민당 김대중 총재, 민주당 김영삼 총재 등 야당 지도자와 전민련 공동대표 이부영 씨, 고문 백기완 씨 등에게 미리 통보했다."

이 사건 수사를 맡은 공안합동수사본부는 평민당 총재 김대중, 문익환의 동생이자 목사인 평민당 부총재 문동환, 민주당 부총재 김상현, 민주당 의원 김덕룡, 민정당 사무총장 이종찬 등을 참고인으로 불러 조사했다. 그 무렵 한겨레신문의 북한 기획취재 계획을 주도한 혐의로 안기부에서 구속 수사를 받고 있던 한겨레신문 논설고문 리영희도 문익환 등에 대한 수사 결과가 발표되던 날 서울지검으로 송치되었다. 여소야대 체제에서 가뜩이나 위축되어 있던 노태우 정권은 국면 전환을 위해 본격적으로 공안정국을 조성한 것이다.

1989년 5월 31일, 국가보안법 위반 혐의로 구속 기소가 된 문익환은 10월 5일 1심 판결 공판에서 징역 10년, 자격정지 10년을 선고받았다. 1990년 6월 8일 열린 항소심에서 재판부는 피고인과 검찰의 항소를 모두 기각하고 원심을 확정했다. 그 뒤 문익환은 대법원의 상고심에서 7년 형이 확정되었으나 기결수가 된 지 넉 달 만인 10월에 형집행정지 결정으로 19개월 동안의 옥살이를 마치고 석방되었다.

문익환보다 닷새 앞서 입북한 황석영

문익환이 1989년 3월 25일 평양에 도착하기 닷새 전인 3월 20일에는 소설가 황석영이 북한에 들어갔다. 일본에 머물고 있던 황석영은 친지이자 일본인인 주오대학 교수 이토와 번역가 다카사키에게 '북을 방문하는 나의 입장에 대하여'라는 성명서를 맡기고 떠났다. 두 사람이 3월 30일 동경의 학사회관에서 그 성명을 공개하자 황석영의 방북 사실은 남한에 알려졌다.

황석영이 북한을 방문하게 된 배경에는 1988년 7월 2일 민족문학작가회의(작가회의)가 북한에 남북작가회담 개최를 제안한 사실이 자리 잡고 있었다. 그것은 1948년 남북 분단 이후 민간 차원의 문학·예술 교류를 처음으로 주창한 것이다.

작가회의가 그 제안서를 발표한 지 닷새 뒤인 7월 7일 대통령 노태우는 "적대적 원수 관계에서 동반자적 화해 관계로 남북 관계를 전환시키겠다"는 내용을 뼈대로 한 '7·7선언'을 발표했다. 그러자 전민련 등 40여 개 재야단체는 북한을 향해 대화하자고 제안했고, 출판계에서는

『조선통사』,『꽃 파는 처녀』 등 북한 원전이 쏟아져 나왔다. 차갑게 얼어붙어 있던 남북 관계에 해빙의 물결이 일고 있는 듯했다. 그 무렵 민족문학작가회의 민족문학연구소 소장으로 있던 황석영은 남북작가회의 당위성을 강하게 주장했다. 그는 그해 12월 하순에 창립된 민예총 대변인이 되어 "남북 이질화 현상 극복과 민족 동질성 회복에 문화예술인들이 적극 나서야 한다"고 강조했다.

황석영은 1989년 1월 어느 날 민예총 담당 안기부 직원을 만나 "북에 갔다 오고 싶은데 가도 좋겠느냐"고 물었는데, 한 주쯤 뒤에 긍정적 답변을 돌아왔다. 그는 2월 중순에 민예총 사무총장 김용태와 함께 집권 민정당 사무총장 이종찬을 만나 방북할 의사가 있다고 운을 뗐다. 이종찬도 "작가가 북에 다녀오면 여러 가지 성과가 있지 않겠느냐"며 긍정적 반응을 보였다. 그래서 북한을 방문하기로 결심한 황석영은 김용태와 함께 민예총 차원에서 의견 수렴을 거쳤다.

1989년 2월 중순 작가회의는 북한의 조선작가동맹 중앙위원회로부터 남북작가회담 개최에 찬성한다는 공개서한을 받았다. 이에 작가회의는 곧 준비위원회를 구성한 뒤 위원장에 시인 고은을 선정하고, 준비위원으로는 시인 신경림, 소설가 천승세, 황석영을 선임했다.

민예총과 작가회의의 동의를 받은 것이나 다름없는 황석영은 1989년 2월 28일 일본의 이와나미출판사에서 간행된 그의 장편소설『무기의 그늘』출판기념회에 참석하기 위해 출국했다. 그는 출판기념회에서 만난 일본 사회당 당수 도이 다카코의 비서에게 방북 의사를 밝히며 북한의 초청장을 받아달라고 부탁했다. 3월 16일 도이를 만나 조선문학예술총동맹 위원장 백인준 명의의 초청장을 전달받은 그는 주일본 중국대사관으로 가서 통과 비자를 받았다.

그러나 3월 25일 평양에 도착한 문익환의 움직임을 국내 언론이 대

서특필하고 있었기 때문에 황석영의 방북 성명 내용은 널리 알려지지 않았다.

황석영, 북한을 다섯 번 방문하다

1989년 3월 20일 평양에 들어간 황석영은 주석 김일성을 세 번 만났다. 그중 한 번은 문익환과 함께였다. 그때 김일성은 "황 동무의 소설 장길산을 읽어보았는데 재간이 대단하더라. 앞으로 통일의 역군이 되어 달라"고 말했다.

황석영은 1989년 4월 24일 북한을 떠나 유럽으로 갔다. 그해 9월까지 독일에 머물고 있던 그는 북한에 살던 이모 전경숙 씨가 사망했다는 연락을 받고 다시 평양으로 갔다. 이모의 장례식과 평양에서 열린 윤이상 음악회 등에 참석한 그는 10월에 다시 독일로 돌아갔다. 1990년 4월 18일에는 황석영의 아내 김명숙과 어린 아들이 독일로 출국해 그와 합류했다.

1990년 8월 2일 황석영은 범민족대회 남측대표 자격으로 가족과 함께 또다시 입북했다. 그로서는 세 번째 북한 방문이었는데, 같은 달 13일에는 백두산에서 열린 '범민족대회 개막식 겸 백두-한라 대행진 출정식'에도 참석했다. 그는 8월 19일 열린 범민련 출범식에서 대변인으로 선임되었고, 29일 다시 독일로 돌아갔다.

1990년 12월 6일 네 번째로 입북한 황석영은 광주민중항쟁을 기록한 책 『죽음을 넘어 시대의 어둠을 넘어』를 영화 시나리오로 각색한 '님을 위한 교향시' 원고를 감수했다.

1991년 1월 아내와 함께 다섯 번째로 북한에 들어간 황석영은 김일성을 두 차례 만났다. 그는 4개월 동안 북한에 머물다 1991년 5월 독일로 돌아갔다. 이것이 마지막 방북이었다.

1993년 김영삼이 14대 대통령으로 취임한 직후인 4월 27일, 일본에서 머물던 황석영은 귀국했다. 황석영은 귀국하자마자 안기부로 연행되어 조사를 받았고, 국가보안법 위반 혐의로 구속되었다. 그는 7년 형을 선고받고 5년 가까이 옥살이를 하다가 김대중이 대통령으로 취임한 직후인 1998년 3월 13일 석방되었다.

전대협, 임수경을 평양의 세계청년학생축전에 파견

1988년 서울올림픽을 앞두고는 남한과 북한에서 올림픽 공동주최 운동이 일어났다. 그러나 이 운동이 좌절로 끝나자 1989년 2월 북한은 같은 해 7월 1일 평양에서 제13회 '세계청년학생축전'을 열기로 한 뒤 '조선학생위원회' 명의로 남한의 전국대학생대표자협의회(전대협)에 초청장을 보냈다. 그 초청장은 조선적십자사, 대한적십자사, 국토통일부를 거쳐 전대협에 전달되었고, 전대협은 평양축전에 참가하겠다고 공식 발표를 하고는 '평양축전 준비위원회'를 구성하기 시작했다. 노태우 정권은 애초에 전대협의 평양축전 참가를 승인하려 했지만 3월에 갑자기 방침을 바꿔 축전 참가 운동을 탄압하기 시작했다.

축전이 임박한 6월 6일 문교부장관은 "평양축전은 반미·반한의 정치 선전장"이라는 이유로 전대협의 참가를 불허하겠다고 밝혔다. 그 무렵은 문익환과 황석영의 방북 여파로 살벌한 공안정국이 펼쳐지던 시기라 학생운동권 내부에서도 통일운동에 주력하는 것이 옳은가 하는 반론이 나오기도 했다. 그러나 전대협은 평양축전에 반드시 참가하겠다는 입장을 고수하면서 한국외국어대 불어과 4학년 임수경을 대표로 파견하기로 결정했다.

남한에서 북한으로 가려면 판문점을 통과하거나 서울에서 비행기를 타고 북경을 거쳐 평양에 내려야 했다. 그러나 3월 하순에 문익환이 이미 중국을 거쳐 평양으로 갔기 때문에 임수경은 그 경로를 택할 수 없었다. 그래서 일본을 거쳐 서독과 동독을 지나 평양으로 가는 우회로를 선택했다. 6월 21일 김포공항을 떠난 임수경은 도쿄에서 한 주 동안 머문 뒤 서베를린으로 갔고, 동베를린을 거쳐 모스크바를 지나 6월 30일 평양에 도착했다. 남한을 떠난 지 9일 만이었다.

임수경, 평양에서 통일 열풍 일으키다

세계청년학생축전은 '반제연대성, 평화, 친선'을 주제로 7월 1일부터 8일까지 열렸다.

7월 3일 임수경은 흰 저고리에 푸른 치마 차림으로 평양 인민대회장에 나타나 내외신 기자회견을 갖고 '전대협이 드리는 호소문'을 낭독했다. 그는 "귀국 뒤 감옥에 가는 것을 두려워하지 않는다"며 국가보안법을 어기면서까지 북한에 간 이유는 조국 통일에 대한 열망 때문이라고 밝혔다. 임수경은 남과 북은 사상과 제도의 차이를 떠나 민족대단결의 원칙에 따라 통일되어야 하며 미국은 한국 내부의 문제에서 손을 떼야 한다고 주장했다. 그는 눈물을 흘리며 '우리의 소원은 통일'로 시작되는 노래를 불렀다.

임수경은 7월 7일, 전국대학생대표자협의회 의장 임종석의 위임에 의하여 북한의 조선학생위원회 위원장 김창룡과 함께 '남북청년학생 공동선언'을 발표했다.

「남과 북의 우리 청년 학생들은 "조국은 하나다"라는 외침으로 이 선언을 시작한다.

하나의 조국, 하나의 민족이 타의에 의해 겪어온 분열의 45년은 민족적 비극의 45년이었다.

조국의 남과 북에서 끊임없이 이어져 온 통일의 대장정은 이제 마무리 지을 영광의 종착점을 향해 질주를 거듭하고 있다. 애국의 열정과 구

평화통일 코리아(채색목판화, 1985년, 김봉준 작)

국의 의지가 굽이치는 이 통일대행진의 자랑스러운 대오는 남과 북의 우리 청년 학생들이 기수로 나아가고 있다.

조국 통일은 남과 북의 우리 청년 학생들의 삶과 투쟁의 최우선적 목표이다. 이제 남과 북의 우리 청년 학생들은 시대와 민족 앞에 지닌 숭고한 사명과 임무를 깊이 자각하고 제13차 세계청년학생축전이 진행되고 있는 북녘땅 평양에서 하나의 조국, 하나의 민족을 위한 공동의 신언을 내외에 알린다.

1. 우리는 자주, 평화, 민족대단결의 원칙에 따라 조국을 통일하기 위하여 끝까지 투쟁한다.
2. 우리는 조국 통일은 반드시 우리 민족의 손으로 자주적으로 이룩하여야 하며 조국 통일을 방해하는 어떠한 세력도 단호히 반대한다.
3. 우리는 한반도에서 전쟁 위험을 제거하고 긴장 상태를 완화하는 것이 조국 통일의 전제가 된다고 인정하면서 휴전협정을 평화협정으로 대체하고 주한 미군의 단계적인 철수와 남북불가침선언을 채택하며 평화통일을 이루기 위하여 투쟁한다.
4. 우리는 남북교차승인과 유엔 동시가입 등 분단 상태를 영구화하려는 두 개의 한국 정책을 반대 배격한다.
5. 우리는 남과 북에 서로 다른 사상과 제도가 존재하는 우리나라의 현실적 조건에서 쌍방의 사상과 제도를 그대로 인정하며 민족대단결에 기초한 하나의 통일국가를 창립하기 위하여 과감히 싸워 나간다. (…)

우리 모두 어깨 걸고 조국의 자주적 평화통일이 성취되는 그 날까지 힘차게 진군하자.」

임수경은 평양에 머무는 동안 파격적인 행동으로 북한 인민과 내외

취재진에게 충격적인 인상을 주었다. 그는 단정한 한복 차림으로 주석 김일성을 만나 포옹하는가 하면, 흰 티셔츠와 청바지를 입고 군중 앞에 서서 "저는 북한체제에도 문제가 있다고 생각하는 사람입니다. 북한이 좋아서 온 게 아닙니다"라고 말하기도 했다. 그렇게 자유분방한 처녀가 민족의 자주통일을 외치니 그곳의 젊은이는 물론이고 기성세대도 감탄하지 않을 수 없었다. 임수경은 "노래를 불러 달라"는 북한 사람들의 요청을 받고 '우리의 소원은 통일'과 '전대협 진군가'를 불렀다. 그가 가는 곳마다 인파가 몰려 환호성을 질렀고 기자들은 질문 공세를 퍼부었다. 임수경에게는 자연스럽게 '통일의 꽃'이라는 별칭이 붙게 되었다.

신부 문규현과 함께 판문점 통해 귀국

임수경의 귀국 문제가 남한에서 논란의 소용돌이에 휩쓸려 들자 천주교정의구현전국사제단은 신부 문규현을 평양에 파견해 임수경의 귀환을 돕기로 결정했다. 문규현이 7월 26일 평양을 향해 떠난 뒤 사제단 전국상임위원회 대표 남국현은 그 동기를 이렇게 밝혔다.

"한 민족 사이에 분열과 적대감, 증오감을 심어온 분단의 벽을 허물기 위해 한 몸을 바친 문익환 목사와 임수산나(수경)의 의지 앞에서 우리 사제들은 나이 어린 임수산나가 그 같은 신앙적, 인간적 결단을 내리기까지 민족의 화해와 일치를 위한 노력을 제대로 해오지 못했음을 고백합니다. 임수산나의 방북을 계기로 우리 사제들이 자성, 민족의 수난에 십자가를 지는 심정으로 동참하기로 한 것입니다."

노태우 정권은 문규현의 방북과 관련해 7월 29일 남국현과 사제단 전국상임위 위원 구일모와 박병준을 구속했다.

북경을 거쳐 평양에 간 문규현은 7월 27일 임수경과 함께 판문점을 통해 귀국하려고 했지만 남한 당국은 그것을 허용하지 않았다. 그러자 두 사람은 그날 오후 기자회견을 갖고 유엔군과 노태우 정권이 판문점 통과를 허가할 때까지 단식을 하겠다고 선언했다. 그들은 휴전선의 북한 쪽 통일각에서 6일 동안 단식농성을 계속했다. 탈진 상태에 빠진 두 사람은 8월 15일 판문점을 통해 서울로 가겠다고 밝히며 평양으로 돌아갔다. 군사정전위원회는 8월 6일 회담을 열고 그들이 8월 15일 판문점을 통해 남한으로 가는 것을 허용하기로 결정했다.

임수경이 문규현의 손을 잡고 휴전선을 넘어오는 장면은 분단 44년의 역사에서 볼 수 없었던 역사적 사건이었다. 임수경과 문규현은 국가보안법상 '특수탈출 및 잠입, 회합, 고무·찬양, 금품수수죄' 등의 혐의로 기소되어 1989년 11월 13일 1심 첫 공판에 불려 나갔다. 두 사람은 검찰의 공소사실을 전면적으로 부정하면서 겨레의 통일을 위해 공개적으로 북한을 방문한 것을 국가보안법 위반으로 처벌하겠다는 목적으로 열린 재판은 부당하다고 주장했다. 그들은 1990년 1월 8일 열린 5차 공판에서 재판을 거부했고 천정배 등 변호인단은 더 이상 부당한 재판에서 변론을 할 수 없다며 사임하겠다고 밝혔다.

재판부는 1990년 2월 5일 임수경에게 징역 10년에 자격정지 10년, 문규현에게는 징역 8년에 자격정지 8년을 선고했다. 2심 재판부는 두 사람에게 징역 5년에 자격정지 5년을 선고했다. 1990년 9월 26일 대법원은 "피고인들의 입북은 전대협의 치밀한 계획에 따라 북한의 지령으로 이루어진 것"이라면서 상고를 기각하고 2심 형량을 확정했다. 그들은 1992년 12월 24일 구속된 지 3년 4개월 만에 성탄절 특사로 석방되었다.

임수경 방북 사건을 계기로 격화된 엔엘과 피디 논쟁

1989년 하반기 들어 학생운동 진영은 민족해방(NL)과 민중민주주의(PD)로 양분되었다. 1987년 6월민주항쟁 시기에 대통령 직선제를 개량주의라고 비판하면서 제헌의회 소집을 요구했던 제헌의회(CA)그룹이 실질적으로 소멸하면서 엔엘과 피디가 운동의 이론과 노선을 둘러싸고 뜨겁게 대립하였던 것이다. 피디 계열은 '강단 피디파'라고 불리는 젊은 사회과학 연구자의 이론화 작업에 힘입어 소규모 조직의 통일적 흐름을 형성해 엔엘에 맞서게 되었다.

엔엘 계열은 공안통치 분쇄와 국가보안법 철폐 및 양심수 석방투쟁을 당면 과제로 설정하고, 공안통치 분쇄투쟁은 미국과 노태우 정권을 표적으로 삼는 5공 청산투쟁과 결합되어야 한다고 주장했다. 그에 반해 피디 계열은 핵심적 과제는 전국노동자연합(전노협) 건설이므로 학생운동은 강력한 노학연대투쟁으로 전노협 건설에 집중해야 한다고 강조했다.

엔엘과 피디는 임수경의 방북을 계기로 격렬한 논쟁을 벌이기 시작했다. 애초부터 전대협의 평양축전 참가투쟁을 반대했던 피디 계열은 그 투쟁을 "반파쇼투쟁 도중에 깃발을 내린, 민중에 대한 반역행위이며, 어떤 수단과 방법으로라도 평양축전에 참가하자는 무원칙적 투쟁이자 개량주의적 통일운동이며, 적이 파놓은 구덩이에 스스로 빠진 어리석은 투쟁"이라고 비판했다.

1989년 7월 5일 피디 계열은 서울대에 붙인 대자보에서 '임 양의 평양 행적은 평축 참가만을 목적으로 하는 만남 이상주의에 경도되어 현 정권이 휘몰아치는 매카시즘을 자초하고 있다'며 '이것은 결국 민주노동운동, 반민주악법 개폐투쟁 등 자생적으로 성장하고 있는 민중 역량을 한꺼번에 꺾어버리는 소부르주아적 기회주의'라고 비판했다. 이에 대해 전대협은 엔엘 노선에 반대하는 경향이 있다면 그것이야말로 다름 아닌 민족분열주의라고 반박했다. 임수경의 평양축전 참가가 분단의 벽을 깨뜨렸다는 논리였다.

임수경의 방북을 계기로 피디 계열이 강하게 제기한 노동계급의 운동 주도론은 엔엘 계열의 격한 반론에 부닥쳤다. 그러나 이것은 승자와 패자를 가릴 수 있는 논쟁이 아니었다. 두 그룹이 한국사회의 모순을 해결할 수 있는 방안과 대책을 그 나름으로 설득력 있게 제시했기 때문이다.

34. 부산 동의대 사건과 이철규·이내창 의문사

전국 여러 대학에서 노태우 정권을 규탄하는 집회와 시위가 벌어지고 있던 1989년 3월 11일, 민정당은 학원문제특별위원회 회의를 열었다. 그 자리에서 문교부장관 정원식은 "소수의 과격·폭력 세력이 주도하는 학원 소요는 그들이 학교 건물을 점거하고 농성을 계속할 경우 공권력을 투입하겠다"고 말했다.

그로부터 사흘 뒤인 3월 14일 부산 동의대학교에서 영문과 교수 김창호가 "우리 대학에 입시 부정 사례가 있어 진상규명을 요구했으나 학교 측이 이를 은폐하고 있다"는 내용의 양심선언을 발표했다. 그러자 한 주 뒤인 3월 21일 동의대 총학생회 간부 등 50여 명은 총장실을 점거하고 김창호의 양심선언에 나오는 입시 부정의 진상을 밝히라고 요구하면서 농성에 들어갔다.

경찰관 7명 사망하고 학생 72명 구속된 동의대 사건

5월 1일 노동절 집회를 마친 동의대 학생들은 중간신임투표 약속을 지키지 않은 노태우 정권을 규탄하며 시위를 벌이기 시작했다. 오후 2시 30분 학생 100여 명은 교문 밖 500미터 지점까지 나가 시위를 했고, 그들 가운데 몇 명이 부근의 가야파출소에 화염병을 던지자 유리창이 깨지면서 불이 일어났다. 경찰은 학생을 해산시키려고 공포탄을 발사하며 주동자 한 명을 검거했고, 학생들은 그를 구출하기 위해 화염병을 던지며 파출소를 기습했다. 그러자 경찰은 다시 공포탄을 쏘았다.

5월 2일 오후 2시 30분 동의대 학생 6백여 명은 자연대 앞 건물에서 '경찰 총기난사 규탄대회'를 열고 교문 밖으로 진출해 파출소에 또 화염병을 던졌다. 학생들이 전날 연행된 정성원을 석방하라고 요구하자 경찰은 카빈총으로 공포탄을 발사하며 학생 8명을 또 검거했다. 그러자 학생들은 학교 밖 300미터 지점에 자리 잡고 있던 경남기동대 80중대 소속 사복전경 5명을 붙잡아 도서관 7층 전산실로 끌고 갔고, 오후 5시 30분부터 학생 3백여 명은 도서관에서 연행된 학생을 석방하라며 점거농성에 들어갔다. 그들은 전날 파출소 습격 때 연행된 정성원을 비롯해 그날 잡혀간 학생 8명을 전경 5명과 교환하자고 제안했다. 그러나 경찰은 정성원은 이미 구속되었으므로 석방할 수 없다며 그 제안을 거부했다. 총학생회는 3일 오후까지 붙잡혀 있는 전경 5명을 풀어주겠다고 밝혔으나 부산진경찰서장은 3일 새벽 3시쯤 더 이상 기다릴 수 없으니 교내로 들어가겠다고 통보했다.

3일 새벽 5시 10분 부산시경 국장 김정웅의 지휘 아래 경찰 5개 중대 병력인 7백여 명이 기습적으로 진압작전에 나섰다. 경찰은 도서관 1층 사무실의 쇠창살을 절단기로 자른 뒤 현관의 대형 유리창을 부수고는 학생들이 쳐놓은 바리케이드를 치웠다. 2층과 4층에서 잠을 자고 있던 학생들은 최루탄을 난사하며 쳐들어온 경찰을 향해 걸상 등을 던지며 저항하다가 전경 5명을 데리고 7층으로 피신했다.

옥상까지 밀려가게 된 학생들은 7층 세미나실에 화염병 상자를 쌓아 놓고 경찰의 진입을 막았다. 그러나 경찰이 밀고 들어오는 과정에서 원인 모를 불이 일어나고 말았다. 불길에 휩싸인 순경 조덕래 등 3명은 그 자리에서 사망했고, 김명화 등 3명은 창문을 깨고 뛰어내리거나 창틀에 매달려 있다가 떨어져 목숨을 잃었다. 그 밖에 경찰관 10여 명은 화상을 입었다.

경찰은 현장에서 동의대 학생 99명을 연행해 그 가운데 72명을 구속했다.

노태우 정권과 보수 언론의 동의대 학생 폭력 융단폭격

조선일보, 동아일보를 중심으로 한 보수 언론은 동의대 사건에 관해 학생들의 폭력만을 주로 공격하는 기사와 논설을 내보냈다. 보수 언론이 노태우 정권과 한 몸이 되어 동의대 사건으로 구속된 학생에게 융단폭격을 퍼붓는 바람에 사건의 진상을 알 길 없는 국민들은 그것을 사실로 믿을 수밖에 없었을 것이다. 그러나 당시 동의대 총학생회장이던 이종현은 "고문과 구타에 의해 조작된 1명의 진술 조서를 기초로 모두에게 살인 누명을 뒤집어씌운 것"이라며 "처음에는 나를 축으로 수사를 하다 4일째부터는 박세진을 축으로 수사, 강경파와 온건파의 대립으로 사건을 조작했다"고 밝혔다.

1심 재판부는 동의대 사건으로 구속된 학생에게 살인죄를 적용해 무기징역 1명, 징역 20년 1명, 징역 12년 1명, 징역 7년 4명 등 30명에게 중형을 선고했다. 26명은 1심과 2심에서 집행유예로 풀려났다.

통일민주당 총재 김영삼은 1심 구형 공판이 끝난 1989년 10월 12일 국회 교섭단체 대표 연설에서 이렇게 주장했다.

"부산 동의대사태와 관련하여 어린 학생에게 사형 등 중형을 구형한 것은 그 이유가 어디 있든 간에 결코 있을 수 없는 일이며 국정조사권을 발동해서라도 여러 가지 의혹을 밝히고 진실을 이 세상에 알려야 한다."

이튿날에는 같은 당 의원 박관용이 국회 대정부 질문에서 정부를 공격했다.

"최소한의 안전 장비도 갖추지 않은 채 무리한 진압작전을 강행하여 7명의 무고한 전경이 사망한 사건에 대해서 그 정확한 진상의 규명 없이 무려 71명의 학생에게 실형을 구형하고 3명의 학생에게 사형 구형까지 내렸다. 현 정부가 이 사건을 공안정국의 희생양으로 삼는다고 하는 여론이 비등하고 있다."

그러고 나서 박관용은 이렇게 요구했다.

"우리 당 조사에 의하면, 그 화재가 학생들의 화염병에 의해서 발생된 것이 아니라는 주장이 나오고 있다. 이 사건에 대하여 국정조사권을 발동하여 철저히 재조사하여야 할 것이고 어떤 일이 있더라도 학생들을 공안정국의 희생양으로 만들어서도 안 되고 총리는 이 문제에 대해서 경찰의 무모한 진압작전에 관해 조사할 용의가 없는지 밝혀주기 바란다."

1990년 2월 21일 부산고법 형사1부와 형사2부 심리로 열린 항소심 선고 공판에서 재판부는 6명의 피고인에게 1심 선고보다 5년에서 1년이 높은 형량을 선고하고 7명은 집행유예로 석방했다. 재판부는 "피고인 대부분이 학생 본분을 망각하고 사전에 계획 조직된 범죄를 저질러 인적 물적 피해가 너무 컸으며 아직도 잘못을 뉘우치지 않고 있다"며 "진압 경찰 역시 최선의 안전성과 피해를 줄이기 위한 사전 조치를 취해야 함에도 이를 소홀히 한 점을 인정해 피고인들의 양형을 판정했다"고 밝혔다.

2002년 4월 민주화보상심의위원회는 동의대 사건 관련자를 민주화운동 관련자로 인정하고 1인당 평균 2,500만 원의 보상금을 지급하기로 결정했다. 위원회의 찬성 의견 측은 이렇게 설명했다.

"동의대 사건 관련자에게 방화치사상 등 유죄가 선고되기는 했지만 살인의 고의가 없었고, 중대한 결과가 발생하리라는 것을 예견할 수 없었으며, 통상의 시위 방식에 따라 화염병을 사용한 것에 지나지 않았음이 인정돼, 발생한 결과가 중대하다는 것만으로 민주화운동 관련성을 부인할 사유는 못 된다."

참혹한 사체로 발견된 이철규

동의대 사건으로 전국이 벌집을 쑤신 듯이 소란하던 1989년 5월 10일, 광주시 북구 청옥동 제4수원지 상류에서 한 청년의 사체가 발견되었다. 바로 조선대 교지 〈민주조선〉의 편집장이자 전자공학과 4학년 이철규(25세)였다. 그는 1985년 11월 '반외세반독재 투쟁위원회' 활동과 관련해 국가보안법 위반 혐의로 구속되었다가 6월민주항쟁 직후인 1987년 7월 가석방된 운동권 학생이었다. 이철규는 〈민주조선〉에 '미제 침략 100년사'라는 글을 실었다가 국가보안법 위반 혐의로 수배되어 정보·수사기관에 쫓기고 있었는데, 그에게는 현상금 300만 원과 1계급 특진이 걸려 있었다.

지인의 증언에 따르면, 이철규는 5월 3일 밤 10시쯤 학교 후배의 생일을 축하하기 위해 택시를 타고 무등산장 쪽으로 떠났다. 그러나 이철규가 변사체로 발견된 뒤 경찰은 택시 강도 혐의자를 잡으려고 검문을 하던 중 이철규가 택시에서 내려 산속으로 달아나는 바람에 놓쳤다고 주장했다.

발견된 당시 이철규는 얼굴을 하늘로 향한 채 수원지 위에 떠 있었는데, 얼굴이 심하게 상해 있어서 신원을 확인할 수 없을 정도였다. 왼쪽 눈알은 튀어나오고 얼굴은 검게 변해 있었고, 오른쪽 어깨도 많이 부어올라 있어서 단순한 익사체로 볼 수 없었다.

이철규의 유족과 조선대 학생은 진상규명위원회를 만들고 검찰에 부검을 요구했다. 사체가 발견된 이튿날인 5월 11일 국립과학수사연구소의 법의학자 이원태는 이철규의 사체를 부검했다. 그는 고인의 허파

외침(붓그림, 2015년, 김봉준 작)

나 장기 내부에서 물이 별로 검출되지 않았다고 밝혔다. 익사했을 가능성은 거의 없다는 뜻이다. 조선대 의대 교수 서의홍을 비롯해 부검을 참관한 전문가들도 "위장 등에 물이 차 있지 않은 것으로 보아 자살에 의한 익사나 실족사로 보기 힘들다"며 "사체 외견상 나타난 상처 등 정황으로 보아 타살로 추정된다"고 말했다.

타살 가능성이 크다는 사실이 알려지자 전남 지역의 대학교수와 재야인사, 그리고 학생들은 곧바로 '애국학생 고 이철규 열사 고문살인규명 대책준비위원회'를 결성했다. 대책위는 "공안합수부가 교지 문제와 관련해 전담 수사반을 편성하고 수배 학생 검거에 나섰으며, 수사 범위도 지도교수 및 출판국장 등 조선대 교직원으로 확대하는 등 교지 문제를 빌미로 광주 지역 민주화운동의 교두보인 조선대를 무너뜨리기 위해 이 군을 무리하게 고문하다 발생한 사건"이라고 주장했다. 이어서 조선대 학생들을 비롯해 시민 1만여 명은 이철규의 주검이 안치된 전남대병원 앞 도로에서 진상규명을 요구하는 집회를 열었다. 조선대 교수 50여 명은 고문치사의 혐의가 짙은 사건의 실상을 밝히라고 요구하며 전남대병원 앞부터 전남도청 광장까지 행진을 했다.

갈수록 확산된 이철규 사인 진상규명투쟁

검찰은 이철규의 사인에 대한 부검 결과가 신뢰를 받지 못하자 국과수에 재부검을 의뢰했고, 국과수는 5월 14일 재부검 결과를 발표했다. 그러나 이번에는 이철규의 왼쪽 눈알이 튀어나오고 오른쪽 어깨가 심하게 부어오른 것은 부패 때문이고, 몸의 여러 장기에서 플랑크톤이 발견된 사실로 보아 익사라고 밝혔다. 그래서 검찰은 국과수의 재부검 결과를 근거로 단순 익사라고 공식 발표했다.

그러나 유족과 학생은 그 발표를 믿으려 들지 않았다. 성난 시위대는 날마다 "이철규를 살려내라"는 구호를 외치며 진상규명을 요구했다. 5월 25일부터는 전남대병원 영안실 앞과 서울 명동성당에서 재야인사와 학생이 단식농성을 시작했는데, 명동성당의 4백여 명은 17일 동안 단식농성을 계속했다.

5월 27일 국회는 '이철규 변사 사건 조사특위'를 구성하고 진상규명 작업을 시작했다. 그러나 30일 검찰은 이철규는 "실족 후 익사했다"고 발표하면서 수사를 종결했다. 국회는 6월 1일부터 광주 현지에서 이철규 의문사에 관한 국정감사에 들어가 10일 동안 60여 명의 증언을 듣고 3,000여 쪽에 이르는 검찰 수사 기록을 검토했지만 아무런 성과도 거두지 못했다.

이철규 의문사의 배경은 2004년 5월 21일에 이르러서야 구체적으로 드러났다. 정부기구인 의문사진상규명위원회가 기자회견을 통해 '안기부 광주지부 간부의 업무일지(1989년)'를 근거로 결론을 발표한 것이다.

"전남 지역 공안합수부가 이철규에 대해 1계급 특진과 현상금 300만 원을 걸고 검거에 주력한 이유는 이돈명 총장을 〈민주조선〉 발간과 연관시켜 퇴진시킴으로써 조선대 학원 민주화를 저지하고 이철규가 활동한 비공개 학생운동조직에 대한 수사를 통해 광주 지역 학생운동조직을 와해시키려는 것이었다. (…) 89년 초 안기부가 국민들의 여론을 의식해 공안합수부를 만들어 형식상 검찰이 주도한 것처럼 위장하고 실제로는 안기부가 공안합수부 업무를 주도했다. 이철규 등 조선대 〈민주조선〉 관련자들에 대한 수사는 형식상 광주·전남 지역 합수부가 담당했지만 실상은 안기부 주도하에 이루어졌다."

머나먼 섬 거문도에서 변사체로 떠오른 이내창

1989년 8월 15일 낮, 평양에서 열린 세계청년학생축전에 참가했던 임수경은 신부 문규현의 손을 잡고 판문점 군사 분계선을 넘어 남한으로 돌아왔다. 나라 안팎에서 그 뉴스가 사람들의 눈길을 사로잡고 있던 그날 저녁 6시, 거문도에 있는 전남 여천군 삼산면 덕촌리 유림해수욕장 앞바다에서 변사체 하나가 떠올랐다. 중앙대학교 안성캠퍼스 총학생회장으로 조소과 4학년 이내창(27세)이었다. 해수욕장 방갈로에서 5.6미터 떨어진 바다에서 발견된 사체 윗도리는 맨몸이었고 바지에는 혁대가 없었다. 이마 오른쪽에는 가로 12센티미터, 세로 6센티미터 크기의 골절상이 있었다. 경찰은 수사 결과를 이렇게 발표했다.

"중앙대 안성캠퍼스 총학생회장이던 이내창은 등록금 동결 및 총장 직선제라는 학내 문제가 잘 안 풀리자 잠시 머리를 식히려고 8월 14일 밤 안성을 출발해서 기차 편으로 여수로 갔다. 다음 날인 8월 15일 오전 8시 신영페리호를 타고 거문도에 도착, 오후 2시께 식당에서 식사를 한 후 3시 30분 선착장에서 나룻배를 타고 유림해수욕장에 갔다. 그리고 부근 암석 해안을 거닐다가 발을 헛디뎌 아래로 떨어져 바위에 부딪힌 후 바닷물에 휩쓸려 죽었다."

8월 17일 이내창 변사 소식을 들은 중앙대 학생 150명과 부총장 등 교수 5명은 여수와 거문도로 가서 진상조사를 시작했다. 거문리 선착장에서 이내창의 사진을 들고 탐문 조사를 하던 학생들은 그곳의 한 다방에서 이내창이 8월 15일 오후 거기 들렀다는 이야기를 종업원 최 아무개로부터 들었다. 그 종업원은 이내창이 어떤 젊은 여자와 함께 다방에 들어와 사이다를 마셨고, 젊은 남자 한 명이 다방 앞 공중전화 부스에서 기다리다가 세 사람이 함께 어디론가 갔다고 증언했다. 중앙대 의대 교수 장임원과 다른 학생은 나룻배 덕성호를 운행하는 선장 이 아무개로부터 8월 15일 오후 이내창과 젊은 남녀 2명을 거문리에서 유림해수욕장 부근 방파제까지 태워다 주었다는 증언을 들었다. 선장은 이내창이 두 남녀의 사진을 찍어준 뒤 해수욕장 쪽으로 함께 걸어갔다고 말했다.

12년 동안 어둠 속에 묻혀 있던 사인

김대중 정부 시기인 2000년 1월 15일에 '의문사진상규명에 관한 특별법'이 제정되었고, 이에 따라 같은 해 10월 17일에는 대통령 직속기구로 '의문사진상규명위원회'가 구성되었다.

1989년 11월 24일 경찰이 이내창의 사인을 '실족에 의한 단순 익사'라고 발표하고 수사를 종결하자 '사인규명을 위한 범중앙인 비상대책위'는 "이내창 씨가 한때 89년 방북한 임수경 양의 방북 파트너로 선정되었다는 소문과 관련해 공안당국의 예의 주시를 받던 상태였다."며 공권력에 의한 타살 가능성을 제기했다.

그리고 2000년 12월 28일, 이내창의 유족과 중앙대 교수 등 9,600여 명이 서명한 '사인 규명 진정서'를 접수한 의문사진상규명위원회는 약 한 달 동안 기초 조사를 한 뒤 진정 내용에 상당한 개연성이 있다고 판단해 2001년 1월 20일부터 본격적인 조사에 들어갔다. 의문사진상규명위원회는 1년 동안 거문도 현지에서 탐문 조사를 한 뒤 사건 현장인 유림해수욕장 앞바다에서 부유물 실험을 하는 한편, 승선자, 동행인, 목격자, 학생운동 관계자 등 사건 관련자 2백여 명을 만났다. 의문사진상규명위원회는 "특히 2명의 조사관이 3개월간 거문도에 머물며 주민들에 대한 밀착 조사를 했다"고 밝혔다.

의문사진상규명위원회가 2002년 1월 초순 조사보고서를 발표하자 이내창열사추모사업회는 의문사진상규명위원회의 조사 결과에 관한 성명서에서 이렇게 주장했다.

"유가족과 추모사업회는 1989년 이후 지금까지 한순간도 이 사건이 공권력에 의해 저질러진 부도덕한 살인 사건이라는 것에 대해 확신을 버려본 적이 없었다. 국정원이 추악한 과거와의 단절을 과감히 선언하고, 모든 사건 자료를 남김없이 공개해야 한다."

35. 전교조 결성과 노태우 정권의 말살작전

1980년대 초부터 교사들은 교육 민주화를 위한 운동을 다양하게 벌였다. 그 배경에는 광주민중항쟁과 전두환의 군사독재라는 대립적 실체가 자리 잡고 있었다. 학생운동권 출신의 교사들은 변혁을 지향하는 교육운동을 모색하는 과정에서 와이엠시에이 산하 초·중등교육교사모임, 흥사단교육문화연구회, 와이더블유시에이 사우회 같은 조직을 만들거나 가입했던 것이다.

〈민중교육〉 필화 사건

1985년 5월 20일, 실천문학사는 〈민중교육〉이라는 무크(잡지와 책의 합성어) 창간호를 펴냈다. 일선 교사 겸 문인 20명이 교육 현실을 고발하고 비판하는 시와 산문을 실은 이 교육 전문지는 발행된 지 두 달 만에 3만여 부가 팔려나갈 정도로 뜨거운 반응을 일으켰다.

〈민중교육〉 창간 운동은 1984년 말부터 시작되었다. 당시 서울에서 교사로 일하며 〈오월시〉라는 부정기간행물을 통해 문학 활동을 하던 김진경과 윤재철 등은 대전에서 동인지 〈삶의 문학〉을 펴내던 조재도, 유도혁, 강병철 등과 함께 교육 현장의 비리를 고발하고 교육 민주화의 이론을 정립할 잡지를 창간하기로 합의한 것이다. 그들은 서울과 대전을 오가며 편집 방향을 정하고 원고를 모아서는 실천문학사에서 〈민중교육〉 창간호를 펴냈다. 그 책에는 좌담 '분단 상황과 교육의 비인간화', 특집 '교육의 민주화' 등 산문과 함께 교사들이 쓴 시와 소설, 그리고 학생들의 글이 실렸다.

그런데 책이 나온 뒤 한 달쯤 지난 6월 하순, 서울시교육위원회는 〈민중교육〉의 내용, 집필자와 좌담에 참석한 교사의 인적사항을 파악해 안기부에 내용 검토를 의뢰했다. 안기부의 조사 결과를 통보받은 서울시교육위원회는 그 책에 글을 발표한 교사를 소환해 조사했고, 여러 학교에서도 조사가 진행되었다. 7월 22일 경찰은 〈민중교육〉 제작을 주도한 혐의로 교사 유상덕과 윤재철을 연행했다. 문교부는 〈민중교육〉을 분석한 결과를 이렇게 발표했다.

"기존의 우리 교육제도를 가진 자의 착취 구조를 지탱·유지하기 위한 제도로 규정하는 등 그 시각이 마르크스의 교육 철학에 입각하고 있으며 자본주의체제는 오로지 계급 간의 대립·갈등 체제로만 부각시킴으로써 개인의 존엄성과 인간다운 삶의 보장을 근거로 한 자유민주주의 이념을 전면 부정하는 용공성을 내포하고 있다."

8월 12일, 공립학교는 시·도교위별로, 사립학교는 법인별로 〈민중교육〉 관련 교사에 대한 징계위원회를 열었다. 유상덕, 윤재철, 이철국, 이순권, 심림섭, 김진경, 고광헌, 홍선웅, 조재도, 송대헌은 파면, 심성보, 유도혁, 강병철, 황재학, 전인순, 전무용, 민병순에게는 사직 처분이 내려졌다. 그 밖에 2명은 감봉, 1명은 경고를 받았다. 그렇게 징계를 당한 교사는 모두 20명이었다. 검찰은 김진경과 윤재철, 그리고 실천문학사 주간인 소설가 송기원을 국가보안법 위반 혐의로 구속했다.

1986년 2월 13일에 열린 1심 마지막 공판에서 재판부는 김진경과 윤재철에게 국보법 제7조 1항 찬양, 고무, 동조, 선동 등을, 송기원에게는 같은 법 제7조 5항 이적표현물 제작, 수입, 복사, 소지, 판매 등을 적용해 실형을 선고했다. 형량은 8개월부터 1년까지였다. 그러나 그들은 6월 23일 열린 항소심 공판에서 기각 판결을 받았다. 문공부는 8월 23일 실천문학사가 발간하던 무크 〈실천문학〉의 등록을 취소했다.

전교조의 모태가 된 전교협

야당과 재야단체가 대통령 직선제 개헌운동을 치열하게 펼치던 1986년 5월 10일 교사의 날, 한국 와이엠시에이 중등교육자협의회(와이교협)는 서울, 광주, 춘천, 부산에서 집회를 열고 '교육민주화선언'을 발표했다. 일선 교사들이 〈민중교육〉을 통해 제시한 민주 교육 이론을 구체적으로 반영한 것이다.

"학생들과 함께 진실을 추구해야 하는 우리 교사들은 오늘의 참담한 교육 현실을 지켜보며 가슴을 뜯었다. 영원한 민족사 앞에 그 책임의 일단을 회피할 수 없음을 통감하게 된 우리는 더 이상 강요된 침묵에 머무를 수 없다는 결심에 이르렀다. 우리 교사들을 믿고 따르는 학생들의 올곧은 시선은 도도한 역사의 흐름 속에서 방관자로 남아 있는 우리를 더없이 부끄럽게 만든다. 이제 우리는 맹랑한 꼭두각시의 허무한 몸짓을 그만 그쳐야 한다. (…)

교육의 민주화를 달성하기 위해서는 우리 교사들의 역할에 일대 전환이 이루어져야 한다. 우리는 이제까지의 무기력한 말단 관료, 역사 속의 방관자의 위치를 탈피, 새로운 교사로서 참삶을 살지 않으면 안 된다. 우리는 교육의 주체로서 국민의 교육적 요구를 올바르게 실천할 막중한 책임을 느끼며 교육의 민주화는 민주사회의 이념을 지속적으로 제공하는 바탕이라는 자각에서 새로운 교육 건설의 역사적 과제를 짊어지고 모든 장애와 고난을 이기며 민주 교육을 실천해 나갈 것을 오늘 엄숙히 선언한다.

이에 우리는 교육의 민주화를 최소한의 조건으로 천명하는 바이다.
1. 헌법에 명시된 교육의 정치적 중립성은 실질적으로 보장되어야 한다. 교육은 정치에 엄정한 중립을 지켜 파당적 이해에 악용되어서는 안 된다.
1. 교사의 교육관과 제반 시민적 권리는 침해되어서는 안 되며 학생과 학부모의 교육권도 최대한 보장되어야 한다.
1. 자주적인 교사단체의 설립과 활동의 자유는 전면 보장되어야 하며, 이에 대한 당국의 부당한 간섭과 탄압은 배제되어야 한다.
1. 정상적 교육 활동을 저해하는 온갖 비교육적 잡무는 제거되어야 하며, 교육의 파행성을 심화시키는 강요된 보충수업과 비인간화를 조장하는 심야학습은 즉각 철폐되어야 한다."

교육민주화선언이 언론을 통해 전국에 알려지자 와이교협은 지역별로 '민주교육실천대회'를 조직하기 시작했다. 그러자 전두환 정권은 안기부를 중심으로 관계기관 대책회의를 열어 와이교협 교사들의 움직임에 본격적으로 제동을 걸었고, 문교부는 '교원정보부'를 신설해 교사들에 대한 감시를 강화했다.

7월 15일 안기부는 〈민중교육〉 사건으로 파면된 유상덕을 연행해서는 '서울대 교수 이병설 간첩단 사건'에 연루된 혐의로 구속했다. 9월 2일에는 전남도교위의 징계와 부당 전보에 항의한 와이교협 회장 윤영규와 회원 2명이 검찰에 의해 구속되었다. 2학기 내내 와이교협 회원과 교육 민주화운동에 참여한 교사를 탄압한 전두환 정권은 교육민주화선언을 주도하거나 거기에 동참한 교사 1백여 명에게 파면, 해임, 정직, 감봉, 견책 등의 징계 조치를 내렸다. 1986년 3월까지 탄압이 계속되자 교육 민주화운동은 위축되었고, 같은 해 5월 15일 해직 교수 등을 중심으로 결성된 '민주교육실천협의회(공동대표: 성내운, 문병란, 이오덕)'가 그 운동을 이끌어 나갔다.

1987년 6월민주항쟁은 교사들에게도 큰 영향을 미쳤다. 7월 11일 광주, 14일 서울에서 열린 '교사 대토론회'에 연인원 1,600여 명의 교사가 모여 교육 민주화를 위한 당면 과제에 관해 논의했다.

교사들은 자주적 교원단체 결성, 교육악법 철폐, 해직 교사 원상복직, 교사탄압 관료 퇴진, 어용 대한교련 회비 거부, 사립학교 교사 단결, 여교사 권리 획득, 학교 예산·결산 공개, 학생 자치활동 보장, 강제 보충수업·심야학습 폐지 등을 촉구했고, 학교교사협의회(약칭 평교사회) 결성과 비민주적이고 비교육적인 학교 운영 척결, 민주·민족 교육 성취 등을 결의했다.

이 힘은 곧바로 '전국교사협의회(전교협)' 창립운동으로 이어졌다. 전교협이 기존 와이교협 지방 조직을 근간으로 9월 중 대부분의 시·도 교협을 창립해 나가자 서명원 문교부장관은 9월 24일 전교협이 '기존 교육을 전면 부정하고 있다'라며 불법단체로 규정하고, '국기적(國基的) 차원에서 교육 발전을 저해하는 행위로 간주하고 강경 대응도 불사하겠다. 대한교련을 통해 순수 교육과 교원의 사회경제적 지위 향상을 기하는 것이 바람직하다'라는 내용의 서한을 전국의 교사에게 보냈다.

하지만 전교협은 1987년 9월 27일 서울 수유리 한신대 교정에서 경찰의 봉쇄를 뚫고 결성대회를 치렀다. 전교협은 교협의 정당성 인정, 교사의 노동3권 보장, 교사의 정치적 권리와 사회경제적 지위 보장, 진정한 교육자치제 실시, 입시 과열경쟁 교육 지양과 학교교육 정상화, 교장·교감 임기제 실시와 학교 민주화 보장, 교육세 전용 금지, 교육 투자 확대, 교육 환경 개선, 사학교원 신분 보장, 문교부의 대한교련 일방적 지지 철회 등을 촉구했다.

전교협은 1987년 가을의 노동자 대투쟁과 사회 전반의 민주화 열풍 속에서 급속히 조직을 확대해 나갔다. 10월 1일에는 〈전국교사신문〉을 창간해 3만여 부를 전국에 배포했다. 각 시·도 교협은 1989년 3월까지 130개 시·군·구 교사협의회를 결성했는데, 이것이 전국교직원노동조합의 모태가 되었다.

교원노조 절대 불허 뚫고 전교조 결성

전교협은 1989년 2월 19일 서울 단국대에서 제2차 정기대의원대회를 열었는데, 참석한 대의원 369명 가운데 280명이 상반기 중 교직원노조 건설에 찬성했다. 3월 9일 야 3당이 주도한 13대 국회 본회의에서는 경찰·군인·소방·교정직을 제외하고 '6급 이하 공무원을 포함한 근로자는 노동조합을 조직하거나 이에 가입할 수 있고, 단체교섭을 행할 수 있다'라는 내용의 노동조합법 개정법률안이 가결되었다. 그러나 집권 민정당은 3월 말 "교원노조를 절대로 불허하겠다"는 방침을 밝혔고, 대통령 노태우는 개정법률안에 대해 거부권을 행사했다. 그러나 교사들은 '악법은 어겨서 깨뜨린다'라는 구호를 내걸고 5월 14일 전국 10개 지역에서 발기인 1만여 명이 모인 가운데 5월 28일 '전국교직원노동조합(전교조)' 결성대회를 열기로 결의했다.

1989년 5월 28일, 전교조 결성대회장인 서울 한양대 주변은 계엄 상태나 다름없었다. 경찰과 교육 관료는 전국의 버스터미널, 기차역, 고속도로 입구에서 상경하는 교사를 가로막고 있었다. 그래서 전교조 주도 세력은 경찰을 따돌리고 그날 오후 1시 교사 2백여 명과 함께 연세대 도서관 앞 민주광장에 모여 결성대회를 강행했다. 전교조 초대 위원장은 윤영규가 선출되었다. 연세대에 들어가지 못한 교사 2천여 명은 오후 2시 30분 건국대에 모여 '전교조 결성 보고대회'를 가졌다. 그러나 결성

전교조 선생님 돌아오시는 날(실크스크린 판화, 1991년, 김봉준 작)

대회 전날부터 한양대에 미리 들어가 있던 교사 3백여 명은 오후 1시 30분 난입한 사복경찰과 교육 관료에게 무차별 구타를 당하고 연행되었다.

연세대에서 발표된 '전국교직원노동조합 결성선언문'은 다음과 같다.

겨레의 교육 성업을 수임받은 우리 전국 40만 교직원은 오늘 역사적인 전국교직원노동조합의 결성을 선포한다.

오늘의 이 쾌거는 학생, 학부모와 함께 우리 교직원이 교육의 주체로 우뚝 서겠다는 엄숙한 선언이며, 민족·민주·인간화 교육 실천을 위한 참교육 운동을 더욱 뜨겁게 전개해 나가겠다는 굳은 의지를 민족과 역사 앞에 밝히는 것이다. (…)

역대 독재정권은 자신을 합리화하고 유지하기 위하여 교육을 악용하여 왔다. 그 결과 우리의 교육은 학생들을 공동체적인 삶을 실천하는 주체적인 인간으로 기르는 것이 아니라 부끄럽게도 이기적이고 순응적인 인간으로 만듦으로써 민족과 역사 앞에서 제구실을 잃어버렸다. 가혹한 입시경쟁교육에 찌들은 학생들은 길 잃은 어린양처럼 헤매고 있으며, 학부모는 출세 지향적인 교육으로 인해 자기 자녀만을 생각하는 편협한 가족이기주의를 강요받았다. (…)

우리의 교직원노동조합은 민주시민으로 자라야 할 학생에게 교원 스스로 민주주의 실천의 본을 보일 수 있는 최선의 교실이다. 이 사회의 민주화가 교육의 민주화에서 비롯됨을 아는 우리 40만 교직원은 반민주적인 교육제도와 학생과 교사의 참삶을 파괴하는 교육 현실을 그대로 둔 채 더 이상 민주화를 말할 수 없으며 민주주의를 가르칠 수 없다. 누구보다도 우리 교직원이 교육 민주화운동의 구체적인 실천인 전국교직원노동조합 건설에 앞장선 까닭이 여기에 있다. (…)

교육 민주화와 사회 민주화 그리고 통일의 그날까지 동지여, 전교조의 깃발 아래 함께 손잡고 나아가자!

민족교육 만세! 민주교육 만세! 인간화교육 만세! 전국교직원노동조합 만만세!

다음은 '전국교직원노동조합 강령'이다.
1. 우리는 교육의 자주성, 전문성 확립과 교육 민주화 실현을 위해 굳게 단결한다.
2. 우리는 교직원의 사회, 경제적 지위 향상과 민주적 권리의 획득 및 교육 여건 개선에 모든 노력을 기울인다.
3. 우리는 학생들이 민주시민으로서 자주적 삶을 누릴 수 있도록 민족·민주·인간화 교육에 앞장선다.
4. 우리는 자유, 평화, 민주주의를 사랑하는 국내 여러 단체 및 세계 교원단체와 연대한다.

전교조와 노태우 정권의 극한 대결

1989년 6월 1일 전교조는 노동부에 노조설립신고서를 제출했으나 노동부는 전교조 결성이 실정법 위반이라며 신고서를 반려했다. 노태우 정권은 6월 9일 민주당사에서 단식농성투쟁을 벌이고 있던 전교조 위원장 윤영규를 비롯한 지도부를 구속했다. 1989년 4월부터 1990년 4월까지 전교조 관련으로 구속되거나 수배된 사람은 국가보안법 위반 8명을 포함해 모두 84명이었다.

문교부는 전교조의 대화 제의를 거절하고 교사들의 탈퇴 시한을 1차 7월 15일, 2차 8월 5일로 정했다. 징계와 탈퇴 압박에 몰린 전교조 조합원은 7월 9일 서울 여의도 둔치에서 '전교조 탄압 저지 및 합법성 쟁취를 위한 제1차 범국민대회'를 열었다. 경찰은 교사 1,800여 명을 연행해 조사를 했지만 그들은 모두 묵비권을 행사했다. 7월 11~15일에는 전국 590개 학교에서 교사 5천여 명이 단식 수업을 강행했다.

전교조 사수투쟁은 7월 25일부터 8월 5일까지 조합원 6백여 명이 서울 명동성당에서 벌인 단식농성에서 정점에 이르렀다. 11일 동안 교사 1천여 명과 교수 70여 명이 참여해서 250명이 탈진하고 15명은 병원으로 옮겨져야 했다. 그 기간 동안 2백여 개 재야단체에서 1만여 명이 격려 방문을 했다. 강요에 의해 탈퇴각서를 제출했던 교사 4백여 명은 양심선언을 하면서 탈퇴는 무효라고 밝혔다.

1989년 9월 국회 국정감사에서 민주당 의원 이철은 노태우 정권이 청와대를 중심으로 법무부, 내무부, 안기부, 문교부, 총무처, 경제기획원, 감사원, 문공부 등 거의 모든 국가기관을 동원해 '교원노조 분쇄를 위한 대책기구'를 가동했다고 폭로했다. 청와대는 경제계 협조라는 명목으로 전국경제인연합회(전경련)로부터 18억 원을 거두어들여 고위직 공무원들을 전교조 비판 순회강연에 내보내는가 하면 민정당 조직을 통해 교사들의 전교조 탈퇴 공작을 추진하기도 했다.

전교조의 조합원 징계 저지투쟁은 1989년 2학기 초까지 계속되었다. 그러나 상당수의 학교에서는 징계위원회도 열지 않고 직권면직이라는 편법으로 조합원을 해직했다. 그런 극한적 탄압 속에서도 전교조를 지키기 위해 해직의 길을 택한 조합원은 1990년 1월 8일 현재 파면 164명, 해임 939명, 직권면직 416명을 포함하면 모두 1,519명이었고, 이 1,519명 가운데 초등은 135명, 중등은 1,384명이었다.

9월 24일 전국 각 지역에서 개최된 '전교조 탄압 저지와 노동악법 교육악법 철폐를 위한 제2차 범국민대회'에는 4만여 명이 참여했다. 10월 28~29일 업종연맹이 중심이 되어 개최한 '참교육을 위한 걷기대회'에는 1만 명이 넘는 중고생이 참교육의 깃발을 들고 참가했다.

전교조와 노태우 정권의 극한 대결 과정에서 특이하게 나타난 현상은 고등학생이 집단적 투쟁을 위한 조직 활동을 적극적으로 펼친 것이다. 1989년 7월 20일 광주 전남대에서 열린 연대집회에는 고등학생 2만 5천여 명이 참가했고, 7월 29일부터 9월 30일까지는 광주, 부산, 마산·창원에서 고등학생대표자협의회가 차례로 결성되었다.

고등학생의 조직적 운동에 놀란 노태우 정권은 또다시 주동 학생을 구속하거나 징계로 일관했다. 광주, 부산 등지의 고등학생 강위원, 이준범 등 5명은 구속되었고, 2백여 명은 불구속 입건되거나 퇴학, 권고자퇴, 무기정학, 유기정학, 근신 등의 처벌을 받았다. 그런 투쟁 과정에서 고등학생이 투신 또는 분신으로 자결하는 사건도 일어났는데, 1990년 6월에 투신한 대구 경화여고 김수경, 1990년 9월에 분신한 충주고 심광보, 1991년 5월에 분신한 전남 보성고 김철수가 바로 그들이다.

권력의 극심한 탄압을 받고도 살아남은 전교조는 2017년 현재 법외노조라는 불리한 여건에서도 교육의 민주화를 이루려는 교사들의 조직이 되어 활발하게 움직이고 있다.

에필로그

1980년대 하면 가장 먼저 떠오르는 말은 '서울의 봄'이다. 이것은 전두환이 이끄는 신군부가 군사반란을 일으킨 뒤 권력을 장악하려고 하자 학생과 시민이 떨치고 일어나 맞서 싸운 사건을 상징하는 용어다. 서울의 봄은 5·17쿠데타를 일으킨 전두환 일파의 군홧발에 짓밟혀 좌절로 끝났지만 광주·전남의 민중은 그들의 총칼에 맞서 목숨을 걸고 싸웠다. 5월광주민중항쟁은 1987년 6월민주항쟁으로 부활했지만 야권의 분열과 전두환, 노태우의 간교한 정치적 책략 때문에 혁명으로 승화되지 못했다. 민주민족민중운동 진영이 6월민주항쟁에서 절반의 승리밖에 거두지 못했기 때문에 노태우가 전두환의 후계자가 되어 군사독재체제를 연장하게 된 것이다.

김대중의 평화민주당과 김영삼의 통일민주당은 김종필의 신민주공화당과 더불어 1988년 4월 국회의원 총선거에서 여소야대 체제를 구축함으로써 노태우 정권을 식물로 만들다시피 했지만, 1990년 새해가 되자마자 김영삼과 김종필은 보수대연합이라는 이름으로 노태우의 민주정의당과 통합해 신당을 만들겠다고 밝혔다. 이른바 3당 합당이다. 박정희를 따라 1961년 5월 16일 군사쿠데타를 일으켜 민주정부를 뒤엎은 김종필은 그렇다 치더라도 수십 년 동안 전통 민주 야당의 지도자라고 자부해 온 김영삼의 갑작스러운 변신은 민주민족민중운동 진영은 물론이고 대다수 국민에게 엄청난 충격을 주었다.

노태우, 김영삼, 김종필이 그해 1월 22일 구체적으로 밝힌 3당 합당의 정치적 의도와 배경을 이해하는 데는 한겨레신문 1월 23일 자 통단사설 '거대 야당의 구국·통일은 거짓 구호 / 보수대연합 깨뜨릴 민주대연합 세우라'가 도움이 될 것이다.

「6공화국의 집권당인 민정당과 보수 전통 야당인 민주당, 그리고 유신 본당을 자처하는 공화당이 새 정당을 만들기로 합의했다는 보도는 일요일 밤을 뒤흔들었다. 올해 들어 민주당의 김영삼 총재와 공화당의 김종필 총재가 골프장에서 자주 만나 합당을 추진하는 것이 기정사실로 되어 있었고, 최근에는 여기에 민정당이 가세하는 보수대연합이 만들어지리라는 보도가 자주 나돌았으나, 순진한 국민들은 민정당과 공화당의 결합이라면 몰라도 민주당이 민정당과 손을 잡으리라고는 예상하지 못했을 것이다. (…)

(…) 산술적으로 보면, 지금의 국회 정원 297석 가운데 세 당의 의원 수는 221명이나 된다. 이것은 3분의 2 선을 훨씬 넘는 숫자로, 그들이 마음만 먹으면 남자를 여자로 바꾸는 일 말고는 못 할 일이 없을 것이다. (…)

김영삼 씨와 김종필 씨는 구국적인 결의로, 국제 정세의 격변에 따라 앞으로 반드시 변화할 북한에 대응하고 통일의 길로 가기 위해 신당을 만든다고 입을 모았다. 우리는 이런 구호가 72년에 박정희 씨가 헌정쿠데타를 자행하던 때 내세운 민족의 중흥과 통일이라는 거짓 선전과 너무나 비슷함을 확인한다. (…)

우리는 내각책임제나 이원집정제를 통해 현재의 독재 권력을 영구화하거나 일본의 자민당식 일당 지배를 제도화하려는 보수대연합의 음모는 결국 국민 대중의 항쟁에 부닥쳐 파멸하리라고 본다. 그런 사태가 야

당의 외길을 걸어온 김영삼 씨의 정치적 파산선고를 부른다면 참으로 안타까운 일이다.

(…) 세 당의 야합이 민주화와 민족통일의 길과는 정반대임을 확신하는 세력은 민주 대 반민주, 민족 대 반민족, 민중 대 반민중의 개념을 새롭게 정립하고 대동단결하여 민주대연합의 깃발 아래로 모여야 한다. 그 깃발은 모진 비바람에 시달리겠지만 굳건한 투지를 가진 양심적 정치인들과 재야 운동가들의 단합으로 시련을 극복할 수 있을 것이다.」

1990년 2월 9일 민정당과 민주당, 공화당이 통합해 민주자유당(민자당)을 창당했다. 총재는 노태우가 맡고, 김영삼과 김종필은 최고위원이 되었다. 김영삼은 2월 12일 저녁 관훈클럽 토론회에 참석해 "3당 합당을 추진하게 된 것은 17, 18세기식 사고방식이 아닌 신사고에서 비롯된 일"이라고 주장했다.

민주당에서 상도동계 핵심이던 이기택, 김현규, 신상우, 최형우는 3당

촛불시민 행진도, 역사풍속화(한지에 붓그림, 2017년, 김봉준 작)

합당이 발표되기 전에 신당으로 가지 않겠다고 밝혔다. 그리고 김영삼의 추천으로 부산에서 초선 국회의원이 된 노무현도 보수대연합을 강하게 비판하면서 민주당에 남았다.

3당 합당은 노태우 정권의 독재를 견제하던 여소야대 체제를 무너뜨림으로써 모든 개혁을 원점으로 돌려버렸다. 헌정사상 가장 개혁적이라는 평가를 받던 국회는 보수적 성향으로 돌변했고, 정부와 여당이 권력을 독점함으로써 삼권분립은 물거품이 되고 말았다. 지방자치제 실시는 무기한 연기되고, 국가보안법과 안기부법 개폐 논의는 민정당의 방해로 실종되어버렸다. 결국 김영삼과 김종필은 노태우가 자행하는 공안통치의 들러리로 전락한 셈이다.

김영삼은 1992년 14대 대선에서 우여곡절을 거쳐 대통령에 당선되었지만, 군부의 내밀한 영남조직인 하나회를 해체하고 금융실명제를 실시하는 등 극히 약소한 업적만을 남기고 임기 중반 이후 레임덕이 되어 쓸쓸하게 청와대를 떠났다. 1983년 5월 전두환의 광주학살을 비판하면서 목숨을 걸고 단식까지 한 민주투사가 결국 극우보수 세력의 등에 업혀 대통령이 되었다가 역사의 반동을 초래한 주동자로 낙인찍혀 버린 것이다.

1980년대는 서울의 봄과 5월광주민중항쟁, 6월민주항쟁이라는 역사적 사건이 민주민족민중운동의 꽃을 피우던 시기였다. 한국 현대사에서 그렇게 장엄하고 빛나는 항쟁이 일어난 시기는 1980년대밖에 없었다. 비록 5월광주민중항쟁과 6월민주항쟁은 그 이후의 역사에서 빛이 바랜 듯했지만, 2016년 가을부터 2017년 봄까지 계속된 평화적 촛불혁명을 통해 찬란하게 부활했다.

참고 문헌

『5·18민주화운동과 언론투쟁』, 5·18기념재단, 심미안, 2014
『6월민주항쟁과 한국사회 10년 1』, 학술단체협의회, 당대, 1997
『6월항쟁 10주년기념자료집』, 6월민주항쟁 10주년사업범국민추진위원회, 사계절, 1997
『6월항쟁을 기록하다』1~3권, 6월항쟁을 기록하다 편집위원회·민주화운동기념사업회, 2007
『80년 5월의 민주언론 - 80년 해직언론인 백서』, 한국기자협회·80년해직언론인협의회, 나남출판, 1997
『80년대 민족민주운동』, 오근석, 논장, 1988
『80년대 한국노동운동사』, 김장한 외, 조국, 1989
『80년대 한국사회 대논쟁집』, 중앙일보사, 〈월간중앙〉 1990년 신년호 별책부록
『걸어서라도 갈 테야』, 문익환, 실천문학사, 1990
『고쳐 쓴 한국현대사』, 강만길, 창비, 2006
『곡필로 본 해방 50년』, 김삼웅, 한울, 1995
『광주민중항쟁』, 정상용 외, 돌베개, 1990
『김대중 내란음모의 진실』, 이문영·한승헌·이해동 등, 문이당, 2000
『김대중 자서전』, 김대중, 삼인, 2010
『꾸준함을 이길 그 어떤 재주도 없다 - 나우누리에서 아프리카TV까지』, 문용식, 21세기북스, 2011
『남영동』, 김근태, 중원문화, 2007
『너의 사랑 나의 투쟁 - 유가협 30년의 기록』, 송기역·정윤영 기록, 전국민족민주유가족협의회 편찬, 썰물과밀물, 2016
『누가 박정희를 용서했는가』, 김재홍, 책보세, 2012
『마침내 하나됨을 위하여』, 김종철, 개마고원, 1999
『문익환 평전』, 김형수, 실천문학사, 2004
『민예총 10년사』, 편집부, 한국민족예술인총연합, 1998
『민주언론시민연합 30년사 1 - 민주언론, 새로운 도전』, 김유진, 검둥소, 2017
『민주화의 길 1~18 합본호』, 민주화운동청년연합, 1984

『민통련』, 창립20주년기념행사위원회, 2005
『보도지침』, 민주언론운동협의회, 두레출판사, 1988
『불교평론 13호』, 2002년 12월 10일 자
『사람이 살고 있었네』, 황석영, 시와사회사, 1993
『사회구성체론과 사회과학방법론』, 이진경, 아침, 1989
『실천불교』, 정병조, 불교시대사, 2002
『실천불교의 이념과 역사』, 조준호 외, 행원, 2002
『암흑 속의 횃불』 제1~8권, 기쁨과희망사목연구소, 1996~2000
『자유언론』, 동아자유언론수호투쟁위원회, 해담솔, 2005
『재판으로 본 한국현대사』, 한승헌, 창비, 2016
『저 가면 속에는 어떤 얼굴이 숨어 있을까』, 김종철, 한길사, 1992
『저소득층 실태 변화와 정책과제』, 노인철 외, 한국보건사회연구원, 1995
『전두환 육성기록』, 김성익, 조선일보사, 1992
『종교권력과 한국 천주교회』, 강인철, 한신대학교출판부, 2008
『죽음을 넘어 시대의 어둠을 넘어』, 전남사회운동협의회·황석영, 풀빛, 1985
『청와대 비서실 4』, 오병상, 중앙일보사, 1995
『통일은 어떻게 가능한가』, 문익환, 학민사, 1984
『폭력의 자유』, 김종철, 시사인북, 2013
『학생운동논쟁사 2』, 김광 외, 일송정, 1991
『한겨레 창간과 언론민주화』, 고승우, 나남출판, 2004
『한국교육운동백서』, 전국교직원노동조합, 풀빛, 1990
『한국교회 인권운동사』, 한국기독교교회협의회 인권위원회, 2005
『한국민주화운동사 3』, 민주화운동기념사업회, 돌베개, 2010
『한국방송사』, 이범경, 범우사, 1994
『한국사회구성체논쟁』 1~4권, 박현채·조희연, 죽산, 1989
『한국사회운동사-한국변혁운동의 전개과정』, 조희연, 한울, 1995
『한국언론 바로보기 100년』, 송건호 외, 다섯수레, 2000
『한국작가회의 40년사』, 한국작가회의 편찬위원회, 실천문학사, 2014
『한국헌법사』, 김영수, 학문사, 2000
『한국현대사 60년』, 서중석, 역사비평사, 2007
『한국현대사산책 1980년대편』 1~4권, 강준만, 인물과사상사, 2003
『한국현대정치사』, 김영명, 을유문화사, 1992
『현장기록, 방송노조의 민주화운동 20년』, 새언론포럼, 커뮤니케이션북스, 2008
『희망으로 가는 길-한겨레 20년의 역사』, 한겨레 20년 사사 편찬위원회, 한겨레신문사, 2008